中等职业教育教材
职业技能鉴定教材

汽车修理工
（中级）

吴　明　主　编
施继红　孟宪章　副主编

電子工業出版社
Publishing House of Electronics Industry
北京 · BEIJING

内 容 简 介

本书是依据最新颁布的《国家职业标准》中级汽车修理工的知识要求和技能要求，按照岗位培训需要的原则而编写的。本书的主要内容包括：汽车构造基础知识；汽车修理工专业知识；为便于考核鉴定、企业培训，对若干项实训内容配以光盘，便于使用者掌握。

本书主要作为职业技能鉴定培训、企业定向培训和再就业人员培训的教材，也可作为各中级职业学校、技工学校、各种短训班的教学用书，还可供有关工人自学使用。

未经许可，不得以任何方式复制或抄袭本书之部分或全部内容。
版权所有，侵权必究。

图书在版编目（CIP）数据

汽车修理工：中级 / 吴明主编．—北京：电子工业出版社，2008.10
职业技能鉴定教材

ISBN 978-7-121-07426-4

Ⅰ. 汽…　Ⅱ. 吴…　Ⅲ. 汽车—车辆修理—职业技能鉴定—教材　Ⅳ. U472.4

中国版本图书馆 CIP 数据核字（2008）第 147960 号

策划编辑：杨宏利
责任编辑：李　影　　徐　玲　　特约编辑：吕亚增
印　　刷：北京七彩京通数码快印有限公司
装　　订：北京七彩京通数码快印有限公司
出版发行：电子工业出版社
　　　　　北京市海淀区万寿路 173 信箱　邮编　100036
开　　本：787×1 092　1/16　印张：21.75　字数：568 千字
版　　次：2008 年 10 月第 1 版
印　　次：2021 年 7月第 15 次印刷
定　　价：35.50 元（含光盘 1 张）

凡所购买电子工业出版社图书有缺损问题，请向购买书店调换。若书店售缺，请与本社发行部联系，联系及邮购电话：（010）88254888，88258888。

质量投诉请发邮件至 zlts@phei.com.cn，盗版侵权举报请发邮件至 dbqq@phei.com.cn。

本书咨询联系方式：电子邮箱 yhl@phei.com.cn，微信号 nmyhl678，微博昵称 利 Hailee。

前　言

目前，我们国家正实行职业资格证书制度，取得职业资格证书已经成为各级各类普通教育院校、职业技术学院毕业生追求的目标。

为贯彻“全国职业教育工作会议”和“全国再就业会议”精神，落实国家人才发展战略目标，促进农村劳动力转移培训，全面推进技能振兴计划和高技能人才培养工程，加快培养一大批高素质的技能型人才，我们精心策划了这套与劳动和社会保障部最新颁布的《国家职业标准》相符合的《汽车修理工（中级）》一书。

本书在编写过程中坚持按岗位培训需要编写的原则，以“实用”“够用”为宗旨。突出技能；以技能为主线，理论为技能服务，使理论知识和操作技能结合起来，并有机地融于一体。在编写过程中我们还力求教材内容精炼、实用、通俗易懂、覆盖面广、通用性强。

本教材的突出特点：

一是坚持教材开发与课程开发同步。从职业活动过程系列化的要求出发，建立起新的学习体系，从而保证了教材应有的科学价值和实用价值。二是坚持将职业知识要求与职业能力要求同步。以岗位技能需求为出发点，按照“模块式”教材编写思路，确定教材的核心技能模块，以此为基础，完成每一个技能训练单元所需掌握的相关知识、技能训练等结构体系。强调工作技能和工作经验的养成，注重解决问题能力和学习能力的提高。在强调实用性、典型性的前提下，充分重视内容的先进性，尽可能反映与本职业相关联的新技术、新工艺、新设备、新材料和新方法。三是坚持教材的开发与相关教学要素的完善同步。本套教材主要服务于教育、劳动保障系统以及其他培训机构或社会力量办学所举办的各类培训教学，也适用于各级院校举办的中短期培训教学。

因此，本教材基本具备了职业活动导向教材应有的特色和品质，值得同行们参考和借鉴。

本书的参编作者有：吴明、施继红、孟宪章、李春荣、胡晓丽、任勇刚、关伟、初立东、王雪莲、刘庆福等。本书配有光盘，其内容主要由吴明、孟宪章、施继红、潘裕民、姜延、袁洪印、张启勃、许宁等完成。

本书由吴明任主编，施继红、孟宪章任副主编，本书由吉林大学王耀斌教授主审，他提出了大量宝贵的意见。对此，编者表示衷心的感谢。对本书参考文献的作者和提出宝贵意见的专家也借此机会表示衷心的感谢。

由于编者水平有限，书中错误和不足之处在所难免，不妥之处敬请广大读者批评指正。

编　者

2008 年 9 月

目 录

第1章 汽车构造

1.1 汽车总体构造

1.1.1 汽车总体构造的组成部分

汽车通常由发动机、底盘、车身、电气设备四个部分组成。

1. 发动机

使供入其中的燃料燃烧而发出动力。汽车广泛应用往复活塞式内燃机。它一般由机体、曲柄连杆机构、配气机构、供给系、冷却系、润滑系、点火系（汽油机）、起动系等部分组成。

2. 底盘

接受发动机的动力，使汽车运动并按驾驶员的操纵正常行驶。包括：

传动系：将发动机的动力传给驱动车轮，包括离合器、变速器、传动轴、主减速器及差速器、半轴、驱动桥等部件。

行驶系：使汽车各总成及部件安装在适当的位置，对全车起支承作用，以保证汽车正常行驶，包括车架、车身、悬架、车轮等部件。

转向系：使汽车按驾驶员选定的方向行驶，由转向操纵装置、转向器、转向传动装置组成，有的汽车还带有动力转向装置。

制动系：使汽车减速或停车，并保证驾驶员离去后汽车能可靠地停驻，包括供能装置、控制装置、传动装置和制动器。

3. 车身

车身是驾驶员工作及容纳乘客或货物的场所，由本体、内外装饰和车身附件等组成。

4. 电气设备

由电源、发动机起动系和点火系、照明和信号装置、空调、仪表和报警系统、辅助电器及现代汽车电子技术设备等组成。

1.1.2 汽车主要技术参数

1. 汽车的主要参数

汽车的主要参数包括尺寸参数、质量参数和性能参数。

（1）汽车的主要尺寸参数，如图 1-1 所示。

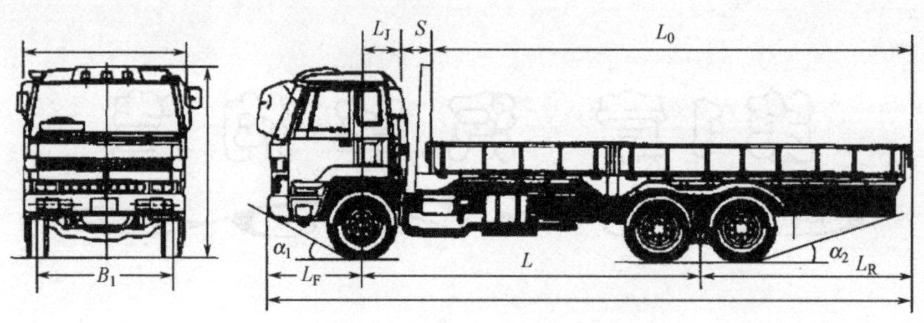

图 1-1 汽车的主要尺寸参数

a．轴距 L。

汽车的轴距是指车轴之间的距离。对双轴汽车而言，轴距就是前后轴之间的距离；对三轴汽车而言，轴距是指前轴与中间轴之间的距离和前轴与后轴之间的距离的平均值。

轴距对汽车其他尺寸参数、质量参数和使用性能参数都有一定影响。一般来说，轴距短，汽车的总长度也短，最小转弯半径和纵向通过半径就小一些，汽车的机动性能好。但轴距过短会带来车厢长度不足或后悬过长，导致汽车行驶时车厢的纵向角振动过大，汽车加速、制动或上坡时轴荷转移过多而使汽车的制动性和操纵稳定性变差等。

b．前轮轮距 B_1 和后轮轮距 B_2。

两前轮中心线之间的距离称为前轮距。两后轮中心线之间的距离称为后轮距，对于并排双后轮的汽车而言，后轮距为两双排后轮中心线间的距离。

汽车轮距对汽车的总宽、总质量、横向稳定性和机动性都有较大影响。轮距越大，汽车的横向稳定性越好，同时车厢内的横向空间也越大。但过大的轮距会使汽车的总质量和总宽度过大，轮距须与汽车的总宽相适应。为减小滚动阻力，提高通过性能，越野车的前、后轮距应相等。

c．前悬 L_F 和后悬 L_R。

汽车的前悬是指其前端至前轮中心的悬置部分。前悬处要设置水箱、风扇、发动机、转向器、车身前部或驾驶室的前支点、弹簧的前支架、保险杠等，所以要有足够的纵向空间。但前悬不宜过大，以防止汽车的接近角 α_1 过小，而影响汽车的通过性。后悬是指汽车的后端至后轮中心的悬置部分。后悬过大，将使汽车的离去角 α_2 过小而使汽车上、下坡时刮地。

d．最小离地间隙。

最小离地间隙的大小主要根据汽车的类型和道路条件来确定，它是汽车通过性的一个参数。

除此之外，还有接近角、离去角及汽车的纵向通过半径等指标。

e．外廓尺寸。

汽车的外廓尺寸是指总长、总宽和总高。为使汽车能适应公路、桥梁、涵洞和铁路运输的有关标准，保证交通畅通和行车安全，需对汽车的外廓尺寸进行限制。我国对公路车辆的限制尺寸是：总高不大于 4m；不含后视镜总宽不大于 2.5m；左、右后视镜等突出部分的侧向长度总共不大于 250mm；总长：载货车、越野车、大客车不大于 12m，牵引车带半挂车不大于 16m，汽车拖带挂车不大于 20m，挂车不大于 8m，铰接式大客车不大于 18m。

（2）主要质量参数。

a．装载质量。

轿车、长途客车和旅游客车的装载质量是其载客量，是指其最多乘坐人数，并以座位数表示。货车的装载质量是指该车在良好的硬路面上行驶时所装载货物质量的最大限额，通常以吨为单位。

b．整备质量。

整备质量是指汽车在加满燃料、润滑油、工作液（如制动液等）、发动机冷却液并装备随车工具及备胎后，不载人员和货物时的总质量。

c．总质量。

汽车的总质量是指已装备完好、齐全并按规定载满客、货时的汽车质量。除包括汽车的整备质量外，载货车还应计入驾驶室载满人的质量，轿车和长途客车还应计入行李的质量，如有附加设备，还应计入附加设备的质量。

d．轴荷分配。

汽车的轴荷分配是指汽车空载和满载时的整车质量分配到各个车轴上的百分比。它是汽车的重要质量参数，对汽车的动力性、通过性、制动性、操纵稳定性等主要使用性能和轮胎的使用寿命都有影响。汽车的布置形式对轴荷的分配影响较大。对长头载货汽车而言，满载时的前轴负荷多在28%左右，而平头汽车多在33%～35%之间；对前置前驱的轿车而言，满载时的前轴负荷在 55%以上，前置后驱的轿车，满载时的后轴负荷一般不超过 52%，后置后驱的轿车，满载时后轴负荷一般不超过 59%。汽车在行驶过程中，因制动、加速、上下坡等原因，汽车的轴荷会发生转移的现象。

（3）主要性能参数。

a．最高车速。

最高车速是汽车在水平良好的路面上满载时能达到的最高行驶车速。它是汽车动力性能的最重要指标之一。随着汽车性能特别是主、被动安全性的提高，公路路面的改善和高速公路的发展，汽车的最高车速普遍有所提高。

b．加速时间。

此为汽车加速到一定车速时的时间。汽车从起步并换挡加速到车速 V_A 的时间称为“0～V_A 的换挡加速时间”；而汽车在直接挡下由车速 20km/h 加速到某一车速 V_A 的时间，称为“20～V_A 的直接挡加速时间”。乘用车常用“0～100km/h”或“0～80km/h”的换挡加速时间来评价汽车的加速性能。中、高级乘用车的 0～100km/h 换挡加速时间约为 8～15s，普通型轿车为 12～25s。

c．燃油消耗量。

汽车在良好的硬路面上满载以直接挡等速行驶时的百公里最低燃料消耗量（L/100km）称为汽车的“百公里最低燃料消耗量”，是汽车燃油经济性常用的评价指标。

d．最小转弯半径。

最小转弯半径是指当转向盘转至极限位置时由转向中心至前外轮接地中心的距离。它反映了汽车通过小曲率半径弯道的能力和在狭窄路面上调头的能力。它与轴距、轮距和转向轮的最大转向角有关。

e．制动距离。

汽车的制动距离是指在良好的试验道路上，在规定的车速下紧急制动时，由踩制动踏板起至完全停车时的距离。我国通常以 30km/h 和 50km/h 初始车速下的最小制动距离来评价不同车型的制动效能。

1.2 汽车发动机

1.2.1 发动机构造

1. 发动机的种类

根据划分标准的不同，可将内燃机分为好多种类。

（1）根据所用燃料的不同。

柴油机：以柴油为燃料，进气过程中进入气缸的是纯空气，压缩终了时喷入柴油，柴油与空气在气缸内混合，由于空气经压缩后所达到的温度能引起柴油的自燃，这种内燃机也称为压燃式内燃机。

汽油机：以汽油为燃料，空气与汽油在气缸外混合，形成可燃混合气后进入气缸，经压缩后依靠火花塞产生电火花引起燃烧。

煤气机：汽油机进行适当的改进，以煤气为燃料的发动机。

（2）按冲程数。

二冲程：每两个活塞行程（曲轴每转一圈）完成一个工作循环，如摩托车发动机。

四冲程：每四个活塞行程（曲轴每转两圈）完成一个工作循环，绝大多数发动机所采用的都是四冲程。

（3）按气缸数。

单缸：只有一个气缸；多缸：由多个气缸组成。

（4）按气缸排列方式。

直列立式；直列卧式；V 型排列式。

（5）按冷却方式。

风冷：以空气为冷却介质，没有专门的冷却系统，如坦克发动机。

水冷：以液体为冷却介质，有专门的冷却系统。

（6）按进气方式。

增压：在进气过程中，可燃混合气或空气是通过装在进气管道上的增压器提高压力，然后进入气缸内。

非增压：也叫自然吸气发动机，进气靠活塞的抽吸作用。

（7）按着火方式。

点燃：靠火花塞点火来产生燃烧，汽油机所采用。

压燃：靠燃油的自燃来产生燃烧，柴油机所采用。

（8）按用途。

固定式，工程机械采用；移动式。

2. 发动机的组成

（1）机体与气缸盖。

机体：骨架作用，安装各个机构和系统，包括气缸体、油底壳、曲轴箱。

缸盖：组成燃烧室，布置各种零部件。

（2）曲柄连杆机构。

组成：活塞、连杆、曲轴三部分。

作用：将活塞的往复直线运动转换成曲轴的旋转运动对外输出动力。

（3）供给系统。

组成：燃油供给系统和进、排气系统。

作用：将燃油和空气及时地供给气缸，并将燃烧后的废气及时排出。

主要部件：化油器（汽油机用）、喷油泵和喷油器（柴油机或汽油机用）、空气滤清器、进气管、排气管、消声器等。

（4）配气机构。

功用：定时开启和关闭进、排气门。

主要部件：气门组、传动组。

（5）点火系统。

汽油机和煤气机所采用，点燃混合气。

主要部件：火花塞、点火线圈、断电器、分电器。

（6）冷却系统。

功用：防止发动机过热，及时散发热量。

分类：风冷、水冷。

主要部件：水泵、风扇、水箱、节温器。

（7）润滑系统。

功用：润滑、冷却、清洁、密封、防腐。

润滑方式：

飞溅润滑：靠曲轴等旋转部件飞溅起的油滴润滑。

压力润滑：靠润滑系统建立起的油压经过各个油道油雾润滑各零部件。

主要部件：集滤器、机油泵、滤清器、各种阀体等。

（8）起动系统。

功用：内燃机不能自行起动，借助外力使之运转。

主要部件：起动机、蓄电池、点火开关等。

3. 四冲程发动机工作原理

（1）四冲程发动机的简单工作原理。

四冲程发动机在活塞行程内完成进气、压缩、做功和排气四个过程，即在一个活塞行程内只进行一个过程，因此，活塞行程可分别用四个过程命名，分别称为进气冲程、压缩冲程、做功冲程、排气冲程。

（2）四冲程内燃机工作循环。

第一冲程：活塞由上止点移到下止点，即曲轴由0° 转到180°（活塞位于上止点为0° ），进气门打开，新鲜空气被吸入气缸；

第二冲程：下止点～上止点，180° ～360° ，气体被压缩，进、排气门均关闭；

第三冲程：上止点～下止点，360° ～540° ，气体膨胀，进、排气门均关闭；

第四冲程：下止点～上止点，540° ～720° ，废气被排出，排气门打开。

（3）汽油机的工作原理。

a．进气行程（如图1-2示功图 *ra* 段曲线）。

由进气门开启到进气门关闭。

进气提前角：进气门打开时刻与活塞位于上止点之间的曲轴转角（为了获得较多的充气量，活塞到达上止点前进气门就开始开启）。

进气晚关角：活塞到达下止点时刻与进气门关闭时刻之间的曲轴转角（利用空气流动的惯性及气体的动量，使更多的空气充入气缸）。

进气终了时刻：气缸压缩压力 P=0.07～0.09MPa<大气压；气缸温度 T=370～400K。

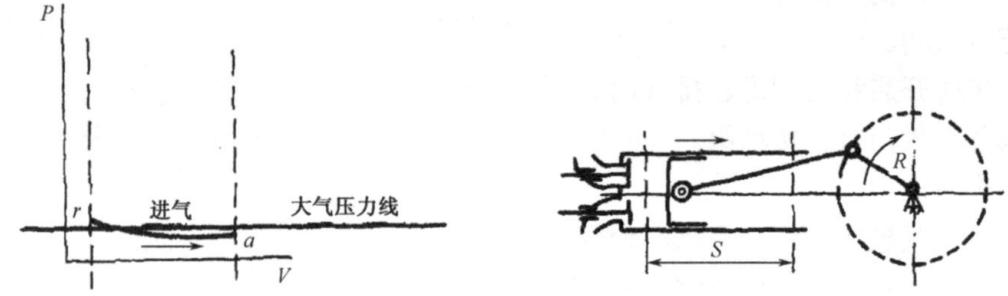

图1-2　进气行程

b．压缩行程（如图1-3示功图 *ac* 段曲线）。

由进气门关闭到活塞移到上止点（称为压缩上止点）为止，进、排气门都关闭。

活塞上行，气缸内气体被压缩，缸内压力、温度都升高：P=0.8～11.4MPa；T=600～700K。

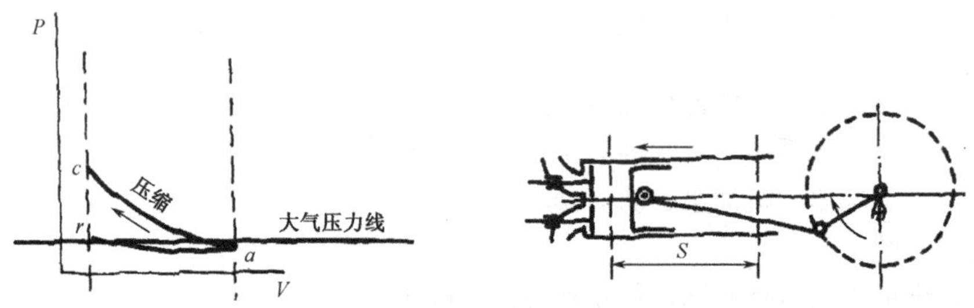

图1-3　压缩行程

c．作功行程（燃烧及膨胀行程）（如图1-4示功图 *czb* 段曲线）。

在压缩上止点前 10°～15° CA（曲轴转角），火花塞跳火，点燃可燃混合气，形成火焰中心。高温高压燃气推动活塞下行，对外做功：P=3～5MPa；T=2200～2700K。

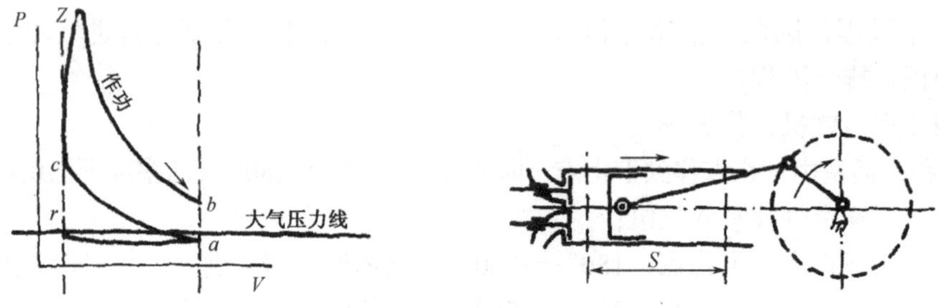

图1-4　做功行程

d．排气行程（如图 1-5 示功图 *br* 段曲线）。

从排气门开启到排气门关闭的时刻。

排气提前角：在活塞到达下止点之前与下止点之间的曲轴转角。

排气晚关角：在上止点与排气门关闭这一时期曲轴所转过的角度。

在活塞到达下止点之前 30～80° CA，膨胀行程还没有结束的时刻就将排气门打开（原因：气门有一定的开启时间，利用压差，使排气彻底，利用气流的惯性多排出一部分废气，减少残余废气）。

气门重叠角：在排气门关闭之前，进气门就已打开，进、排气门同时开启时期所对应的曲轴转角。

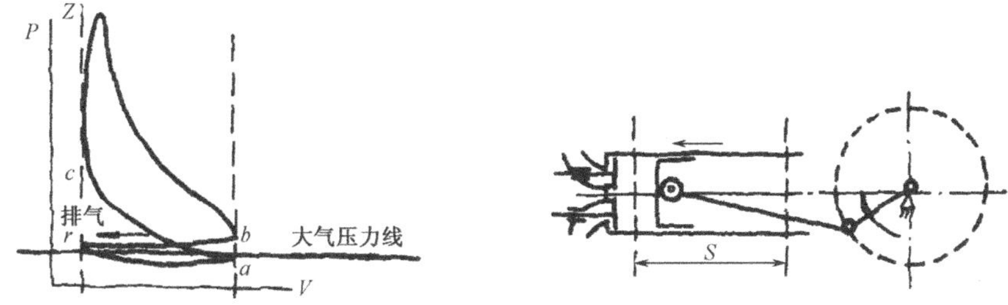

图 1-5 排气行程

e．汽油机示功图（图 1-6）。

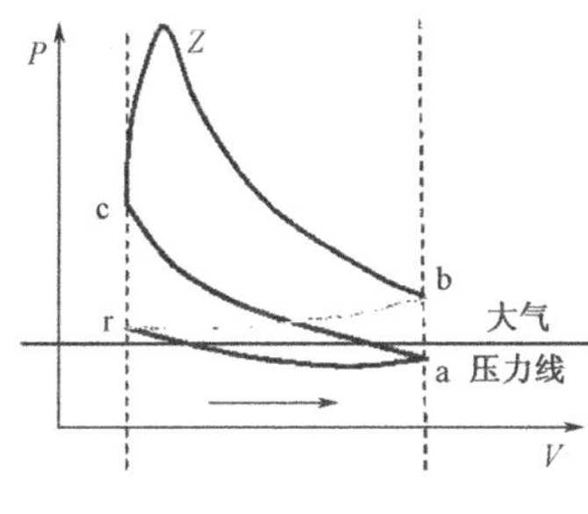

图 1-6 汽油机示功图

（4）柴油机的工作原理。

a．进气行程。

在柴油机进气行程中，被吸入气缸的只是纯净空气。由于柴油机进气系统阻力较小，残余废气的温度较低，因此进气行程结束时气缸内气体的压力较高，约为 0.085～0.095MPa。

b．压缩行程。

因为柴油机的压缩比大，所以压缩行程终了时气体压力可高达 3～5MPa，温度可高达 750～1000K。

c．做功行程。

在压缩行程结束时，喷油泵将柴油泵入喷油器，并通过喷油器喷入燃烧室。因为喷油压力很高，喷孔直径很小，所以喷出的柴油呈细雾状。细微的油滴在炽热的空气中迅速蒸发气化并借助于空气的运动，迅速与空气混合形成可燃混合气。由于气缸内的温度远高于柴油的自燃点，因此柴油随即自行着火燃烧。燃烧气体的压力、温度迅速升高，体积急剧膨胀。在气体压力的作用下，活塞推动连杆，连杆推动曲轴旋转做功。

在做功行程中，燃烧气体的最大压力可达 6～9MPa，最高温度可达 1800～2200K。做功结束时压力约为 0.2～0.5MPa，温度约为 1000～1200K。

d. 排气行程。

排气行程与汽油机类似，排气终了时气缸内残余废气压力约为 0.105～0.12MPa，温度为 700～900K。

e. 柴油机示功图（图 1-7）。

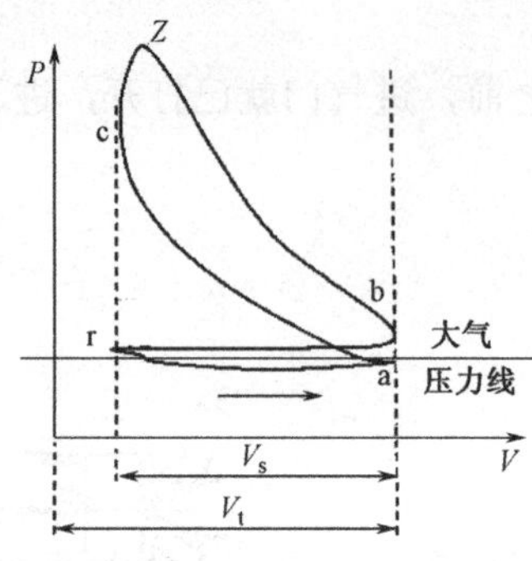

图 1-7 柴油机示功图

1.2.2 曲柄连杆机构组成及功用

1. 曲柄连杆机构的功用

把燃气作用在活塞顶上的力转变为曲轴的转矩，从而向工作机械输出机械能。

在做功冲程将燃料燃烧产生的热能转变为活塞往复运动的机械能，再转变为曲轴的旋转运动而对外输出动力。

在其他三个辅助冲程中，将曲轴的旋转运动转变为活塞的往复运动，为做功冲程做准备。

2. 曲柄连杆机构的组成

曲柄连杆机构及机体由下列三部分组成。

（1）机体组。

机体组主要包括气缸体、曲轴箱、气缸套、气缸垫等不动件。

机体是内燃机的骨架，除了作为气缸套以及曲柄连杆机构运动件的支撑外还可安装气缸盖、配气机构和驱动机构的机件以及各辅助系统的一些附件，并以其支座安装在车辆上，同时机体内部还设有冷却水道和润滑油道，因此结构复杂。

（2）活塞连杆组。

活塞连杆组主要包括活塞、活塞环、活塞销、连杆等运动件。

（3）曲轴飞轮组。

曲轴飞轮组主要包括曲轴、飞轮等。

3. 曲柄连杆机构主要机件的构造

（1）气缸体。

a. 功用。

气缸体提供构成活塞运动的空间——气缸，以及为气缸进行冷却的空间（水套和散热片），曲轴箱提供连杆摆动和曲轴转动的空间，并为曲轴提供支撑。

b．工作条件。

要有足够的刚度，热负荷高的部位要进行适当的冷却，与各运动部件构成摩擦副的部位要有很好的耐磨和减磨性能。

c．材料。

铸铁材料：为提高其强度和耐磨性，加入少量的合金元素，如镍、铬等。铝合金材料：质量轻，导热性好。

（2）气缸体的结构形式（图 1-8）。

a．一般式。

特点：便于机械加工但刚度较差。

应用：多用于中小型发动机。如夏利、富康车发动机，BJ492Q。

b．龙门式。

特点：刚度、强度较好但工艺性较差。

应用：中型及重型车用发动机。如捷达/高尔夫车发动机，CA6102。

c．隧道式。

特点：结构刚度大但最重。

应用：机械负荷大的柴油机。如 6135Q。

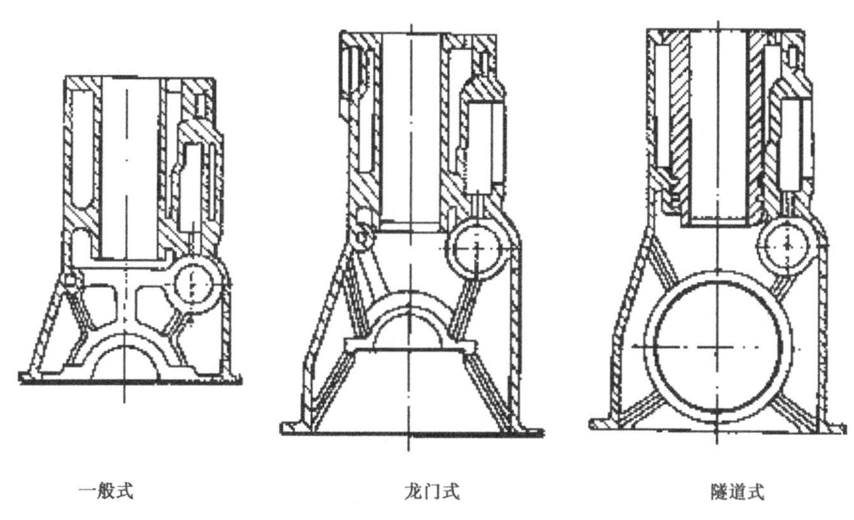

图 1-8 气缸体的结构形式

（3）气缸的排列方式（发动机形式）（图 1-9）。

a．气缸直列式。

结构简单、加工容易、长度较大、高度较大，一般多用于 6 缸以下发动机。

b．气缸 V 形式。

缩短长度、缩短高度、刚度增加、重量减轻，形状复杂、宽度加大、加工困难，一般多用于 8 缸以上发动机。

c．气缸对置式。

高度较小、布置方便，对风冷发动机有利。

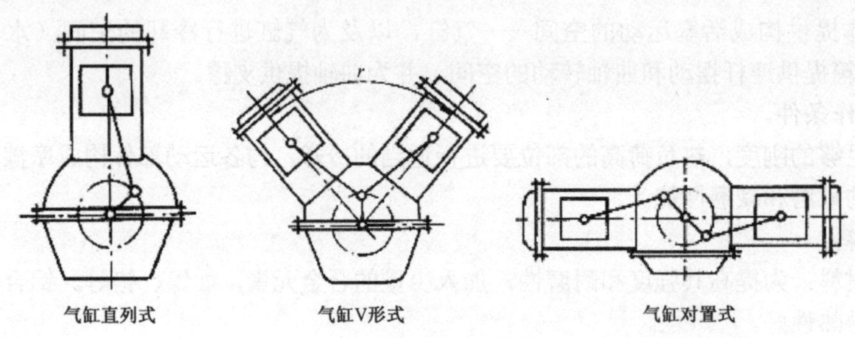

图 1-9 气缸的排列方式

（4）气缸套。

a．无气缸套。

气缸套与气缸体为一体，广泛应用于强化程度不高的轿车用汽油机中。采用合金铸铁缸体。

b．湿式缸套。

缸体铸造方便，容易拆卸更换，冷却效果较好，刚度较差，易漏气和漏水。

用合金铸铁制造的湿式缸套壁厚一般 5～9mm，利用缸套的上、下定位环实现其径向定位，轴向定位靠缸套上方凸缘与气缸体顶部的支撑面实现。

c．干式缸套。

气缸套不与冷却液接触，通常压入气缸套座孔内。可分为普通干式缸套和可卸干式缸套。

（5）气缸盖。

a．气缸盖的功用。

气缸盖密封燃烧室，和其他各部分共同形成燃烧空间，其上安装配气机构的大部分零件和喷油器或火花塞，内设冷却水路和润滑油道及进、排气道。

b．气缸盖的工作条件与要求。

气缸盖承受气体压力和紧固气缸盖螺栓所造成的机械负荷，同时，还由于与高温燃气接触而承受很高的热负荷。为保证良好密封，气缸盖既不能损坏，也不能变形。为此，气缸盖要有足够的强度和刚度。为使温度分布均匀，冷却要良好。

c．气缸盖的材料。

材料要求导热性好、机械强度和热强度高、铸造性能好。一般采用铝合金、灰铸铁、合金铸铁等。

d．气缸盖的结构形式。

气缸盖是结构复杂的箱形零件，其构造受许多结构因素的影响，如每缸气门数、凸轮轴的位置、冷却方式以及进排气道及燃烧室形状。水冷发动机的气缸盖有整体式、分块式和单体式三种。

（6）气缸衬垫。

a．功用。

保持气缸密封不漏气，保持由机体流向气缸盖的冷却液和机油不泄漏。

b．要求。

要有足够的强度；要耐压、耐热、耐腐蚀；要有弹性，补偿机体顶面和缸盖底面的粗糙度和不平度。

c．种类。

按所用材料不同，可分为金属一石棉衬垫、金属一复合材料衬垫、全金属衬垫。

金属一石棉衬垫：以石棉为基体，外包铜皮或钢皮；有的以钢丝或带孔钢板为骨架，外附石棉而成，气缸孔、油孔、水孔周围用金属包边。

金属一复合材料衬垫：钢板的两面粘附耐热、耐压和耐腐蚀的新型材料。

全金属衬垫：用优质的铝板或不锈钢叠片制成。

（7）油底壳。

a．作用。

用来封闭机体的下部和储存润滑油。

b．材料。

薄钢板冲压而成（有的采用铝合金制成，如GM公司3.1L V6汽油机）。

c．结构。

一般用薄钢板冲压而成，或者用铝合金铸造而成，为了加强散热，通常铸有散热片，曲轴箱中部和后部通常做得深一些，内部有隔板，防止大量泡沫的产生，下部有放油螺塞。

（8）活塞连杆组。

活塞连杆组包括活塞组和连杆组。

a．活塞的功用。

承受燃气压力并将此力传递给连杆，与气缸盖共同组成燃烧室。

b．活塞工作条件。

活塞在高温、高压下做高速往复直线运动。

高温：与活塞顶部相接触的燃气温度高达2273～2773K，活塞顶部的最高温度可达473～673K。材料的强度和硬度由于温度升高而降低，温度不均匀易产生热应力裂纹。

高压：做功冲程中受到燃气的带冲击性的高压力的作用。柴油机瞬时最高压力6～9MPa，汽油机3～5MPa。导致活塞侧压力增大，加速活塞表面磨损，引起活塞变形。

高速：在做往复运动时，活塞还承受本身所产生的往复惯性力和侧压力。活塞由于受到上述周期性变化的燃气压力和惯性力的作用，各个部分就产生交变的拉伸、压缩和弯曲应力，使活塞容易变形。

c．活塞的材料及要求。

要求：活塞的质量要小，可以减小惯性力；热膨胀系数要小，减小受热时的变形；导热性好，防止活塞过热，发生损坏；耐磨性好，防止在往复运动中过快磨损。

材料：常用铝合金制造，质量小，导热性好，但是热膨胀系数大，高温下，强度和硬度下降很快。有的柴油机采用高级铸铁或耐热钢制造。

d．活塞的结构形式。

根据所起作用的不同，可将活塞分为顶部、头部和裙部（图1-10）。

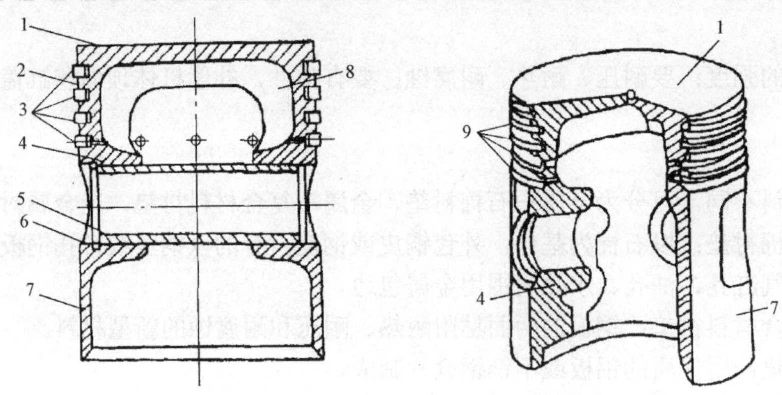

1—活塞顶；2—活塞头；3—活塞环；4—活塞销座；
5—活塞销；6—活塞销卡环；7—活塞裙；8—加强肋；9—环槽

图 1-10　活塞的基本结构

e．活塞顶部。

活塞顶部指活塞的顶面，它承受气体压力，并组成燃烧室（图 1-11）。

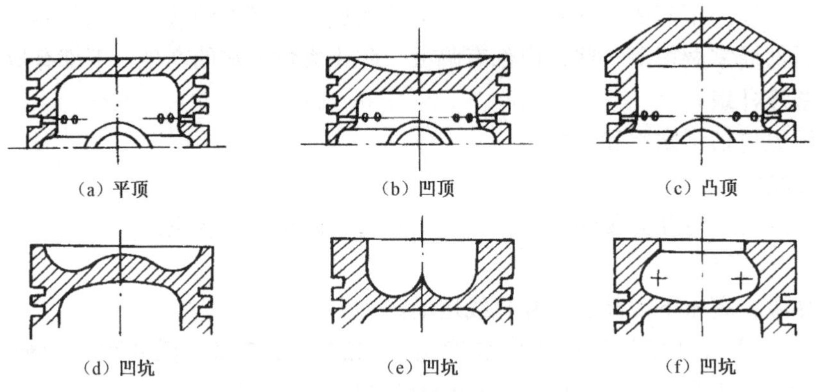
(a) 平顶　(b) 凹顶　(c) 凸顶
(d) 凹坑　(e) 凹坑　(f) 凹坑

图 1-11　汽油机活塞顶部

多采用平顶，有些采用凹顶，二冲程汽油机多用凸顶。

平顶：吸热面积小、制造工艺简单；凹顶：改善混合气形成和燃烧、调节压缩比。

1.2.3　配气机构的功用和组成

1．配气机构的功用

按照发动机的工作顺序和工作循环的要求，定时开启和关闭各缸的进、排气门，使新鲜可燃混合气或空气得以及时进入气缸，废气得以从气缸及时排除。

2．配气机构的类型

（1）气门布置形式。

气门顶置式、气门侧置式。

（2）凸轮轴布置位置。

凸轮轴上置式、凸轮轴下置式、凸轮轴中置式。

（3）气门驱动形式。

直接驱动式、摇臂驱动式。

（4）每缸气门数及其排列方式。

两气门式、多气门式、顶置式、侧置式。

（5）凸轮轴传动方式。

齿形带传动式、齿轮传动式、链传动式。

3. 配气机构的组成与传动过程

典型的凸轮轴中置、气门顶置、摇臂驱动式配气机构组成见图1-12。

其传动过程为：曲轴→凸轮轴→挺杆→推杆→摇臂→气门。

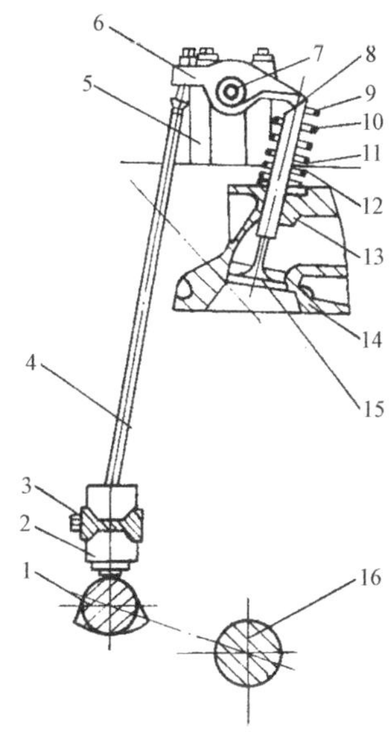

1—凸轮轴；2—气门挺杆；3—挺杆导向体；4—推杆；5—摇臂轴承座；6—摇臂；7—摇臂轴；8—气门弹簧座；9—气门间隙；10—气门锁片；11—气门油封；12—气门弹簧；13—气门导管；14—气门座；15—气门；16—曲轴

图1-12 配气机构的基本组成

4. 气门间隙

（1）气门间隙的功用。

气门间隙的功用是补偿气门受热后的膨胀量。发动机冷机状态装配时，在不装用液力挺杆的配气机构中，气门组与气门传动组之间必须留有一定的间隙，这一间隙称气门间隙。在凸轮轴通过摇臂间接驱动气门开启的配气机构中，气门间隙是指摇臂与气门杆尾部之间的间隙。在凸轮轴直接驱动气门开启的配气机构，气门间隙是指凸轮与挺杆之间的间隙。

在装有液力挺杆的配气机构中，由于液力挺杆能自动“伸长”或“缩短”，以补偿气门的热胀冷缩，所以不需留气门间隙。

在发动机的使用过程中，气门间隙的大小会发生变化。如果气门间隙过小或没有气门间隙，就会导致发动机工作时气门关闭不严而漏气；若气门间隙过大，不仅会造成配气机构产生异响，而且气门开启升程和开启持续角度也会减小，影响发动机的进排气过程。因此，在发动机维修中，经常需要检查调整气门间隙。

（2）气门间隙的检查与调整。

气门间隙的检查与调整必须在气门完全关闭状态时进行。在检查与调整气门间隙之前，必须分析判断各气缸所处的工作行程，以确定可调气门。其基本原则是：处于压缩上止点的气缸，进气门和排气门均可调；处于排气行程上止点的气缸，进气门和排气门均不可调；处于进气行程和压缩行程的气缸，排气门可调；处于做功行程和排气行程的气缸，进气门可调。

气门间隙必须在规定的冷机或热机状态下调整到标准值。各车型气门间隙有不同的标准，几种常见车型的气门间隙见表 1-1。

（3）检查与调整气门间隙的步骤。

确定第 1 缸压缩上止点位置。多数发动机都有点火正时标记，只要转动曲轴对正标记，即说明第 1 缸处于上止点位置；是否是压缩上止点，还需用辅助方法判断，如：观察分电器分火头位置、气门状态、顶置凸轮轴发动机的凸轮位置等。

表 1-1 几种常见车型发动机的气门间隙 （mm）

发动机型号	冷机时气门间隙		热机时气门间隙	
	进气门	排气门	进气门	排气门
CA6102 发动机	0.20～0.25	0.20～0.25	—	—
EQ6100-1 型发动机	0.45～0.50	0.55～0.60	0.20～0.25	0.20～0.30
上海桑塔纳轿车 1.6L 发动机	0.15～0.25	0.35～0.45	0.20～0.30	0.40～0.50
天津夏利轿车三缸发动机		—	0.20	0.20
广州本田雅阁轿车发动机	0.24～0.28	0.28～0.32	—	—

按“双排不进”的规律快速确定可调气门。以 CA6102 发动机（点火顺序为 1-5-3-6-2-4）为例，根据该发动机的做功循环表可知，当第 1 缸处于压缩上止点时，第五缸处于压缩行程初始阶段，第 3 缸处于进气行程，第 6 缸处于排气上止点位置，第 2 缸处于排气行程，第 4 缸处于做功行程后期。再由检查与调整气门间隙的基本原则可确定：第 1 缸的“双”气门可调，第 5 缸和第 3 缸的“排”气门可调，第 6 缸的两气门均“不”可调，第 2 缸和第 4 缸的“进”气门可调。旋转曲轴一圈（360°），第 6 缸处于压缩上止点时，同理可确定：第 6 缸的“双”气门可调，第 2 缸和第 4 缸的“排”气门可调，第 1 缸的两气门均“不”可调，第 5 缸和第 3 缸的“进”气门可调。

按“双排不进”规律确定可调气门，多缸发动机均可分两次对全部气门的间隙进行检查与调整。多缸发动机可调气门见表 1-2。

表 1-2 多缸发动机可调气门

发动机类型	活塞处于上止点的气缸	可调气门对应气缸				点火顺序	气缸由前至后排列序号
		双	排	不	进		
直列三缸	1 缸压缩上止点	1	2	—	3	1→2→3	1→2→3
	1 缸排气上止点	—	3	1	2		
直列四缸	1 缸压缩上止点	1	3	4	2	1→3→4→2	1→2→3→4
	4 缸压缩上止点	4	2	1	3		

续表

发动机类型	活塞处于上止点的气缸	可调气门对应气缸				点火顺序	气缸由前至后排列序号
		双	排	不	进		
直列五缸	1缸压缩上止点	1	2	4、5	3	1→2→4→5→3	1→2→3→4→5
	1缸排气上止点	4、5	3	1	2		
直列六缸	1缸压缩上止点	1	5、3	6	2、4	1→5→3→6→2→4	1→2→3→4→5→6
	6缸压缩上止点	6	2、4	1	5、3		
V型六缸	1缸压缩上止点	1	6、5	4	3、2	1→6→5→4→3→2	左：1→3→5 右：2→4→6
	4缸压缩上止点	4	3、2	1	6、5		
V型八缸	1缸压缩上止点	1	5、4、2	6	3、7、8	1→5→4→2→6→3→7→8	左：1→2→3→4 右：5→6→7→8
	6缸压缩上止点	6	3、7、8	1	5、4、2		

对可调气门的气门间隙进行检查与调整。多数发动机的气门间隙都采用装在摇臂上的调整螺钉来调整，如图 1-13 所示，将与规定气门间隙相等的塞尺插入可调气门的气门间隙中，用手前、后移动塞尺，如能感到有适当的阻力，说明气门符合标准。若移动塞尺时，感觉无阻力或阻力过大，应松开锁紧螺母，转动调整螺钉，直到气门间隙符合规定后，再将锁紧螺母拧紧。

有些无摇臂总成的发动机，可通过改变挺杆内的垫片厚度来调整气门间隙。气门间隙调整后应进行验证性检查，以保证调整无误。

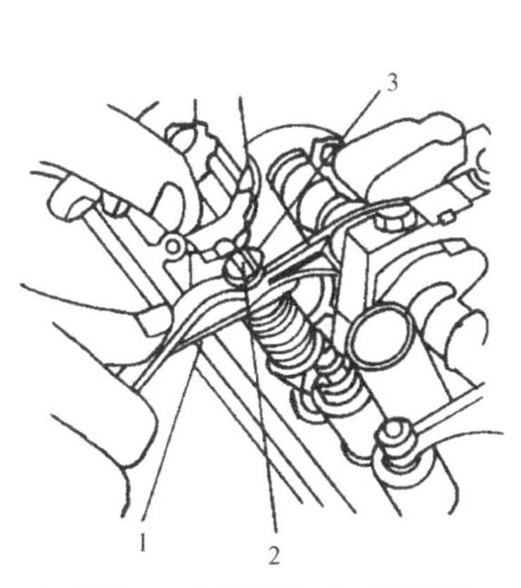

1—塞尺；2—调整螺钉；3—锁紧螺母

图 1-13　检查调整气门间隙

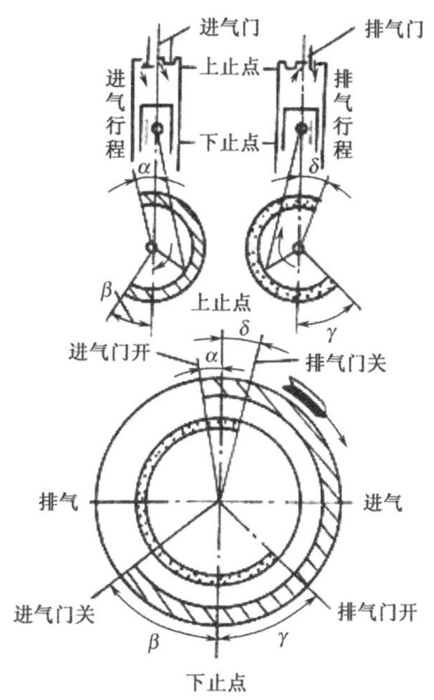

图 1-14　发动机的配气相位

5. 配气相位

实际发动机的工作中，为使进气充分、排气干净，进气门和排气门均存在早开晚关的情况，进气门和排气门的开启持续时间也大于 180° 曲轴转角。发动机进气门、排气门实际开启或关闭的时刻和开启持续时间，称为配气相位，通常用曲轴转角来表示。发动机的配气相位如图 1-14 所示。

（1）进气门的配气相位。

实际发动机工作过程中，进气门是在活塞运行到排气行程上止点之前开始打开的，而在活塞运行到进气行程下止点之后才关闭。从进气门开始开启到活塞运行到上止点，曲轴转过的角度称为进气门提前开启角，用α表示，一般α为 10°～30°。从活塞位于进气行程下止点到进气门完全关闭，曲轴转过的角度称为进气门的迟后关闭角度，用β表示，一般β为 40°～80°。

由于进气门提前开启和迟后关闭，进气门实际开启的持续时间为α+180°+β。

（2）排气门的配气相位。

实际发动机工作过程中，排气门是在活塞运行到做功行程下止点之前开始打开的，而在活塞运行到排气行程上止点之后才关闭。从排气门开始开启到活塞运行到下止点，曲轴转过的角度称为排气门提前开启角，用γ表示，一般γ为 40°～80°。从活塞位于排气行程上止点到排气门完全关闭，曲轴转过的角度称为排气门的迟后关闭角度，用δ表示，一般δ为 10°～30°，由于排气门提前开启和迟后关闭，排气门实际开户的持续时间为γ+180°+δ。

活塞处于排气行程上止点附近时，由于进气门的提前开启和排气门的迟后关闭，存在进气门和排气门同时开启的现象，称为气门叠开。气门叠开过程中，曲轴转过的角度称为气门叠开角。气门叠开角等于α+δ。

6．配气机构主要机件的构造

（1）气门组。

a．组成。

气门组结构如图 1-15 所示，有的进气门还设有气门旋转机构。

b．要求。

气门头部与气门座贴合严密；气门导管与气门杆导向良好；气门弹簧两端与气门杆的中心垂直；气门弹簧的弹力足够。

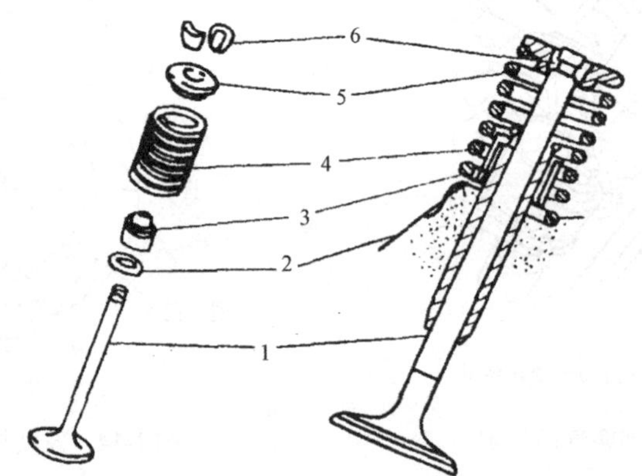

1—气门；2—气门弹簧垫；3—密封罩；4—气门弹簧；5—弹簧上座；6—锁片

图 1-15　气门组

（2）气门。

a．气门的工作条件。

气门工作温度很高（进气门：300～400℃，排气门：600～800℃），承受气缸压力、弹簧力、传动组零件惯性力，冷却和润滑条件差、易受腐蚀。

b．气门的材料。

足够的强度、刚度及耐热、耐磨能力。进气门：合金钢（铬钢或镍铬钢）；排气门：耐热合金钢（硅铬钢）。有的排气门头部用耐热合金钢；杆部用铬钢。

（3）气门构造（见图1-16）。

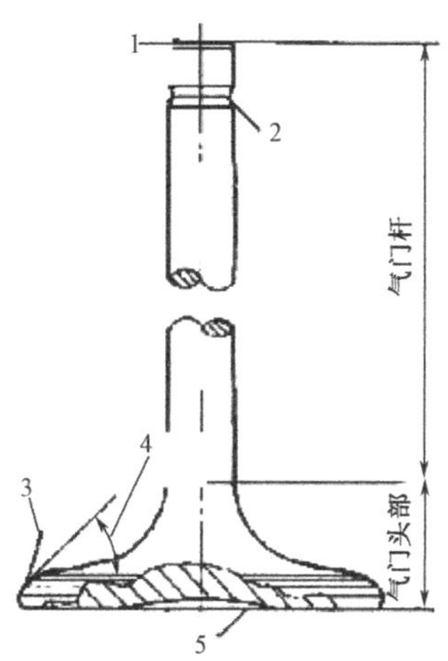

1—气门尾端面；2—气门锁夹槽；3—气门锥面；4—气门锥角；5—气门顶面

图1-16 气门结构

a．气门顶面（见图1-17）。

平顶：结构简单、制造方便、受热面积小、质量小；目前应用最多。进排气门均可用。

凹顶：头部与杆部有较大的过渡圆弧，可以减小进气阻力；头部弹性较大，能较好适应气门座圈的变形。适用于进气门，不宜用于排气门。

凸顶：头部刚度大，排气阻力小；但受热面积大，质量大，加工较复杂。适用于排气门。

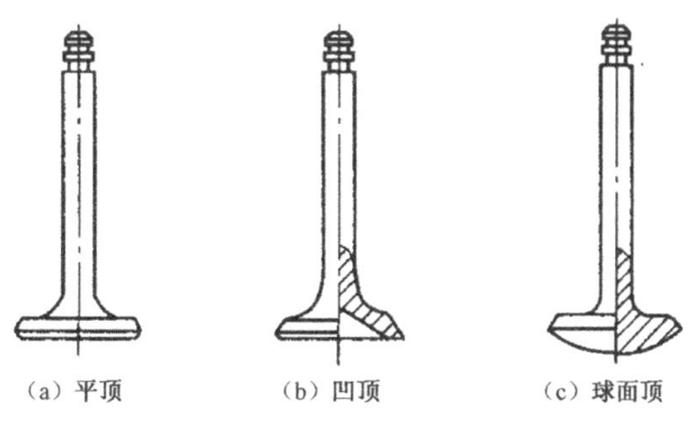

（a）平顶 （b）凹顶 （c）球面顶

图1-17 气门顶面

b．气门锥面（见图1-18）。

气门锥角：气门锥面与气门顶面之间的夹角。一般为45°，少数进气门为30°。

较小气门锥角：气门通过断面较大，进气阻力较小，可以增加进气量。但气门头部边缘较薄，刚度较差，致使密封性变差。

较大气门锥角：可提高气门头部边缘的刚度，气门落座时有较好的自动对中作用及较大的接触压力。有利于密封与传热及挤掉密封锥面上的积炭。

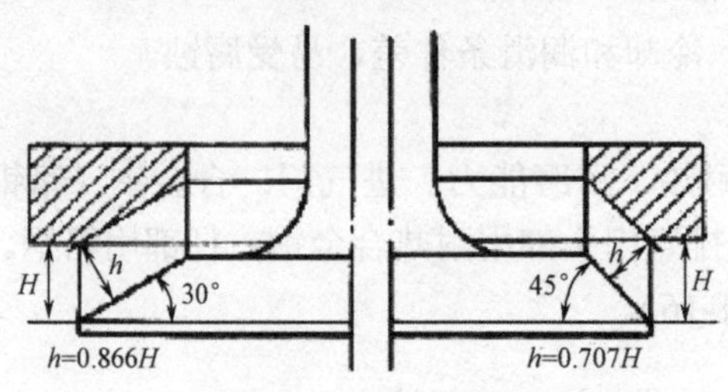

图 1-18 气门锥面

c．每缸气门数。

两气门：进气门比排气门大，减小进气阻力，增大进气量。

多气门：现代高性能汽车发动机普遍采用每缸三、四、五个气门。

d．气门座与气门座圈。

与气门配合对气缸起密封作用，接受气门传来的热量进行散热。

工作条件：工作温度很高，承受频率极高的冲击载荷，容易磨损。

气门座圈材料（铝气缸盖和多数铸铁缸盖）：合金铸铁、粉末冶金、奥氏体钢。部分铸铁缸盖不镶气门座圈。

e．气门导管。

气门导管的功用：对气门的运动导向，保证气门作直线往复运动，使气门和气门座能正确贴合，将气门杆接受的热量部分传给气缸盖。

气门导管的工作条件：工作温度较高，润滑条件较差（靠配气机构飞溅机油润滑），容易磨损。

材料：灰铸铁，球墨铸铁，铁基粉末冶金。

气门导管结构：与气缸盖承孔过盈配合，有的发动机不设气门导管。有的气门导管设有卡环槽，防松落。有的排气气门导管设有排渣槽以清除沉积物和积炭。

f．气门弹簧。

气门弹簧的功用：保证气门关闭时能紧密地与气门座贴合；克服在气门开启时配气机构产生的惯性力；使传动件始终受凸轮控制而不相互脱离。

气门弹簧的工作条件：承受交变载荷，为保证其可靠的工作，应具有合适的刚度和足够的抗疲劳强度。避免弹簧锈蚀，两端面必须磨光并与轴线垂直。

材料：优质冷拔弹簧钢丝，如高碳锰钢、铬钒钢等并经热处理，钢丝表面抛光处理，表面镀锌、磷化。

气门弹簧结构（见图 1-19）：有等螺距圆柱形螺旋弹簧，变螺距气门弹簧，双气门弹簧。

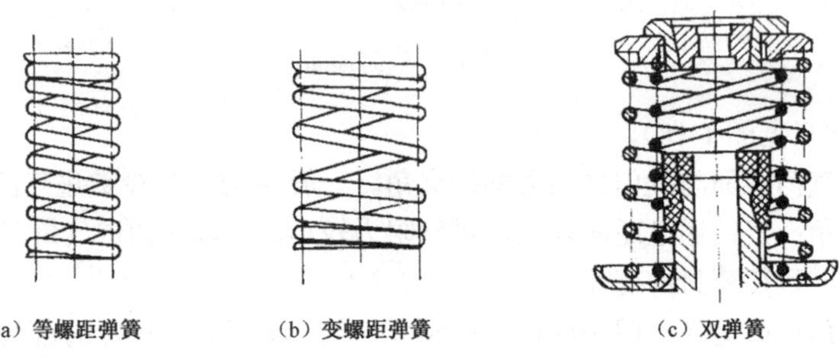

图 1-19 气门弹簧形式

（4）气门传动组。

a．气门传动组组成。

凸轮轴下置式：凸轮轴、挺柱、推杆、摇臂和摇臂轴等。

凸轮轴中置式：凸轮轴、挺柱、摇臂和摇臂轴等。

凸轮轴顶置直接驱动气门式：凸轮轴、挺柱等。

b．凸轮轴的功用。

配置有各缸进、排气凸轮，使气门按一定的工作次序和配气相位及时开闭。

c．凸轮轴的工作条件及材料。

工作条件：承受周期性的冲击载荷，表面磨损比较严重。

要求：要求表面耐磨，足够韧性刚度，由优质碳钢或合金钢锻造，用合金铸铁或球墨铸铁铸造，凸轮表面经热处理后磨光。

d．凸轮轴结构。

四缸发动机凸轮轴（见图 1-20）。

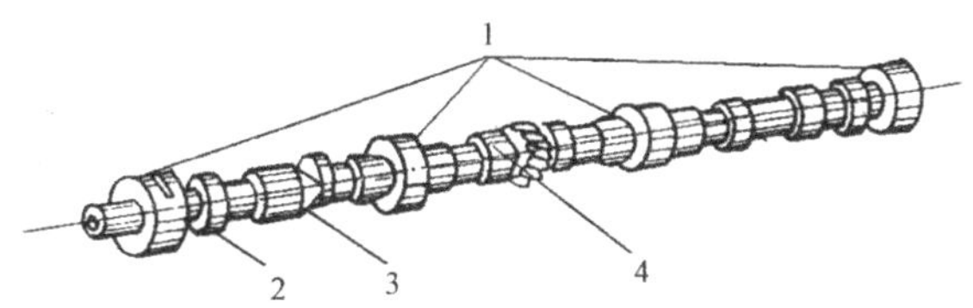

1—轴颈；2—凸轮；3—偏心轮；4—螺旋齿轮

图 1-20　凸轮轴的构造

凸轮轮廓（见图 1-21）：控制进排气门开闭时刻、持续时间及开闭的速度。

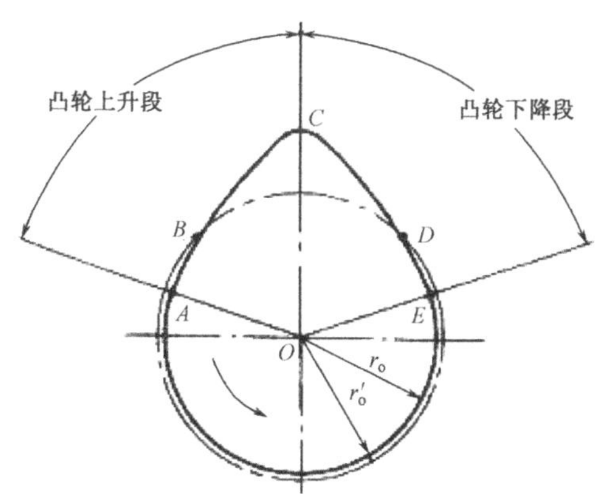

图 1-21　凸轮轮廓

同名凸轮的相对位置（见图 1-22）：与凸轮轴的旋转方向、发动机点火顺序、气缸数、做功间隔角有关。

四缸机发火顺序：1-3-4-2；做功间隔角：180° 曲轴转角 90°（凸轮轴转角）；同名凸轮夹角 90°。

六缸机发火顺序：1-5-3-6-2-4；做功间隔角：120° 曲轴转角 60°（凸轮轴转角）；同名凸轮夹角 60°。

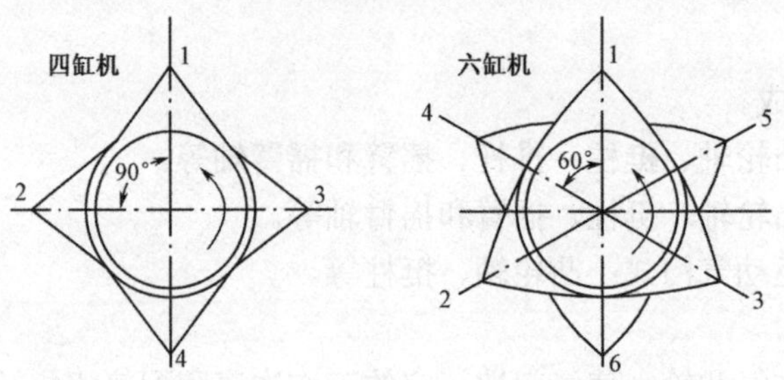

图 1-22 同名凸轮的相对位置（图中数字为各缸编号）

e．挺柱。

挺柱的功用：是凸轮的从动件，将来自凸轮的运动和作用力传给推杆或气门。

挺柱的工作条件：摩擦和磨损都相当严重，承受凸轮侧向力而偏磨。

材料：挺柱工作面应耐磨损并应得到良好润滑，碳钢、合金钢、镍铬合金铸铁和冷激合金铸铁。

f．机械挺柱的结构形式（见图 1-23）。

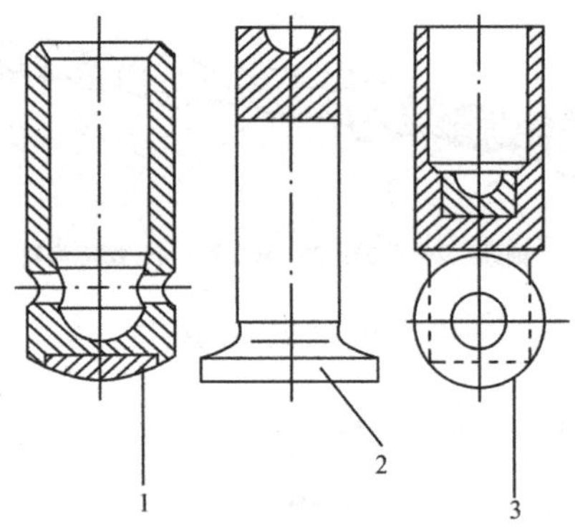

1—球面挺柱；2—平面挺柱；3—滚子挺柱

图 1-23 机械挺柱的结构形式

g．液压挺柱（见图 1-24）。

它可以做到零气门间隙，但结构复杂，加工精度高，磨损后无法调整，只能更换。

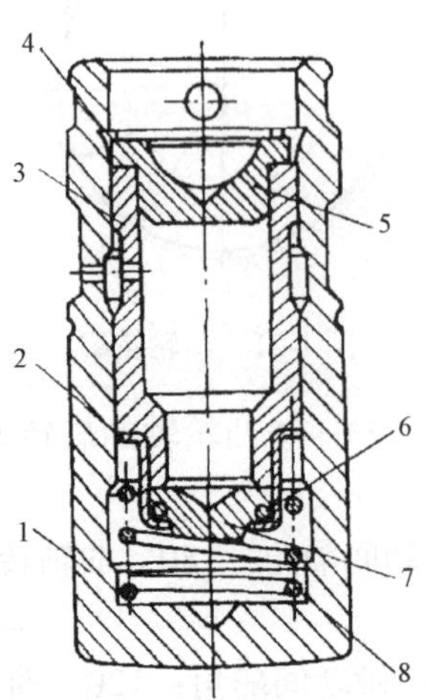

1—挺柱体；2—单向阀架；3—柱塞；4—卡环；5—支承座；6—单向阀碟形弹簧；7—单向阀；8—柱塞弹簧

图 1-24 发动机液压挺柱

h．摇臂。

摇臂的功用：将推杆或凸轮传来的运动和作用力，改变方向传给气门使其开启。

工作条件：承受很大弯矩、足够强度、足够刚度、较小质量。

材料：锻钢、铸铁、铝合金。

摇臂结构如图 1-25 所示，图中也显示了与其他零部件的连接关系。

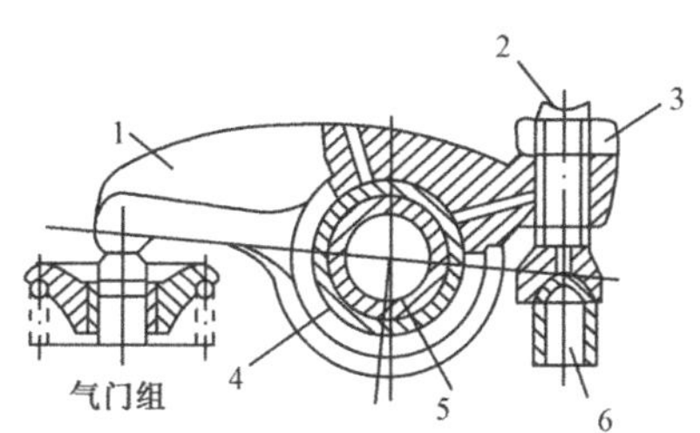

1—摇臂；2—气门间隙调整螺钉；3—锁紧螺母；4—摇臂衬套；5—摇臂轴；6—推杆

图 1-25 摇臂结构

1.2.4 汽油机燃料供给系的功用和组成

1．汽油机燃料供给系的功用

发动机的工作情况简称工况，它包括发动机的转速和负荷情况。汽车在行驶过程中牵引力及行驶速度经常需要变化，因此，发动机的运行工况也需随车辆行驶状态的变化做频繁的转换。汽油机在不同的运行工况下对混合气的浓度有着不同的要求。

（1）冷起动工况——要求供给极浓混合气。

发动机启动时转速大约只有 100～150r/min，汽油雾化条件差，特别是在冷起动时，汽油颗粒会附着在进气管壁上形成油膜，不能及时随气流进入气缸内，使气缸内混合气过稀以至无法燃烧。为此，要求供给极浓的混合气，其α值为 0.2～0.6，以保证进入气缸内的混合气中有足够的汽油蒸气，使发动机顺利起动。

冷起动后，发动机温度逐渐升高，直到接近正常值。此为暖机过程中，其间供给的混合气浓度应随温度的升高，逐渐变稀，直到稳定怠速所要求的数值为止。

（2）怠速和小负荷工况——要求供给少而浓的混合气。

怠速是指发动机在对外无功率输出的情况下以最低转速稳定运转，此时混合气燃烧后所做的功，只是用以克服发动机内部的阻力。

怠速工况时，油门踏板处于最高（节气门接近关闭）位置，吸入气缸的可燃混合气不仅数量少，而且其中的汽油雾化蒸发不良，混合气燃烧不完全，排气污染增加。此外，残余废气对新鲜混合气的稀释作用明显，如供给的新鲜混合气不具备足够的浓度，将导致怠速转速不稳，甚至熄火。因此，当汽油机怠速运转时，要求供给少而浓的混合气，其α值为 0.6～0.8。当转入小负荷工况时，新鲜混合气的品质逐渐改善，随着进气量的增多，废气对混合气的稀释作用也逐渐减弱，因而混合气浓度可以减小至α值为 0.7～0.9。随着负荷的逐渐增大，混合气逐渐变稀。

（3）中等负荷工况——要求供给由浓变稀的混合气。

车用发动机在大部分工作时间内处于中等负荷状态，节气门开度一般在 25%～85%的范围内。在中等负荷状态下，进入气缸的混合气增多，废气稀释的影响减小，燃烧条件改善。此时，燃油的经济性要求是首要的，因此，随发动机负荷的增大，应供给由浓变稀的混合气。

（4）大负荷及全负荷工况——要求供给浓混合气。

汽油机在大负荷及全负荷工作时，要求发出足够的功率或扭矩以克服外界阻力（车辆重载爬坡、高速行驶等）。此时，节气门开度达到 85%以上，要求发动机能发出尽可能大的功率。在达到全负荷之前的大负荷范围内所供给的混合气应从以满足经济性要求为主，逐渐转到以满足动力性要求为主。

（5）加速工况——要求供给额外加浓的混合气。

发动机的加速是指节气门迅速开大，负荷迅速增加的过程。要求汽油机的输出功率加大，满足加速过程对动力性的要求。对化油器式或单点喷射的供油系统而言，由于加速时节气门开度突然增大，进气管内气压陡增，而温度却因冷空气的进入而降低，这都导致进气管内的汽油蒸发困难，部分汽油会凝结并保留在进气管内，需要采用加速加浓的方法对混合气浓度进行调节，需额外增加供油量，以满足加速需要。否则不仅达不到增加发动机功率的目的，而且还会出现发动机熄火的现象。对多点喷射的供油系统而言，一般来说在发动机暖机后加速加浓就完全没有必要了。

综上所述，车用汽油机在稳定工况运转时，在中、小负荷工况下，要求能随着负荷的增加供给由浓变稀的混合气。当进入大负荷范围直到全负荷工况下，又要求混合气由稀变浓，最后加浓到能保证发动机发出最大功率。

需要指出的是，以上的论述主要涉及发动机各工况对动力性和经济性的要求，并没有考虑汽油机的排放对混合气浓度的要求；事实上，世界上主要国家对汽油机的排放有着严格的规定，汽油机各工况的混合气浓度还要符合排放法规的要求。试验证明，汽油机排放污染较严重的工况为起动工况、怠速工况和过渡工况。影响发动机排放的因素众多，但其根本原因都是混合气浓，汽油不能完全或接近完全燃烧所致。

2. 电子控制汽油喷射系统

（1）电控汽油喷射系统概述。

汽油喷射：一定数量和压力的汽油经过喷油器直接喷入气缸或进气歧管。

汽油喷射系统：汽油喷射式发动机燃油供给装置的简称，包括燃油系统、空气系统、控制系统。

（2）汽油喷射的优点。

能根据发动机工况的变化供给最佳空燃比的混合气，供入各气缸内的混合气，分配均匀性较好，提高了发动机充气效率，从而增加了发动机的功率和扭矩，减少油耗和改善排放性，发动机冷起动性和加速性较好。

（3）汽油喷射系统的分类。

a．按喷油器安装位置（见图 1-26 与图 1-27）。

单点喷射（SPI）也称节气门体喷射（TBI）和多点喷射（MPI）。

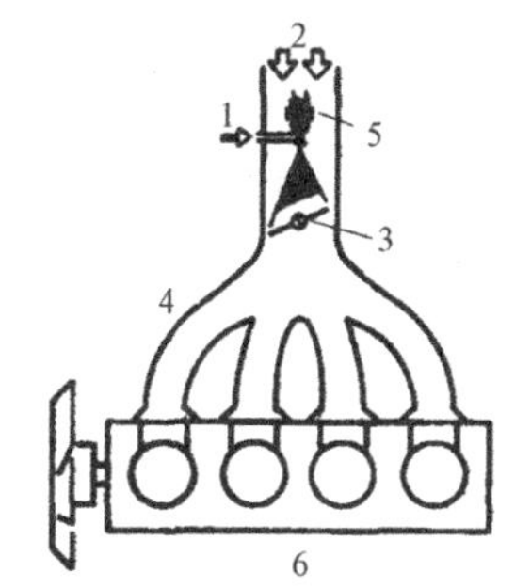

1—汽油；2—空气；3—节气门；4—进气歧管；
5—喷油器；6—发动机

图 1-26 单点喷射示意图

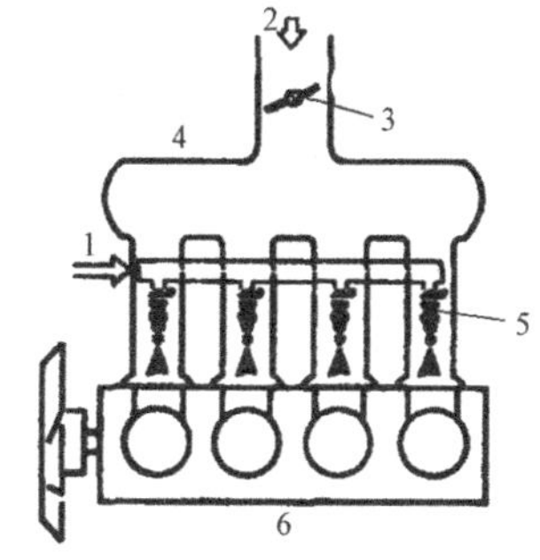

1—汽油；2—空气；3—节气门；4—进气歧管；
5—喷油器；6—发动机

图 1-27 多点喷射示意图

b．按喷射时序（见图 1-28）。

同时喷射：所有喷油器同时喷油。

分组喷射：两个喷油器同时喷油。

顺序喷射：按各缸进气行程的顺序轮流喷射。

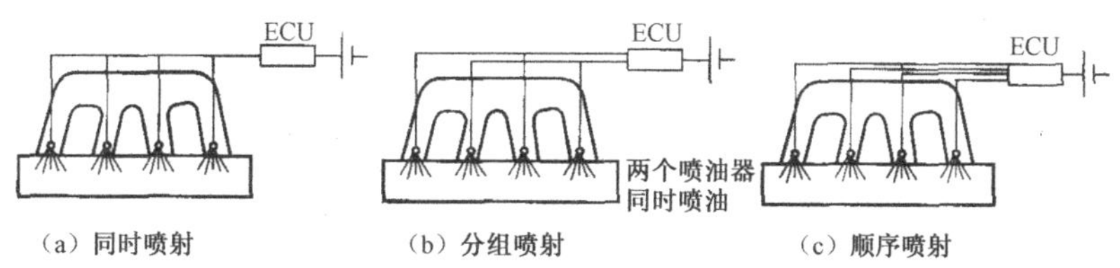

图 1-28 喷油器喷射顺序

c．按喷油方式。

连续喷射：多用于机械式或机电结合式汽油喷射系统，喷油量大小不取决于喷油器。

间歇喷射：广泛应用于现代电控汽油喷射系统，喷油量大小取决于喷油器喷油阀开启时间。

d．按喷射部位。

缸内喷射：汽油直接喷射入气缸内（目前应用少），需要较高喷射压力（约 3～5MPa），喷油器结构和布置比较复杂。

缸外喷射：将喷油器安装在进气管或歧管上，喷射压力低压（约 0.20～0.35MPa）。

e．按控制装置。

机械式汽油喷射系统：汽油的计量是通过机械方式实现的。如 Bosch 公司的 K-Jetronic 系统。

机电结合式汽油喷射系统：汽油的计量是通过机械和电液方式实现的。如 Bosch 公司的 KE-Jetronic 系统。

电控式汽油喷射系统：汽油的计量是通过电控单元和电磁喷油器实现的。如 Bosch 公司的 Motronic 系统。

f．按空气量检测方式。

直接测量式（压力型）：将歧管绝对压力和转速信号输送到 ECU 计算出进气量。如 Bosch 公司的 D-Jetronic 系统。

间接测量式（流量型）：用空气流量计测量进气量。如 Bosch 公司的 L-Jetronic 系统。

（4）汽油机燃油供给系主要机件的构造和工作情况。

燃油供给系统组成（见图 1-29）：燃油泵、燃油滤清器、燃油压力调节器、喷油器、冷起动喷油器、油压脉冲阻尼器等。

燃油供给系统功用：供给喷油器一定压力的汽油，喷油器根据电脑指令喷油。

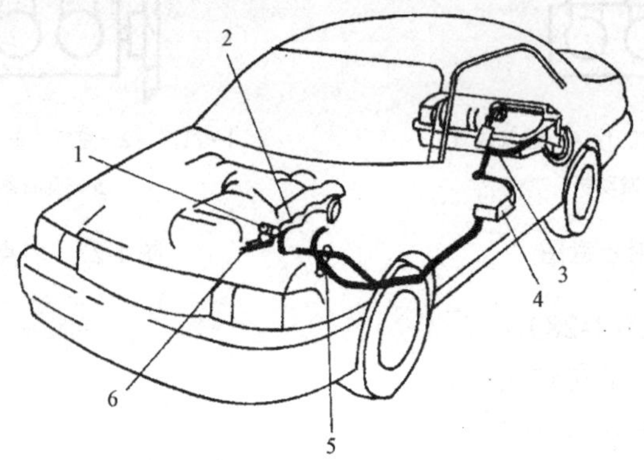

1—燃油压力调节器；2—燃油分配管；3—电动燃油泵；
4—燃油滤清器；5—脉动阻尼器；6—喷油器

图 1-29　燃油供给系统的组成

a．电动燃油泵。

滚柱式电动汽油泵（见图 1-30）。

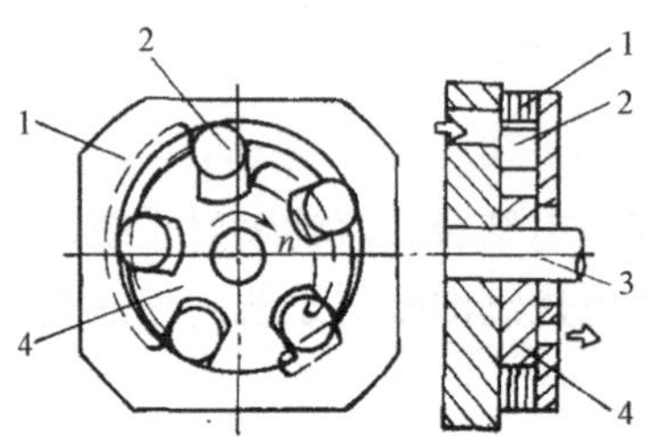

1—泵壳体；2—滚柱；3—转子轴；4—转子

图 1-30　滚柱式燃油泵的工作原理图

工作过程：转子偏心地安装在泵体内，滚柱装在转子的凹槽中。当转子旋转时，滚柱在离心力的作用下紧压在泵体的内表面上；同时在惯性力的作用下，滚柱总是与转子凹槽的一个侧面贴紧，从而形成若干个工作腔。

在汽油泵工作过程中，进油口一侧的工作腔容积增大，成为低压吸油腔，汽油经进油口被吸入工作腔内。在出油口一侧的工作腔容积减小，成为高压油腔，高压汽油从高压油腔经出油口流出。限压阀（溢流阀）的作用是当油压超过 0.45MPa 时开启，使汽油回流到进油口，以防止油压过高损坏汽油泵。在出油口处装设单向止回阀（出油阀），当发动机停机时，止回阀关闭，防止管路中的汽油倒流回汽油泵，借以保持管路中有一定的油压，目的是再起动发动机时比较容易。

特点：运转噪声大、油压脉动大、泵内表面和转子易磨损。

涡轮式电动汽油泵（见图 1-31）。

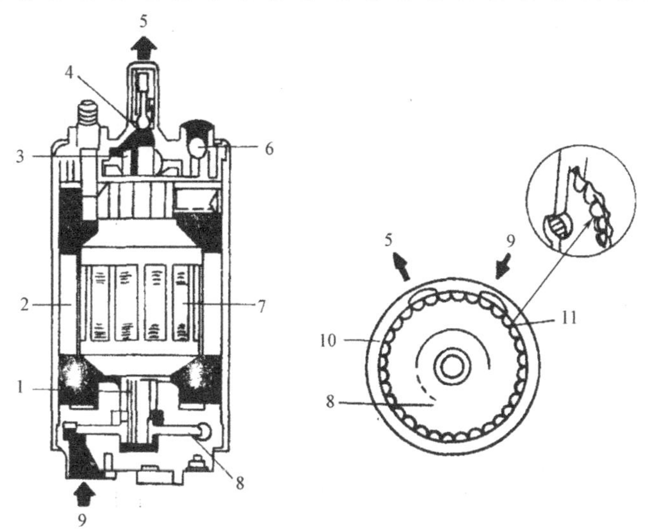

1—前轴承；2—油泵电动机定子；3—后轴承；4—出油阀；5—出油口；6—卸压阀
7—油泵电动机转子；8—叶轮；9—进油口；10—泵壳体；11—叶片

图 1-31 涡轮式电动燃油泵

工作原理：叶轮是一个圆形平板，在平板的圆周上加工有小槽，形成泵油叶片。叶轮旋转时，小槽内的汽油随同叶轮一同高速旋转。由于离心力的作用，使出口处油压增高，而在进口处产生真空，从而使汽油从进口吸入，从出口排出。

特点：运转噪声小、泵油压力高、叶片磨损小、使用寿命长。

b．油压调节器。

油压调节器功用：喷油压力=供油压力−进气管压力，其功用是保持燃油供给系统的压力与进气管压力之差，即喷油压力保持恒定。

油压调节器结构及工作过程（见图 1-32）：当进气管压力减小时，油压调节器中的膜片克服弹簧的弹力向上弯曲，回油阀口开启，汽油经回油口流回汽油箱，使燃油供给系统的压力下降，但两者的压差保持不变。

当进气管压力增大，膜片向下弯曲，将回油阀口关闭，回油终止，燃油供给系统的压力增大，使两者的压差仍然保持不变。

燃油供给系统的压力与进气管压力之差由油压调节器中的弹簧的弹力限定，调节弹簧预紧力即可改变两者的压力差，也就是改变喷油压力。

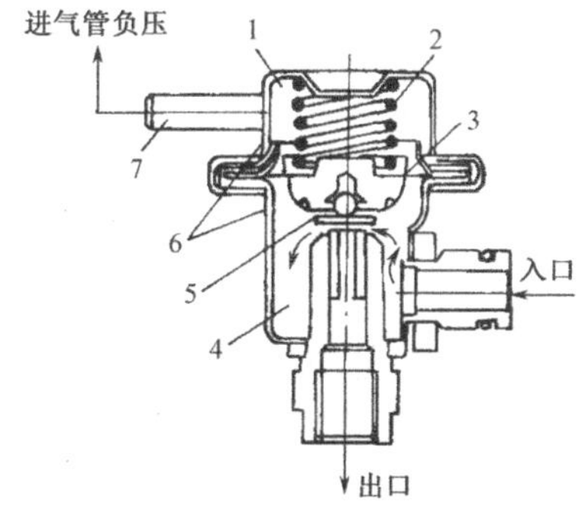

1—弹簧室；2—弹簧；3—膜片；4—燃油室；5—回油阀；6—壳体；7—真空管接头

图 1-32 油压调节器结构

c．喷油器。

喷油器的功用：按电控单元指令将一定数量的汽油适时地喷入进气管内。

喷油器的类型：按喷油口结构分为轴针式、孔式。按线圈电阻值分为高阻（13～16Ω）、低阻（2～3Ω）；按用途分为 MPI 用、SPI 用；按燃料位置分为上端供油式、侧面供油式。

喷油器的结构和工作原理（见图 1-33）。

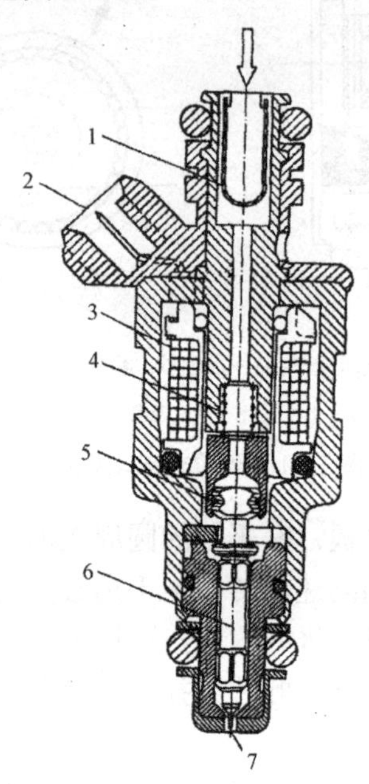

1—滤网；2—电接头；3—线圈；4—弹簧；5—衔铁；6—针阀；7—轴针

图 1-33　喷油器

喷油器相当于电磁阀，通电时电磁线圈产生电磁力，衔铁及针阀吸起，喷油器开启，汽油经喷孔喷入进气道或进气管，断电时电磁力消失，衔铁及针阀在复位弹簧的作用下将喷孔封闭，喷油器停止喷油。

喷油器的通电、断电由电控单元以电脉冲控制。喷油量由电脉冲宽度决定。脉冲宽度=喷油持续时间=喷油量。一般针阀升程约为 0.1mm，而喷油持续时间在 2～10ms 范围内。

冷起动喷油器安装在进气总管上，其功用是在发动机冷起动时喷油，以加浓混合气，改善发动机的冷起动性能。

冷起动喷油器与前述喷油器不同之处主要是采用紊流式喷孔，喷油时将燃油喷成螺旋雾状旋流，有利于燃油的雾化和蒸发。在使用中，冷起动喷油器的检修可参照本节“喷油器的检修”相关内容进行。

冷起动喷油器一般采用安装在冷却水套内的冷起动喷油器正时开关控制，其结构如图 1-34 所示，其控制电路如图 1-35 所示。发动机起动时，点火开关转至“ST”挡，起动继电器线圈通电，触点闭合使蓄电池电压送至冷起动喷油器；正时开关控制冷起动喷油器的搭铁回路，发动机冷起动时，冷起动喷油器搭铁回路接通，冷起动喷油器喷油。发动机起动时，若冷却液温度较高，正时开关则断开冷起动喷油器搭铁回路，冷起动喷油器不喷油。发动机起动后，起动继电器切断冷起动喷油器电源电路，冷起动喷油器停止喷油。

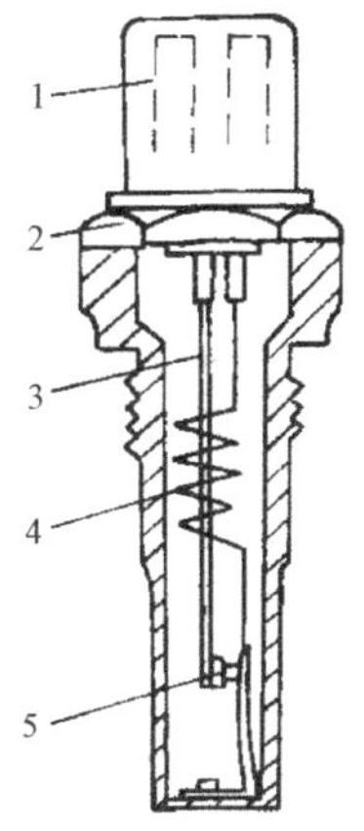

1—线束插接器；2—壳体；3—双金属片；4—加热线圈；5—触点

图 1-34 冷起动喷油器正时开关

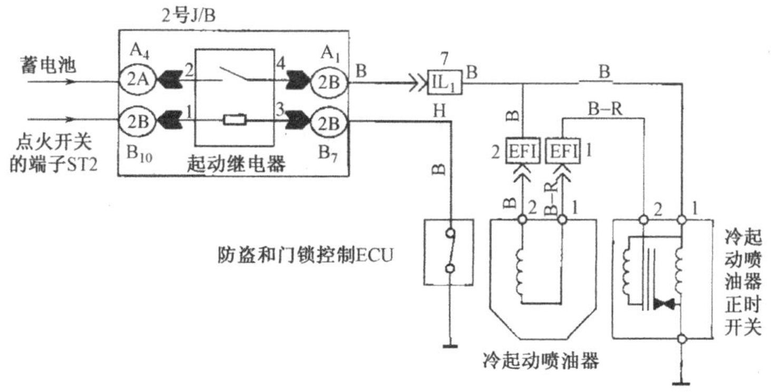

图 1-35 冷起动喷油器控制电路图

冷起动喷油器正时开关的结构如图 1-34 所示。双金属片用不同膨胀系数的两种金属制成，受热变形时则会向膨胀系数较小的一侧弯曲，其下端有一活动触点。冷起动喷油器正时开关内的固定触点通过壳体直接搭铁。冷起动喷油器正时开关安装在气缸体一侧的冷却水套内，冷却液温度低时，双金属片没有变形，冷起动喷油器正时开关内的两触点闭合，接通冷起动喷油器搭铁回路；反之，冷却液温度高时，由于双金属片变形而使正时开关内的两触点断开，冷起动喷油器搭铁回路即被断开。冷起动喷油器正时开关内还装有一个加热线圈，线圈一端通过起动继电器供电，另一端则直接搭铁；当发动机连续起动几次失败后，由于加热线圈通电时间长，双金属片被加热也会使触点断开，冷起动喷油器停止喷油，以免供油过多。

有些发动机的冷起动喷油器的搭铁回路由 ECU 和冷起动喷油器正时开关共同控制，任何一条搭铁回路接通时都可以使冷起动喷油器喷油，加入 ECU 控制的目的主要是修正冷起动喷油器的喷油量。在发动机集中控制系统中，也可取消正时开关，仅由 ECU 控制冷起动喷油器。由于冷起动喷油器向进气总管内喷油，存在各缸供油不均的缺点，目前的发展趋势是取消冷起动喷油器，由各缸喷油器完成冷起动喷油器的任务，即通过异步喷油来改善发动机的冷起动性能。这样不仅可使各缸供油均匀，也可减少控制系统元件（冷起动喷油器）和简化控制系统线路。

燃油分配管将汽油均匀等压输送给各缸喷油器（图 1-36）。因其容积大，故有储油蓄压、减缓油压脉动的作用。

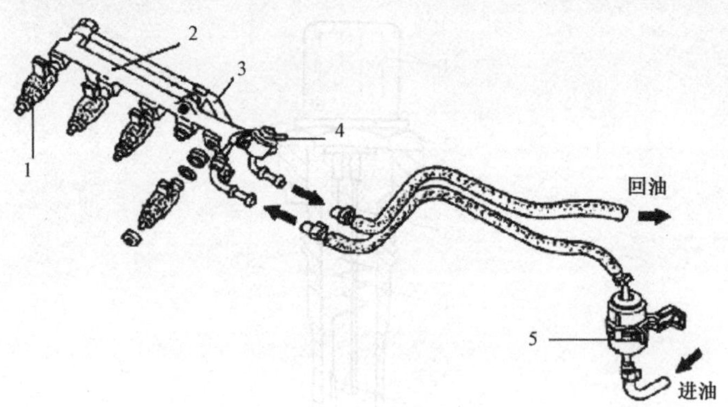

1—喷油器；2—燃油分配管；3—进油管；4—油压调节器；5—燃油滤清器

图 1-36 燃油分配管及各缸喷油器

油压脉冲衰减器功用：衰减喷油器喷油时引起的燃油压力脉动，使燃油系统保持压力稳定。

油压脉冲衰减器原理（见图 1-37）：油压脉动时膜片弹簧被压缩或膨胀，膜片下方的容积略有增大或减小以稳定油压。

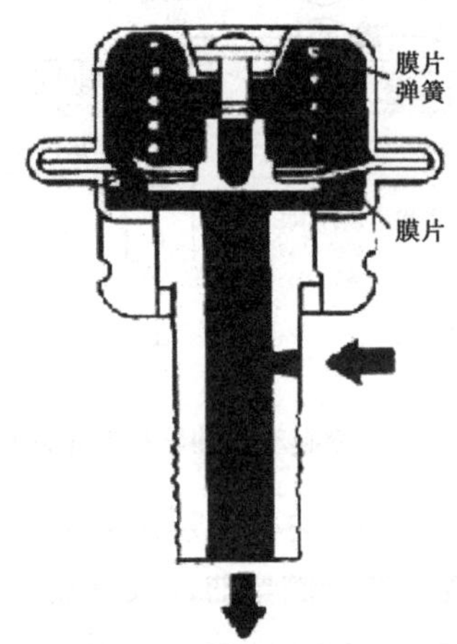

图 1-37 油压脉冲衰减器

1.2.5 柴油机燃料供给系的功用和组成

（1）柴油机燃油供给系的功用。

在适当的时刻，将一定数量的洁净燃油增压后以适当的规律喷入燃烧室。各缸的喷油定时和喷油量相同且与柴油机运行工况相适应。喷油压力、喷注雾化质量及其在燃烧室内的分布与燃烧室类型相适应。在每一个工作循环内，各气缸均喷油一次，喷油次序与气缸工作顺序一致。根据柴油机负荷的变化自动调节循环供油量，以保证柴油机稳定运转，尤其是稳定怠速，限制超速。储存一定数量的燃油，保证汽车的最大续驶里程。

（2）柴油供给系的组成。

柴油机燃料供给系统的组成如图 1-38 所示，主要由燃油供给装置、空气供给装置、混合气形成装置、废气排出装置四部分组成。

a．燃料供给装置。

主要部件：喷油泵、喷油器和调速器等。

辅助装置：燃油箱、输油泵、油水分离器、燃油滤清器、喷油提前器和高、低压油管等。

b．空气供给装置。

空气滤清器、进气管、进气道、增压器等。

c．混合气形成装置。

燃烧室。

d．废气排出装置。

排气道、排气管、消声器等。

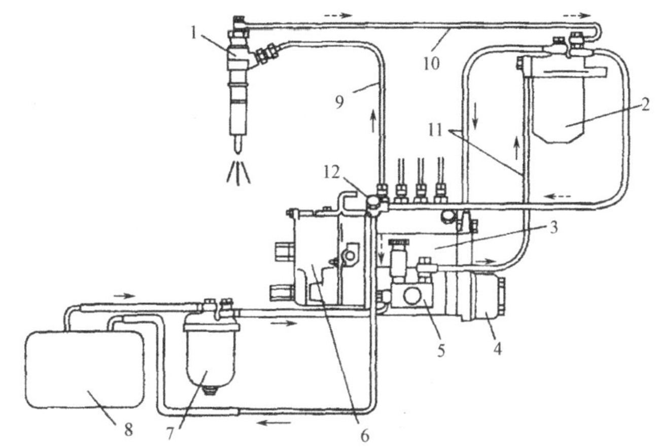

1—喷油器；2—柴油滤清器；3—柱塞式喷油泵；4—喷油提前器；5—输油泵；6—调速器；
7—油水分离器；8—柴油箱；9—高压油管；10—回油管；11—低压油管；12—限压阀

图 1-38 柴油机燃油供给系组成

（3）柴油机燃烧室。

柴油机混合气是在燃烧室内形成的，所以燃烧室的结构形式对混合气的形成和燃烧过程均有直接影响。

根据混合气形成方式及燃烧室结构特点，柴油机燃烧室可分为统一式和分开式两大类。

a．统一式燃烧室。

统一式燃烧室由活塞凹顶与气缸盖底面之间的统一空间所组成，其大部分容积都集中在活塞顶凹坑内。由于柴油直接喷射到燃烧室中，所以这种燃烧室常称作直喷式燃烧室。车用柴油机多采用直喷式燃烧室，常见的形状有ω形、球形、四角形等。

ω型燃烧室如图 1-39（a）所示，它由气缸盖底面和活塞顶内的ω形凹坑及气缸壁组成。这种燃烧室主要是依靠多孔喷雾，使喷注形状与燃烧室形状相符，同时它也利用压缩过程中的挤流作用，在空间形成可燃混合气。ω型燃烧室结构紧凑、热损失小、热效率高、容易起动。由于混合气直接在空间雾化混合，因此燃烧初期同时着火的油量较多，其最高燃烧压力和压力升高率都比较高，噪声大。所以这种燃烧室的柴油机，常采用较小的压缩比来降低最高燃烧压力，以减轻机械负荷。其压缩比一般为 15～18。ω型燃烧室是直喷式燃烧室中应用最多的一种，康明斯 B 系列及斯太尔 WD615 系列柴油机均采用了ω形燃烧室。

球形燃烧室如图 1-39（b）所示，球形燃烧室位于活塞顶部中央，工作时空气通过螺旋气道，形成强烈的进气涡流，加上压缩过程中的挤流作用，使空气在燃烧室内产生很强的涡流运动。当柴油顺气流喷入时，绝大部分燃油被抛附在燃烧室壁面，形成一层薄薄的油膜，只有极少量柴油喷散在空间形成火源，起点燃作用。随着燃烧的进行，燃烧室内温度和空气流速越来越高，保证了柴油以较高的速度蒸发并与空气混合，使燃烧过程得以及时进行。这种混合气形成方式被称为油膜表面蒸发混合。

球形燃烧室在燃烧初期压力升高慢，柴油机工作柔和，噪声小。在燃烧后期，燃烧加快，保证了柴油机有较好的动力性和经济性；其缺点是冷起动困难。

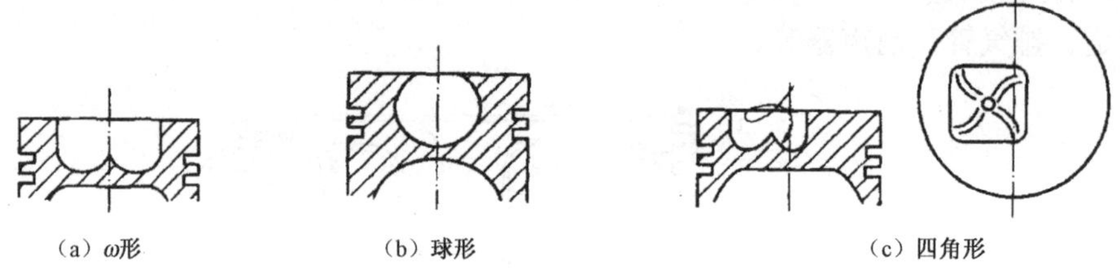

（a）ω形　　（b）球形　　（c）四角形

图 1-39　统一式柴油机燃烧室

四角型燃烧室如图 1-39（c）所示，四角型燃烧室的上部逐渐过渡为四方形。四方形的四个角为圆角，以避免热应力集中和气流死角。由于燃烧室上部呈四方形，因此阻碍了涡流旋转运动，出现了气流运动的“摩擦碰壁”现象。其程度随气流旋转速度的加大而加大，限制了涡流的增强，抑制了燃烧速度和温度的增大，控制了 NOx 的生成量。

b．分开式燃烧室。

分开式燃烧室把燃烧室分隔成两个部分，两者中间由通道连接。根据通道结构的不同及形成涡流的差别，分隔式燃烧室又可分为涡流室式燃烧室及预燃室式燃烧室两种，如图 1-40 所示。

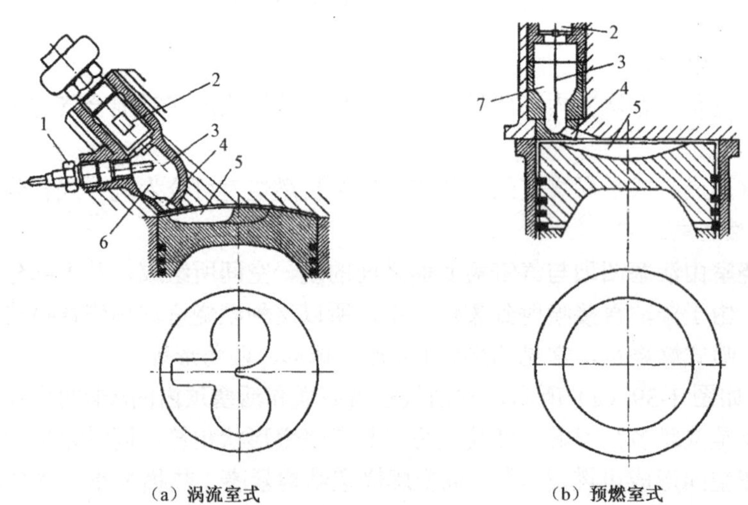

（a）涡流室式　　（b）预燃室式

1—电热塞；2—喷油器；3—喷注；4—通道；5—主燃室；6—涡流室；7—预燃室

图 1-40　分开式燃烧室

涡流室式燃烧室如图 1-40（a）所示，它由在气缸盖内的球形或钟形的涡流室以及在活塞顶部的主燃烧室两部分组成。涡流室容积占燃烧室总容积的 50%～80%。当活塞向上止点

运动时，气缸内被压缩的空气沿着主燃烧室与涡流室连接的切向通道进入涡流室，形成强烈的压缩涡流。喷入涡流室的柴油靠这种强烈的涡流与空气迅速混合，部分柴油在涡流室内燃烧，未燃部分在做功行程初期与高压燃气一起通过切向通道喷入主燃烧室，借助活塞顶的双涡流凹坑形成二次涡流，与空气进一步混合而燃烧。由于转速越高，压缩涡流越强，混合气形成越快，因此，涡流室式燃烧室适用于高速柴油机。

预燃室式燃烧室如图 1-40（b）所示，气缸盖上的预燃室与活塞顶部的主燃烧室，两者之间由一个或几个通道相连。预燃室与涡流室的基本工作原理是不同的。涡流室是利用压缩过程产生的强烈的压缩涡流，加速空气与柴油的混合，并在涡流室内烧去较多的柴油。而预燃室式燃烧室则是先在预燃室内烧去少量柴油，利用燃烧产生的高压将燃油喷入主燃烧室，在主燃烧室内形成强烈的燃烧紊流，促使大部分燃料在主燃烧室与空气混合燃烧。

分开式燃烧室由于燃烧先在副燃烧室内进行，主燃烧室内压力升高要延迟很多，因此气缸内压力升高率明显比直喷式要低。与直喷式相比，它具有噪声小、缸内温度低、NOx 排放量少的特点。分开式燃烧室具有强烈的压缩涡流或燃烧紊流，促进了油和气的良好混合，对喷油系统要求不高。由于燃烧室散热面积较大以及通道的节流损失，因此经济性和起动性较差。为了解决起动困难，需把压缩比适当加大。其压缩比一般为 17～22，并且通常装有起动电热塞。

1.2.6　冷却系的功用和组成

1．冷却系的功用

使发动机得到适度冷却，防止发动机过冷、过热，以保证发动机在正常的温度范围内工作。

2．冷却系的分类

a．风冷却系统（见图 1-41）。

冷却介质是空气，利用气流使散热片的热量散到大气中。

组成：风扇、导流罩、散热片、气缸导流罩、分流板。

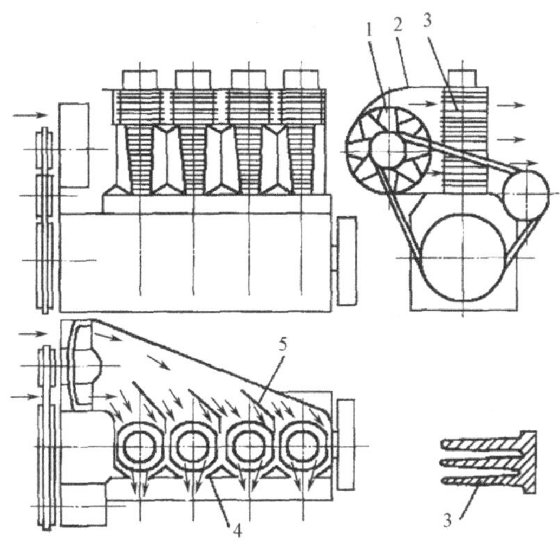

1—风扇；2—导流罩；3—散热片；4—气缸导流罩；5—分流板

图 1-41　风冷却系示意图

工作情况：缸体、缸盖均布置了散热片，气缸、缸盖都是单独铸造，然后组装到一起，缸盖最热，采用铝合金铸造，且散热片比较长，为了加强冷却，保证冷却均匀，装有导流罩、分流板。

分类：采用一个风扇时，装在发动机前方中间位置；采用两个风扇时，分别装在左右两列气缸前端。

特点：结构简单、质量较小、升温较快、经济性好。缺点是难以调节，消耗功率大、工作噪声大。

b．水冷却系统（见图 1-42）。

通过冷却水的不断循环，从发动机水套中吸收多余的热量，并散发到大气中。

组成：水泵、水套、散热器、百叶窗、风扇、分水管、节温器、水温表等。

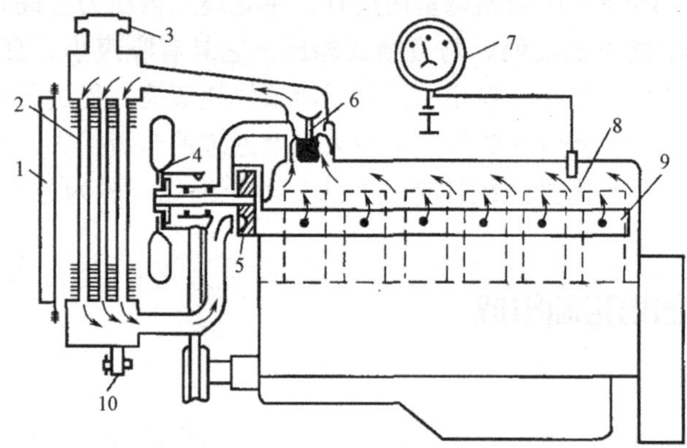

1—百叶窗；2—散热器；3—散热器盖；4—风扇；5—水泵；6—节温器；7—冷却液温度表；8—水套；9—分水管；10—放水阀

图 1-42　水冷却系统的组成

水路循环：通常，冷却水在冷却系内的循环流动路线有两条，一条为小循环，另一条为大循环，如图 1-43 所示。所谓大循环是水温高时，水经过散热器而进行的循环流动；而小循环就是水温低时，水不经过散热器而进行的循环流动，从而使水温很快升高，缩短了暖机过程。冷却水是进行大循环还是小循环，由节温器来控制。

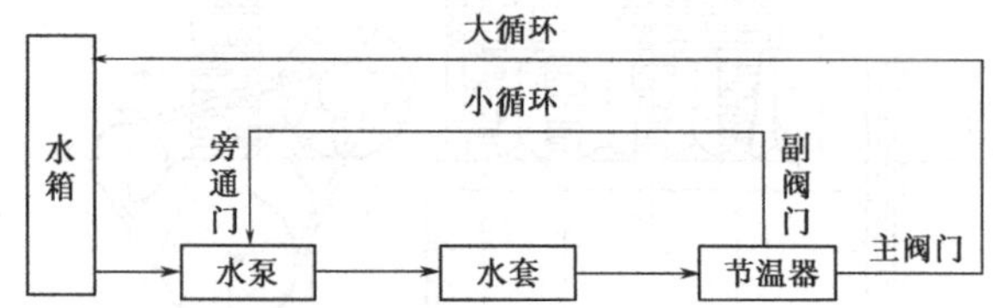

图 1-43　冷却水循环流动路线

3．冷却系的主要部件

（1）水套。

水套就是气缸体内留有的用以流通冷却水的空腔。对水套的要求是各处均保持水流畅通，冷却水从气缸体前端进入，经气缸体上分布的水流孔流入气缸盖，再从气缸盖顶部前端流到散热器。为了保证发动机各部位的温度均匀，冷却水需经过高温部位，并对高温区域加强冷却，所以在一些发动机的水套中插入一根分水管，并在上面从前往后开有多个出水孔。

（2）水泵。

水泵的作用就是把冷却水从散热器底部抽出，然后对冷却水加压，加速冷却水循环流动。由于离心式水泵结构简单、出水量大，当水泵因故障而停止工作时，不妨碍冷却水自然流动，因此，在车用发动机上得到广泛应用。如图 1-44 所示，离心式水泵主要由叶轮 1、壳体 2、水泵轴 3、进水管 4、出水管 5 等组成。当叶轮转动时，水泵进水口 4 进的水被叶轮带动一起旋转，在离心力的作用下，水被甩向叶轮边缘，然后经外壳上与叶轮呈切线方向的出水管压送到发动机水套内。图 1-45 为常见发动机用离心式水泵的结构图。它主要由泵壳 6、泵盖 8、轴承 11、水封 7、叶轮 9 等组成。水封和轴承是水泵中的关键部件，其质量好坏直接关系水泵的可靠性和寿命。

水泵轴支撑在水泵壳内的两个轴承上，叶轮紧固在水泵轴上。泵壳多制成蜗壳形状。进水孔用橡胶管与散热器出水管相连，旁通孔与气缸盖上的出水管连接，小循环时，冷却水由此直接进入水泵。叶轮旋转时，水由泵盖上的出水孔压送到发动机水套内。在叶轮前端有水封装置，防止水沿水泵轴向前渗漏。图 1-45（b）中水封采用陶瓷、石墨摩擦副的结构，其密封性和耐磨性好，使用寿命长。

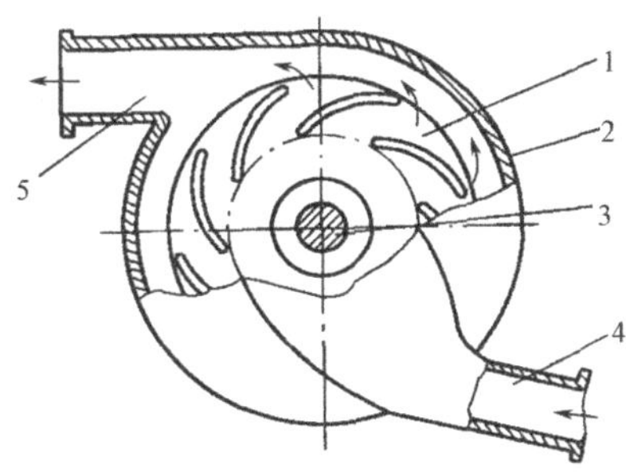

1—叶轮；2—水泵壳体；3—水泵轴；4—进水管；5—出水管

图 1-44　离心式水泵工作原理示意图

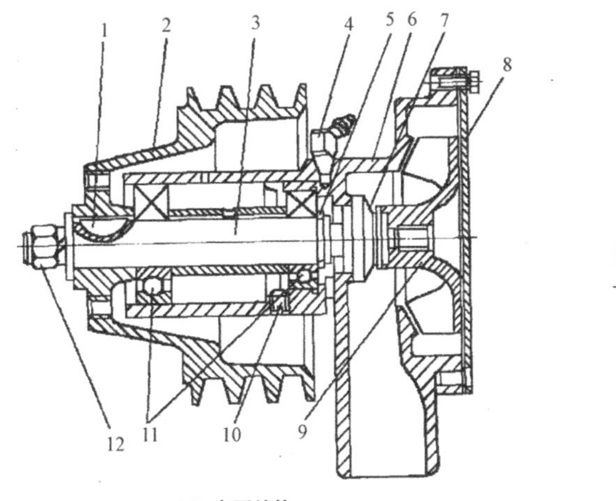

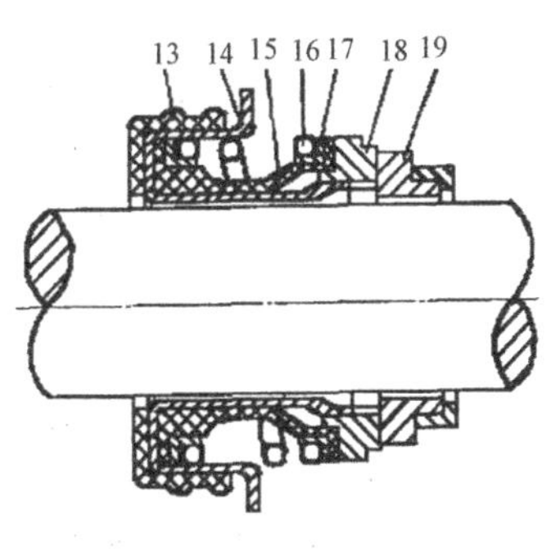

（a）水泵结构　　（b）水封总成

1—半圆键；2—皮带轮；3—水泵轴；4—注油嘴；5—卡环；6—泵壳；7—水封总成；8—泵盖；9—叶轮；10—螺钉；11—轴承；12—锁紧螺母；13—橡胶坐垫；14—壳体；15—橡胶波纹管；16—水封弹簧；17—弹簧座；18—石墨静环；19—陶瓷动环

图 1-45　常见离心式水泵的结构图

水泵轴上装有挡水圈，渗出的水被挡水圈从泵壳上的检视孔甩出，可避免破坏轴承润滑。为了润滑水泵轴承，在水泵壳上装有注油嘴，定期向其中注入润滑脂。

（3）风扇。

风扇的作用是增强散热器的散热能力，增大通过散热器的空气流量和流速。风扇通常安装在散热器后面，与水泵同轴并用螺钉或螺栓固装在水泵轴前端的皮带轮上或凸缘盘上，由曲轴通过皮带来驱动。为了使散热器芯中的冷却水加速冷却，一般风扇的外径略小于散热器的宽度与高度，位置应尽可能与散热器的中心对齐。通过风扇转动，对空气产生轴向吸力，这样空气会加速流动，增强散热效果。

如图 1-46 所示，风扇主要由叶片 1 和连接板 2 组成，风扇的扇风量与风扇的直径、转速、叶片形状、叶片安装角度及叶片数目有关。叶片的数量有 4、5、6 片不等，根据叶片的材料分为塑料风扇和铝合金风扇，叶片与风扇的旋转平面应有 30°～45° 的倾斜面，有的汽车发动机风扇叶片外端冲压成弯曲状。

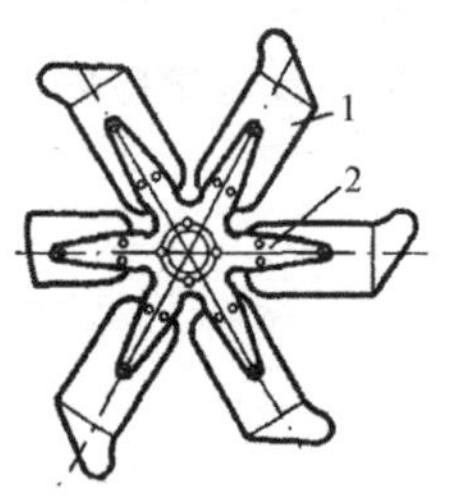

（a）叶尖前弯的风扇

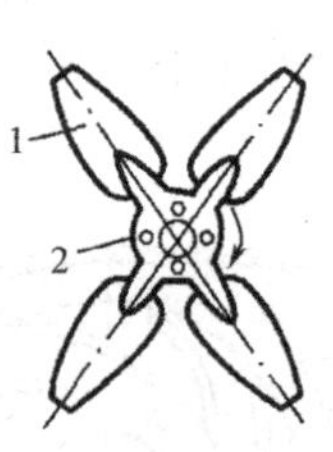

（b）尖窄根宽的风扇

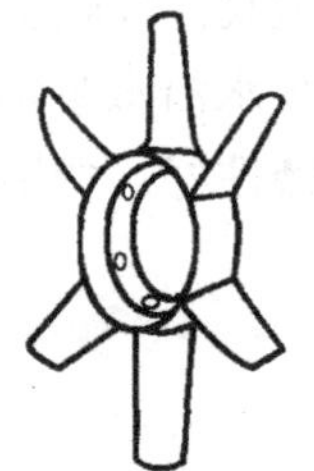

（c）尼龙压铸整体风扇

1—叶片；2—连接板

图 1-46 风扇的结构形式

（4）散热器。

散热器的作用就是将冷却水所含的热量散发到空气中，使冷却水迅速降温，保证发动机的正常水温。散热器的构造如图 1-47 所示，主要由上贮水室 8、下贮水室 2 和散热器芯 6 等组成。冷却水由上贮水室的顶部加入，上、下贮水室分别用软管与发动机上的出水管和水泵的进水管相连接。工作中由水泵把水从散热器下部抽出，压送到水套中，冷却水把发动机的热量带到出水管，从散热器的进水管进入后散热。

散热器芯的构造形式有管片式和管带式。图 1-48 为散热器芯结构示意图。管片式散热器芯由许多冷却管和散热片组成，冷却管一般采用扁圆管，原因是它与圆管相比，容积相同的情况下散热面积更大，抗裂性能较好，当管内冷却水膨胀时，只引起截面变形，不至于将管壁胀裂。管带式散热器芯是采用波纹状的散热带与冷却管相间排列，散热带上沿气流方向切有缝孔，是为了破坏空气流在散热带上形成的附面层，以提高散热能力。

（5）冷却液、补偿水桶与膨胀水箱。

冷却水是用来冷却发动机机体的，为了避免在水套和散热器内沉积水垢，影响冷却效果，造成发动机工作过热，一般使用清洁的含矿物质和盐类少的软水，如雨水、雪水、冷开水等，含矿物质和盐类的硬水，如井水、泉水、自来水等需要软化后才能使用。

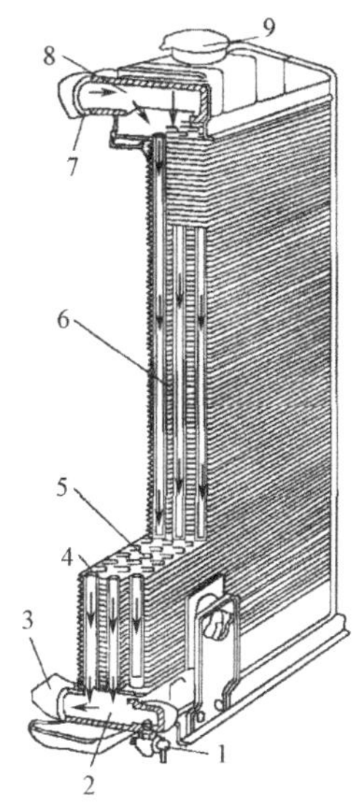

1—放水阀门；2—下贮水室；3—散热器出水管；4—散热片；
5—冷却管；6—散热器芯；7—散热器进水管；8—上贮水室；9—水箱盖

图 1-47 散热器构造

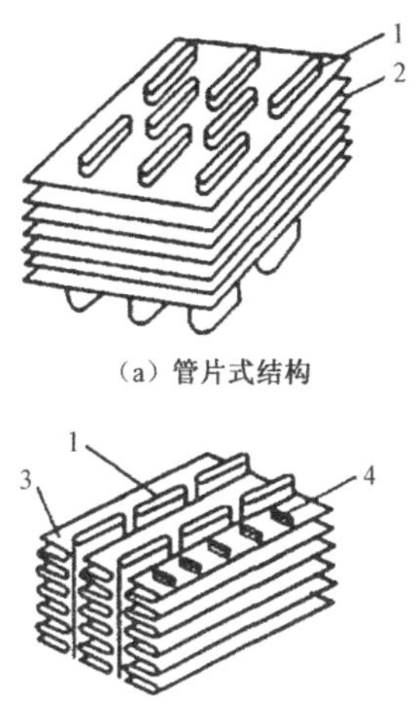

1—冷却管；2—散热片；3—散热带；4—缝孔

图 1-48 散热器芯的结构

冬季冷却水会冻结造成气缸体和气缸盖胀裂的现象。为了防止这种现象发生，一般在冬季长时间停车应放掉冷却水，或在冷却水中加入适量可以降低冰点、提高沸点的防冻液。如乙二醇或酒精等，在防冻液里面再加入一些添加剂，如亚硝酸钠、磷酸三丁酯等，也可以制成长效防锈防冻液。这种冷却液冬季使用时不用放掉，夏季也无须更换，且一般两年更换一次。有些发动机为了减少冷却液的损失，保证发动机的正常工作，在冷却系中加装有补偿水桶或膨胀水箱。如图 1-49 所示，解放 CA6102 型汽车冷却系采用一个散热器泄气管连接在散热器一侧的补偿水箱上。当冷却液在散热器内受热膨胀时，散热器内多余的冷却液便经过泄气管流入补偿水桶，而当散热器内冷却液温度降低后，散热器内产生一定的真空度，补偿水桶中的冷却液又被吸回到散热器内。补偿水桶一般多用透明塑料制成，上面一般标有上、下二条液面高度标记线，便于检查液面高度。水温在 50℃以下时，补偿水桶内液面高度不应低于下标记线（有“D1”或“MIN”的标记）。低于此线需补充，但高度不得高于（标有“GAO”或“MAX”的标记）上标记线。上海桑塔纳轿车 JV 发动机采用的是自动补偿封闭式散热器的结构，其工作原理如图 1-50 所示。

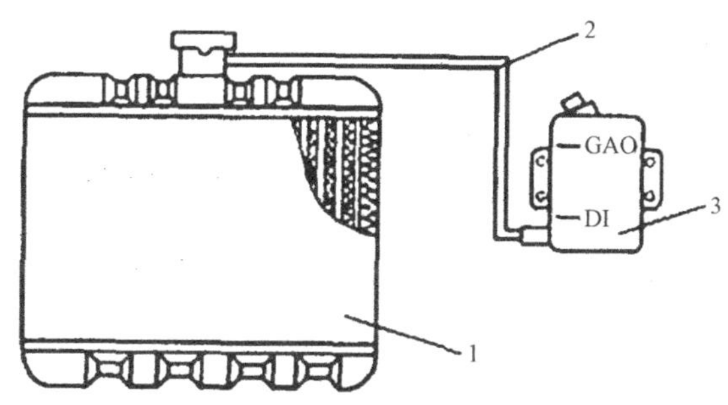

1—散热器；2—橡胶软管；3—补偿水桶

图 1-49 解放 CA6102 型发动机补偿水桶示意图

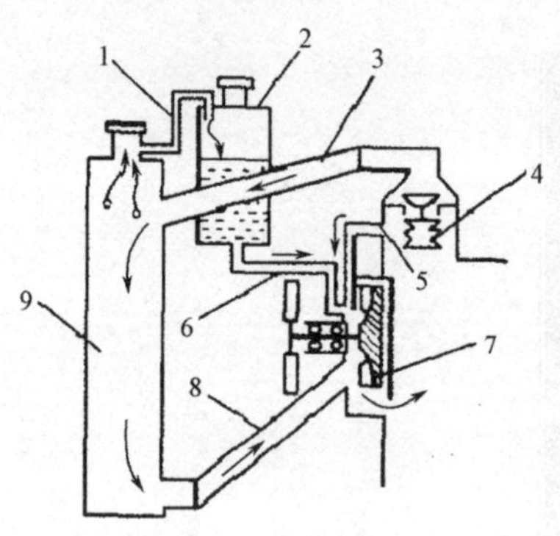

1—散热器出气管；2—膨胀水箱；3—水套出水管；4—节温器；5—旁通管；
6—补充水管；7—水泵；8—水泵进水管；9—散热器

图 1-50 膨胀水箱示意图

（6）节温器。

节温器的作用就是随发动机冷却系水温变化，来改变冷却水的循环路线，自动控制通过散热器的冷却水量，以调节冷却系的冷却强度。

节温器一般装在气缸盖上的出水口处，上海桑塔纳轿车 JV 发动机的节温器则安装在水泵壳上的进水口位置。目前汽车发动机广泛采用蜡式节温器。解放 CA6102 型发动机节温器如图 1-51 所示。推杆 2 的一端固定于节温器上支架 1 的中心处，另一端插入橡胶管 9 的中心孔中。橡胶管与感应体 3 之间形成的腔体内装有石蜡 8。主阀门 4 和侧阀门 6 与感应体连为一体。常温时感应体内的石蜡呈固态，弹簧 5 将主阀门推向上方，使主阀门关闭，侧阀门同时随主阀门上移，离开旁通孔 7。此时水经旁通阀直接流回水泵，进行小循环。当温度升高时，固态的石蜡受热熔化逐渐变成液态，其体积膨胀而压缩胶管，对推杆锥状端头产生推力。由于推杆上端是固定的，推杆对感应体产生向下的反推力，当水温达到 76℃时，推杆对感应体产生的反推力可以克服弹簧的顶紧力，使主阀门向下运动而离开阀座，主阀门开始打开。随着温度逐渐升高，主阀门的开度逐渐增大，相应的旁通阀的开度逐渐减小；当水温超过 86℃时，主阀门全部打开。

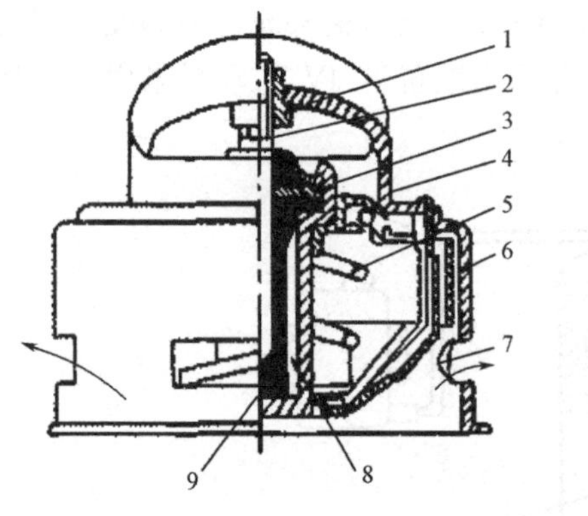

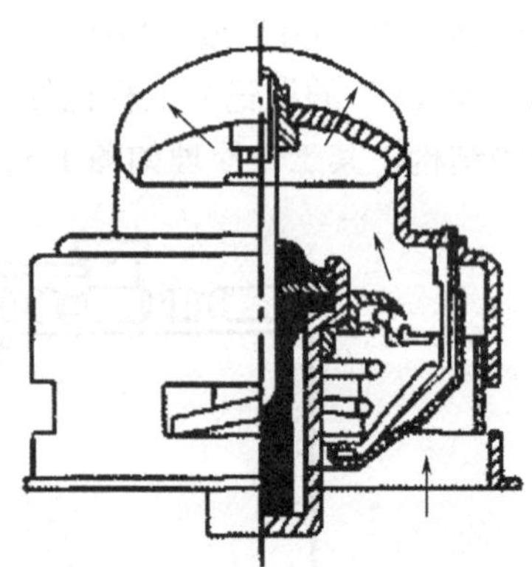

1—上支架；2—推杆；3—感应体；4—主阀门；5—弹簧；6—侧阀门；7—旁通孔；8—石蜡；9—橡胶管

图 1-51 蜡式节温器构造与工作原理

国外有些柴油机都装有两个以上的节温器，如日产的 PD6 型柴油机在回水歧管前装有三个节温器。日产 RD8 型发动机装有两个节温器，其目的是避免水压和水温的急剧变化，防止由于其中一个节温器失效而引起发动机过热。日产 PD6 型发动机的三个节温器，一个是在水温 76℃时开启，达到 90℃时全开；另一个是 82℃时开启，95℃时全开；当水温超过 95℃时第三个节温器才开启，冷却系的小循环通道才全部关闭，冷却水才能全部流经散热器，实行冷却系的大循环。图 1-52 为双阀式节温器结构图。

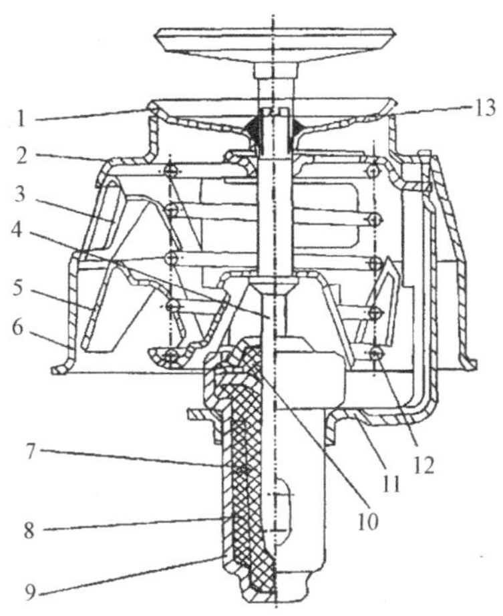

1—主阀门；2—阀座；3—旁通口；4—推杆；5—旁通阀；6—外壳；
7—橡胶管；8—石蜡；9—感应体；10—密封圈；11—支架；12—弹簧；13—旁通孔

图 1-52 双阀式节温器结构图

（7）百叶窗。

汽车发动机一般在散热器前面装有百叶窗用以调整通过散热器的空气流量，如图 1-53 所示。百叶窗由许多活动叶片组成，改变百叶窗的开度，可以调节通过散热器的空气流量，以达到调节冷却强度的目的。百叶窗一般由驾驶员通过驾驶室内的手柄来操纵，也有的发动机采用自动调节装置控制百叶窗的开度。

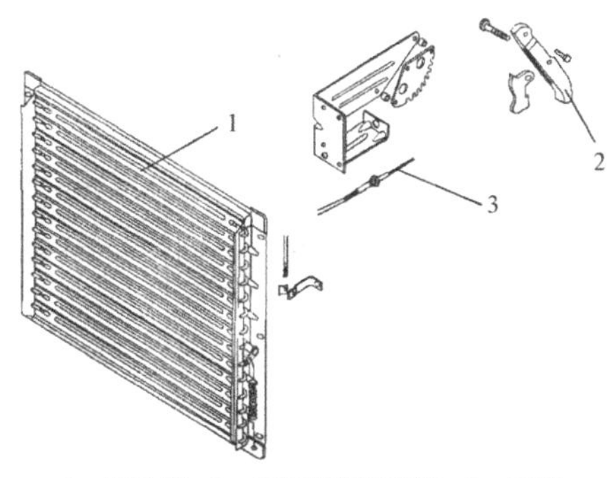

1—百叶窗；2—百叶窗操纵手柄；3—杠杆

图 1-53 百叶窗及操作机构

1.2.7 润滑系的功用和组成

1. 润滑系简介

（1）润滑系功用。

a. 润滑：利用油膜减少机件间的磨损。

b．密封：利用油膜防止燃气的泄露。

c．冷却：润滑油可以吸收热量。

d．清洁防锈：带走金属屑、杂质及酸性物。

e．减震缓冲：利用油膜缓冲振动。

f．液压：兼做液压油，起液压作用。

（2）润滑系的组成。

a．润滑油储存装置：油底壳。

b．润滑油升压装置：机油泵。

c．润滑油滤清装置：集滤器、粗滤器、细滤器。

d．安全和限压装置；限压阀、旁通阀。

e．润滑油冷却装置：机油散热器。

f．润滑系工作检查装置：油压表、油温表、油尺。

（3）CA6102 发动机润滑系统。

CA6102 汽油发动机润滑系统如图 1-54 所示。机油泵 10 采用齿轮式，位于曲轴箱内第一道主轴承座下端，进油口通过油管与集滤器 5 相连。发动机工作时，曲轴正时齿轮（位于曲轴箱内）驱动机油泵运转，润滑油经集滤器 5 被吸入机油泵 10 内，机油泵输出的润滑油分两路：一路经细滤器 7 滤清后又回到油底壳 4；另一路经粗滤器 11 滤清后进入主油道 1，再经分油道到达曲轴主轴颈和凸轮轴轴颈。曲轴内加工有连通主轴颈与连杆轴颈的油道。靠近前后凸轮轴轴颈处的气缸体、气缸盖和摇臂轴支座内设有两条上油道，将主油道内的润滑油输送到摇臂轴内，对摇臂轴进行润滑。摇臂和连杆大头均加工有喷油孔，从摇臂喷油孔喷出的润滑油对摇臂、气门杆、气门导管、推杆进行飞溅润滑，从连杆大头喷出的润滑油对凸轮、挺杆、气缸臂、活塞销进行飞溅润滑。润滑油对各零部件摩擦表面进行润滑后，分别经曲轴主轴承、连杆轴承、凸轮轴轴承、推杆和挺杆导孔等处流回油底壳。

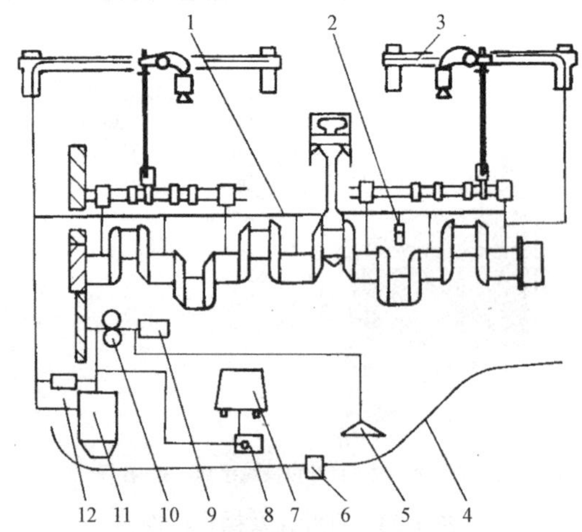

1—主油道；2—调压阀；3—摇臂轴；4—油底壳；5—集滤器；6—放油螺塞；
7—细滤器；8—低压限压阀；9—高压限压阀；10—机油泵；11—粗滤器；12—旁通阀

图 1-54 CA6102 汽油发动机润滑系统

在细滤器进油口处有一个油管接头，通过油管将润滑油输送到空气压缩机，对空气压缩机进行润滑后的润滑油经回油管流回油底壳。发动机工作时，润滑油在整个润滑系统内不断循环。

在机油泵出油口处装有一个高压限压阀，当机油泵输出压力过高（>588kPa）时，此阀开启，使压力油直接流入油底壳，限制机油泵输出的最高压力。

在离心式机油细滤器的进油口处装有一个低压限压阀，当机油泵输出压力较低（低于147～196kPa）时，此阀关闭，机油泵输出的润滑油全部进入主油道，以便使机油压力迅速提高，保证润滑的需要。与粗滤器并联安装有一个旁通阀，当粗滤器堵塞时，此阀开启，以便润滑油不经粗滤器直接进入主油道，保证可靠润滑。调压阀安装在气缸体前端的主油道上，可通过增、减调整垫片的方法来调整机油压力。发动机正常工作时，机油压力应为98～392kPa。

在主油道上还设有机油压力传感器和油压报警开关，分别通过导线与驾驶室内的机油压力表和机油压力报警灯相连。

（4）上海桑塔纳轿车发动机润滑系统。

上海桑塔纳轿车 JV 型发动机润滑系统主要特点是：采用齿轮式机油泵和单级、整体、全流式机油滤清器，机油泵由中间轴驱动，润滑系统内设有高、低两个机油压力报警开关（即机油压力传感器）。低压报警开关安装在气缸盖后端，高压报警开关安装在机油滤清器支座上。打开点火开关后，仪表盘上的机油压力报警灯即开始闪烁；起动发动机后，若机油压力高于 30kPa，低压报警开关触点断开，机油压力报警灯自动熄灭。发动机工作转速较低时，若机油压力低于 30kPa，低压报警开关触点闭合，机油压力报警灯闪烁；当发动机转速超过 2150r/min 时，若机油压力低于 180kPa，高压报警开关触点断开，机油压力报警灯闪烁，同时报警蜂鸣器报警。机油压力报警灯闪烁或蜂鸣器报警时，说明机油压力低于标准，润滑系统有故障，此时应停机检查。润滑油温度为 80℃时，正常的机油压力应为：转速为800r/min 时，机油压力不低于 30kPa；转速在 2000r/min 时，机油压力应不低于 200kPa。

2．润滑系的主要部件与润滑路线

（1）机油泵。

机油泵的作用是提高机油压力，保证机油在润滑系内不断循环。汽车发动机常用的机油泵有齿轮泵和转子泵。

a．齿轮式机油泵。

齿轮式机油泵的构造与工作原理如图 1-55 所示，它主要有主动轴 16、主动齿轮 12、从动轴 2、从动齿轮 1、机油限压阀 4、泵盖 6、油管接头 7、联轴套 15 等组成。机油泵内装有一对主、从动齿轮。两啮合齿轮高速运转，齿轮外缘与壳壁间形成空腔，进油腔由于轮齿向脱离啮合方向高速运动而产生一定的真空度，机油便从进油口被吸入并充满进油腔，齿轮旋转时，把齿间所存的润滑油带到出油腔，润滑油处于被压状态，油压不断升高，润滑油便经出油口不断输出。

机油泵齿轮啮合时，封闭在齿间的机油由于容积减小，压力急剧升高，使齿轮受到很大的径向推力，加剧磨损。为此，一般在泵盖上加工一道卸压槽，使齿间的机油通过卸压槽流入出油腔。

齿轮式机油泵结构简单、加工方便、工作可靠、使用寿命长，因此应用较为广泛。EQ6100 汽油机、桑塔纳轿车汽油机、切诺基轿车用汽油机的润滑系均采用这种齿轮式机油泵。WD615 柴油机润滑系也采用齿轮式机油泵，它位于机身前端的油底壳内，根据机型不同分为单级机油泵和双级机油泵。一般公路用车装用单级齿轮泵，越野车、工程机械车装用双级齿轮泵。双级齿轮泵可以看成是两个单级齿轮泵的简单串联组合。

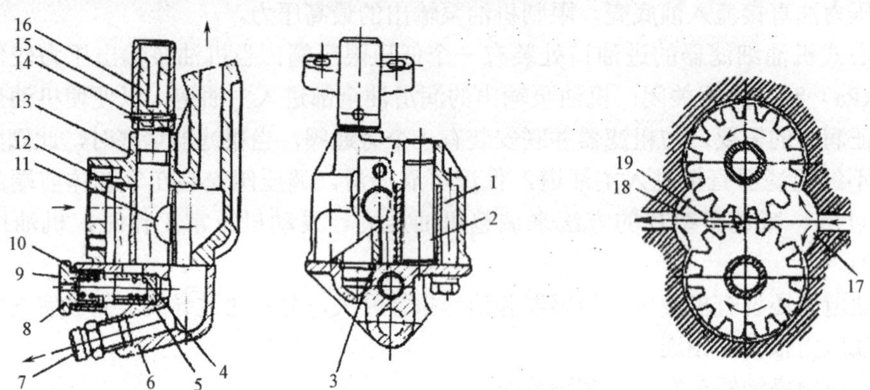

1—从动齿轮；2—从动轴；3—钢丝挡圈；4—限压阀；5—径向环槽；6—泵盖；7—油管接头；8—螺塞；9—限压阀弹簧；10—调整垫片；11—半圆键；12—主动齿轮；13—油泵壳体；14—半圆头铆钉；15—联轴套；16—主动轴；17—进油腔；18—出油腔；19—卸压槽

图 1-55　齿轮式机油泵结构与工作原理图

b．转子式机油泵。

转子式机油泵的结构与工作原理如图 1-56 所示，它主要由内转子 5、外转子 3、壳体 1 及泵盖 6 等组成。其工作原理如图 1-57 所示。内转子用键或销固定在转子轴上，由曲轴齿轮直接或间接驱动。内转子与外转子中心偏心布置，内转子带动外转子一起沿同一方向转动。通常，内转子有 4 个凸齿，外转子有 5 个凹齿，这样内、外转子同向不同步地旋转。转子齿形齿廓设计得使转子转到任何角度时，内、外转子每个齿的齿形轮廓线总能互相接触，这样内、外转子间形成 4 个工作腔。

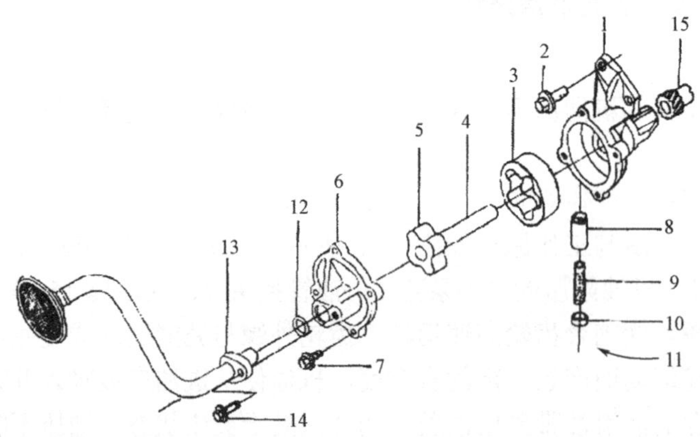

1—机油泵壳体；2—组合螺栓；3—机油泵外转子；4—机油泵主动轴；5—机油泵内转子；6—机油泵盖；7—组合螺栓；8—限压阀柱塞；9—限压阀弹簧；10—限压阀堵盖；11—开口销；12—O 形橡胶密封环；13—机油集滤器总成；14—螺栓；15—驱动机油泵与分电器的齿轮

图 1-56　转子式机油泵的结构

随着转子的转动，这 4 个工作腔的容积不断变化。在进油道一侧的空腔，由于转子脱离啮合，容积增大，产生真空，将机油吸入；转子继续旋转，将机油带到出油道一侧，这时，转子进入啮合，空腔容积减小，油压升高，机油经出油道被压出。这样，随着转子的不断旋转，机油就不断地被吸入和压出。

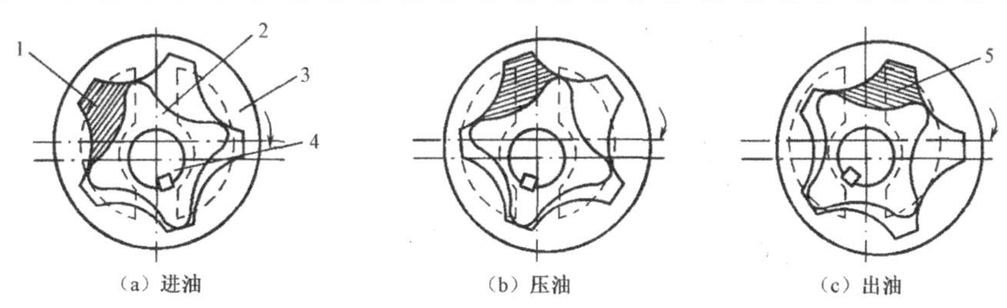

1—进油腔；2—内转子；3—外转子；4—主动轴；5—出油腔

图 1-57 转子式机油泵工作原理

转子式机油泵结构紧凑、重量轻、外形尺寸小、泵油量大、供油均匀度好、成本低，在中、小型发动机上应用广泛。夏利、红旗轿车发动机、康明斯 6BT 系列柴油机，以及部分柴油机润滑系均采用这种转子式机油泵。

c. 机油滤清器。

发动机工作时，金属磨屑、尘埃以及燃料燃烧不完全所产生的积炭等杂质会进入机油中，机油本身也会因受热氧化而产生胶状沉淀物。如果把这种机油直接送到运动零件表面，就会加速零件的磨损，并引起油道堵塞及活塞环、气门等零件胶结。因此必须在润滑系中设有机油滤清器，使循环流动的机油在送往运动零件表面之前得到净化，保证摩擦表面的良好润滑，延长其使用寿命。

一般润滑系中装有几个不同滤清能力的滤清器，即集滤器、粗滤器和细滤器，分别串联和并联在主油道中。与主油道串联的滤清器称为全流式滤清器，一般为粗滤器；与主油道并联的滤清器称为分流式滤清器，一般为细滤器。

d. 集滤器。

集滤器一般是金属网式的，安装在机油泵进油口的前面，以防止较大的机械杂质进入机油泵。目前常用的集滤器分为浮式和固定式两种。

浮式集滤器利用浮子的浮力，始终浮于机油表面，能吸入油面上较清洁的机油，但油面上的泡沫易被吸入，使机油压力降低，润滑欠可靠。如图 1-58 为浮式集滤器的构造。滤网靠自身的弹力紧压在罩上。罩的边缘有 4 个缺口，形成进油通道。当机油泵工作时，润滑油从罩与滤网间的狭缝被吸入，通过滤网滤去杂质。若滤网被杂质阻塞时，机油泵所形成的真空度，迫使滤网向上，使滤网的环口离开罩板，润滑油便直接从环口进入吸油管，以保证机油供给不致中断。

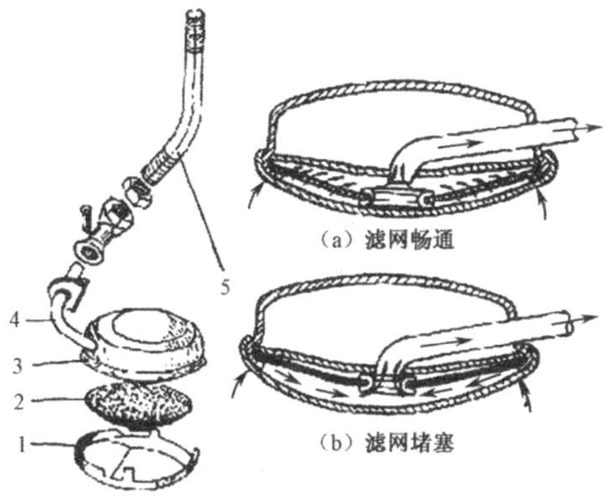

1—罩；2—滤网；3—浮子室；4—油管；5—固定管

图 1-58 浮式集滤器的构造

固定式集滤器淹没在油面之下，吸入的机油清洁度较差，但可防止泡沫吸入，润滑可靠，结构简单，逐步取代了浮式集滤器。

e. 粗滤器。

机油粗滤器主要用于过滤机油中颗粒比较大的杂质（直径在 0.05～0.1mm 以上）的杂质，串联在主油道中。目前国产汽车发动机一般采用纸质或锯末滤心粗滤器。

图 1-59 所示为东风 EQ6100-I 型发动机纸质滤心粗滤器的构造。

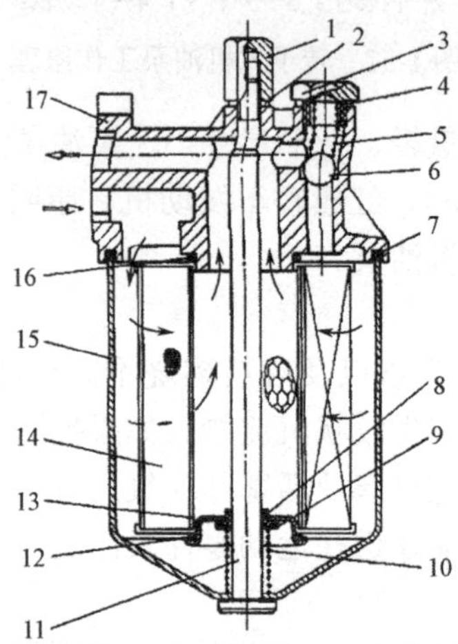

1—螺母；2、4—密封垫圈；3—阀座；5—旁通阀弹簧；6—旁通球阀；7—外壳密封圈；8—拉杆密封圈；9—压紧弹簧垫圈；10—滤心压紧弹簧；11—拉杆；12—滤心环形密封圈；13—托板；14—纸质滤心；15—外壳；16—滤心环形密封圈；17—上盖

图 1-59 纸质滤心式机油粗滤器

粗滤器由上盖 17、外壳 15 和纸质滤心 14 等组成。机油通过滤心滤清后，流入主油道。当滤心被积污堵塞，内、外差压达到 0.15～0.18MPa 时，旁通球阀 6 被顶开，大部分机油不通过滤心滤清，而直接进入主油道，保证主油道的供油量。

纸质滤心是用微孔滤纸制成的，为了增大过滤面积，微孔滤纸一般都折叠成波纹形。滤心的两端由环形密封圈密封，滤心内装有金属丝网或用带有网眼的薄铁皮作为滤心的骨架。粗滤器工作时，润滑油从进油孔进入滤心周围，经过滤心滤清后从出油口流出。

纸质滤心粗滤器结构简单、质量轻、成本低、滤清效果好、更换方便，得到了广泛应用。桑塔纳轿车发动机、康明斯 6BT 柴油机、斯太尔 WD615 柴油机均采用了纸质滤心滤清器。

锯末滤心式粗滤器采用酚醛树脂粘结的锯末滤心。它阻力小、滤清效果好、使用寿命长。CA6102 发动机采用了这种机油粗滤器。

f. 细滤器。

机油细滤器用以滤除直径在 0.01～0.03mm 的细小机械杂质及胶质。由于这种滤清器内机油的流动阻力较大，因此与主油道并联，只有 10%～15%的机油通过细滤心，属于分流式滤清器。机油细滤器有过滤式和离心式两种类型。由于过滤式细滤器存在着滤清能力和通过能力的矛盾（滤心越细，滤清越好，但阻力越大），目前用得较少，而离心式机油滤清器则得到了广泛的应用。

解放 CA6102 型发动机采用的 FL100 型离心式机油细滤器，其构造如图 1-60 所示。它由底座 4、转子体 15、外罩 6 等部件组成，底座上设有低压限压阀 1。如果进油口压力不足 0.147kPa，进油限压阀关闭，润滑油不能进入细滤器而全部供给主油道，保证发动机正常、可靠的润滑。当进油口压力达到 0.147～0.196kPa 时，阀门打开，润滑油由转子轴中心孔向上经转子轴 9、转子体 15、导流罩 8 上对应的孔流入转子罩内腔后，又经导流罩导流从两喷嘴 3 喷出。从两喷嘴喷出的高压油所产生的反作用力，驱使转子连同体内的润滑油作高速旋转（进油压力为 294kPa 时，转子转速可达 5500r/min），形成强大的离心力，使润滑油中的机械杂质和胶质不断被分离沉积在转子体的内壁上，干净的润滑油从喷嘴喷出，流回到油底壳。

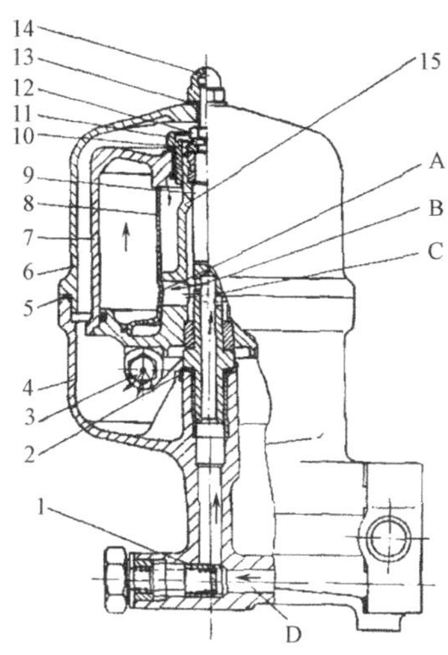

1—低压限压阀；2—转子轴止推片；3—喷嘴；4—底座；5—外罩密封垫圈；6—外罩；7—转子罩；8—导流罩；9—转子轴；10—止推垫；11—垫圈；12—紧固螺母；13—垫片；14—盖形螺母；15—转子体；A—导流罩油孔；B—转子体入油孔；C—转子轴油孔；D—滤器进油孔

图 1-60　FL100 型离心式机油细滤器

g．机油散热器。

一般在热负荷较大的发动机上，还装有机油散热器，以对机油进行强制冷却，使机油保持在最佳温度范围内工作。机油散热器有两种形式：风冷和水冷。风冷式机油散热器一般利用冷却风扇的风力使机油冷却。水冷式机油散热器又称为机油散热器冷却器，一般串联在机油粗滤器前，装在发动机冷却水路中，通过冷却水的温度来控制润滑油的温度。柴油发动机多采用这种机油冷却方式。该装置为管栅式结构，装在缸体一侧的水套内，机油在通过冷却器心时，热量经心壁与散热片传给冷却水，然后流进主油道。而在起动暖车期间，则从冷却水中吸热，迅速提高机油温度。

1.3　汽车底盘

1.3.1　传动系

机械式传动系统的组成见图 1-61。

1．传动系的功用和组成

功用：将发动机发出的动力传给驱动车轮。

分类：按结构和传动介质分为机械式、液力机械式、静液式（容积液压式）、电动式。

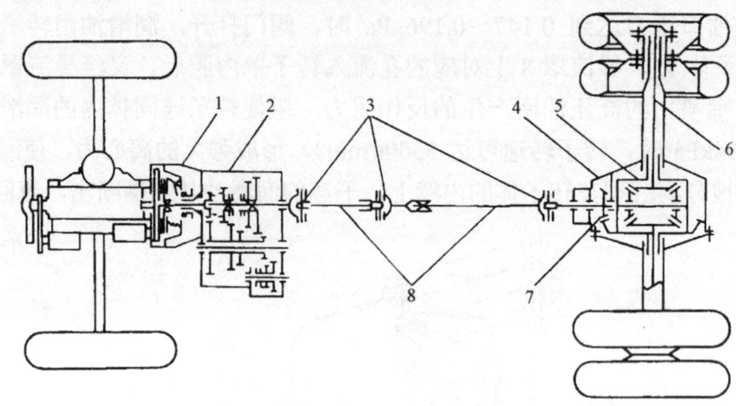

1—离合器；2—变速器；3—万向节；4—驱动桥；5—差速器；6—半轴；7—主减速器；8—传动轴

图 1-61 机械式传动系统的组成及布置示意图

组成及布置形式与发动机的形式和性能，汽车总体结构形式和汽车行驶系及传动系本身结构形式有关。

目前，广泛应用于普通双轴货车，并与活塞式发动机配用的是机械式传动系。

功能：传动系的首要任务是与发动机协同工作，以保证汽车能在不同使用条件下正常行驶，并具有良好的动力性和燃料经济性。

离合器：使发动机与传动系平顺接合，把发动机的动力传给传动系，或者使两者分开，切断传动。

变速器：实现变速、变扭和改变传动方向。

万向传动装置：将变速器传出的动力传给主减速器。

主减速器：降低转速，增加扭矩。

差速器：将主减速器传来的动力分配给左、右半轴。

半轴：将动力由差速器传给驱动轮。

2. 离合器

a. 功用。

使发动机与传动系逐渐接合，保证汽车平稳起步。暂时切断发动机与传动系的联系，便于发动机的起动和变速器的换挡，保证传动系换挡时工作平顺。限制所传递转矩，防止传动系过载。

b. 对离合器的要求。

具有合适的储备能力。既能保证传递发动机最大扭矩，又能防止传动系过载。接合平顺柔和，以保证汽车平稳起步。分离迅速彻底，便于换挡和发动机起动。具有良好的散热能力。操纵轻便，以减轻驾驶员的疲劳。从动部分的转动惯量应尽量小，以减小换挡时的冲击。

c. 摩擦式离合器的基本组成。

如图 1-62 所示，离合器由主动部分、从动部分、压紧装置、分离机构和操纵机构五大部分组成。

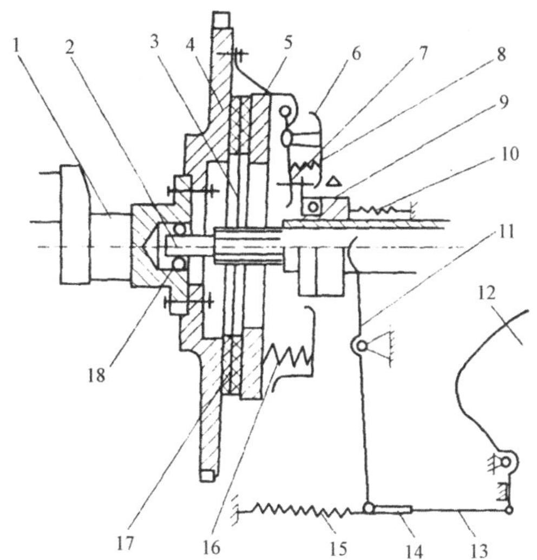

1—曲轴；2—从动轴；3—从动盘；4—飞轮；5—压盘；6—离合器盖；7—分离杠杆；8—弹簧；9—分离轴承；
10、15—回位弹簧；11—分离拨叉；12—踏板；13—拉杆；14—拉杆调节叉；16—压紧弹簧；17—从动盘摩擦片；18—轴承

图1-62 摩擦式离合器的基本构造及原理示意图

主动部分：离合器的主动部分包括飞轮4、离合器盖6和压盘5。飞轮用螺栓和曲轴1固定在一起，离合器盖通过螺钉固定在飞轮后端面上，压盘边缘的凸台伸入离合器盖上相应的窗口，并可沿窗口轴向移动，这样，只要曲轴旋转，发动机发出的动力便可经飞轮、离合器盖传至压盘，使它们一起旋转。

从动部分：装在压盘和飞轮之间的两面带摩擦衬片17的从动盘3和从动轴2组成离合器的从动部分。从动盘通过内花键孔与从动轴滑动配合。从动轴前端用轴承18支承在曲轴后端中心孔中，后端支承在变速器壳体上并伸入变速器，所以离合器的从动轴又是变速器的输入轴。

压紧装置：离合器压紧装置是产生压紧力的部分。图示中压紧装置由若干根沿圆周均匀布置的压紧弹簧16组成，它们装在压盘与离合器之间，用来对压盘产生轴向压紧力，将压盘压向飞轮，并将从动盘夹紧在压盘和飞轮中间。

分离机构：分离杠杆7是离合器分离机构的组成零件，分离杠杆中部支承在装于离合器盖的支架上（称为支点），外端与压盘铰接（称为重点），内端处于自由状态（称为力点）。

操纵机构：离合器操纵机构由离合器踏板12、拉杆13及拉杆调节叉14、分离拨叉11、分离套筒和分离轴承9、回位弹簧10和15等组成。分离轴承压装在分离套筒上，分离套筒松套在从动轴的轴套上。分离拨叉是中部带支点的杠杆，内端与分离套筒接触，外端与拉杆铰接。离合器踏板中部铰接在车架（或车身）上，一端与拉杆铰接。分离轴承、分离套筒及分离拨叉一般同离合器主、从动部分、压紧装置及分离机构一起装于离合器壳（也称飞轮壳）内，其他构件装在离合器壳外部。

d. 摩擦式离合器的工作原理（见图1-62）。

接合状态：离合器处于接合状态时，踏板12处于最高位置，分离套筒在回位弹簧10作用下与分离拨叉11内端接触，此时分离杠杆7内端与分离轴承9之间存在间隙△，压盘5在压紧弹簧16作用下压紧从动盘3，发动机的转矩即经飞轮及压盘通过两个摩擦面的摩擦作用传给从动盘，再由从动轴2输入变速器。

分离过程：需要离合器分离时，只要踏下离合器踏板，待消除间隙△后，分离杠杆外端即可拉动压盘克服压紧弹簧的压力向后移动（图中向右移动），从而解除作用于从动盘的压紧力，摩擦作用消失，离合器主、从动部分分离，中断动力传递。

接合过程：当需要恢复动力传递时，缓慢抬起离合器踏板，在压紧弹簧压力作用下，压盘向前移动并逐渐压紧从动盘，使接触面之间的压力逐渐增加，相应的摩擦力矩也逐渐增加。当飞轮、压盘和从动盘接合还不紧密，产生的摩擦力矩比较小时，主、从动部分可以不同步旋转，即离合器处于打滑状态。随飞轮、压盘和从动盘压紧程度的逐步加大，离合器主、从部分转速也渐趋相等，直至离合器完全接合而停止打滑时，接合过程即告结束。

e. 离合器的自由间隙与踏板的自由行程。

离合器的自由间隙：从离合器的工作原理可知，从动盘摩擦片经使用磨损变薄后，在压紧弹簧作用下，压盘要向前（图 1-61 中向飞轮方向）移动，分离杠杆内端则相应地要向后移动，才能保证离合器完全接合。如果未磨损前分离杠杆内端和分离轴承之间没有预留一定间隙，则在摩擦片磨损后，分离杠杆内端因抵住分离轴承而不能后移，使分离杠杆外端牵制压盘不能前移，从而不能将从动盘压紧，则离合器难以完全接合，传动时会出现打滑现象。这不仅使离合器所能传递的最大转矩的数值减小，而且会使摩擦片和分离轴承加速磨损。因此，当离合器处于正常接合状态时，在分离杠杆内端与分离轴承之间必须预留一定量的间隙△，即离合器的自由间隙。

离合器踏板的自由行程：由于自由间隙的存在，踏下离合器踏板时，首先要消除这一间隙，然后才能开始分离离合器。为消除这一间隙（严格讲还包括机件的弹性变形）所需的离合器踏板行程，称为离合器踏板的自由行程。通过拧动拉杆调节叉 14，改变拉杆 13 的工作长度，可以调整自由间隙的大小，从而调整踏板自由行程。

为使离合器分离彻底，须使压盘向后移动充分的距离，这一距离通过一系列杠杆的放大，反映到踏板上就是踏板的有效行程。

离合器踏板的自由行程和有效行程之和即为踏板的总行程。

分离杠杆的运动干涉及其防止措施：如图 1-63 所示，从离合器的分离过程看，若中间支承是固定的铰链，则外端与压盘铰接处是沿一弧线运动的，而压盘上该点只能作轴向直线运动，二者要产生一个距离差ΔS，这就使分离杠杆不能正常运动，这就是运动干涉。要防止这种干涉，在结构上就得使支点或杠杆与压盘连接点（重点）处可沿径向运动（平移或摆动），图 1-64 所示为几种防干涉的结构形式。

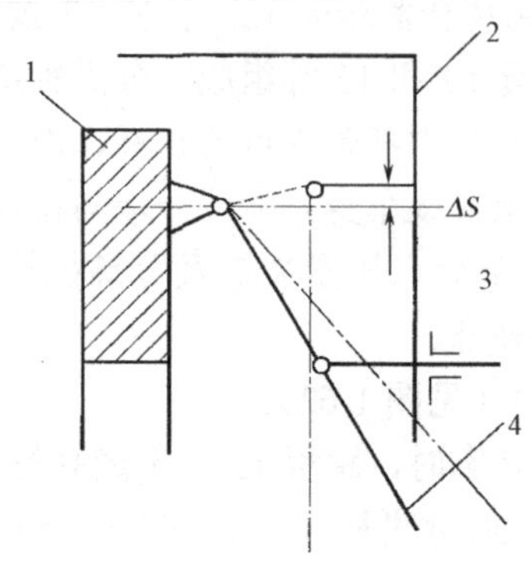

1—压盘；2—离合器盖；3—支架；4—分离杠杆

图 1-63　分离杠杆的运动干涉

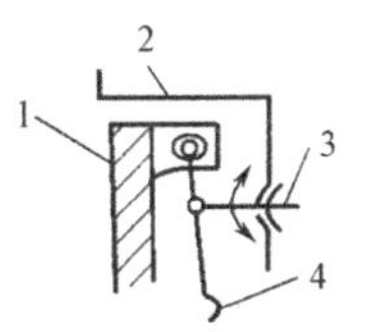

（a）支点摆动式

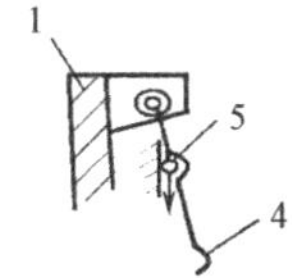

（b）支点移动式

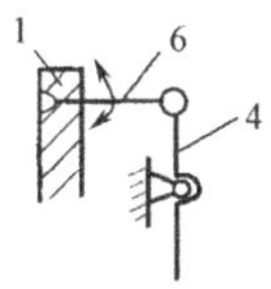

（c）重点摆动式

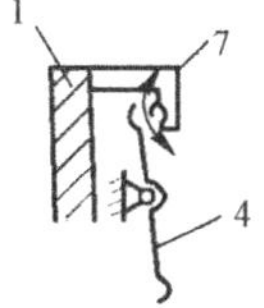

（d）重点摆动式

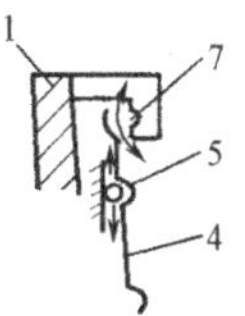

（e）综合式

1—压盘；2—离合器盖；3—支承螺柱；4—分离杠杆；5—滚销；6—分离螺钉；7—摆动片

图 1-64　分离杠杆防干涉的结构措施

3．变速器

a．变速器功用。

改变传动比，扩大驱动轮转矩和转速的变化范围，以适应经常变化的行驶条件，使发动机在较好工况下工作。在发动机旋转方向不变的情况下，使汽车实现倒向行驶。利用空挡，中断动力传递，以使发动机能够起动、怠速运转和滑行等。

b．变速器的分类。

按传动比变化情况可分为有级式、无级式和综合式三种。

有级式变速器：采用齿轮传动，具有若干个定值传动比。

无级式变速器：传动比可在一定范围内连续变化，多采用液力变矩器完成。

综合式变速器：由液力变矩器和行星齿轮式变速器组成的液力机械式变速器，其传动比可在最大值和最小值之间的几个间断的范围内作无级变化，目前的自动变速器多是这种类型。

c．普通齿轮变速器的工作原理。

变速和变矩原理：齿数不同的齿轮啮合传动时，转速、转矩改变；总传动比等于各级齿轮传动比的乘积。

换挡原理：传动比变化，即挡位改变；当动力不能传到输出轴，这就是空挡。

变向原理：相啮合的一对齿轮旋向相反，每经一传动副，其轴旋转方向改变一次；经两对齿轮传动，其输入轴与输出轴转向一致；如果再加一个倒挡轴，变成三对传动副传递动力，则输入轴与输出轴的转向相反。

d．普通齿轮变速器的变速传动机构。

以三轴式普通齿轮变速器传动机构的结构为例：

第一轴：通过轴承，前支撑在曲轴后端孔中，花键部分装离合器从动盘；后部有常啮合齿轮和直接挡齿轮。

中间轴：有与第一轴齿轮常啮合齿轮，一、倒挡齿轮与轴一体，二、三、四挡齿轮用半圆键装配。

第二轴：用轴承，前支撑在第一轴后端，后支撑在壳体，一、倒挡齿轮可轴向滑动，二、三、四挡齿轮通过轴承与轴配合，并与中间轴齿轮常啮合，其上均有传力齿圈。前后各有一副花键毂和接合套，实现换挡。

倒挡轴：两个倒挡齿轮制成一体，其中一个与中间轴齿轮常啮合。

各挡齿轮的传动情况如图 1-65 所示。

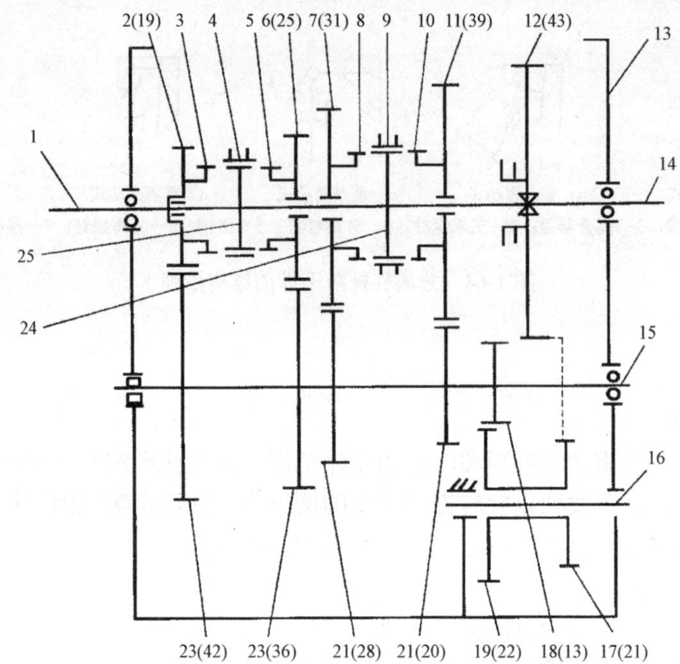

1—第一轴；2—第一轴常啮合传动齿轮；3—第一轴齿轮接合齿圈；4—接合套；5—四挡齿轮接合齿圈；
6—第二轴四挡齿轮；7—第二轴三挡齿轮；8—二挡齿轮接合齿圈；9—接合套；10—二挡齿轮接合齿圈；
11—第二轴二挡齿轮；12—第二轴一、倒挡滑动齿轮；13—变速器壳体；14—第二轴；15—中间轴；
16—倒挡轴；17—倒挡中间齿轮；18—中间轴一、倒挡齿轮；19—倒挡中间齿轮；20—中间轴二挡齿轮；
21—中间轴三挡齿轮；22—中间轴四挡齿轮；23—中间轴常啮合传动齿轮；24、25—花键毂

图 1-65 五挡变速器变速传动示意图

空挡：第二轴换挡的接合套、传动齿轮均处于中间空转位置，动力不传给第二轴。

一挡：前移一、倒挡齿轮，与中间轴一挡齿轮啮合，动力经第一轴常啮合齿轮、中间轴常啮合齿轮、中间轴一挡齿轮、第二轴一、倒挡齿轮传到第二轴。

二挡：后移后接合套与第二轴二挡齿轮上的齿圈啮合。

三挡：前移后接合套与第二轴三挡齿轮上的齿圈啮合。

四挡：后移前接合套与第二轴四挡齿轮上的齿圈啮合。

五挡：前移前接合套与第二轴常啮传动齿轮上的齿圈啮合，动力由第一轴直接传到第二轴。

倒挡：后移第二轴上的一、倒挡齿轮与倒挡齿轮啮合，实现汽车倒驶。

e．同步器的工作原理及分类。

无同步器时变速器的换挡过程：一般采用移动齿轮或接合套换挡，为使换挡平顺，应使待啮合的轮齿的圆周速度必须相等（同步）。

下面如图 1-66 所示，以无同步器的五挡变速器中四、五挡的互换过程为例加以说明：

从低速变高速——四挡变五挡：

四挡时，$V_3=V_2$；欲挂五挡，离合器分离接合套 3 右移，先进入空挡。

3 与 2 脱离瞬间，$V_3=V_2$ 而 $V_4>V_2$，$V_4>V_3$，会产生冲击，应停留。

因汽车传动系惯性质量大，V_3 下降较慢，而 V_4 下降较快，必有 $V_3=V_2$ 时，此时挂挡应平顺。

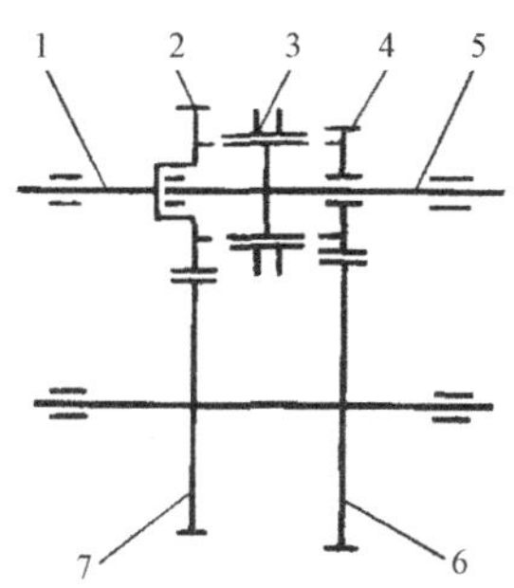

1—第一轴；2—第一轴齿轮；3—接合套；4—第二轴五挡齿轮；5—第二轴；6—中间轴五挡齿轮；7—中间轴常啮传动齿轮

图 1-66 无同步器的五挡变速器四、五挡齿轮示意图

从高速变低速——五挡变四挡：

五挡时，$V_3= V_4$；欲挂五挡，离合器分离，接合套 3 左移，先进入空挡。

3 与 2 脱离瞬间，$V_3= V_4$ 而 $V_4 > V_2$，$V_3 > V_2$，会产生冲击，应停留。

因 V_2 比 V_3 下降快，必无 $V_3=V_2$ 时，此时应使离合器接合，并踩一下加速踏板使 $V_2>V_3$，而后再分离离合器待 $V_3=V_2$ 时平顺挂挡。

同步器的功用及类型：

作用：使接合套与待啮合的齿圈迅速同步，缩短换挡时间；防止在同步前啮合而产生接合齿之间的冲击。

类型：分为常压式、惯性式和自增力式；目前广泛采用摩擦惯性同步装置（锁环、锁销式）。

惯性式同步器是依靠摩擦作用实现同步的，在其上面设有专设机构保证接合套与待接合的花键齿圈在达到同步之前不可能接触，从而避免了齿间冲击。

锁环式：结构紧凑、便于合理布置，多用于轿车和轻型货车上。

锁销式：结构形式合理，力矩较大，多适用于中型和大型货车。

同步器的一般结构：由同步装置（包括推动件、摩擦件）、锁止装置和接合装置三部分组成。

以锁环式惯性同步器为例，介绍其构造及工作原理。

轿车和轻、中型货车的变速器广泛采用锁环式惯性同步器，其细部结构多种多样, 但工作原理是一样的。

锁环式惯性同步器的构造，如图 1-67 所示。

空挡位置：就转速而言，$n_{(锁环)}=n_{(接合套)}$；$n_{(齿圈)}>n_{(接合套)}$；$n_{(齿圈)}>n_{(锁环)}$。

锁环轴向自由，其内锥面与六挡齿圈的外锥面并不接触。

挂六挡：接合套左移，因 $n_{(齿圈)}>n_{(锁环)}$，摩擦使锁环超前接合套一角度，而锁环凸起与花键毂通槽接触,锁环与接合套同步，锁止角锁止。

轴向力加大，摩擦作用使 $n_{(齿圈)}$ 接近 $n_{(锁环)}$，惯性力矩使锁环与接合套相抵不接合。

挂上六挡：随着驾驶员加大接合套的推力，齿圈与锁环同步。惯性力矩消失，锁环与齿圈退后一角度，接合套与锁环啮合，接合套齿圈完全啮合，完成挂上六挡的全过程。

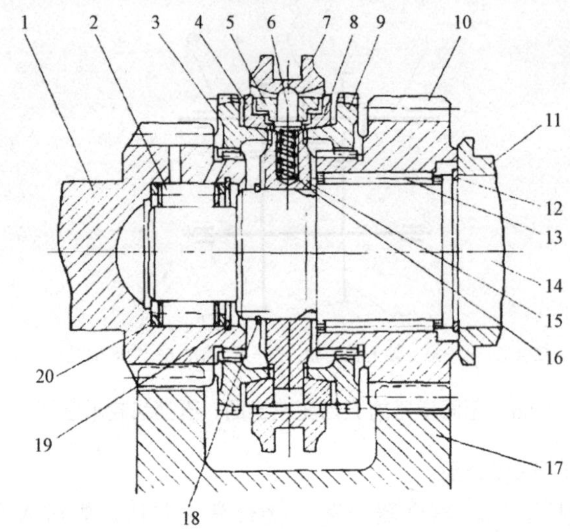

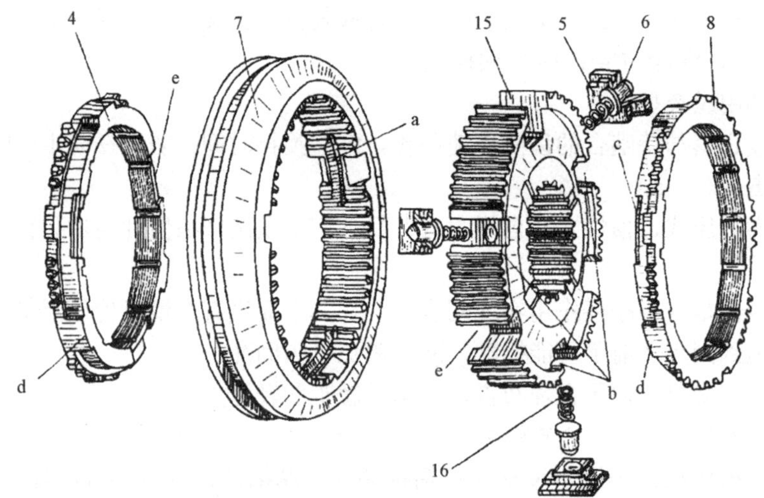

1—第一轴；2、13—滚针轴承；3—六挡接合齿圈；4、8—锁环（同步环）；5—滑块；6—定位销；7—接合套；9—五挡接合齿圈；10—第二轴五挡齿轮；11—衬套；12、18、19—卡环；14—第二轴；15—花键毂；16—弹簧；17—中间轴五挡齿轮；20—挡圈

图 1-67 锁环式同步器

f. 自动变速器。

自动变速器能够根据发动机负荷和车速等情况自动变换传动比，使汽车获得良好的动力性和燃料经济性，并减少发动机排放污染。自动变速器操纵容易，在车辆拥挤时，可大大提高车辆行驶的安全性及可靠性。

自动变速器的分类：

按传动比变化形式可分为有级式、无级式和综合式三种。

在无级式（和综合式）中，按变速的种类可分为液力变矩式无级变速器、机械式无级变速器、电力式无级变速器。

按齿轮变速系统的控制方式分为：

液控液动自动变速器：在手控制阀选定位置后，由反映节气门开度的节气门阀和反映车速的调速器阀把节气门开度和车速转变为液压信号。在换挡点，这些液压信号直接控制换挡阀进行换挡。

电控液动自动变速器：在手控制阀选定位置后，由反映节气门开度的节气门位置传感器和反映车速的车速传感器把节气门开度和车速转变为电信号。这些电信号输入电控单元（ECU），由电控单元控制液压阀和液压执行机构进行换挡。

自动变速器的组成及原理见图 1-68，主要由液力变矩器、机械变速器、液压控制系统、电子控制系统、油冷却系统等几个部分组成。

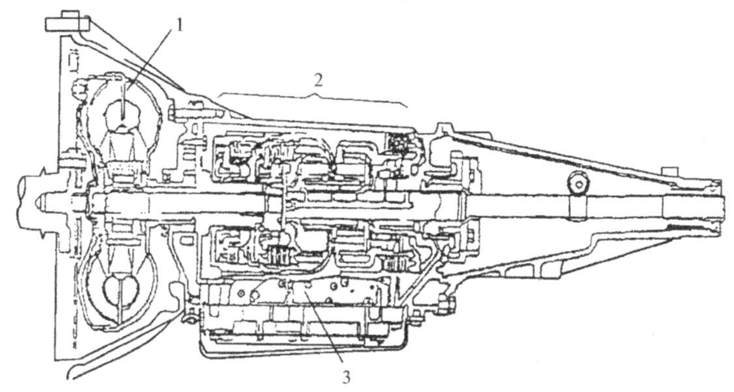

1—液力变矩器；2—行星齿轮机构；3—液压控制装置

图 1-68 三个前进挡、一个倒挡的自动变速器的结构

液力变矩器：液力变矩器位于自动变速器的最前端，它安装在发动机的飞轮上，其作用与采用手动变速器的汽车中的离合器相似。它利用液力传递的原理，将发动机的动力传给自动变速器的输入轴。此外，它还能实现无级变速，并具有一定的减速增扭的功能。

机械变速器：机械变速器是自动变速器主要组成部分，它包括齿轮变速机构（行星排）和换挡执行机构。换挡执行机构可以使齿轮变速机构处于不同的挡位，以实现不同传动比。大部分自动变速器的齿轮变速机构有 3～4 个前进挡和 1 个倒挡。这些挡位与液力变矩器相配合，就可获得由起步至最高车速的整个范围内的无级变速。

液压控制系统：油泵由变矩器驱动，为变速器液压系统提供压力油。液压控制系统由各种阀体、滑阀、弹簧、钢球等组成。根据驾驶员的意图和行驶条件（节气门开度以及车速信号等）的需要，利用速控液压阀等元件控制液压油的输出或释放，通过操纵离合器和制动器的动作，控制行星齿轮机构，从而实现自动升降挡。

电子控制系统：为了进一步改善自动变速器的工作性能，除液压控制系统外，又增设了电控系统，包括各种传感器和电磁阀，如换挡电磁阀、变矩器锁止电磁阀、强制降挡电磁阀、驻车锁止电磁阀、油压调节电磁阀等，以及驻车和空挡起动开关等辅助控制系统，由计算机根据行驶要求和负荷来控制换挡，同时还具有电子自诊断功能。

油冷却系统：将从液力变矩器中出来的油液冷却后再流至油底壳，以保证变速器的正常工作。油冷却器装于发动机前端水冷却器的附近。

液力偶合器构造主要是工作轮，其包括有泵轮和涡轮，见图 1-69。泵轮是偶合器的主要元件，与曲轴一起旋转；涡轮是偶合器的从动元件，与从动轴相连；其二者端面有间隙约为 3～4mm。

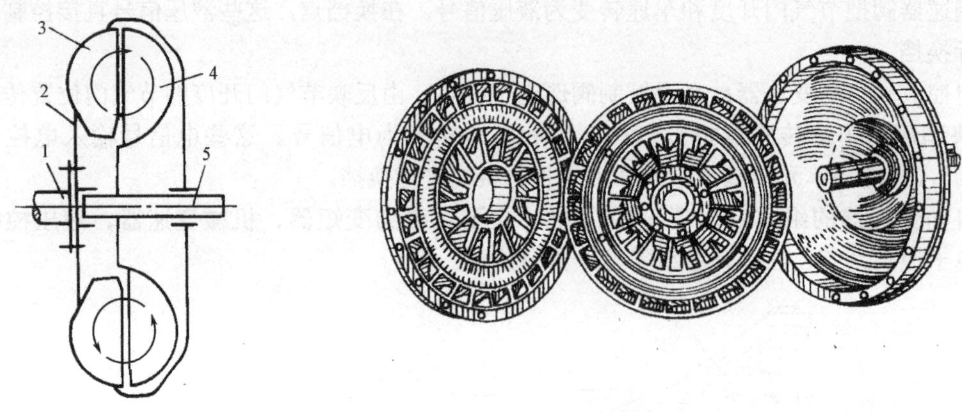

1—发动机曲轴；2—偶合器外壳；3—泵轮；4—涡轮；5—从动轴

图 1-69 液力偶合器结构示意图

泵轮：泵轮与变矩器壳体连成一体，内部径向装有许多扭曲的叶片，叶片内缘则装有让变速器油液平滑流过的导环。

涡轮：涡轮叶片的扭曲方向与泵轮叶片的扭曲方向相反，涡轮中心有花键孔与输入轴相连，泵轮叶片与涡轮叶片相对安置，中间有 3mm 间隙。

液力偶合器工作原理：由于泵轮、涡轮的半径相等，故当泵轮的转速大于涡轮的转速时，泵轮叶片外缘的液压大于涡轮叶片外缘的液压，形成压力差，致使工作液在泵轮和涡轮之间有循环流动，泵轮接受发动机传来的机械能，传给工作液，使其动能提高，然后再由工作液将动能传给涡轮。

液力偶合器特点如下。优点有保证汽车平稳起步和加速；能衰减传动系中的扭转振动并防止传动系过载，从而延长传动部件和发动机寿命；显著减少需要换挡次数，甚至在暂时停车时不脱开传动系统能维持发动机怠速工作。缺点是只传递转矩作用，而不起改变转矩大小作用，故必须有变速机构配合；不能使发动机传动系彻底分离，所以必须加一离合器；传动系重量增大，纵向尺寸增加，传动效率低。

液力变矩器工作原理如图 1-70 所示。

发动机启动后，曲轴带动泵轮旋转，因旋转产生的离心力使泵轮叶片间的工作液沿叶片从内缘向外缘甩出；这部分工作液既具有随泵轮一起转动的圆周向的分速度，又有冲向涡轮的轴向分速度。这些工作液冲击涡轮叶片，推动涡轮与泵轮同方向转动。由泵轮到涡轮再到导轮，然后回到泵轮的液流称为涡流。

起步工况（发动机转速、负荷不变时）。变矩器输出转矩（即涡轮对液流反作用力）等于泵轮对液流的反作用力与导轮对液流反作用力之和，即变矩器增大转矩作用，当转矩产生的牵引力足以克服阻力时，汽车起步并加速。从涡轮流出工作液的速度 v 可以看为工作液相对于涡轮叶片表面流出的分速度 ω 与随涡轮一起转动分速度 u 的合成。当涡轮转速比较小时，从涡轮流出的工作液是向后的，工作液冲击导轮叶片的前面。因导轮被单向离合器限定不能向后转动，所以导轮叶片将向后流动的工作液导向向前推动泵轮叶片，促进泵轮旋转，从而使作用于涡轮的转矩增大。

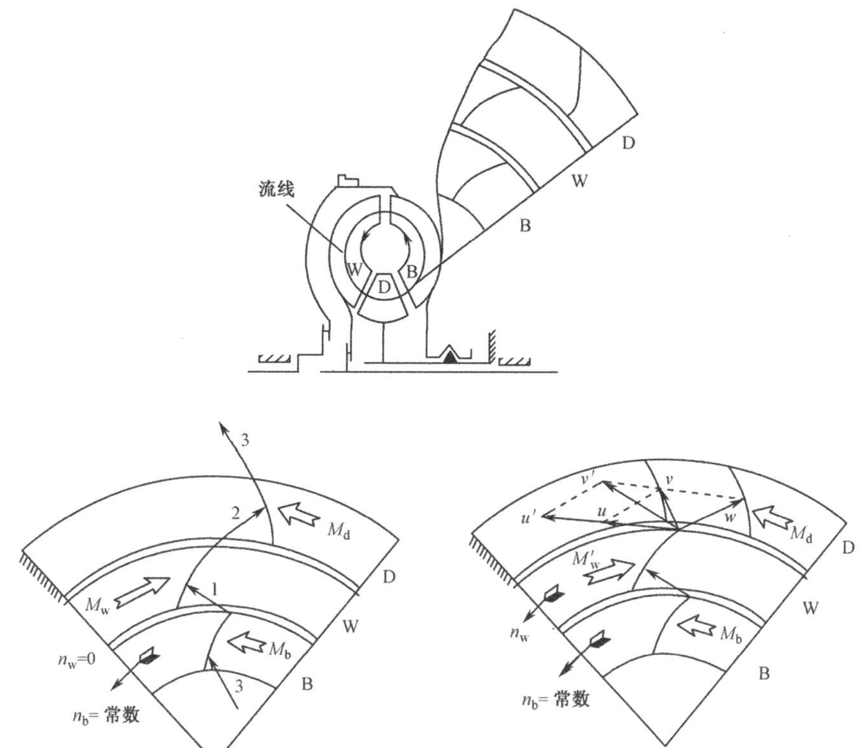

图 1-70 液力变矩器工作原理

加速工况。由导轮的液流绝对速度是沿圆周方向的牵连速度与沿叶片方向的相对速度合成，当涡轮速度到一定数值时，$M_w=M_b$ 时 $M_d=0$，当涡轮转速继续增大，输出转矩减少，当涡轮转速等于泵轮转速时，工作液停流，将不能传递力。随着涡轮转速的增加，分速度 u 也变大，当ω与 u 的合速度 v 开始指向导轮叶片的背面时，变矩器到达临界点。当涡轮转速进一步增加时，工作液将冲击导轮叶片的背面。因单向离合器允许导轮与泵轮一同向前旋转，所以在工作液带动下，导轮沿泵轮转动方向自由旋转，工作液顺利地回流到泵轮。当从涡轮流出的工作液正好与导轮叶片出口方向一致时，变矩器不产生增扭作用（即为液力偶合工况）。

液力变矩器特性

变矩比：是涡轮输出转矩与泵轮输入转矩之比。

转速比：是涡轮转速与泵轮转速之比。

传动效率：是涡轮输出功率与泵轮输入功率之比。

K=1 时，涡轮转矩等于泵轮转矩，此时称为偶合点。

变矩比随着涡轮转速的减小而增大。

低速时传动效率随涡轮转速增大而增大，而偶合点后传动效率急剧下降。

几种典型的液力变矩器包括三元件液力变矩器和四元件综合式液力变矩器。

三元件液力变矩器由泵轮、涡轮、导轮三元件组成。

特点：最大变矩系数是涡轮转速为 0 时的变矩系数，为 1.9～2.5。

原理：当涡轮转速较低，与泵轮转速差较大时，从涡轮流出的液流冲击导轮叶片，力图使导轮顺时针方向旋转，由于单向离合器滚柱楔紧，导轮便同自由轮外座圈一起被紧在内座圈上而固定不动，此时起增大转矩作用；当涡轮升高到一定程度，液流对导轮冲击反向，于是导轮自由地相对于内座圈涡轮同向转动，这时，变矩器就转入偶合器的工况，这种变矩器称综合式。这种变矩器在高传动比时有较高效率。

应用：三元件综合式变矩器结构简单，工作可靠，性能稳定，效率高，用于高级轿车、大型公交车、自卸车及工程用车。

四元件综合式液力变矩器由泵轮、涡轮、第一导轮、第二导轮组成。

特性：具有两个变矩器和一个偶合器的综合特性。解决了三元件变矩器在最高效率工况到偶合器工况始点之间的区段上效率显著降低的缺点。

带锁止离合器的液力变矩器见图1-71。

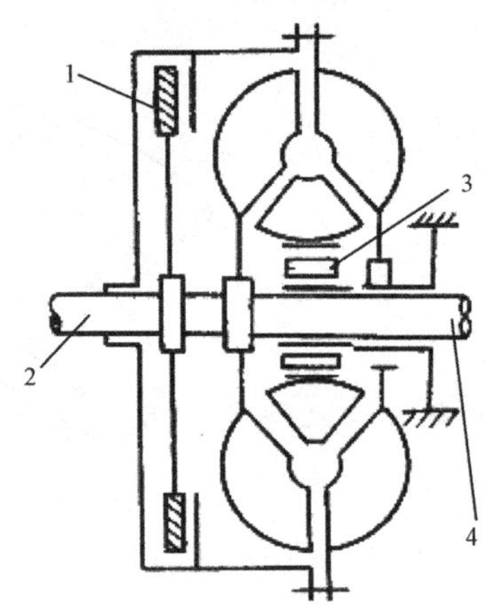

1—锁止离合器；2—输入轴；3—自由轮；4—输出轴

图1-71　带锁止离合器的液力变矩器示意图

构造：锁止离合器的主动部分是传力盘和活塞（压盘），它们与泵轮一道旋转，从动部分的从动盘与装在涡轮上花键相连。

原理：当油压存在时，活塞右移压紧从动盘，即锁止离合器接合，于是泵轮、涡轮接合成一体旋转，变矩器不起作用，当油压撤除时二者分离，变矩器恢复正常工作。

优点：当汽车起步或在坏路面上行驶时，可将锁止离合器分离，使变矩器起作用，以充分发挥液力传动适应行驶阻力剧烈变化的功能；当汽车在良好路面上行驶时，接合锁止离合器使变矩器输入输出轴刚性连接，机械传动，提高汽车行驶性能与燃料经济性。

4．万向传动装置（见图1-72）

（1）万向传动装置的功用及组成。

万向传动装置的功用是能在轴间夹角和相对位置经常发生变化的转轴之间传递动力。

万向传动装置主要由万向节、传动轴组成。对于传动距离较远的分段式传动轴，为了提高传动轴的刚度，还设置有中间支承。

（2）万向传动装置的应用。

万向传动装置在汽车上的应用主要有以下几个方面：

在变速器与驱动桥之间。一般汽车的变速器、离合器与发动机三者合为一体装在车架上，驱动桥通过悬架与车架相连。在负荷变化及汽车在不平路面上行驶时引起的车轮跳动，会使驱动桥输入轴与变速器输出轴之间的夹角和距离发生变化。

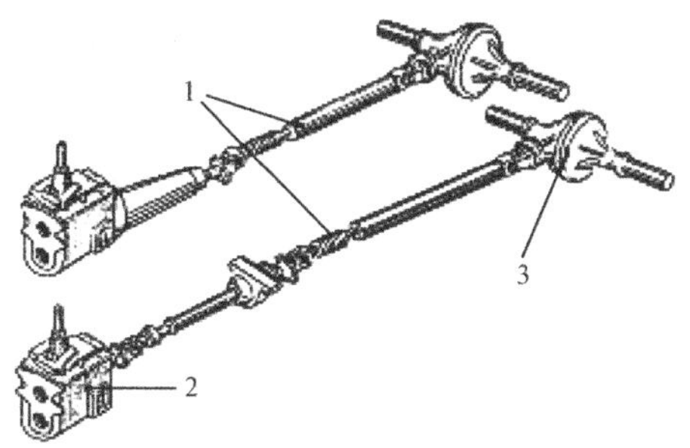

1—万向传动装置；2—变速器；3—驱动桥

图 1-72 变速器与驱动桥之间的万向传动装置

在越野汽车变速器与分动器之间。为消除车架变形及制造、装配误差等引起的其轴线同轴度误差对动力传动的影响，也需装有万向传动装置，见图 1-73。

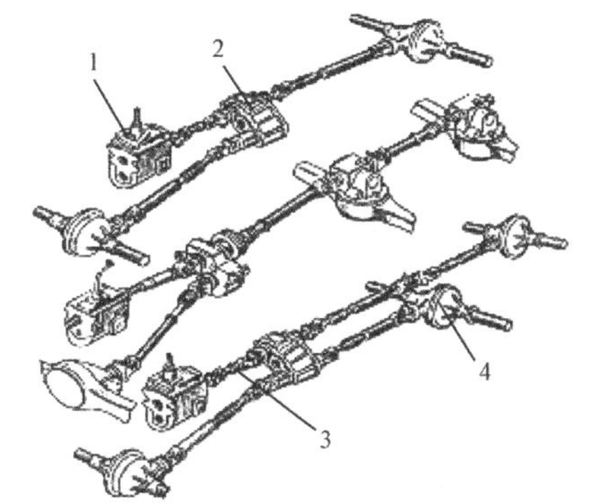

1—变速器；2—分动器；3—万向传动装置；4—驱动桥

图 1-73 万向传动装置在汽车传动系统中的应用

万向传动装置在驱动桥上的分类应用如图 1-74 所示。

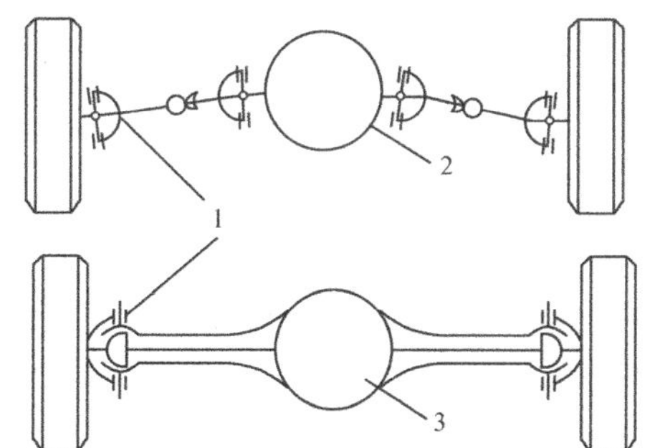

1—万向传动装置；2—断开式驱动桥；3—整体式驱动桥

图 1-74 万向传动装置的分类

转向驱动桥。汽车转向驱动桥的半轴是分段的，转向时两段半轴轴线相交且交角变化，因此要用万向节。

断开式驱动桥的半轴，主减速器壳在车架上是固定的，两端桥壳上下摆动，半轴是分段的，需用万向节。

转向轴。某些汽车的转向轴装有万向传动装置，有利于转向机构的总体布置，见图 1-75。

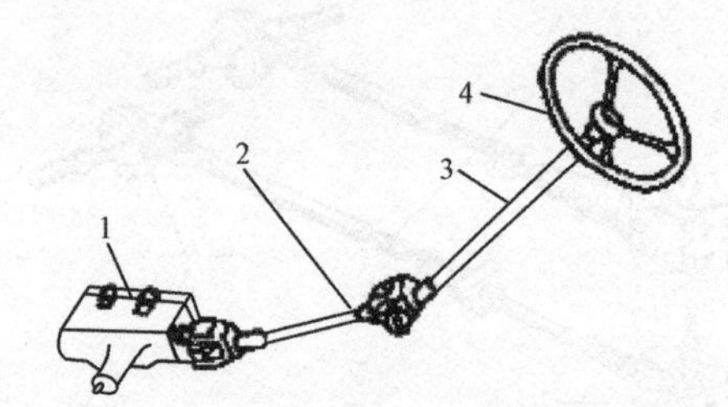

1—转向器；2—万向传动装置；3—转向轴；4—转向盘

图 1-75　万向传动装置在汽车上的布置

（3）万向节。

万向节按其速度特性分为不等速万向节（普通十字轴式万向节）、准等角速万向节（双联式、三销轴式等）和等角速万向节（球笼式、组合式等）。

万向节按其刚度大小，可分为刚性万向节和柔性万向节。

① 不等速万向节。

不等速万向节又称为十字轴万向节或十字架万向节，如图 1-76 所示。

特点：结构简单、传动可靠，效率高；允许相邻两轴的最大交角为 15°～20°。

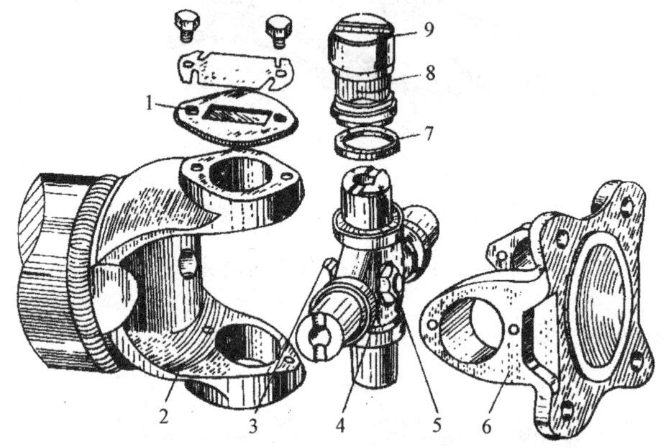

1—轴承盖；2、6—万向节叉；3—注油嘴；4—十字轴；5—溢流阀；7—毛毡油封；8—滚针；9—套筒

图 1-76　十字轴式万向节

十字轴万向节构造：固装在两轴上的万向节叉上的孔，分别套在十字轴的四个轴颈上。在十字轴轴颈与万向节叉孔之间装有滚针和套筒，并用带有锁片的螺钉和轴承盖使之轴向定位。为了润滑轴承，十字轴内钻有油道，且与滑脂嘴、安全阀相通。

速度特性：当十字轴式刚性万向节的主动叉是等角速度转动时，从动叉是不等角速度的，参见图 1-77。

当主动叉轴 1 以等角速度旋转时，从动叉轴是不等角速度的，叉轴 2 的角速度在最大值和最小值之间来回变化，周期为 180°；叉轴 2 的不等速的程度随轴间夹角的加大而加大。主、从动轴的平均转速是相等的，即主动轴转一圈从动轴也转一圈。不等速是指在转动一圈内的角速度而言的，单个普通万向节的不等速性会使从动轴及与其相连的传动部件产生扭转振动，产生附加的交变载荷及振动噪声，影响零部件的使用寿命。

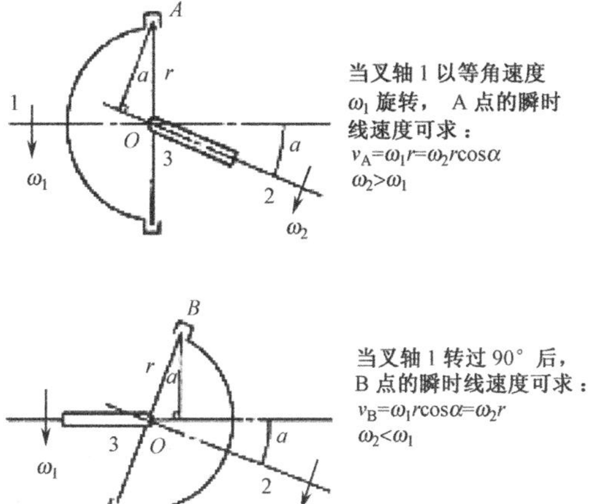

图1-77 普通万向节传动的角速度分析

改进方式：为实现等角速传动，可将两个普通十字轴式刚性万向节按一定的排列方式安装。满足下述两个条件，输出轴与输入轴的角速度就相等。第一个万向节的从动叉和第二个万向节的主动叉与传动轴相连，且传动轴两端的万向节叉在同一平面内；输入轴、输出轴与传动轴的夹角相等，见图1-78。

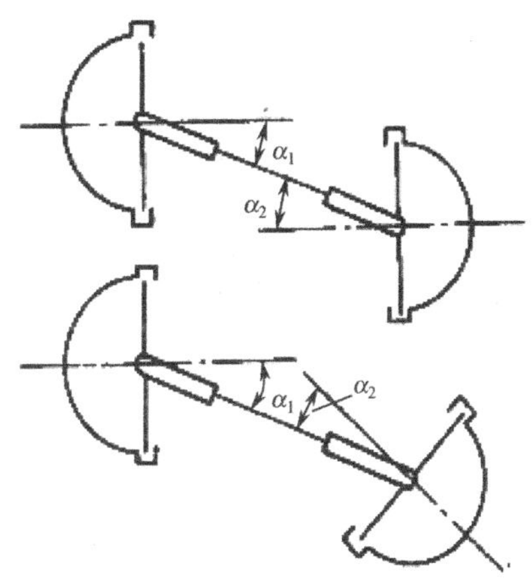

图1-78 万向节的等速传动布置

② 准等速万向节。

双联式万向节如图1-79所示，实际上是一套传动轴长度缩减至最小的双万向节传动装置，双联叉相当于两个在同一平面内的万向节叉。

三销轴式万向节如图1-80所示，由双联式万向节演变而来，由两个偏心轴叉、两个三销轴以及六个滑动轴承和密封件组成。每一偏心轴叉的两叉孔通过轴承和一个三销轴大端的两轴颈配合。两个三销轴的小端互相插入对方的大端轴承孔内，形成三根轴线。传递扭矩时，由主动偏心轴叉经三轴线传递到从动偏心轴叉。三销式万向节的最大特点是允许相邻两轴有较大的夹角，最大可达45°。采用此万向节的转向驱动桥可使汽车获得较小的转弯半径。

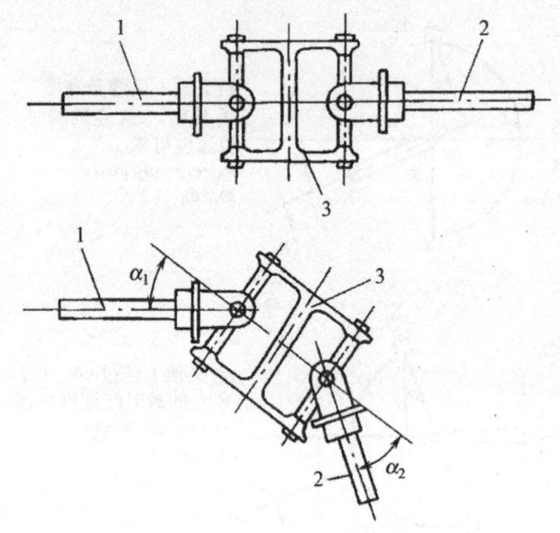

1—主动轴；2—从动轴；3—双联叉

图 1-79 双联式万向节示意图

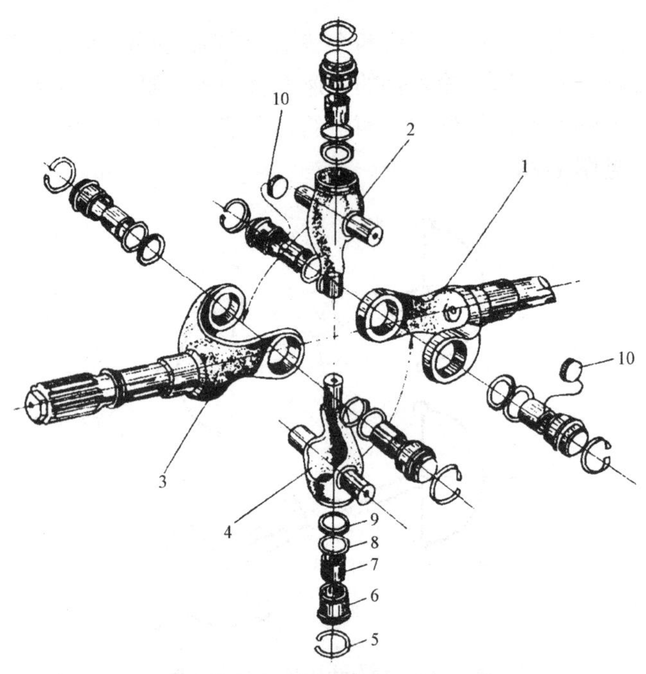

1—主动偏心轴叉；2、4—三销轴；3—从动偏心轴叉；5—卡环；6—轴承座；7—衬套；8—毛毡圈；9—密封罩；10—止推垫片

图 1-80 三销轴式万向节

③ 等速万向节（见图 1-81）。

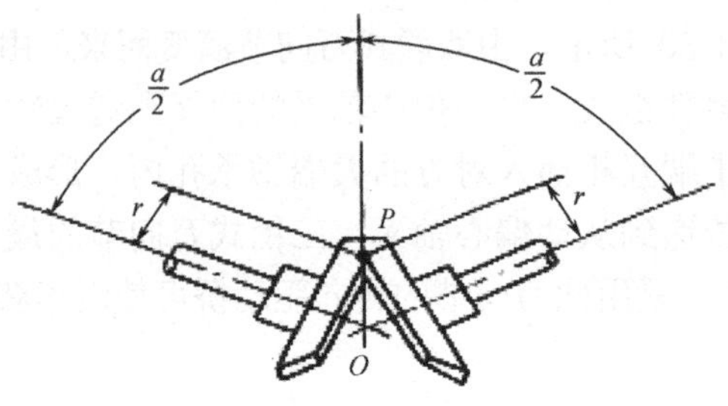

图 1-81 等速万向节的基本工作原理

基本原理：传力点永远位于两轴交点的平分面上。

等速万向节常见结构形式有球笼式、球叉式、组合式。

（4）传动轴和中间支承。

传动轴是万向传动装置中的主要传力部件。通常用来连接变速器（或分动器）和驱动桥，在转向驱动桥和断开式驱动桥中，则用来连接差速器和驱动轮。

中间支承通常装在车架横梁上，能补偿传动轴轴向和角度方向的安装误差，以及汽车行驶过程中因发动机颤动或车架变形等引起的位移。

中间支承常用弹性元件来满足上述要求，它主要由轴承、带油封的盖、支架、弹性元件等组成。

5. 驱动桥

a. 功用：驱动桥功用是将万向传动装置输入的动力经降速增矩、改变动力传递方向后，分配到左右驱动轮，使汽车行驶，并允许左右驱动轮以不同的转速旋转。

b. 组成：驱动桥由主减速器、差速器、半轴和桥壳等组成。

c. 驱动桥的类型：分为整体式和断开式。

整体式驱动桥如图 1-82 所示。

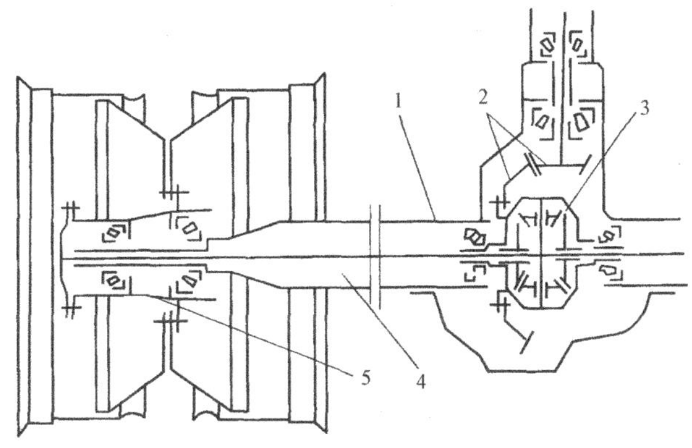

1—驱动桥壳；2—主减速器；3—差速器；4—半轴；5—轮毂

图 1-82 整体式驱动桥示意图

整体式驱动桥采用非独立悬架，其驱动桥壳为一刚性的整体。驱动桥两端通过悬架与车架连接，左右半轴始终在一条直线上，即左右驱动轮不能相互独立地跳动。当某一侧车轮通过地面的凸出物或凹坑升高或下降时，整个驱动桥及车身都要随之发生倾斜，车身波动大。

断开式驱动桥如图 1-83 所示。

断开式驱动桥采用独立悬架，其主减速器固定在车架上，驱动桥壳制成分段并用铰链连接，半轴也分段并用万向节连接。驱动桥两端分别用悬架与车架（或车身）连接。这样，两侧的驱动轮及桥壳可以彼此独立地相对于车架上下跳动。

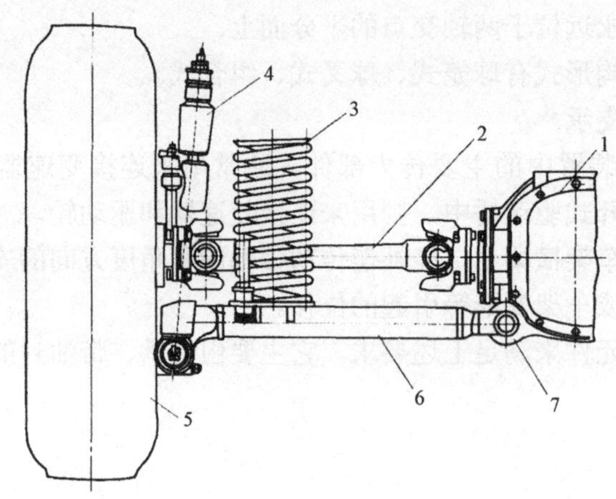

1—主减速器；2—半轴；3—弹性元件；4—减振器；5—车轮；6—摆臂；7—摆臂轴

图 1-83 断开式驱动桥

d. 主减速器的功用、类型。

功用：主减速器的功用是将输入的转矩增大、转速降低，并将动力传递的方向改变后（有些横向布置发动机的除外）传给差速器。

类型：按参加传动的齿轮副数目，可分为单级式主减速器和双级式主减速器。按主减速器传动速比个数，可分为单速式和双速式主减速器。按齿轮副结构形式，可分为圆柱齿轮式（又可分为定轴轮系和行星轮系）主减速器和圆锥齿轮式（又可分为螺旋锥齿轮式和双曲面锥齿轮式）主减速器。

e. 主减速器的构造与工作原理。

单级主减速器应用在轿车和一般轻、中型货车。

其特点是结构简单、体积小、重量轻、传动效率高。万向传动装置传来的动力由叉形凸缘经花键传给主动齿轮、从动齿轮，减速变向后，通过螺栓传给差速器壳，由差速器传给两侧半轴驱动齿轮。

主动锥齿轮的支承形式有跨置式和悬臂式。

轴承预紧度的调整：主动锥齿轮轴承预紧度多用垫片来调整；从动锥齿轮轴承预紧度有调整螺母调整和垫片调整。

双级主减速器如图 1-84 所示，一些减速比比较大的减速器常常采用，第一级为锥齿轮传动，第二级为圆柱斜齿轮传动。

轮边减速器应用于重型载货车、越野汽车或大型客车上。一般将双级主减速器中的第二级减速齿轮机构制成同样的两套，分别安装在两侧驱动车轮的近旁，称为轮边减速器。这样可以有较大的主传动比和较大的离地间隙，半轴和差速器等零件尺寸减小；但结构较复杂，成本较高。

f. 差速器。

差速器功用是使左右车轮能以不同的转速进行纯滚动转向或直线行驶，即差速特性（也称为 n 特性）。把主减速器传来的扭矩平分给两半轴，使两侧车轮驱动力尽量相等，此称为扭矩等分特性（即 M 特性）。

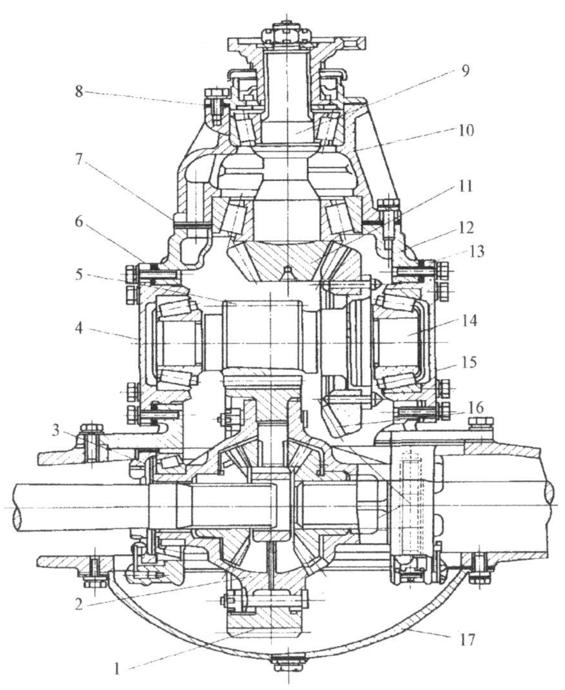

1—第二级从动齿轮；2—差速器壳；3—调整螺母；4、15—轴承盖；5—第二级主动齿轮；
6、7、8、13—调整垫片；9—第一级主动齿轮轴；10—轴承座；11—第一级主动锥齿轮；
12—主减速器；14—中间轴；16—第一级从动锥齿轮；17—后盖

图1-84 双级主减速器示意图

差速器按其用途分为轮间差速器和轴间差速器。轮间差速器装在驱动桥内，轴间差速器装在各个驱动桥之间。按工作特性分为普通差速器和防滑差速器。普通差速器（对称式锥齿轮差速器）主要由四个行星齿轮、行星齿轮轴、两个半轴齿轮和差速器壳等组成，如图1-85所示。动力传递由主减速器、从动齿轮、差速器壳、行星齿轮轴、行星齿轮、半轴齿轮，经半轴传至驱动轮。

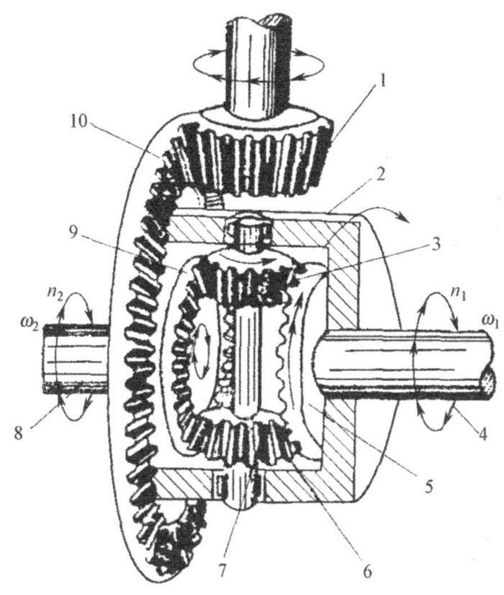

1—主动锥齿轮；2—差速器壳；3、6—行星齿轮；4、8—半轴；5、9—半轴齿轮；7—行星齿轮轴；10—从动锥齿轮

图1-85 差速器结构简图

1.3.2 行驶系

1．行驶系的功用和组成

汽车行驶系的功用是支承汽车的总质量；接受由发动机经传动系传来的转矩，并通过驱动轮与地面间的附着作用，产生驱动力，以保证车辆正常行驶；传递并支承路面作用于车轮上的各种反力及其所形成的力矩；尽可能地缓和不平路面对车身造成的冲击和振动，保证汽车平顺行驶。

轮式汽车行驶系组成如图 1-86 所示。

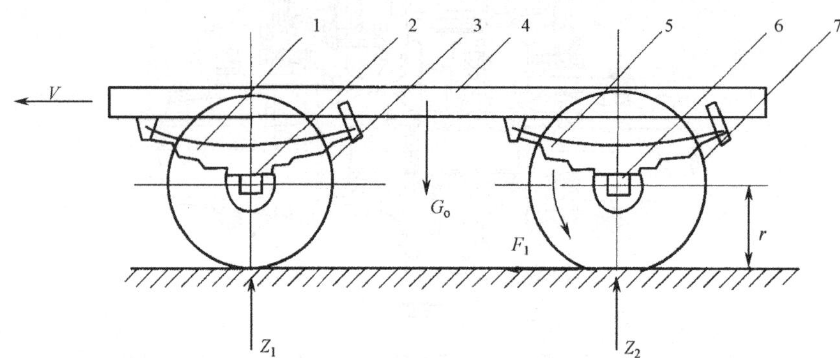

1—前悬架；2—从动桥；3—前轮；4—车架；5—后悬架；6—驱动桥；7—后轮

图 1-86 轮式汽车行驶系统的组成及部分受力情况

轮式汽车行驶系一般由车架、车桥、车轮、悬架等组成。

车轮支承着车桥，车桥又通过弹性悬架与车架相连接。

车架是整个汽车的基体，它将汽车的各相关总成连接成一个整体，构成汽车的装配基础。

2．车架

汽车车架俗称“大梁”。其上装有发动机、变速器、传动轴、前后桥、车身等总成和部件。车架的功用是支承、连接汽车的各总成，使各总成保持相对正确的位置，并承受汽车内外的各种载荷。车架通过悬架装置坐落在车轮上。有的客车和轿车为了减小质量，取消了车架，制成能够承受各种载荷的承载式车身，即无梁式车身。按结构形式分边梁式、中梁式（或称脊骨式）和综合式。

3．车桥

汽车车桥（又称车轴）通过悬架与车架（或承载式车身）相连接，其两端安装车轮。其作用是传递车架（或承载式车身）与车轮之间的各种作用力及其力矩。

车桥根据悬架的结构形式可分为断开式和整体式两种。断开式车桥为活动关节式结构，它与独立悬架配合使用；整体式车桥的中部是刚性实心或空心梁，它多配用非独立悬架。

按车轮的不同运动方式，车桥又可分为转向桥、驱动桥、转向驱动桥和支承桥四种类型。其中，转向桥和支承桥均属于从动桥。一般汽车的前桥多为转向桥，而后桥或中、后两桥多为驱动桥；越野汽车或大部分轿车的前桥既是转向桥也是驱动桥，故称为转向驱动桥；有些单桥驱动的三轴汽车（6×2）的中桥（或后桥）是驱动桥，则后桥（或中桥）都是支承桥。

4. 车轮和轮胎

车轮与轮胎的功用是支承整车的质量；缓和由路面传来的冲击力；产生驱动力和制动力；使车轮保持直线行驶的方向；承担越障提高通过性的作用。

a. 车轮。

辐板式车轮：车轮的轮辋与轮辐可以用铆钉连接，也可以制成一体。轮辐的中心有一中心孔，用来将轮辐安装在轮毂上，螺栓内端呈锥形，与轮辐孔的锥面相适应。轮辐靠近中心孔部分略向外鼓起，使得轮辐有些弹性而有助于螺栓的紧固防松（图1-87）。

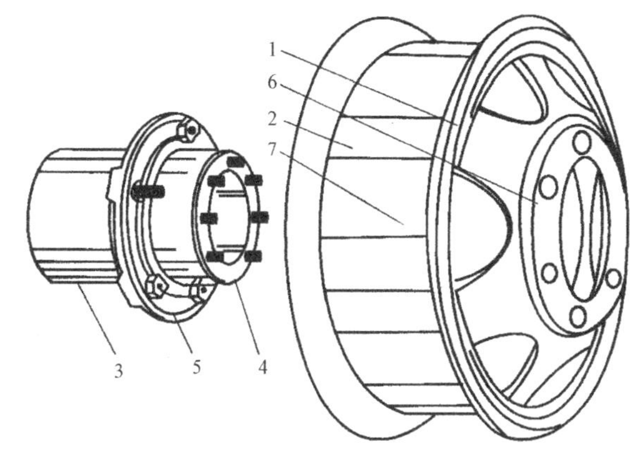

1—挡圈；2—轮辋；3—轮毂；4—螺栓；5—凸缘；6—辐板；7—气门嘴孔

图1-87 辐板式车轮

辐条式车轮：这种车轮的轮幅是钢丝辐条或者是和轮毂铸造成一体的铸造辐条，钢丝辐条价格昂贵、维修安装不便，仅用于赛车和某些高级轿车上，铸造辐条式车轮主要应用于重型汽车上，轮辋是用螺栓和特殊的衬块固定在辐条上，有配合锥面。

轮辋：按照轮辋结构的特点的不同，轮辋可分为深槽式、平底式和对开式（可拆式）等三种类型。

b. 轮胎。

轮胎安装在轮辋上，直接与路面接触。其作用是：支承汽车的总质量；与汽车悬架共同吸收和缓和汽车行驶时所受到的冲击和振动，以保证汽车具有良好乘坐舒适性和行驶平顺性；保证车轮与路面的良好附着而不致打滑，使汽车行驶平稳。

汽车轮胎按其用途可分为轿车轮胎和载货汽车轮胎两种。轿车轮胎主要用于轿车的充气轮胎，载货汽车轮胎主要用于载货汽车、客车及挂车上的充气轮胎。汽车轮胎按胎体结构可分为充气轮胎和实心轮胎。现代汽车绝大多数采用充气轮胎，如图1-88所示。而实心轮胎目前仅应用在沥青混凝土路面的干线道路上行驶的低速汽车或重型挂车上。就充气轮胎而言，按组成结构不同，可分为有内胎轮胎和无内胎轮胎两种；按胎内的工作压力大小，可分为高压胎、低压胎和超低压胎三种；按胎体中帘线排列方向不同，又可以分为普通斜交胎、带束斜交胎和子午线胎；按胎面花纹不同，还可分为普通花纹胎、混合花纹胎和越野花纹胎。

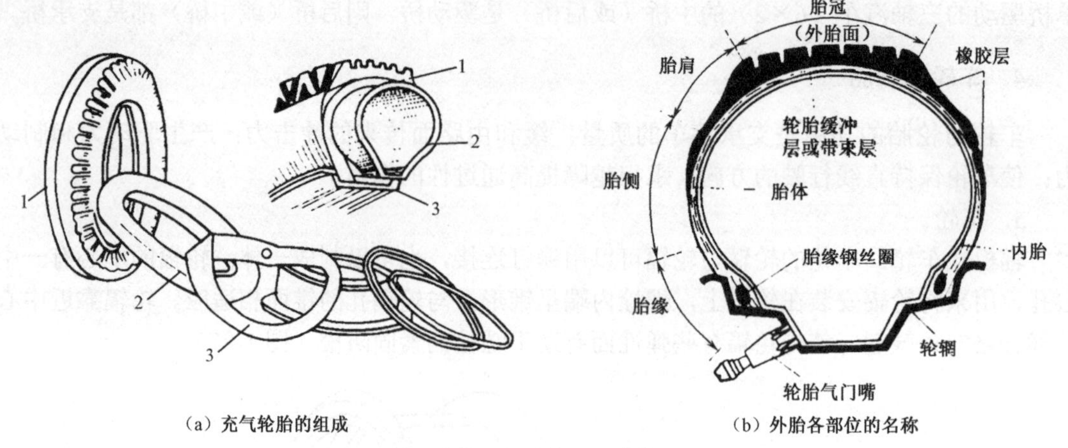

（a）充气轮胎的组成 （b）外胎各部位的名称

1—外胎；2—内胎；3—垫带

图 1-88 充气轮胎的组成及各部位名称

有内胎轮胎由外胎、内胎和垫带等组成。垫带是一个环形橡胶带，安装在内胎与轮辋之间，防止内胎被轮辋及外胎的胎圈擦伤。外胎是保护内胎不受外来损害的强度高而且有一定弹性的外壳。外胎可根据胎体内帘线排列方向的不同，分为普通斜线胎和子午线胎，内胎是一个环形橡胶管，上面装有气门嘴以便充入和排出空气。为使内胎在充气状态下不产生皱折，其尺寸应小于外胎内壁尺寸。

普通斜交胎由胎圈、缓冲层、胎面和帘布层等组成。

帘布层是外胎的骨架，也称胎体，作用是承受载荷，保持外胎的形状和尺寸，缓冲层位于胎面和帘布层之间，作用是加强胎面和帘布层的结合，防止紧急制动时胎面从帘布层上脱离,缓和汽车行驶时路面对轮胎的冲击和振动。胎面是外胎的表面，包括胎冠、胎肩和胎侧。胎冠与路面接触，直接承受冲击和磨损，保护帘布层和内胎免受机械损伤。为使轮胎与路面之间有良好的附着性能，胎面上制有各种凸凹花纹，花纹分普通花纹、混合花纹和越野花纹。胎圈的作用是使外胎牢固地装在轮辋上。

子午线轮胎帘布层的帘线排列方向与轮胎的子午断面一致，各层的帘线不相交，这种方式可使帘线的强度被充分利用，故它的帘布层数比普通轮胎可减少一半，子午线轮胎切向变形小，但胎侧较软，易变形。

子午线轮胎的优点：耐磨性好，使用寿命长，比普通轮胎长 30%～50%；滚动阻力小，节约燃料；附着性好，承载能力大，缓冲能力强，不易被刺穿，并且质量较轻；子午线轮胎与普通轮胎使用相同的轮辋，但不能同车混装。

目前大多数国家包括我国在内均采用英制表示充气轮胎的尺寸标注，见图 1-89。轮胎尺寸标注方法高压胎用 D×B，高压胎在汽车上应用较少；低压胎用 B－d，最新轮胎尺寸系列是以高度比（H/B）作为轮胎分类基础的，称为“扁平率”。

子午线轮胎规格的表示方法是把标志子午胎字样的“R”置于断面宽与轮辋直径之间。例如，一汽捷达王轿车装用的子午线扁平轮胎的型号为 185/60R14，其含义自左至右，第一个数字 185 表示轮胎宽度 185mm，符号“/”后面的数字 60，表示 H/B×100=60，即扁平率为 60%，字母“R”表示该轮胎为子午线轮胎，最后一个数字表示轮辋的直径为 14 英寸（356mm）。

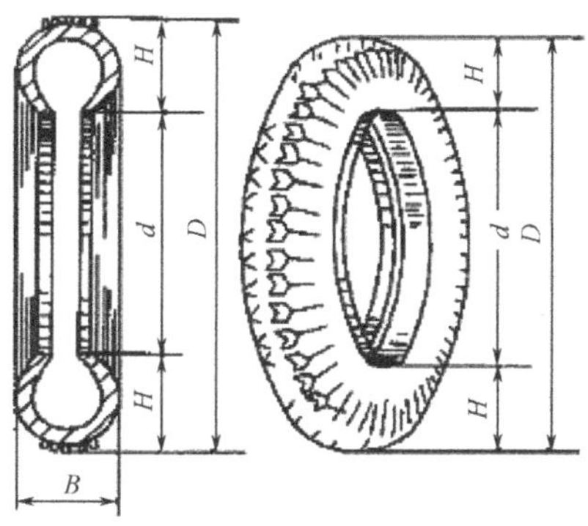

图 1-89 轮胎尺寸标记

5. 悬架

a. 悬架的功用。

连接车桥和车架；传递二者之间的各种作用力和力矩；抑制并减小由于路面不平而引起的振动，保持车身和车轮之间正确的运动关系，保证汽车的行驶平顺性和操纵稳定性（缓冲、减振、导向及稳定）。

b. 悬架的结构组成。

悬架一般由弹性元件、导向装置和减振器等组成，如图 1-90 所示。

弹性元件的作用是承受和传递垂直载荷，缓冲并抑制不平路面所引起的冲击。

减振器用以加快振动的衰减，使车身和车轮的振动得以控制。

导向装置是用来传递纵向力、侧向力及其力矩，并保证车轮有正确的运动关系。

横向稳定器是一种辅助弹性元件，以防止车身在不平路面上行驶或转向时发生过大的横向倾斜。

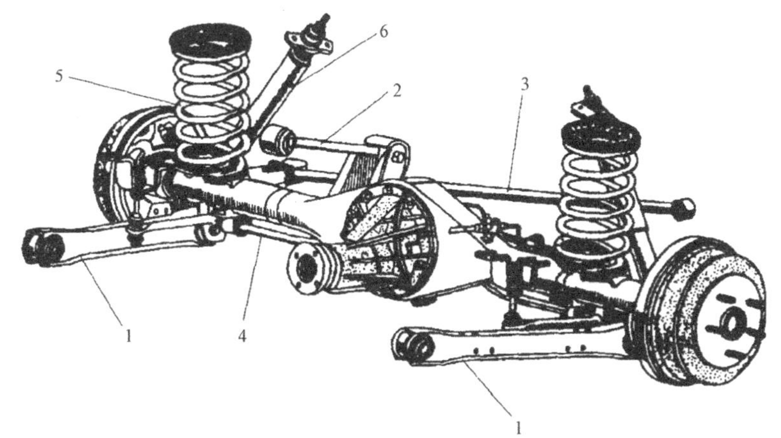

1—下纵向传力杆；2—上纵向推力杆；3—横向推力杆；4—横向稳定器；5—螺旋弹簧；6—减振器

图 1-90 汽车的悬架组成示意图

c. 悬架的性能指标。

车身自然振动频率（亦称振动系统的固有频率）是影响汽车行驶平顺性的悬架重要性能指标之一。

$$n=(1/2\pi)\sqrt{C/M}=(1/2\pi)\sqrt{g/f}$$

式中 g——重力加速度；

f——悬架垂直变形（挠度）；

M——悬架簧载质量；

C（等于 Mg/f）——悬架刚度。

在悬架所受垂直载荷一定时，悬架刚度愈小，则自然振动频率愈低。但悬架刚度愈小，在一定载荷下悬架垂直变形就愈大，即车轮上下跳动所需要的空间愈大。

当悬架刚度一定时，簧载质量愈大，则悬架垂直变形愈大，而频率愈低。故空车行驶时的车身自然振动频率要比满载行驶时的高。簧载质量变化范围愈大，则频率变化范围也愈大。为了使簧载质量从相当于汽车空载到满载的范围内变化很小，就需要将悬架刚度做成可变的，即空车时悬架刚度小，而载荷增加时，悬架刚度随之增加。

d. 悬架的分类。

悬架按导向装置的形式（汽车两侧车轮运动的相互关系）可分为两大类：非独立悬架和独立悬架。

非独立悬架如图 1-91 所示。

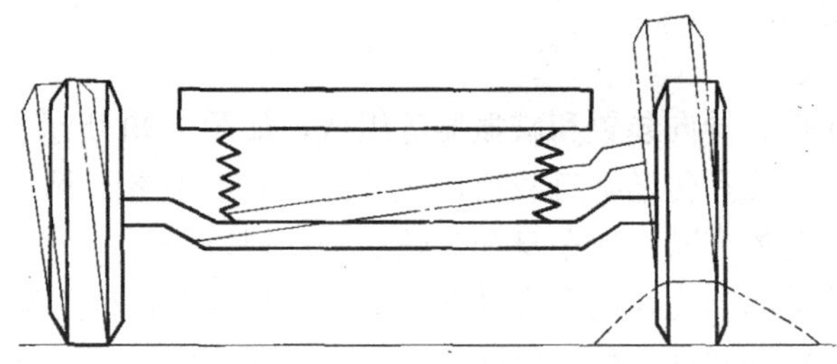

图 1-91 非独立悬架示意图

这种悬架的车轮安装在一根整体式车桥两端，车桥通过弹性元件与车架相连。当一侧车轮跳动时，要影响另一侧车轮，也叫相关悬架。

非独立悬架的特点：结构简单，成本低，车轮上下跳动时定位参数变化小，在货车和一些大客车上普遍采用，部分轿车后悬架也有采用。

独立悬架如图 1-92 所示。

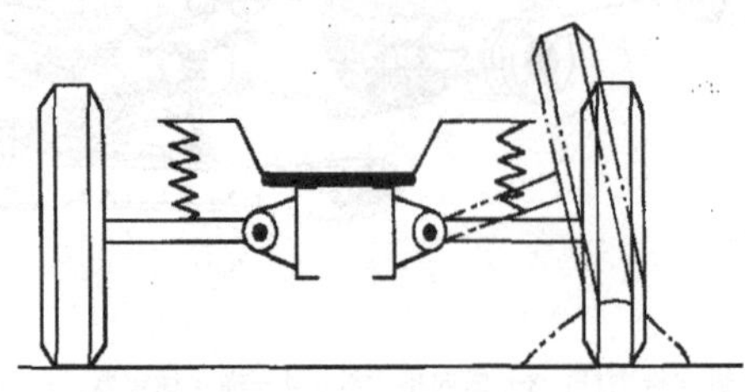

图 1-92 独立悬架示意图

独立悬架是每一侧车轮单独通过悬架与车桥相连，每个车轮能独立上下运动而无相互影响。车桥是断开式独立悬架的车轮接地性好，行驶平顺性和操纵稳定性都优于非独立悬架，前轮定位角可以调节，在轿车上得到广泛应用。

6. 减振器

a．减振器的功用。

为加速车架与车身振动的衰减，以改善汽车的行驶平顺性，在大多数汽车的悬架系统内都装有减振器，如图 1-93 所示。减振器和弹性元件是并联安装的。

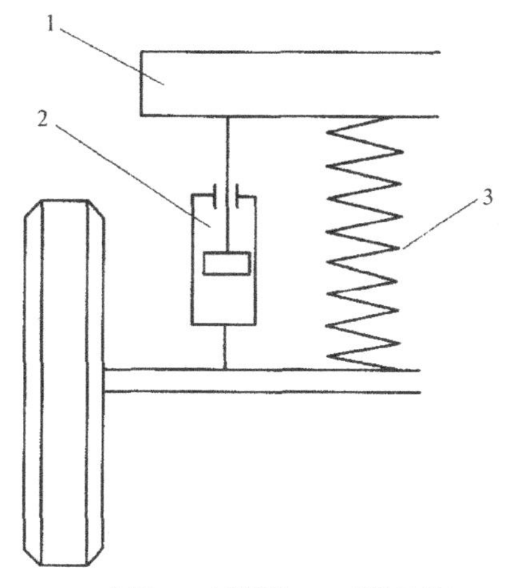

1—车架；2—减振器；3—弹性元件

图 1-93 减振器和弹性元件的安装示意图

b．对减振器的要求。

减振器的阻尼力愈大，振动消除得愈快，但却使并联的弹性元件的作用不能充分发挥，同时，过大的阻尼力还可能导致减振器连接零件及车架损坏。为解决弹性元件与减振器之间的这一矛盾，对减振器提出如下要求：

在悬架压缩行程（车桥与车架相互移近的行程）内，减振器阻尼力应较小，以便充分利用弹性元件的弹性，以缓和冲击。

在悬架伸张行程（车桥与车架相对远离的行程）内，减振器的阻尼力应大，以求迅速减振。

当车桥（或车轮）与车架的相对速度过大时，减振器应当能自动加大液流通道截面积，使阻尼力始终保持在一定限度之内，以避免承受过大的冲击载荷。

c．减振器的类型。

悬架广泛采用液力减振器，其原理是利用液体流动的阻力来消耗振动的能量。在压缩和伸张两行程内均能起减振作用的减振器称为双向作用式减振器；另有一种减振器仅在伸张行程内起作用，称为单向作用式减振器。目前汽车上广泛采用双向作用筒式减振器。

d．双向作用筒式减振器（见图 1-94）。

结构：一般具有四个阀，即压缩阀、伸张阀、流通阀和补偿阀。

流通阀和补偿阀是一般的单向阀，其弹簧很弱，当阀上的油压作用力与弹簧力同向时，阀处于关闭状态，完全不通液流；而当油压作用力与弹簧力反向时，只要有很小的油压，阀便能开启。压缩阀和伸张阀是卸载阀，其弹簧较强，预紧力较大，只有当油压增高到一定程度时，阀才能开启；而当油压减低到一定程度时，阀即自行关闭。

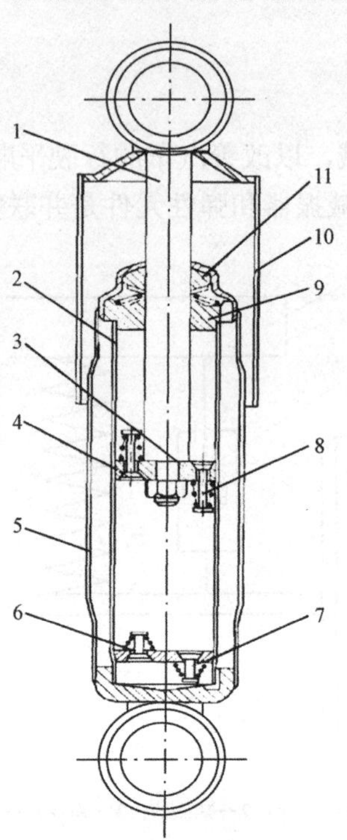

1—活塞杆；2—工作缸；3—活塞；4—伸张阀；5—贮油缸；6—压缩阀；
7—补偿阀；8—流通阀；9—导向座；10—防尘罩；11—油封

图 1-94 双向作用筒式减振器示意图

工作原理如下所述（参见图 1-95）。

压缩行程：车身下降，减振器受压缩，活塞下移，工作缸下腔减小，上腔增大。下腔油压高于上腔，油液压开流通阀进入上腔，活塞杆占去上腔部分容积，导致下腔油液不能全部流入上腔，多余的油液从压缩阀进入贮油缸筒,这些阀的流通面积不大，造成一定阻尼力。

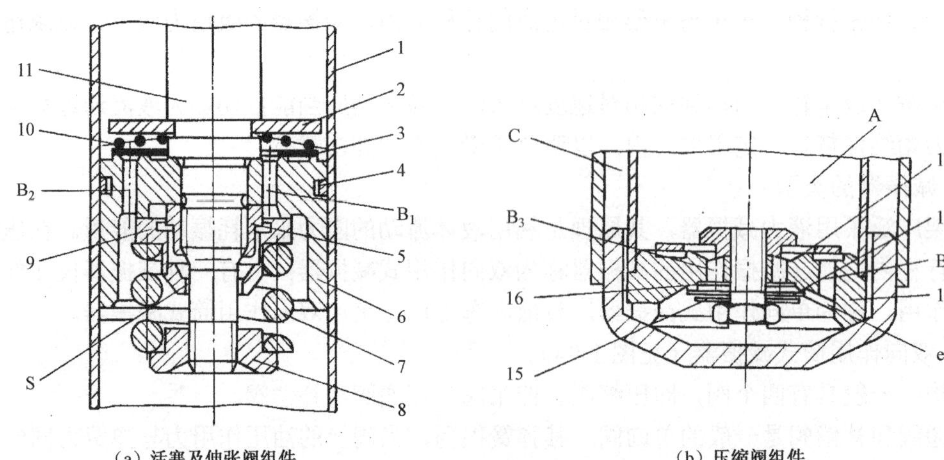

1—工作缸筒；2—流通阀限位座；3—流通阀片；4—活塞密封环；5—螺母；6—活塞；7—伸张阀弹簧；8—压紧螺母；9—伸张阀；10—流通阀锥形弹簧；11—活塞杆；12—补偿阀锥形弹簧；13—补偿阀；14—压缩阀座；15—压缩阀；16—流通阀；A—工作腔；B_1、B_2—活塞内外圈通孔；B_3、B_4—压缩阀座内外圈通孔；C、S—环形缝隙；e—压缩阀上层阀片的缺口

图 1-95 减振器的伸张阀和压缩阀组件

伸张行程：车身上升，活塞上移，使上腔容积减小，下腔容积增大，上腔油压高于下腔，油液推开伸张阀流入下腔，由于活塞杆的存在，使下腔产生一定的真空度，储油筒内的油液在真空吸力的作用下打开补偿阀流入下腔。油液流经这些阀时，产生了阻尼力，伸张阀弹簧刚度和预紧力比压缩阀的大，伸张行程油液的流通面积也比压缩行程小，减振器在伸张行程所产生的最大阻尼力远远大于压缩行程的最大阻尼力。压缩行程是弹性元件起主要作用，伸张行程是减振器起主要作用。

1.3.3 转向系

1. 转向系的功用和组成

a. 转向系概述。

汽车通过传动系和行驶系，将发动机的动力转变为汽车行驶的驱动力，使汽车产生运动。汽车在行驶中，经常需要改变行驶方向。汽车上用来改变汽车行驶方向的机构称为汽车转向系。

b. 转向系的功用及组成。

汽车行驶方向的改变是由驾驶员通过操纵转向系来改变转向轮（一般是前轮）的偏转角度实现的。转向系不仅可以改变汽车的行驶方向，使其按驾驶员规定的方向行驶，而且还可以克服由于路面侧向干扰力使车轮自行产生的转向，恢复汽车原来的行驶方向。

汽车转向系一般由转向操纵机构、转向器、转向传动机构三部分组成，但随着转向系的类型不同，其结构组成又有所差异。

c. 转向系的类型。

汽车转向系根据其转向能源的不同，可以分为机械转向系和动力转向系两大类型。

机械转向系：以驾驶员的体力作为转向能源，又称为人力转向系，如图 1-96 所示。机械转向系一般由三部分组成，即转向操纵机构、转向器和转向传动机构。

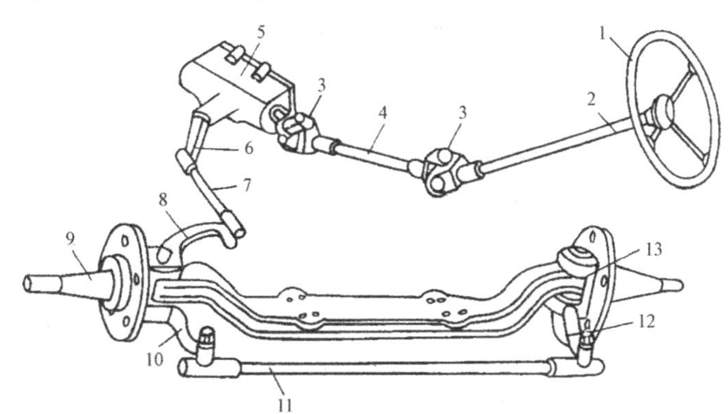

1—转向盘；2—转向轴；3—转向万向节；4—转向传动轴；5—转向器；6—转向摇臂；
7—转向直拉杆；8—转向节臂；9—左转向节；10、12—梯形臂；11—转向横拉杆；13—右转向节

图 1-96 机械转向系统的组成和布置示意图

2. 转向操纵机构

驾驶员操纵转向器工作的机构，包括转向盘、转向轴等机件。

a. 转向器。

转向轴下端的蜗杆与扇形齿轮构成转向器。转向器是一个减速增矩机构，经转向器放大

的力矩传给转向传动机构。

b．转向传动机构。

转向直拉杆、转向节臂、转向横拉杆、左右梯形臂等机件构成。前轴的两端和转向节由主销铰接在一起，转向节上连有左右梯形臂，两臂铰接在转向横拉杆上。其中梯形臂及横向拉杆作用是：与前轴构成转向梯形，保证左、右转向轮按一定规律偏转。

c．转向原理及工作特点。

当一个转向节转动时，另一个转向节也随着变位，使汽车实现转向。

两个车轮转动的角度不同，因为前轴、转向横拉杆、左右梯形臂及所形成的四边形不是矩形而是梯形。

机械转向系是以人的体力作为转向动力，其中所有传力件都是机械的。

我国规定汽车转向盘必须在左侧。

d．动力转向系结构组成。

动力转向系兼用驾驶员的体力和发动机动力作为转向能源，并且以发动机动力作为主要能源。动力转向系是在机械转向系基础上加设一套转向加力装置而成的。转向加力装置包括转向油罐、转向油泵、转向控制阀和转向动力缸等。转向油泵由发动机驱动，以产生高压油液，如图 1-97 所示。

e．转向工作过程。

当驾驶员逆时针方向转动转向盘时，转向摇臂将拉动转向直拉杆向前运动。转向直拉杆的拉力作用在转向节臂上，使左侧转向节及左侧转向轮绕主销向左偏转一个角度，同时通过梯形臂和转向横拉杆使另一侧转向节与转向轮绕该侧转向主销偏转一定的角度，这时汽车将向左转向。与此同时，转向直拉杆还带动了转向控制阀中的滑阀移动，使转向动力缸的右腔接通转向油泵的出油口，右腔通过转向控制阀与转向油罐接通，转向动力缸的活塞所受的向右的液压作用力便经其推杆也作用在转向横拉杆上。由于液压作用力较大，便在很大程度上减轻了驾驶员的操纵力。

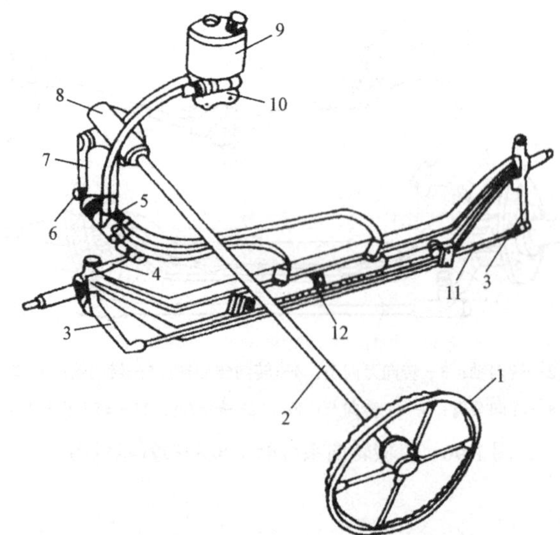

1—转向盘；2—转向轴；3—梯形臂；4—转向节臂；5—转向控制阀；6—转向直拉杆；
7—转向摇臂；8—机械转向器；9—转向油罐；10—转向油泵；11—转向横拉杆；12—转向动力缸

图 1-97 液压动力转向系统的组成示意图

3. 转向器

a. 传动效率。

转向器的输出功率与输入功率之比，称为转向器传动效率。

当作用力从转向盘传到转向摇臂时称为正向传动；反之，转动摇臂受到的道路冲击力传到转向盘，称为逆向传动。作用力在转向盘和转向摇臂之间传递都很容易的转向器叫可逆式转向器，有利于转向后的车轮自动回正，也容易出现“打手”现象。当作用力由转向盘很容易传到转向摇臂，而转向摇臂受到的冲击只有在很大时才能传到转向盘上，这种转向器称为极限可逆式转向器，这种转向器，驾驶员有一定路感，可实现自动回正。在良好路面行驶的车辆采用可逆式转向器，中型以上的越野车、工矿自卸车多采用极限可逆式转向器。

b. 转向盘自由行程。

在整个转向系中，各传动件之间都必然存在着装配间隙，而且这些间隙将随着零件的磨损而增大。这一阶段是转向盘空转阶段。转向盘在空转阶段中的角行程，称为转向盘自由行程。转向盘存在自由行程则有利于缓和路面冲击及避免驾驶员紧张。一般自由行程不大于100～150mm，自由行程可通过机件的啮合的间隙实现。

循环球式转向器结构组成（见图1-98）。

具有两个传动副，一套是螺杆螺母传动副，另一套是齿条齿扇传动副或滑块曲柄销传动副，转向螺母松套在螺杆上，两者配合构成圆形截面的螺旋形通道，螺母侧面有两对通孔，与螺母外的钢球导管构成两条管状的封闭循环通道，实现螺杆和螺母间的滚动摩擦。

工作过程：转动转向螺杆时，通过钢球将力传给螺母，螺母沿轴线移动，在摩擦力作用下，所有钢球在螺母与螺杆之间形成“球流”，钢球在螺母内绕行两周后，流出螺母进入导管，再由导管流回螺母通道，两列钢球在各自的封闭通道内循环，螺母外表面有等齿厚齿条，与其啮合的是变齿厚的齿扇，转动螺杆，螺母随之轴向移动，通过齿条、齿扇使转向摇臂转动。

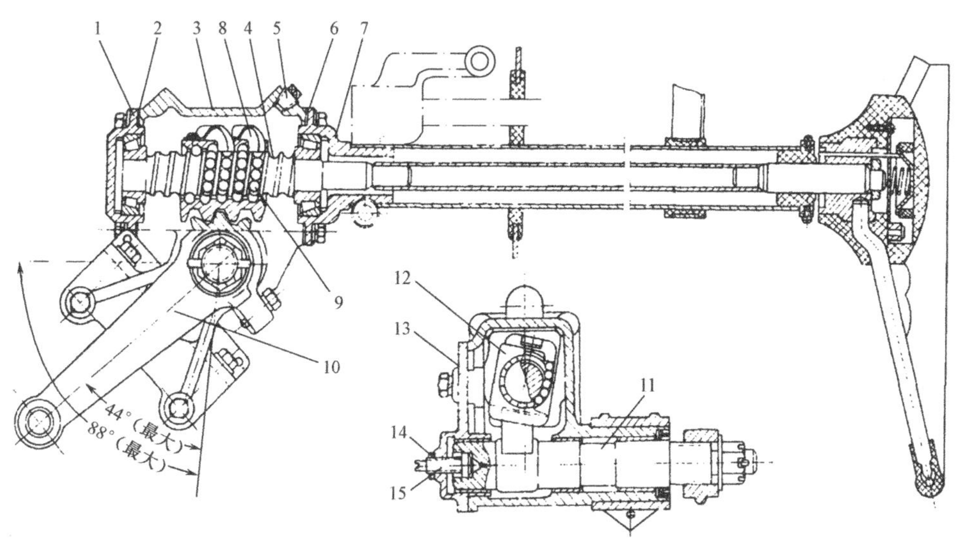

1—下盖；2、6—调整垫片；3—壳体；4—转向螺杆；5—加油螺塞；7—上盖；8—钢球导管 9—钢球；10—转向摇臂；11—转向摇臂轴；12—转向方形螺母；13—侧盖；14—固定螺母；15—调整螺钉

图1-98 循环球式转向器

啮合间隙调整装置：利用调整螺钉实现，螺钉旋入，则啮合齿间隙减小，反之增大

传动副的传动特点是正传动效率高，操纵轻便，使用寿命长。逆效率也高，有“打手”现象。

c．齿轮齿条式转向器结构如图 1-99 所示。

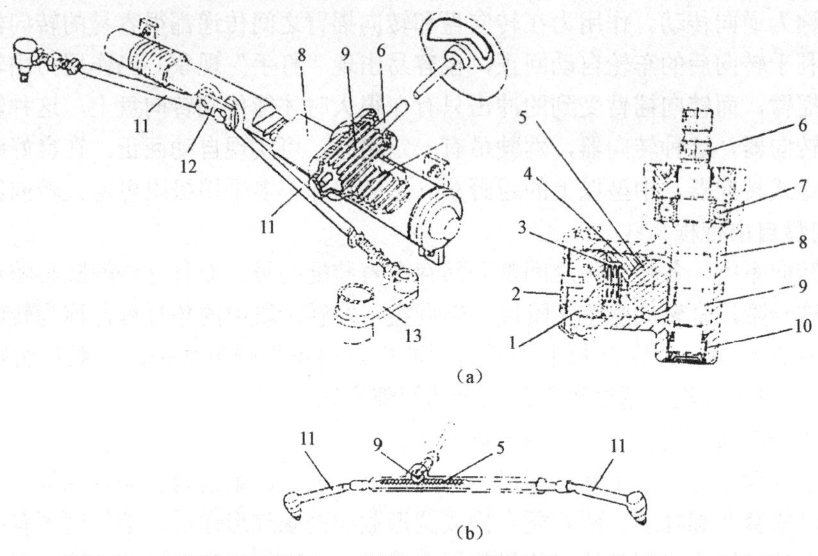

1—调整螺塞；2—罩盖；3—压簧；4—压簧垫块；5—转向齿条；6—齿轮轴；7—球轴承；
8—转向器壳体；9—转向齿轮；10—滚柱轴承；11—转向横拉杆；12—拉杆支架；13—转向节

图 1-99　齿轮齿条式转向器

传动副为齿轮、齿条，转向齿轮连接转向轴的安全联轴节，齿条水平布置，齿条被弹簧和压块压在齿轮上，保证无间隙啮合，弹簧弹力可调，转向减振器用来减小转向轮的摆动，安全联轴节功用是受较大冲击力时联轴节脱开，防止驾驶员被挤伤 。

转向时，驾驶员转动转向盘，通过转向轴、安全联轴节带动转向齿轮转动，齿轮使得齿条轴向移动，带动拉杆移动，使车轮偏转，实现转向。

这种转向器结构简单，间隙有自调整能力，转向传动机构简化，在独立悬架的轻型及微型轿车上广泛采用。

d．蜗杆曲柄指销式转向器结构如图 1-100 所示。

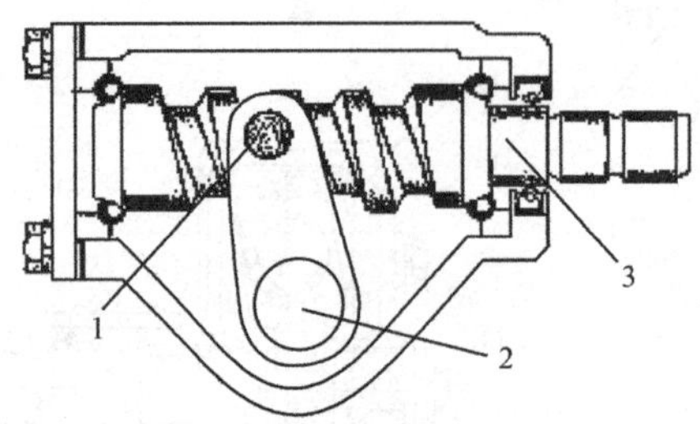

1—指销；2—摇臂轴；3—转向蜗杆

图 1-100　蜗杆曲柄指销式转向器

蜗杆曲柄指销式转向器的传动副以转向蜗杆为主动件，装在摇臂轴端的指销为从动件。转向蜗杆转动时，与之啮合的指销即绕转向摇臂轴轴线作圆弧运动，并带动转向摇臂轴转动。

采用双指销不但可使摇臂轴转角范围加大，而且由于直线行驶及修正行驶方向时两指销均与转向蜗杆啮合，因而使指销受力小、寿命长。指销装在滚动轴承上可以大大提高转向器的传动效率。

4．转向操纵机构

a．转向操纵机构的组成和布置（见图1-101）。

汽车转向操纵机构主要由转向盘、转向轴以及转向管柱等机件组成。有些转向系考虑车架变形的影响，在转向操纵机构中增加了一个挠性万向节。还有一些转向系，由于总布置的要求，转向盘与转向器的轴线相交成一定的角度，在结构中采用了万向节和传动轴。由于在发生车祸时，对驾驶员造成主要威胁的是转向盘及转向柱管等，所以在设计转向操纵机构时，增加了安全措施。如采用安全转向柱、安全联轴节及能量吸收装置等。

转向盘结构如图1-102所示。

转向盘由轮缘、轮辐和轮毂组成。轮辐一般为三根辐条或四根辐条，也有用两根辐条的。转向盘轮毂孔具有细牙内花键，借此与转向轴连接。转向盘内部是由成形的金属骨架构成。骨架外面一般包有柔软的合成橡胶或树脂，也有包皮革的，这样可有良好的手感，而且还可防止手心出汗时握转向盘打滑。当汽车发生碰撞时，从安全性考虑，不仅要求转向盘应具有柔软的外表皮，可起缓冲作用，而且还要求转向盘在撞车时，其骨架能产生变形，以吸收冲击能量，减轻驾驶员受伤的程度，如图1-103所示。转向盘上都装有喇叭按钮，有些轿车的转向盘上还装有车速控制开关和撞车时保护驾驶员的安全气囊装置。

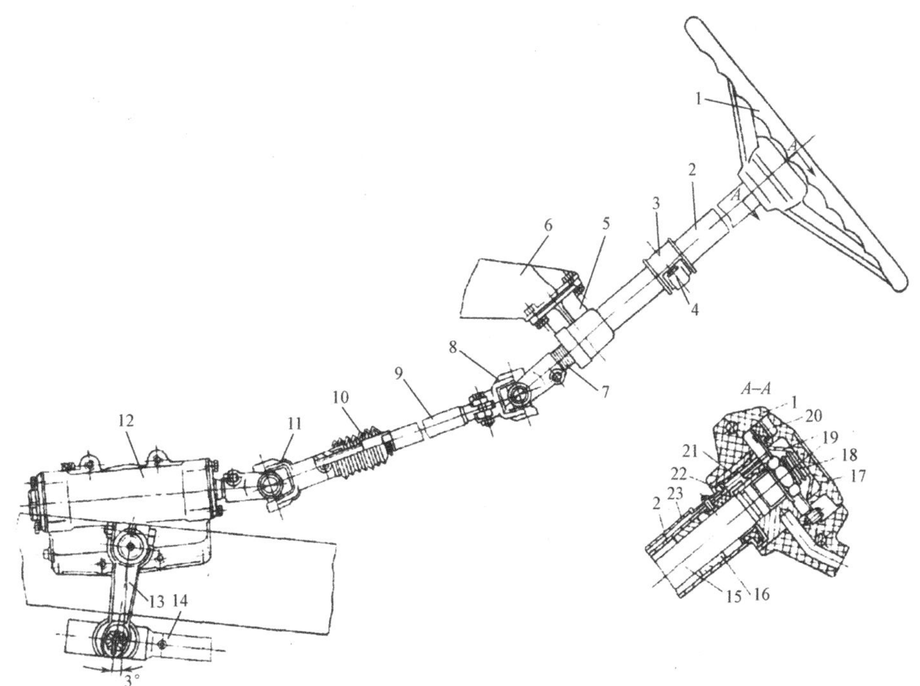

1—转向盘；2—转向柱管；3—橡胶垫；4—转向柱管支架；5—转向柱管支座；6—转向操纵机构支架；7—转向轴限位弹簧；8—上万向节；9—转向传动轴；10—花键防护套；11—下万向节；12—转向器；13—转向摇臂；14—转向直拉杆；15—转向轴；16—转向轴衬套；17—电喇叭按钮盖；18—电喇叭按钮搭铁弹簧；19—电喇叭按钮接触罩；20—搭铁接触板组件；21—按钮电刷组件；22—集电环组件；23—导线组件

图1-101　东风EQ1090E型汽车转向操纵机构和转向器的布置

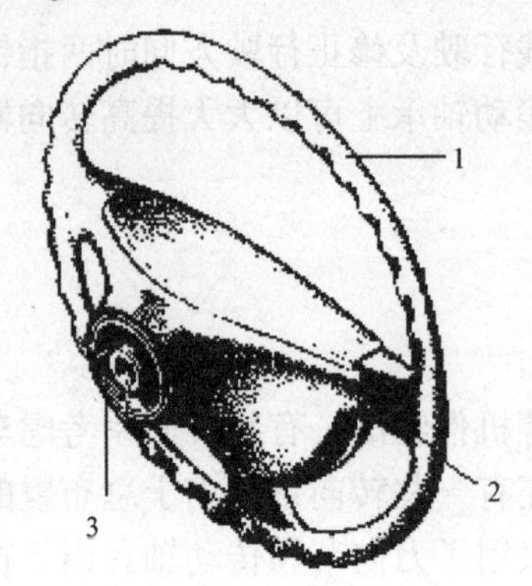

1—轮缘；2—轮辐；3—轮毂

图 1-102 转向盘

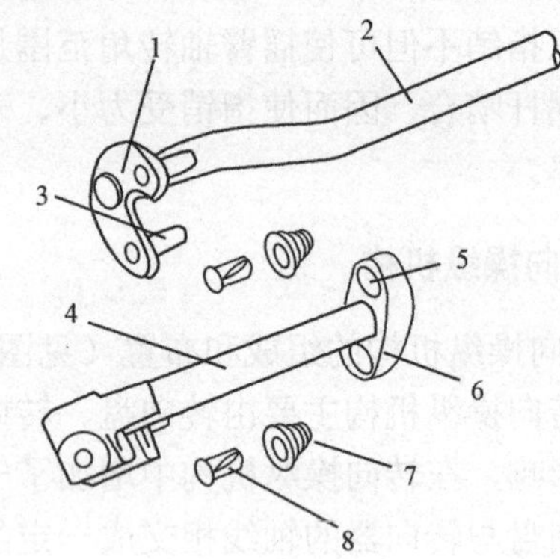

1—上凸缘盘；2—上转向轴；3—销子；4—下转向轴；5—承孔；6—下凸缘盘；7—橡胶衬套；8—聚四氟乙烯衬套

图 1-103 红旗 CA7220 型轿车转向轴的吸能装置示意图

b．转向传动机构。

将转向器输出的力传给转向轮，且使二转向轮偏转角按一定的关系变化，以实现汽车顺利转向。转向传动机构除传力外，还要承受冲击和振动。设有减振缓冲装置，并能自动消除磨损后的间隙。为避免发生运动干涉，采用球铰链连接。

转向传动机构的一般组成如图 1-104 所示。

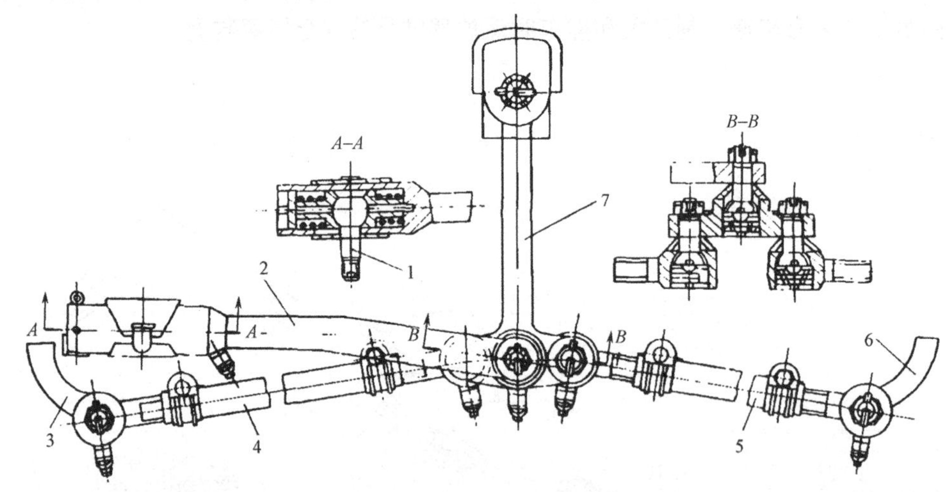

1—转向摇臂球头销；2—转向直拉杆；3—左梯形臂；4—左转向横拉杆；5—右转向横拉杆；6—右梯形臂；7—摇杆

图 1-104 红旗 CA7560 型轿车转向传动机构

主要由转向直拉杆、转向节臂、转向横拉杆、左右梯形臂等机件构成。前轴的两端和转向节由主销铰接在一起，转向节上连有左右梯形臂，两臂铰接在转向横拉杆上。当一个转向节转动时，另一个转向节也随着变位，使汽车实现转向。但两个车轮转动的角度不同，因为前轴、转向横拉杆、左右梯形臂所形成的四边形不是矩形而是梯形。如图 1-105 所示。

转向传动机构的组成与布置形式取决于转向器的位置和转向轮悬架的类型。

与非独立悬架配用的转向传动机构包括由转向摇臂、转向直拉杆、转向节臂和由转向横拉杆与两个梯形臂组成的转向梯形机构。

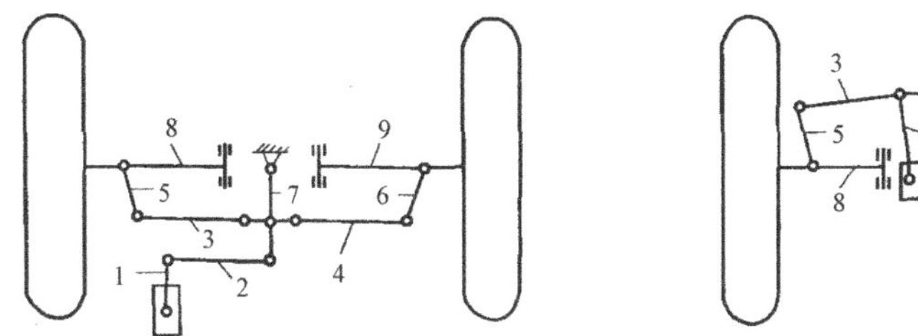

1—转向摇臂；2—转向直拉杆；3—左转向横拉杆；4—右转向横拉杆；
5—左梯形臂；6—右梯形臂；7—摇杆；8—悬架左摆臂；9—悬架右摆臂

图1-105 与独立悬架配用的转向传动机构示意图

转向摇臂是转向器传动副与直拉杆间的传动件。东风 EQ1090E 型汽车的转向摇臂的大端用锥形三角细花键与转向器中摇臂轴的外端连接；其小端带有球头销，以便与转向直拉杆作空间铰链连接。

转向直拉杆是转向摇臂与转向节臂之间的传动杆件。为了不发生运动干涉，三者间的连接件都是球形铰链。

转向横拉杆是转向梯形机构的底边。转向横拉杆由横拉杆体和装在两端的横拉杆接头组成，两端的接头结构相同，其中，球头销的尾部与梯形臂相连。弹簧保证两球头座与球头紧密接触，并起缓冲作用，其预紧力由螺塞调整。两接头借螺纹与横拉杆体联接。接头螺纹部分有切口，故具有弹性。接头装到横拉杆体上后，用夹紧螺栓夹紧。横拉杆体两端的螺纹，一为右旋，一为左旋。因此，在旋松锁紧螺栓以后，转动横拉杆体，即可改变转向横拉杆的总长度，从而可调整转向轮前束。

1.3.4 制动系

为了保证汽车安全行驶，提高汽车的平均行驶车速，以提高运输生产率，在各种汽车上都设有专用制动机构。这样的一系列专门装置即称为制动系。

1. 汽车制动系功用和组成

a. 汽车制动系功用。

保证汽车行驶中能按驾驶员要求减速停车；保证车辆可靠停放。

b. 制动系的类型和基本组成。

制动系类型按功用分：行车制动系、驻车制动系、辅助制动系。

行车制动系是由驾驶员用脚来操纵的，故又称脚制动系。它的功用是使正在行驶中的汽车减速或在最短的距离内停车。

驻车制动系是由驾驶员用手来操纵的，故又称手制动系。它的功用是使已经停在各种路面上的汽车驻留原地不动。

第二制动系是在行车制动系失效时，保证汽车仍能实现减速或停车的一套装置。在许多国家制动法规中规定，第二制动系也是汽车必须具备的。

辅助制动系——经常在山区行驶的汽车以及某些特殊用途的汽车，为了提高行车的安全性和减轻行车制动系性能的衰退及制动器的磨损，用以在下坡时稳定车速。

按制动能量传输分：机械式、液压式、气压式、电磁式、组合式。

按回路多少分：单回路制动系、双回路制动系。

按能源分：人力制动系、动力制动系、伺服制动系。

人力制动系是以驾驶员的肌体作为唯一的制动能源的制动系。

动力制动系完全靠由发动机的动力转化而成的气压或液压形式的势能进行制动的制动系。

伺服制动系为兼用人力和发动机动力进行制动的制动系。

c．基本组成。

供能装置：包括供给、调节制动所需能量及改善传动介质状态的部件。

控制装置：产生制动动作和控制制动效果的各种部件，如制动踏板。

传动装置：包括将制动能量传输到制动器的各个部件，如制动主缸、轮缸。

制动器：产生阻碍车辆运动或运动趋势的部件。

2．制动系的基本结构和工作原理

a．一般制动系的基本结构（见图 1-106）。

主要由车轮制动器和液压传动机构组成。车轮制动器主要由旋转部分、固定部分和调整机构组成。旋转部分是制动鼓；固定部分包括制动蹄和制动底板；调整机构由偏心支承销和调整凸轮组成，用于调整蹄、鼓间隙。制动传动机构主要由制动踏板、推杆、制动主缸、制动轮缸和管路组成。

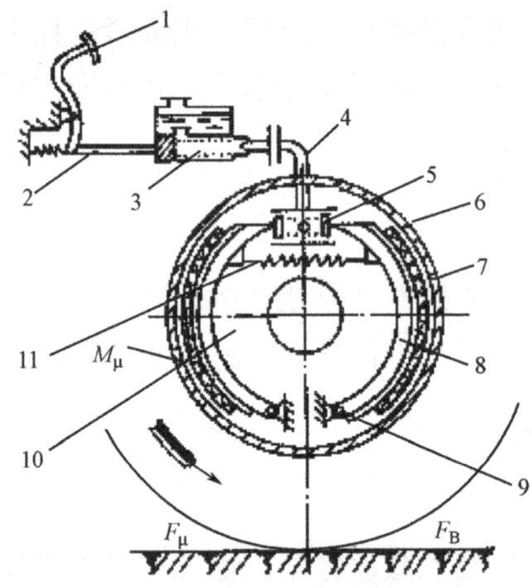

1—制动踏板；2—推杆；3—制动主缸；4—油管；5—制动轮缸；6—制动鼓；7—摩擦片；8—制动蹄；9—支承销；10—制动底板；11—回位弹簧

图 1-106　液压制动系统工作原理示意图

b．制动工作原理。

制动系不工作时蹄、鼓间有间隙，车轮和制动鼓可自由旋转。

制动时，要使汽车减速，脚踏下制动器踏板，通过推杆和主缸活塞，使主缸油液在一定压力下流入轮缸，并通过两轮缸活塞推动制动蹄绕支承销转动，上端向两边分开而以其摩擦片压紧在制动鼓的内圆面上。不转的制动蹄对旋转制动鼓产生摩擦力矩，从而产生制动力。

要解除制动，放开制动踏板时回位弹簧即将制动蹄拉回原位，制动力消失。

c．制动主缸的结构及工作过程。

制动主缸的作用是将自外界输入的机械能转换成液压能，而液压能通过管路再输给制动轮缸。制动主缸分单腔和双腔式两种，分别用于单、双回路液压制动系。

单腔式制动主缸如图 1-107 所示。

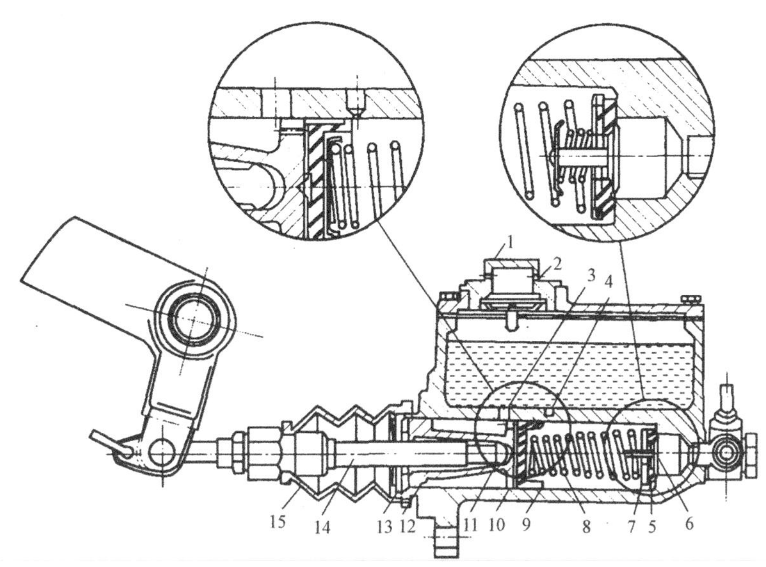

1—螺塞；2—通气孔；3—补偿孔；4—旁通孔；5—回油阀门；6—出油阀门；7—出油阀门弹簧；8—活塞回位弹簧；9—皮碗；10—活塞上的小孔；11—活塞；12—皮圈；13—挡圈；14—推杆；15—橡胶防护罩

图 1-107 单腔式制动主缸

制动系不工作时即不制动时，主缸活塞位于补偿孔、回油孔之间。

制动时，活塞左移，油压升高，进而车轮制动。

解除制动时，撤除踏板力，回位弹簧作用，活塞回位，油液回流，制动解除。

双腔式制动主缸如图 1-108 所示。

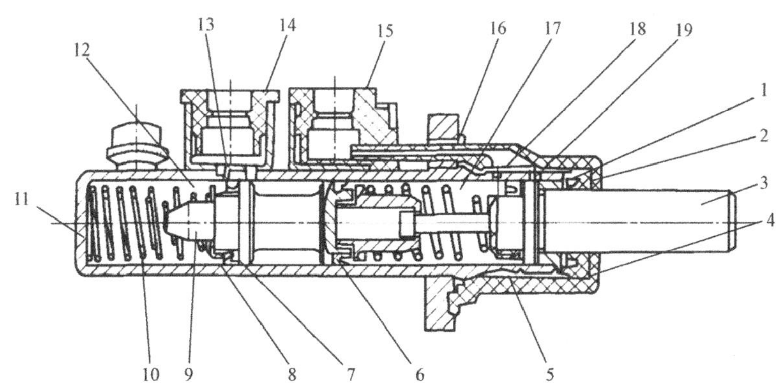

1—套；2—密封套；3—第一活塞；4—盖；5—防动圈；6—密封圈；7—垫片；8—挡片；9—第二活塞；10—弹簧；11—直筒式缸体；12—第二工作腔；13—密封圈；14、15—进油孔；16—定位圈；17—第一工作腔；18—补偿孔；19—回油孔

图 1-108 双腔式制动主缸

主缸有两腔，第一腔与右前、左后制动器相连；第二腔与左前、右后制动器相通，每套管路和工作腔又分别通过补偿孔和回油孔与储油罐相通。第二活塞由右端弹簧保持在正确的初始位置，使补偿孔和进油孔与缸内相通。第一活塞在左端弹簧作用下，压靠在套上，使其处于补偿孔和回油孔之间的位置。

制动时，第一活塞左移，油压升高，克服弹力将制动液送入右前、左后制动回路；同时又推动第二活塞，使第二工作腔液压升高，进而两轮制动，解除制动时，活塞在弹簧作用下回位，液压油自轮缸和管路中流回制动主缸。如活塞回位迅速，工作腔内容积也迅速扩大，使油压迅速降低。储液罐里的油液可经进油孔和活塞上面的小孔推开密封圈流入工作腔。当活塞完全回位时，补偿孔打开，工作腔内多余的油由补偿孔流回储液罐。若液压系统由于漏油，以及由于温度变化引起主缸工作腔、管路、轮缸中油液的膨胀或收缩，都可以通过补偿孔进行调节。

d．制动轮缸的结构及工作过程。

制动轮缸的功用：是将液力转变为机械推力。有单活塞和双活塞两种。

如图 1-109 所示，奥迪 100 的双活塞式轮缸体内有两活塞，两皮碗，弹簧使皮碗、活塞、制动蹄紧密接触。

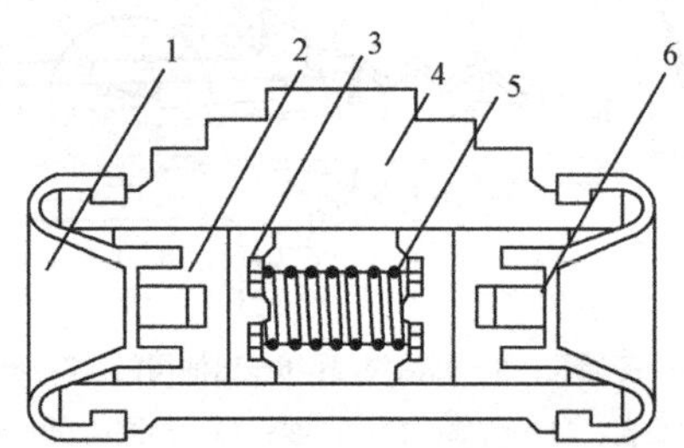

1—防尘罩；2—活塞；3—皮碗；4—缸体；5—弹簧；6—顶块

图 1-109　双活塞制动轮缸

制动时，液压油进入两活塞间油腔，进而推动制动蹄张开，实现制动。轮缸缸体上有放气螺栓，以保证制动灵敏可靠。

3．制动器

其功用是在制动系中用以产生阻碍车辆运动或运动趋势的力，即直接产生制动作用。

a．按结构不同分类。

鼓式：旋转元件为制动鼓；盘式：旋转元件为制动盘。

b．按旋转元件固装位置分类。

车轮制动器：旋转元件固装在车轮或半轴上（行车制动系、驻车）。

中央制动器：旋转元件固装在传动系的传动轴上（驻车制动、缓速制动）。

c．按制动原理分类。

摩擦制动器：利用固定和旋转元件间的摩擦原理制动。

缓速器：用于缓速制动。

d．按鼓式制动器分类。

鼓式制动器分为内张型和外束型两种。前者的制动鼓以其内圆柱面为工作表面，在汽车上广泛应用；后者制动鼓的工作表面则是外圆柱面，目前只有少数汽车应用为驻车制动器。内张型鼓式制动器都采用带有摩擦片的制动蹄作为固定元件。制动蹄张开装置的形式、张开力作用点和制动蹄支承点的布置有多种，使制动器的工作性能也有所不同。内张型鼓式制动器按制动蹄促动装置不同可分为：轮缸式制动器，以液压制动轮缸作为制动蹄促动装置；凸轮式，用凸轮作为促动装置；楔式，用楔块作为促动装置。

制动蹄促动装置：是以液压轮缸对制动蹄端加力为其促动装置；固定元件：制动蹄和制动底板；旋转元件：制动鼓。

领从蹄式制动器结构：一种非平衡制动器，如图 1-110 所示。

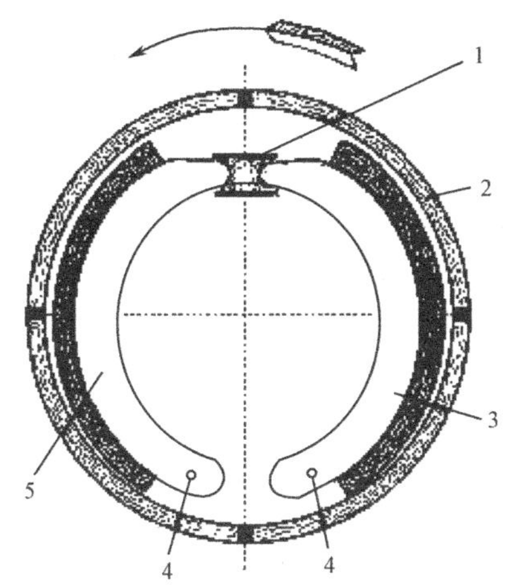

1—制动轮缸；2—制动鼓；3—从蹄；4—支点；5—领蹄

图 1-110 领从蹄式制动器

制动蹄促动装置为一双活塞轮缸，制动蹄在弹簧拉力作用下与轮缸活塞靠紧，前蹄磨损严重，多比后蹄加工时长。在制动鼓正、反向旋转时，有一领蹄（张开时旋转方向与鼓旋转方向相同）和一从蹄（相反），当汽车倒驶，制动鼓反转，原领蹄变成从蹄，而原从蹄则变成领蹄。在制动鼓正向旋转和反向旋转时，都有一个领蹄和一个从蹄的制动器即称为领从蹄式制动器。

工作原理如图 1-111，制动时两活塞施加的促动力相等。制动时，领蹄和从蹄在促动力 F 的作用下，分别绕各自的支承点旋转紧压在制动鼓上。旋转着的制动鼓即对两制动蹄分别作用着法向反力 F_1 和 F_2，以及相应的切向反力 T_1 和 T_2。

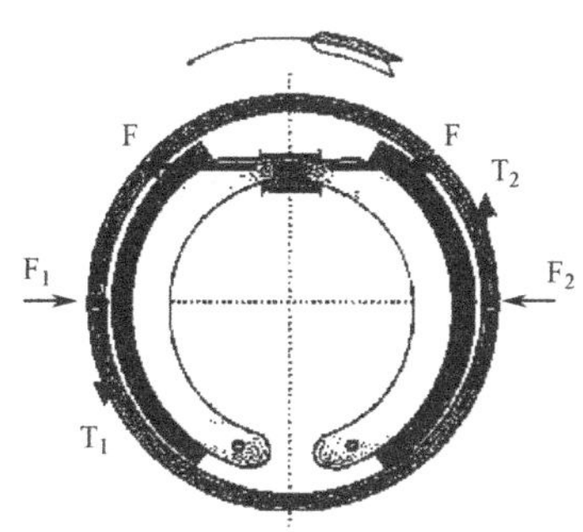

图 1-111 领从蹄式制动器工作原理图

由图 1-110 可见，领蹄上切向合力 T_1 所造成的绕支点的力矩与促动力 F 所造成的绕同一支点的力矩是同向的。所以力 T_1 的作用结果是使领蹄 1 在制动鼓上压得更紧，从而力 T_1 也更大。这表明领蹄具有“增势”作用。相反，从蹄具有“减势”作用。故二制动蹄对制动鼓所施加的制动力矩不相等。倒车制动时，虽然蹄 2 变成领蹄，蹄 1 变成从蹄，但整个制动器的制动效能还是同前进制动时一样。在领从式制动器中，两制动蹄对制动鼓作用力 F_1 和

F_2 的大小是不相等的，因此在制动过程中对制动鼓产生一个附加的径向力。凡制动鼓所受来自二蹄的法向力不能互相平衡的制动器称为非平衡式制动器。由于制动蹄摩擦片磨损，使蹄、鼓间隙加大，制动灵敏变差，可采用转动调整凸轮和偏心支承销来调整蹄、鼓间隙。

单向双领蹄式制动器：在制动鼓正向旋转时，两蹄均为领蹄的制动器称为双领蹄式制动器。双领蹄式制动器与领从蹄式制动器在结构上主要有两点不相同，一是双领蹄式制动器的两制动蹄各用一个单活塞式轮缸，而领从蹄式制动器的两蹄共用一双活塞式轮缸；二是双领蹄式制动器的两套制动蹄、制动轮缸、支承销在制动底板上的布置是中心对称的，而领从蹄式制动器中的制动蹄、制动轮缸、支承销在制动底板上的布置是轴对称布置的。在制动鼓正向旋转时，两蹄均为领蹄的制动器，可提高前进方向的制动效能。结构上采用了两个单活塞式制动轮缸，且上下反向布置。倒车制动时，该制动器两制动蹄均变为从蹄，制动效能下降很多。

双向领蹄式制动器：一种平衡式制动器。无论是前进制动还是倒车制动，两制动蹄都是领蹄的制动器称为双向双领蹄式制动器，与领从蹄式制动器相比，双向双领蹄式制动器在结构上有三个特点：一是采用两个双活塞式制动轮缸；二是两制动蹄的两端都采用浮式支承，且支点周向位置也是浮动的；三是制动底板上的所有固定元件，如制动蹄、制动轮缸、回位弹簧等都是成对的，而且既按轴对称又按中心对称布置。在前进或倒驶时两制动蹄都为领蹄的制动器可使前进、倒驶两方向制动效能相同。结构上前进变倒驶时两蹄支承点和促动力作用点互换位置（如图 1-112 所示）。

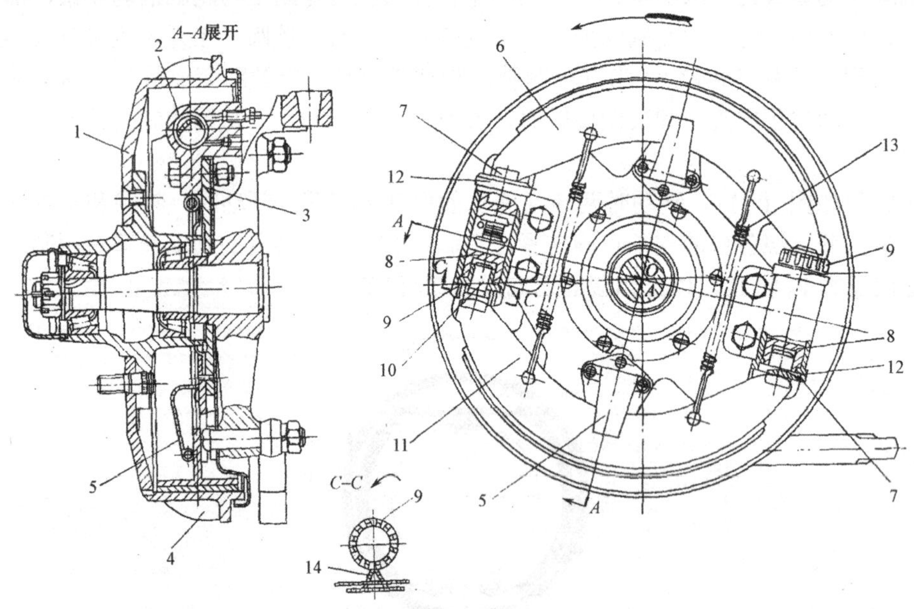

1—制动鼓；2—制动轮缸；3—制动底板；4—制动鼓散热肋片；5—制动蹄限位片；6—上制动蹄；7—支座；8—轮缸活塞；9—调整螺母；10—可调支座；11—下制动蹄；12—防护套；13—回位弹簧；14—锁片

图 1-112　红旗 CA7560 型高级轿车前轮制动器

双向自增式制动器结构原理如图 1-113 所示。

制动鼓正向、反向旋转时均能借蹄、鼓摩擦起作用，采用双活塞轮缸。

不制动时，两制动蹄的上端在回位弹簧的作用下浮支在支承销上，两制动蹄的下端在拉簧的作用下浮支在浮动的顶杆两端的凹槽中。汽车前进制动时，制动轮缸的两活塞向两端顶

出，使前、后制动蹄离开支承销并压紧到制动鼓上，于是旋转着的制动鼓与两制动蹄之间产生摩擦作用。由于顶杆是浮动的，前、后制动蹄及顶杆沿制动鼓的旋转方向转过一个角度，直到后制动蹄的上端再次压到支承销上。此时制动轮缸促动力进一步增大。由于从蹄受顶杆的促动力大于轮缸的促动力，从蹄上端不会离开支承销。汽车倒车制动时，制动器的工作情况与上述相反。应用于驻车制动时多作用于轿车后轮（如：丰田皇冠轿车）。

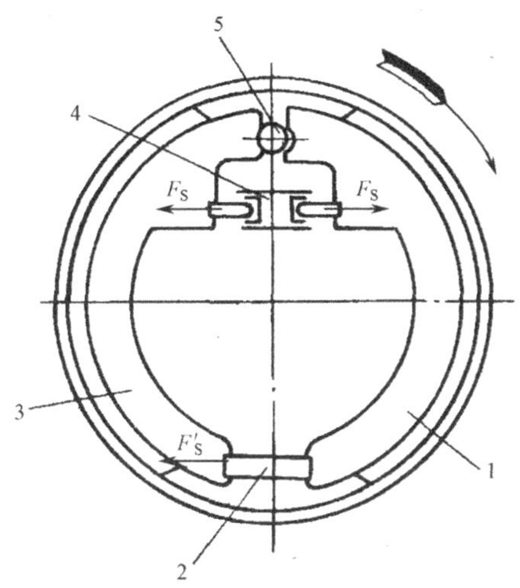

1—前制动蹄；2—顶杆；3—后制动蹄；4—轮缸；5—支承销

图 1-113 双向自增力式制动器结构原理

e．盘式制动器。

盘式制动器摩擦副中的旋转元件是以端面工作的金属圆盘，称为制动盘。其固定元件有着多种结构形式。根据固定元件的结构形式不同，盘式制动器大体上可以分为两类，即钳盘式制动器和全盘式制动器。

钳盘式车轮制动器如图 1-114 所示。

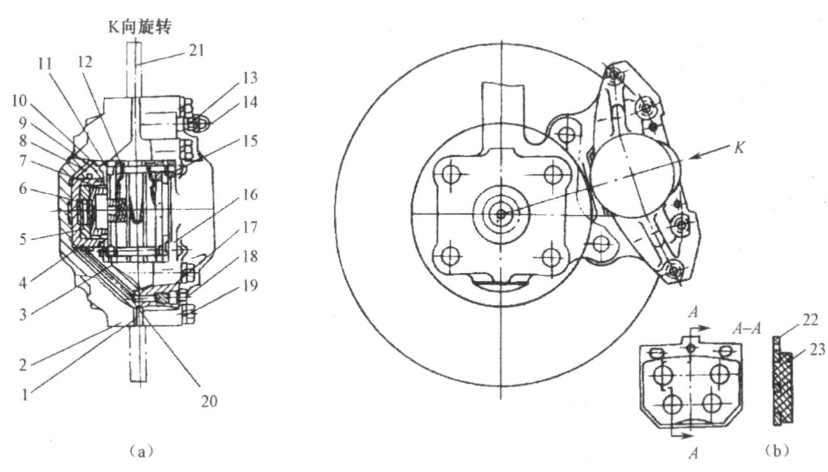

（a）制动钳；（b）制动块

1—内侧钳体；2—外侧钳体；3—制动块；4—活塞；5—活塞垫圈；6—压圈；7—压圈密封圈；8—活塞密封；9—橡胶防护罩；10—防护罩锁圈；11—消声片；12—弹簧；13—放气阀；14—放气阀防护罩；15—制动块导向槽；16—R 形销；17—进油口垫塞；18—防污螺塞（装接油管时取下）；19—螺钉；20—橡胶垫圈；21—制动盘；22—制动块背板；23—制动块摩擦块

图 1-114 丰田皇冠轿车盘式前轮制动器

这种制动器广泛应用于轿车和轻型货车上，优点：散热性好、热衰退小、热稳定性好、最适合对制动性能要求较高的轿车前轮制动器，一般此类系统后轮多采用寿命较长的鼓式制动器，以便附装驻车制动器，这就是前盘后鼓式混合制动系统。盘式制动器径向尺寸有限，而工作面是端面，可使制动钳有两对轮缸，满足双管路布置。

制动盘与车轮固装在一起旋转，端面为摩擦面，其固定部分的摩擦件总称为制动钳。制动钳安装在转向节或桥壳上，并可用垫片调整钳与盘的间隙。

制动时，油液压入轮缸内，活塞在液压作用下压紧制动盘，产生摩擦力矩而制动，放松时，活塞和制动块依靠密封圈的弹力和弹簧回位。

钳盘式制动器以制动钳固定在支架上的结构形式分为固定式和浮动式，如图 1-115 所示。

固定式制动钳制动器如图 1-115（a）所示。

跨置在制动盘上的制动钳体固定安装在车桥上，它不能旋转也不能沿制动盘轴线方向移动，其内的两个活塞分别位于制动盘的两侧。制动时，制动油液由制动总泵（制动主缸）经进油口进入钳体中两个相通的液压腔中，将两侧的制动块压向与车轮固定连接的制动盘，从而产生制动。

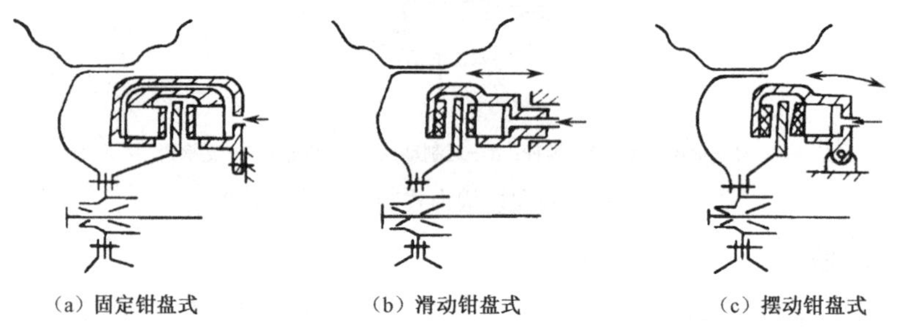

（a）固定钳盘式　（b）滑动钳盘式　（c）摆动钳盘式

图 1-115　钳盘式制动器示意图

缺点：油缸较多，使制动钳结构复杂；油缸分置于制动盘两侧，必须用跨越制动盘的钳内油道或外部油管来连通，这使得制动钳的尺寸过大，难以安装；热负荷大时，油缸和跨越制动盘的油管或油道中的制动液容易受热气化；若要兼用于驻车制动，则必须加装一个机械促动的驻车制动钳。

浮动式制动钳制动器如图 1-115（b）、（c）所示。

制动钳体通过导向销与车桥相连，可以相对于制动盘轴向移动。制动钳体只在制动盘的内侧设置油缸，而外侧的制动块则附装在钳体上。制动时，液压油通过进油口进入制动油缸，推动活塞及其上的摩擦块向右移动，并压到制动盘上，并使得油缸连同制动钳体整体沿销钉向左移动，直到制动盘右侧的摩擦块也压到制动盘上夹住制动盘并使其制动。与定钳式制动器相反，浮钳式制动器轴向和径向尺寸较小，而且制动液受热气化的机会较少。此外，浮钳盘式制动器在兼充行车和驻车制动器的情况下，只需在行车制动钳油缸附近加装一些用以推动油缸活塞的驻车制动机械传动零件即可。故自 20 世纪 70 年代以来，浮钳盘式制动器逐渐取代了定钳盘式制动器。

4. ABS 防抱死制动系统

a. 汽车防抱死装置（ABS）概述。

车轮抱死产生的现象：当车轮抱死滑移时，制动距离延长，制动失灵，若前轮先抱死，

汽车失去转向能力，若后轮先抱死，即使受到不大的侧向干扰力，汽车也将发生侧滑。理想状态是车轮处于边滚边滑的滑转状态，车轮滑移率到15%～20%时，对地面附着系数最大，目前在中高级轿车、大客车和重型车上普遍装备了防抱死装置。

ABS 系统功用：在制动过程中自动控制和调节制动力大小，防止车轮抱死，消除侧滑、跑偏、丧失转向能力的现象，获得良好的制动性能、操纵性能和稳定性能。

ABS 主要有机械液压式 ABS（可靠性差，已不用），电子控制式 ABS（现广泛应用）。

ABS 系统的第一个优点是增加了汽车制动时的稳定性。汽车在制动时，如果前轮先抱死，驾驶员将无法控制汽车的行驶方向，这是非常危险的；倘若后轮先抱死，则会出现侧滑、甩尾，甚至使汽车整个调头等严重事故。ABS 系统可以防止车轮制动时被完全抱死，提高了汽车行驶的稳定性。

ABS 系统的第二个优点是能缩短制动距离。这是因为在同样紧急制动的情况下，ABS 系统可以将滑移率控制在 20%左右，从而可获得最大的纵向制动力。需要说明的是，当汽车在积雪路面上制动时，若车轮抱死，则车轮前的楔状积雪可阻止汽车的前进。

ABS 系统的第三个优点是改善了轮胎的磨损状况。事实上，车轮抱死会加剧轮胎磨损，而且轮胎胎面磨耗不均匀，使轮胎磨损消耗费增加。经测定，汽车在紧急制动时，车轮抱死所造成的轮胎累加磨损费，已超过一套防抱死制动系统的造价。因此，装用 ABS 系统具有一定的经济效益。

ABS 系统还有一个优点就是使用方便，工作可靠。ABS 系统的使用与普通制动系统的使用几乎没有区别，制动时只要把脚踏在制动踏板上，ABS 系统就会根据情况自动进入工作状态，如遇雨雪路滑，驾驶员也没有必要用一连串的点刹车方式进行制动，ABS 系统会使制动状态保持在最佳点。

b．ABS 的组成和工作原理（见图 1-116）。

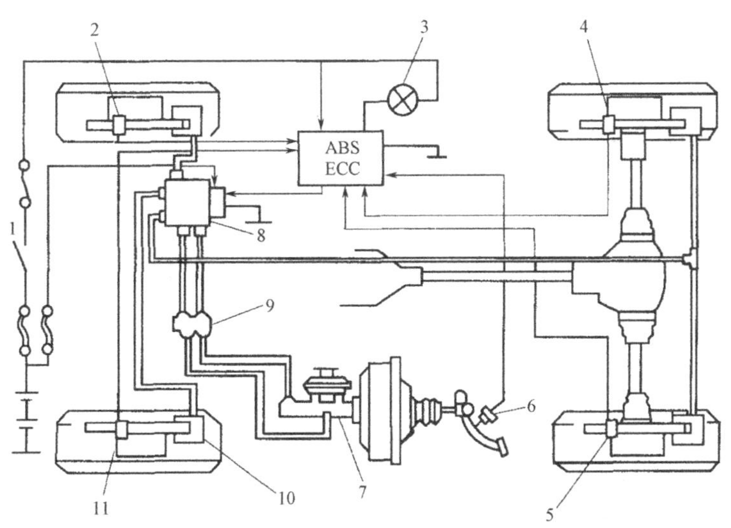

1—点火开关；2、11—前轮转速传感器；3—ABS 警告灯；4、5—后轮转速传感器；6—制动灯开关；7—制动主缸；8—ABS 执行器；9—比例旁通阀；10—制动轮缸

图 1-116 ABS 系统简图（四传感器三通道式）

ABS 是在普通制动系的基础上加装车轮速度传感器、ABS 电控单元、制动压力调节装置及制动控制电路等组成的。

制动过程中，ABS 电控单元（ECU）不断地从传感器获取车轮速度信号，并加以处理，分析是否有车轮即将抱死拖滑。如果没有车轮即将抱死拖滑，制动压力调节装置不参与工作，制动主缸和各制动轮缸相通，制动轮缸中的压力继续增大，此即 ABS 制动过程中的增压状态。如果电控单元判断出某个车轮（假设为左前轮）即将抱死拖滑，它即向制动压力调节装置发出命令，关闭制动主缸与左前制动轮缸的通道，使左前制动轮缸的压力不再增大，此即 ABS 制动过程中的保压状态。若电控单元判断出左前轮仍趋于抱死拖滑状态，它即向制动压力调节装置发出命令，打开左前制动轮缸与储液室或储能器的通道，使左前制动轮缸中的油压降低，此即 ABS 制动过程中的减压状态。

ABS 系统中，能够独立进行制动压力调节的制动管路称为控制通道。如果对某车轮的制动压力可以进行单独调节，称这种控制方式为独立控制；如果对两个（或两以上）车轮的制动压力一同进行调节，则称这种控制方式为一同控制。在两个车轮的制动压力进行一同控制时，如果以保证附着力较大的车轮不发生制动抱死为原则进行制动压力调节，称这种控制方式为按高选原则一同控制；如果以保证附着力较小的车轮不发生制动抱死为原则进行制动压力调节，则称这种控制方式为按低选原则一同控制。按照控制通道数目的不同，ABS 系统分为四通道、三通道、双通道和单通道四种形式，而其布置形式却多种多样。

1.4 汽车车身

汽车车身与发动机和底盘相并列，成为汽车的三大重要组成部分。汽车车身是载运乘客或货物的“活动建筑物”，既是乘客的遮蔽外壳，又是货物的承载装置。因此，它不仅应具有运输的功能，还要有建筑物的雕塑美和居住的安全性及舒适性。

1.4.1 车身的功用

汽车车身的功用是提供驾驶员的工作场所，也是容纳乘客和货物的场所。

1.4.2 车身的分类

1. 车身结构

车身结构是按承载方式可分为：非承载式、承载式和半承载式车身三种类型。

（1）非承载式车身又称有车架式车身。

其特点是车身与车架通过弹性元件连接。汽车车身仅承受本身和所装载客货的重力和汽车行驶时的惯性力与空气阻力；而发动机，底盘各部件的重力及这些部件工作时的作用力，以及汽车行驶时道路对汽车的外加载荷等都由车架承受。

（2）承载式车身也称无车架式车身。

车身底架就是发动机和底盘各总成的安装基础，全部载荷都由车身来承受。其优点是抗弯、抗扭刚度较高，质量轻，地板高度较低，能更有效地利用厢内空间。轿车多采用这种结构。

（3）半承载式车身。

其结构特点是车身与前支架用焊接法或螺栓刚性连接，二者成为一体而承受载荷。它实质上是另一种无车架车身，只是装了前支架起着一部分车架的作用，发动机和悬架均安装在车身前支架上。

2. 货车车身的分类

货车驾驶室按其结构大体可分为长头式、短头式和平头式，如图1-117所示。

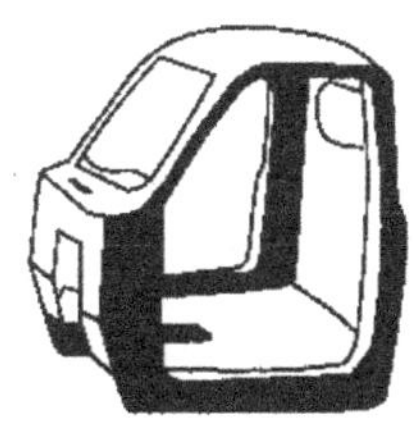

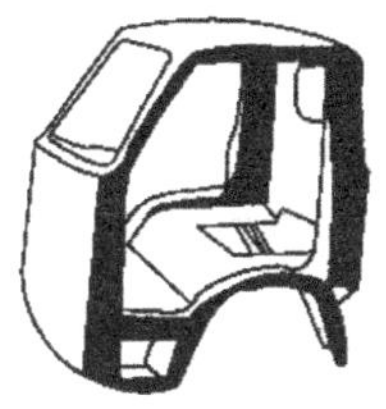

(a) 长头式　(b) 短头式　(c) 平头式

图1-117　货车驾驶室结构分类

（1）长头式。

驾驶室位于发动机之后，这种结构可使驾驶室地板布置得较低，坐椅也较宽敞，但整车面积利用较差。

（2）短头式。

驾驶室部分位于发动机之上，这种驾驶室可缩短整车长度，地板也不太高，但驾驶室内发动机占去一部分空间，较拥挤。

（3）平头式。

发动机完全伸进驾驶室的内部，故可大大缩短整车长度，驾驶员视野开阔，结构刚度好。但底板较高，上下不便，夏季室内闷热，维修发动机较难，这种驾驶室通常设计成能向前倾翻的。

货箱亦称车箱，按装货物不同而分为：普通货箱和自动倾卸式、容罐式、厢体式等专用货箱。

3. 客车车身

（1）按车身承载形式分为：非承载式、半承载式和承载式三类。

（2）按车身结构分为：骨架式结构（以骨架受力为主，蒙皮作为装饰件）；应力蒙皮结构（蒙皮与骨架焊接成牢固的薄壳）；复合式结构（前后围用应力蒙皮结构，第二立柱与最末立柱之间为框架结构）。

客车车身由车厢壳体、顶盖、左右侧围、前后围、内饰、地板、门窗、座椅及室内外附件组成。一般厢式小型客车多采用应力蒙皮结构，而大中型客车一般采用有骨架的承载式车身。承载式车身可分为基础承载式和整体承载式。

4. 轿车车身

（1）轿车车身类型。

a. 凹背式（三箱型）。

以出租车为代表，多见于中型轿车。从外部看，从轿车后部引出的行李箱比驾驶室低一截。在内部分为发动机室、驾驶室、行李箱 3 个室（箱），所以称为三厢型。FR、FF、RR、4WD 汽车都是如此。在美国称为“sedan”，在欧洲称为“saloon”。这种类型还有的后部是向下斜的，常被称为“斜背式”。

b．二箱型。

近来多见于 FF 车。后行李箱与驾驶室做成一体，这是从原来客货两用车演化而来，汽车后部多数开有车门，从那里可放进较大的行李。如把后座椅放倒，驾驶室后部也可变成了较大空间的行李箱，这种类型常称为“带仓门的车”，或称为三门、五门。在 FF 方式汽车上应用最普遍，其他的车辆也有的用这种形式。

c．一箱型。

从外观看是不分箱的平头式，驾驶室和行李箱及发动机室都在同一箱内，发动机的位置有在前座椅下、（地板）下置、前置、后置等各种形式。一般能在车内检修，它与驾驶室严格地分开。有多种驱动方式，小型车身能乘坐 6～9 人，其最大的特点是中间座椅可以向反面回转，当作卧铺。所以它所能利用空间之大是其他类型车所不能相比的。

轿车车身一般结构如图 1-118 所示。

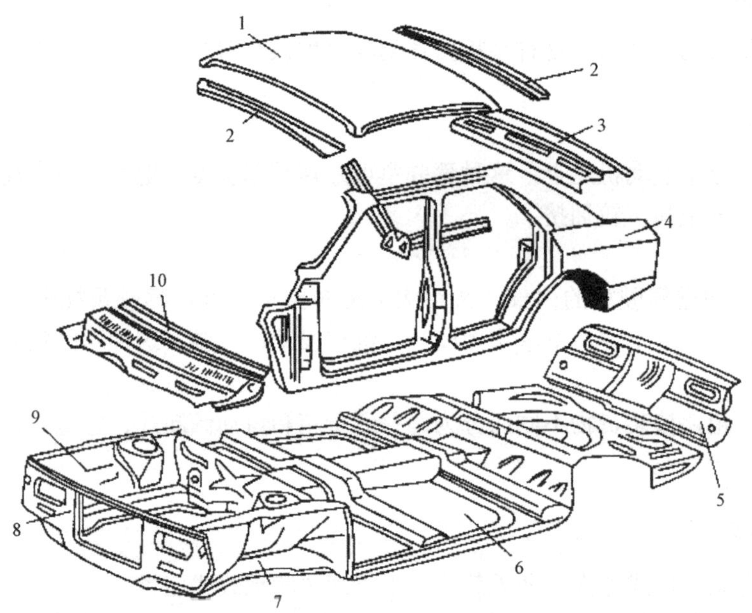

1—顶盖；2—窗框；3—后围板；4—侧门框；5—行李箱后板；6—底板；7—前纵梁；8—水箱框架；9—前轮罩；10—前围外板

图 1-118 轿车车身壳体

轿车车身是由外部覆盖件和内部板金件经冲压、焊接而成的空间结构。它一般有发动机罩、顶盖、地板、行李箱盖、前后翼板、散热器框、门窗、支柱、侧梁、门槛、保险杠、车轮罩、车内外装饰及车灯等构成。承载式车身底板即代替车架，钣金较厚，具有完整的纵横承力元件。

思考题

1．汽车由哪四大部分组成？各有何作用？

2．汽车的主要尺寸参数、质量参数和性能参数有哪些？其各自的含义是什么？

3．汽车发动机是如何分类的？

4．简述四冲程柴油机与汽油机的总体构造和工作原理上有何异同。

5．曲柄连杆机构有什么作用？由哪几部分组成？

6．活塞有什么作用？由哪几部分组成？

7．气门为什么要早开迟闭？

8．为什么要预留气门间隙？气门间隙过大、过小为什么都不好？

9．气门弹簧起什么作用？为什么在装配气门弹簧时要预先压缩？

10．汽油机燃料供给系的作用是什么？

11．电控汽油喷射系统有何优点？其主要控制功能有哪些？

12．为什么要对汽油压力进行调节？油压调节器的基本调节原理是什么？

13．柴油机燃料供给系有哪些部件组成？其基本工作过程是怎样的？

14．柴油机为什么需要调速器？调速器的基本工作原理是什么？

15．润滑系的功用是什么？由哪些部件组成？

16．一般汽车发动机上为什么都设有曲轴箱通风装置？通风方式有几种？

17．发动机温度过高或过低都有哪些危害？

18．解放CA6102型汽车发动机为什么要采用硅油式风扇离合器？

19．汽车传动系的功用是什么？

20．离合器的功用是什么？

21．变速器的功用是什么？

22．汽车为什么要采用万向传动装置？

23．驱动桥的作用是什么？

24．主减速器的功用是什么？其基本形式有哪两种？它们的基本组成怎样？

25．汽车行驶系的作用是什么？

26．对转向系有什么要求？

27．汽车制动系的作用是什么？

28．如何调整车轮制动器的蹄、鼓间隙（以解放CA1092型汽车为例）？

29．简述ABS系统的组成及工作原理？

30．试述车身的分类？

第 2 章　汽车电气设备与电子控制装置

2.1　汽车电气设备

2.1.1　电气设备的组成及特点

1. 电气设备的组成

随着现代汽车技术的发展，电气设备及电子控制装置在汽车上的应用越来越多，从人们对车辆动力性、经济性、安全性、舒适娱乐和通信等方面的要求来看，汽车电气设备与电子控制装置的完善与否已成为车辆总体水平区分的标志。汽车电气设备与电子控制装置及总线路尽管复杂，但按其用途一般可分为几个各自独立的基本系统组成。基本的汽车电气设备有电源系统、起动系统、点火系统、照明系统、信号系统、仪表系统和其他附属电气设备电路七个部分组成；对柴油车而言则无点火系。从总体上看这七个部分是各自独立的体系，但它们之间又有着内在的联系和相互影响。

近些年来，现代电子技术在汽车上的应用又有了飞速发展，微型计算机的应用及智能化控制成为发展趋势。总体而言可分为发动机电子控制系统、底盘电子控制系统和车身电子控制系统。主要有电控燃油喷射系统、电控自动变速器、制动防抱死系统、电子稳定系统、电子控制转向系统、电控悬架系统、安全驾驶监测与警告系统、空调系统、中央控制门锁及防盗系统等。

2. 电气设备的特点

（1）电气设备线路为低压、直流、并联电路。

汽车电源电压均为低压电源。汽油车电源系统采用 12V 电压，柴油车多采用 24V 电压。为适应串励电起动机的需要，全车电气线路采用直流电。

车辆上的两个电源之间，以及与所有的用电设备之间，都是正极与正极，负极与负极相连，这与一般直流并联电路完全相同。

但仍有少数电气设备与某一电路接成串联，如电流表与电源电路串联；闪光器串接在转向灯电路之中；电源稳压器串联于油压表和燃油表电路内等。

（2）全车线路为单线制。

所有电气设备的正极均用导线相互连接，俗称火线；而所有的负极则分别与车架金属部分相连，即搭铁。任何一个电路中的电流都是从电源的正极出发经导线流入用电设备后，由搭铁的负极通过车架金属流回电源负极而形成回路。但是，对某些个别电气设备为了保证其工作可靠，提高灵敏度，仍然采用了双线连接方式。如发电机与调节器之间的连接、双线电喇叭和双线电热塞等。

（3）全车线路为负极搭铁。

一般车辆线路都为负极搭铁，负极搭铁对车架金属的化学腐蚀较轻，对无线电干扰小。但仍有个别车辆采用正极搭铁方式，使用时须注意。

（4）由相对独立的分系统组成。

汽车电路由相对独立的系统组成，全车电路一般包括以下几个部分：

a. 电源系统。

由蓄电池、发电机、调节器及工作状况指示装置（电流表、充电指示灯）等组成。

b. 起动系统。

由起动机、起动继电器、起动开关及起动保护装置组成。

c. 点火系统。

由点火线圈、分电器、电子点火器、火花塞、点火开关等组成。微机控制点火系统，可以不使用分电器。

d. 照明与信号系统。

由前照灯、雾灯、示宽灯、转向灯、制动灯、倒车灯、电喇叭等及其控制继电器和开关组成。

e. 仪表与报警系统。

由仪表、传感器、各种报警指示灯及其控制器组成。

f. 电子控制系统。

由电控燃油喷射系统、电控自动变速器、制动防抱死系统、电子稳定系统、电子控制转向系统、电控悬架系统等组成。

j. 附属电气设备。

由风窗刮水及洗涤装置、空调系统、起动预热装置、车窗电动升降装置、电动坐椅调节装置、中央控制门锁及防盗系统等组成。

2.1.2　蓄电池的功用和性能

1. 蓄电池的功用

蓄电池是一种化学能低压直流电源，它靠内部的化学反应来储存电能和向用电设备供电，蓄电池内部化学反应通常是可逆的。

蓄电池由两块电极板浸在电解液中而成。根据电极和电解液不同，蓄电池一般分为酸性蓄电池（铅蓄电池）和碱性蓄电池。不论哪种蓄电池，在车辆上都必须满足起动发动机的需要，即在短时间（5～10s）内供给起动机强大电流（一般汽油机 200～600A，柴油机可达 1000A）。铅蓄电池结构简单、内阻小、容量大、起动性能好，且价格低廉，在汽车上应用广泛。

蓄电池在车辆上与发电机并联向用电设备供电，连接线路如图 2-1 所示。在一般工作情况下，发电机向各用电设备供电，同时还向蓄电池充电；在负载过大、超过发电机供电能力时，蓄电池协助发电机向用电设备供电；在发电机不发电或电压较低时，由蓄电池向用电设备供电；在发动机起动时，则由蓄电池向电启动机和用电设备供电；蓄电池还可以吸收发电机的过电压，保护车上电子元件不被损毁。

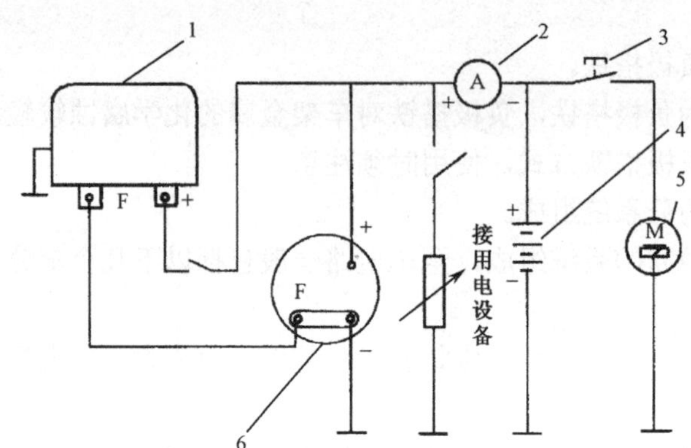

1—调节器；2—电流表；3—起动按钮；4—蓄电池；5—起动机；6—发电机

图 2-1 电源系统的线路连接

2. 蓄电池的性能

蓄电池具备的性能是与其工作原理分不开的，铅蓄电池充、放电过程就是极板上的活性物质与电解液之间不断作用的化学反应过程。

（1）放电过程。

外电路未接通前，在电解液的作用下，正负极板间形成约 2.1V 的电动势。接通外电路，电动势使电路内产生电流，放电过程开始。

正极板经外电路得到电子，由二氧化铅（PbO_2）逐步转变成硫酸铅（$PbSO_4$）；负极板失去电子，由海绵状的纯铅（Pb）也逐步转变成硫酸铅。

如果电路不中断，上述电化学反应将持续进行，电解液中的硫酸逐渐减少，而水逐渐增多，即电解液相对密度下降，两极板间的电位差则不断降低。因此，可通过检测电解液相对密度来判断蓄电池放电程度。

（2）充电过程。

由于外电源的作用，正极板被迫失去电子，由硫酸铅逐步转变成二氧化铅；负极板得到电子由硫酸铅也逐步还原成海绵状的纯铅。电解液中水逐渐减少，而硫酸增加，电解液相对密度增大，两极板间的电位差不断升高。

;、放电过程可用以下化学反应式来表示：

$$PbO_2 + Pb + 2H_2SO_4 \;\square\square\square\; 2PbSO_4 + 2H_2O$$

3. 铅蓄电池的充、放电特性及容量

（1）铅蓄电池的放电特性。

铅蓄电池的放电特性主要是指充足电的蓄电池在恒流放电过程中，单格电池端电压和电解液相对密度随时间变化的规律。图 2-2 所示是根据实测数据绘制的放电特性曲线。

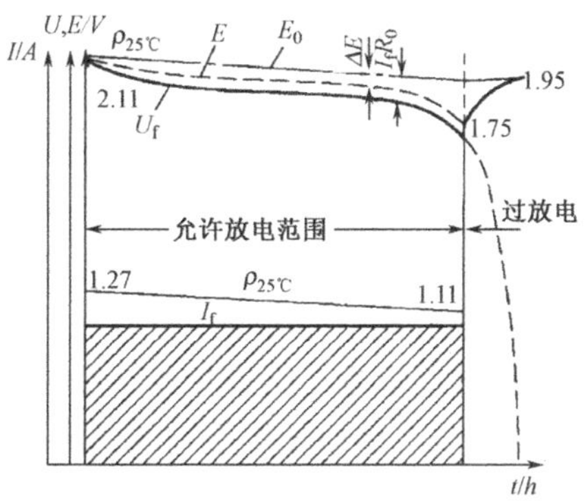

图 2-2　蓄电池的放电特性

放电过程中电解液相对密度γ直线下降，从 1.27 降至 1.11。这是由于放电电流恒定，在单位时间内蓄电池内部活性物质与电解液进行反应的速度是一定的，这时所消耗的硫酸和生成水与放电时间成线性关系，因而可用测量电解液相对密度的方法来判断蓄电池的放电程度。

放电开始时，由于极板孔隙内的硫酸迅速消耗而水增加，电解液密度降低而引起电压下降，使电压从 2.1V 迅速下降到 2V 左右。随后当极板孔隙内消耗的硫酸与进入的硫酸达到平衡时，电压随整个蓄电池内电解液密度的下降而缓慢地下降到 1.85V 左右。此时极板上的活性物质大部分已转变为硫酸铅，极板孔隙减小，使电解液难于向极板内层渗入，于是孔隙中电解液密度又迅速下降。若继续放电，蓄电池端电压将迅速下降到 1.75V（10h 放电率为 1.7V）。继续放电，电压将急剧降为零，称为过度放电。过度放电会使极板生成粗结晶的硫酸铅，充电时不易还原；使极板损坏、容量下降，缩短蓄电池使用寿命。1.75V 规定为 20h 放电率时的终止电压（10h 放电率时为 1.7V）。

停止放电后，极板孔隙中的电解液与整个容器中电解液相互渗透，当整个容器中的电解液趋于平衡时，端电压回升到 1.95V。

蓄电池放电终了的标志是：

a．单电池放电压降到放电终止电压；

b．电解液密度降到最小允许值（γ=1.11）。

（2）铅蓄电池的充电特性。

蓄电池的充电特性主要是指在恒流充电过程中，蓄电池的端电压和电解液相对密度随时间的变化规律。图 2-3 所示是根据实测数据绘制的充电特性曲线。

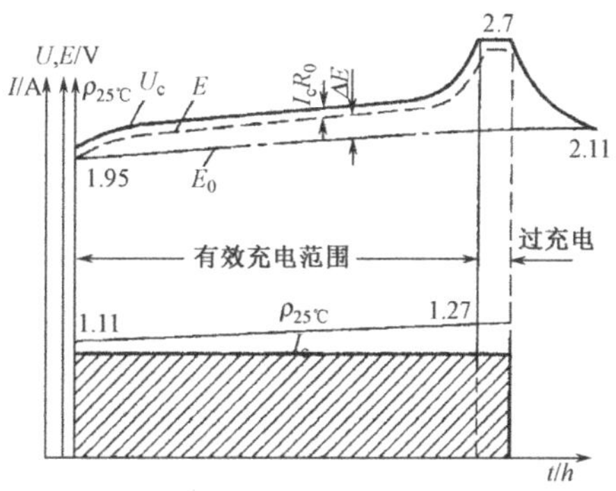

图 2-3　蓄电池的充电特性

因为充电电流恒定，单位时间内生成的硫酸数量是一定的，所以充电过程中电解液相对密度是直线上升的。

充电开始瞬时，电压上升到 2.1V，由于极板孔隙表层迅速生成硫酸，在极板孔隙中电解液密度增大，故电压迅速上升。继续充电，极板孔隙内产生硫酸的速度与向外扩散的速度相平衡，电压缓慢上升到 2.3～2.4V。这时极板上可能参加反应的活性物质几乎全部恢复为二氧化铅和铅，再继续充电，则使电解液中的水分子分解，产生氢气和氧气，以气泡的形式放出，而电解液出现“沸腾”现象。氢以离子状态集结在负极板附近的电解液中，使溶液和极板之间产生了 0.33V 的附加电位差，因而使单格电池的端电压上升到 2.7V。此时应切断电源，停止充电。如果继续充电，不但不能增加蓄电池的容量，反而会使极板受损。在实际使用中，常再继续充电 2～3h 测量电压和电解液相对密度不再增加，才停止充电。

蓄电池充电终了的标志是：

a．端电压上升到最大值且 2h 内不再增加。

b．电解液相对密度上升到最大值，且 2h 内保持不变。

c．蓄电池内部产生大量气泡，出现“沸腾”现象。

（3）铅蓄电池的容量。

充足电的蓄电池，在放电允许的范围内，所输出的电量称为蓄电池的容量（容量的单位是 A·h）。当放电电流 I_f 一定时，容量 Q 等于放电电流 I_f 乘以放电时间 T。即

$$Q=I_f \cdot T \text{（A·h）}$$

标称的蓄电池容量是在一定的放电电流，一定的终止电压和一定的温度下取得的。蓄电池的标称容量有两种：

a．额定容量。

额定容量是以 20h 放电率的电流（0.05Q），在电解液温度为 303K（30℃）时，连续放电 20h，单格电压降到规定的终止电压（1.75V），蓄电池所输出的电量。如 6-Q-105 型蓄电池，在电解液温度为 303K 时，以 5.25A 电流连续放电 20h，单格电压降到 1.75V，则其额定容量 Q=5.25×20=105A·h。

b．起动容量。

起动容量用以表征蓄电池在发动机起动时的供电能力。起动容量有两种规定：常温起动容量和低温起动容量。

常温起动容量：电解液温度初始为 298K（25℃）时，以数值为 3Q 的电流（5min 放电率的电流）连续放电至单格电压降至 1.5V 所输出的电量。

低温起动容量：当电解液温度在冷室内降至 255K（–18℃）并保持 2h 后，以数值为 3Q 的电流连续放电至单格电压降至 1V 所输出的电量。

2.1.3 交流发电机与电压调节器的功用与组成

1．交流发电机的功用和组成

交流发电机是汽车的主要电源，它与发动机电压调节器相互配合工作。其主要作用是对除起动机以外的所有用电设备供电，并向蓄电池充电。交流发电机是一种半导体整流的三相交流发电机，又称硅整流交流发电机。它体积小，重量轻，结构简单，维修方便，低速运转时充电性能好，对无线电的干扰小。

按发电机的激磁方式，硅整流发电机可分为有刷式和无刷式；按调节器与发电机之间的

安装方式，可分为外装调节器式和内装调节器式。内装调节器的硅整流发电机，通常称为整体式硅整流发电机。

交流发电机的总体结构如图 2-4 所示。主要由定子、转子、电刷、整流器和前后端盖、风扇及带轮等组成。

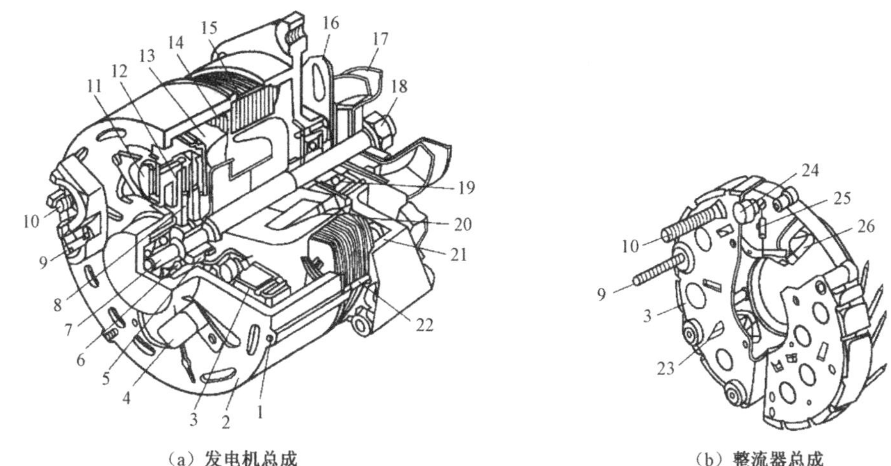

（a）发电机总成　（b）整流器总成

1—连接螺栓；2—后端盖；3—整流板；4—防干扰电容器；5—集流环；6、19—高速轴承；7—转子轴；8—电刷；9—“D+”端子；10—“B+”端子；11—IC 调节器；12—电刷架；13—磁极；14—定子绕组；15—定子铁芯；16—风扇叶轮；17—传动带轮；18—紧固螺母；20—磁场绕组；21—前端盖；22—定子槽楔子；23—电容器连接插片；24—输出整流二极管；25—磁场二极管；26—电刷架压紧弹片

图 2-4　交流发电机的结构

（1）定子。

交流发电机定子的功用是产生交流电。其结构如图 2-5 所示。由定子铁芯和定子绕组组成。定子铁芯由内圆带槽的环状硅钢片叠成，定子绕组为三相对称绕组，安放在定子铁芯的槽内。三相绕组的联结方法采用星形（简称 Y 形）联结，绕组引线端共有 4 个，三相绕组各引出一个，中性点引出一个。

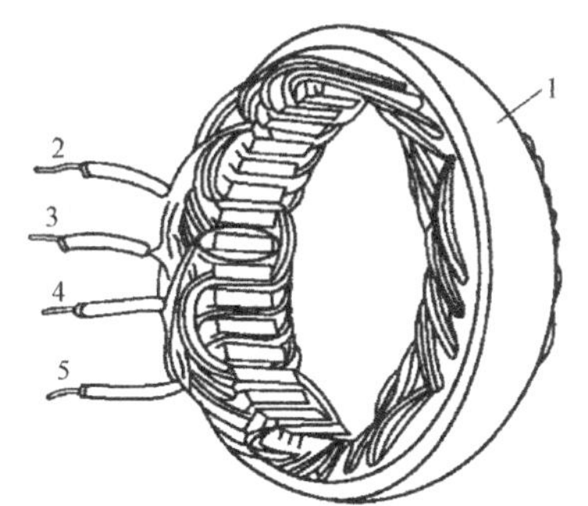

1—定子铁芯；2、3、4、5—定子绕组引线端

图 2-5　定子的结构

（2）转子。

交流发电机转子的功用是产生磁场。转子主要由转子铁芯 4、磁场绕组 5、爪极 3、滑环 1 和转子轴 2 等组成，如图 2-6 所示。

爪极有两块，每块上都有六个鸟嘴形磁极，两块爪极压装在转子轴上，爪极间的空腔内装有转子铁芯和磁场绕组。磁场绕组绕在铁芯上，铁芯压装在两块爪极之间的转子轴上。

滑环由彼此绝缘的两个铜环组成，压装在转子轴的一端并与转子轴绝缘。磁场绕组的两端分别从内侧爪极上的两个小孔中引出，其中一端焊接在内侧滑环上，另一端则穿过内侧滑环上的小孔并焊接在外侧滑环上，两个滑环分别与发电机的两个电刷相接触。

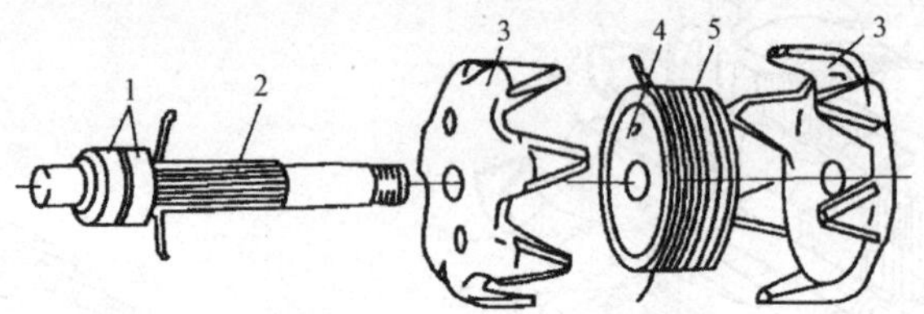

1—滑环；2—转子轴；3—爪极；4—转子铁芯；5—磁场绕组

图 2-6 转子的结构

（3）整流器。

整流器的功用是将三组绕组产生的交流电变为直流电。它一般用六个硅二极管接成三相桥式全波整流电路。整流二极管有正极管和负极管之分，交流发电机有三只正极管和三只负极管，引出电极为二极管正极的称为正极管，引出电极为二极管负极的称为负极管。安装二极管的铝质散热板称为整流板（或元件板），如图 2-7 所示。

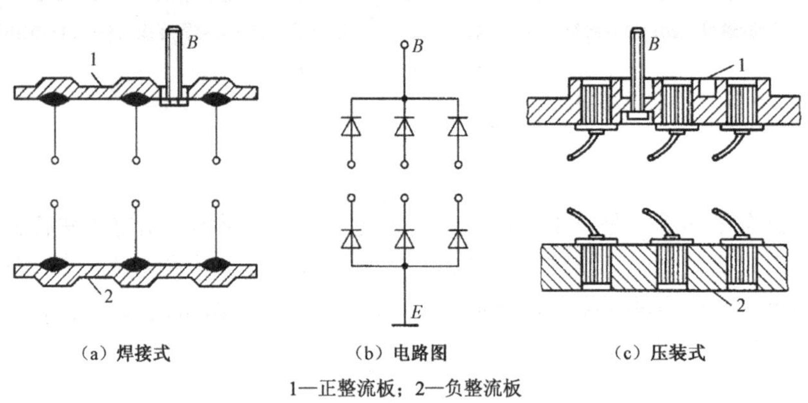

（a）焊接式　　（b）电路图　　（c）压装式

1—正整流板；2—负整流板

图 2-7 二极管安装意图

（4）端盖与电刷架总成。

端盖包括前端盖和后端盖以及安装在其上的轴承、轴承盖等零部件。后端盖装有电刷架。两个电刷分别装在电刷架的孔内，如图 2-8 所示，借弹簧压力与滑环保持接触。

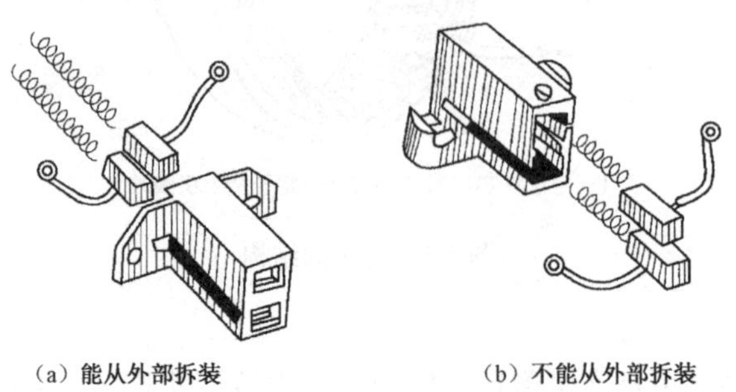

（a）能从外部拆装　　（b）不能从外部拆装

图 2-8 电刷架的结构

2. 电压调节器

（1）触点振动式电压调节器。

以 FT61 型双级式电压调节器为例，介绍触点振动式调节器的构造与工作原理，图 2-9 所示为内部结构图。

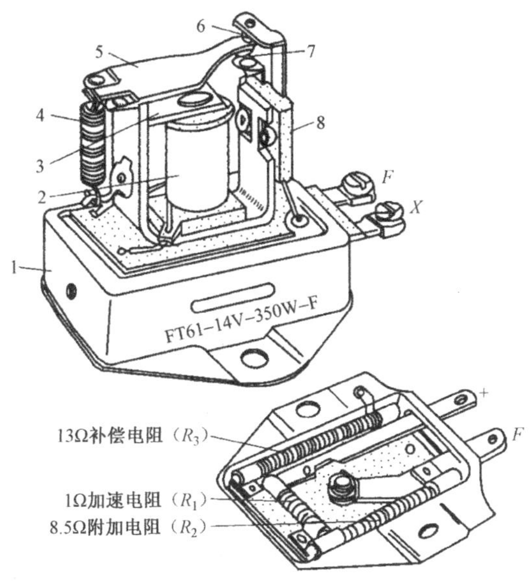

1—底座；2—磁化线圈；3—磁补偿片；4—弹簧；5—活动触点；6—低速触点 K_1；7—高速触点 K_2；8—绝缘块

图 2-9　FT61 型双级式电压调节器内部结构图

图 2-10 为电路原理图。FT61 型双级式电压调节器可与 14V、500W 的硅整流发电机配套，用于 12V 汽车上。动触点位于两个静触点之间，形成两对触点 K_1 和 K_2。调节器不工作时，上面一对触点 K_1（即低速触点）处于常闭状态，下面一对触点（即高速触点）处于常开状态。高速触点的固定侧通过调节器底座直接搭铁。

R_1 为加速电阻，R_2 为磁场电路附加电阻（调节电阻），R_3 为温度补偿电阻。

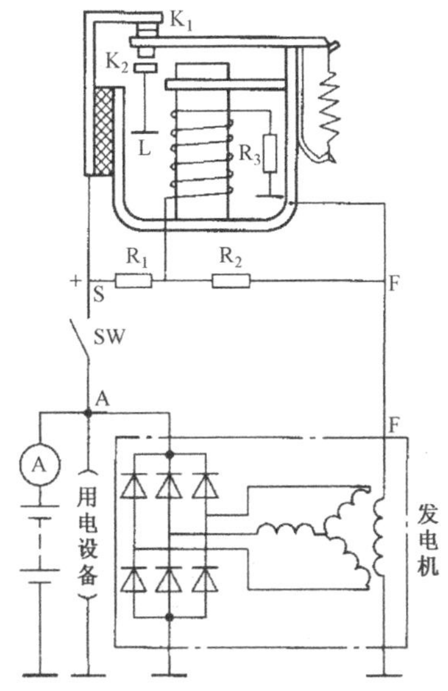

图 2-10　FT61 型双级式电压调节器原理图

a．当发电机低速运转，电压低于蓄电池电动势时，蓄电池向调节器磁化线圈供电，同时进行他励发电。

b．发电机转速升高，其端电压也不断地升高，当发电机端电压高于蓄电池电动势而低于调节器电压时，磁化线圈电流和励磁电流均由发电机供给。当输出电压达到调节器调节电压时，磁化线圈电流所产生的电磁力足以克服调压弹簧拉力，使低速触点 K_1 断开，励磁电流改变流向和路径，加速电阻 R_1 和附加电阻 R_2 接通，励磁电流减小，发电机电压降低。当发电机电压降至略低于调节电压时，磁化线圈所产生的电磁力便会小于调压弹簧拉力，于是低速触点 K_1 重又闭合，将附加电阻 R_2 短路，励磁电流增大，磁场加强，发电机输出电压再次升高，当升至略高于调节电压时，低速触点 K_1 又被吸开。如此反复，使发电机输出电压保持在第一级脉动范围内。其平均值就是第一级电压稳定值。

c．当发电机高速运转时，发电机的输出电压达到第二级调节电压，磁化线圈电流所产生的电磁力也将远大于调压弹簧的拉力，将活动触点臂持续吸下，使高速触点 K_2 闭合，磁场绕组被短路。此时，发电机磁场绕组中无励磁电流流过，发电机靠剩磁发电，端电压迅速下降，磁化线圈电流所产生的电磁力减小，高速触点 K_2 重又断开（低速触点 K_1 也处于断开状态），附加电阻被串入励磁电路，磁场绕组中有电流流过，发电机端电压升高，高速触点 K_2 重新闭合。如此反复，K_2 不断地振动，使发电机的输出电压保持在第二级脉动范围内。其平均值就是第二级电压稳定值。

第一级调节电压高低可通过改变调压弹簧张力、衔铁与铁芯间空气隙进行调整。

（2）电子式调节器。

电子式调节器种类繁多，但工作原理都基本相同。电子式调节器大多采用 NPN 型晶体管制成，与外搭铁式硅整流发电机匹配。其电压调节值在制造时已调试精确，使用时无法调整。CA1091 型汽车用 JFT106 型晶体管电压调节器基本电路如图 2-11 所示。

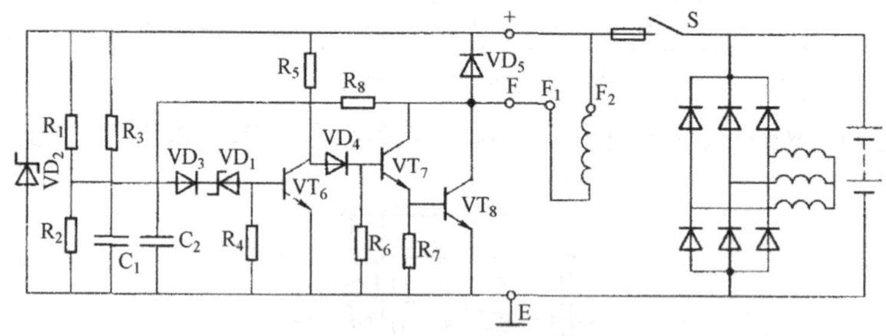

图 2-11　CAl091 型汽车用 JFT106 型晶体管调节器电路原理图

JFT106 型晶体管电压调节器属于负极外搭铁式电压调节器，它可与 14V、750W 的九管交流发电机配套使用，也可与 14V、功率小于 1000W 的负极外搭铁式六管交流发电机配套使用。该调节器共有“＋”、“F”和“－”三个接线柱，其中“＋”接线柱与发电机的“F_2”接线柱连接后经熔断器接至点火开关，“F”接线柱与发电机的“F_1”接线柱连接，“－”接线柱搭铁，不能接错，具体连接如图 2-12 所示。

该调节器由电压敏感电路和二级开关电路组成。

R_1、R_2、R_3 和稳压管 VD_1 构成了电压敏感电路，其中 R_1、R_2、R_3 为分压器，将交流发电机的端电压进行分压后反向加在稳压管 VD_1 的两端；稳压管 VD_1 为稳压元件，随时感受着发电机端电压的变化。当交流发电机的端电压在稳压管 VD_1 上的分压低于稳压管 VD_1 的稳压值时，VD_1 稳压管截止；当交流发电机的端电压在稳压管 VD_1 上的分压高于稳压管 VD_1 的稳定电压时，稳压管 VD_1 导通。可见，电压敏感电路可以非常灵敏地感受出交流发电机端电压的变化，起到控制开关电路的作用。

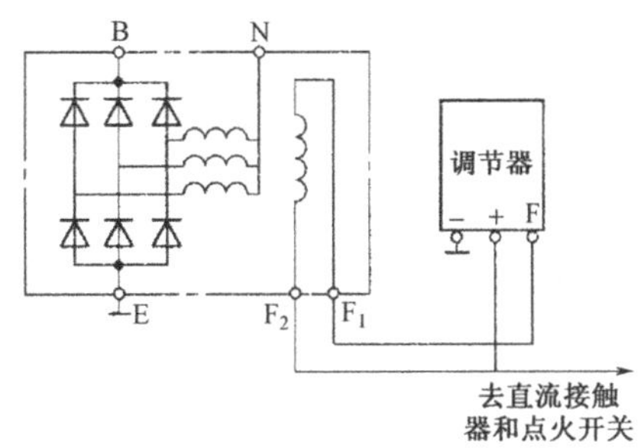

图 2-12　CA1091 型汽车晶体管调节器的接线图

晶体三极管 VT_6、VT_7、VT_8 组成复合大功率二级开关电路，利用其开关特性控制磁场电路的接通或断开。

a．起动发动机并闭合点火开关时，蓄电池通过分压器将电压加在稳压管 VD_1 两端，由于此电压低于稳压管 VD_1 的稳定电压值，VD_1 截止，使 VT_6 截止，VT_7、VT_8 导通，这时蓄电池经大功率三极管 VT_8 供给励磁电流，使发电机处于他励状态，建立电动势。

b．发动机带动发电机，转速逐渐升高。当发电机端电压高于蓄电池端电压时，发电机便由他励转为自励的正常发电工作。由于此时转速尚低，输出电压未达到调节电压值，VT_6 仍然截止，VT_7、VT_8 仍然导通，因此发电机的端电压可以随转速和自励电流的增大而升高，逐渐提高输出电压。

c．当转速升至一定值使输出电压达到调压值时，经分压器加至稳压管 VD_1 两端的反向电压达到稳定电压值，VD_1 反向击穿导通，使 VT_6 导通，VT_7、VT_8 截止，断开了励磁电路，发电机端电压便下降。当发电机端电压下降到调压值以下时，经分压器加至稳压管 VD_1 两端的反向电压又低于稳定电压值，使 VT_6 又截止，VT_7、VT_8 又导通，又一次接通了励磁电路，发电机端电压又上升。如此循环下去，就能自动调控发电机的端电压，使其恒定在调压值上。

图 2-11 所示晶体管调节器中其他一些电子元件的作用如下：

电阻 R_4、R_5、R_6、R_7 为晶体管的偏置电阻。

稳压管 VD_2 起过电压保护作用，利用稳压管的稳压特性，可对发电机负载突然减小或蓄电池接线突然断开时，发电机所产生的正向瞬变过电压起保护作用，并可以利用其正向导通特性，对开关断开时电路中可能产生的反向瞬变过电压起保护作用。

二极管 VD_3 接在电压敏感电路中的稳压管 VD_1 之前，以保证稳压管安全可靠工作。当发电机端电压很高时，它能限制稳压管 VD_1 电流不致过大而烧坏；当发电机端电压降低时，它又能迅速截止，保证稳压管 VD_1 可靠截止。

二极管 VD_4 接在 VT_6 集电极与 VT_7 基极之间，提供 0.7V 左右的电压，使 VT_7 导通时迅速导通，截止时可靠截止。

二极管 VD_5 反向并联于发电机励磁绕组两端，起续流作用，防止 VT_8 截止时，磁场绕组中的瞬时自感电动势击穿 VT_8，保护三极管 VT_8。

反馈电阻 R_8，具有提高灵敏度、改善调压质量的作用。

电容 C_1、C_2 能适当降低晶体管的开关频率。

2.1.4 起动机的功用与组成

电起动机的作用就是起动发动机，发动机起动之后，起动机便立即停止工作。电起动机起动是直流电动机，经传动机构拖动发动机起动，它操作轻便、起动迅速可靠，又具有重复起动的能力，因此被广泛应用在汽车上。

现代车辆常用串激式直流电动机作为电起动机，多采用电磁式操纵方式。其结构由直流电动机、传动机构（或称啮合机构、离合器）和控制装置三大部分组成。结构如图 2-13 所示。

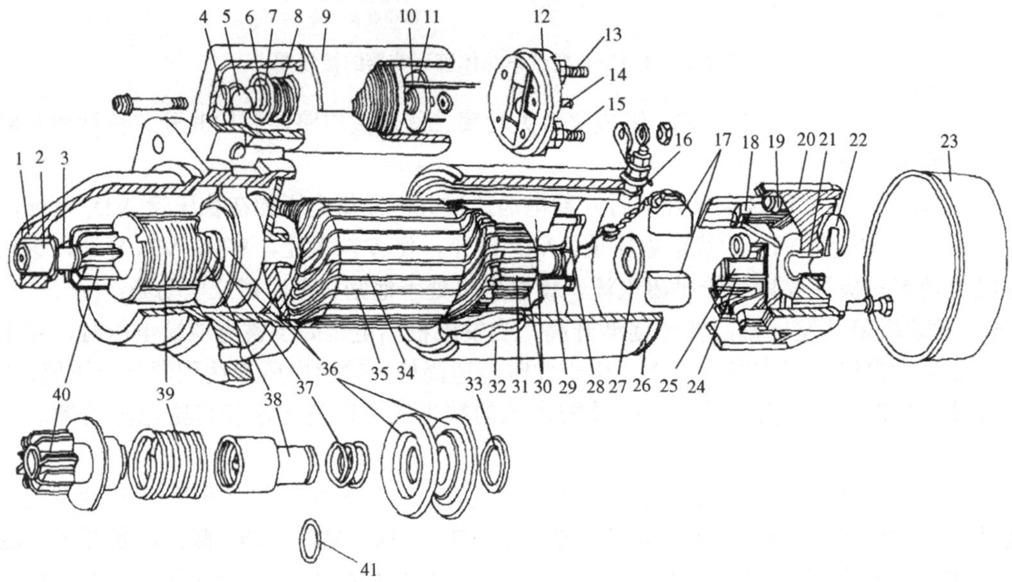

1—驱动端盖；2—轴套；3—轴；4—磁极铁芯；5—传动叉；6—卡环；7—挡片；8—弹簧；9—电磁开关壳体；10—弹簧；11—起动机开关接触片；12—电磁开关接线柱；13—电磁开关蓄电池接线柱；14—电磁开关接点火线圈接线柱；15—电磁开关接起动机接线柱；16—起动机接线柱；17—负极电刷；18—电刷架；19—电刷架压紧弹簧；20—起动机端盖；21—轴套；22—锁片；23—防尘盖；24—正极电刷架；25—正极电刷；26—密封橡胶圈；27—止推垫圈；28—磁场线圈连接片；29—磁场线圈；30—磁极铁芯；31—电枢整流子；32—起动机外壳；33—挡圈；34—电枢铁芯；35—电枢线圈；36—止推盘；37—弹簧；38—联接套筒；39—单向离合器弹簧；40—齿轮；41—锁环

图 2-13 起动机结构图

1. 直流电动机的结构与原理

直流电动机一般由电枢、磁极、端盖、外壳、电刷及电刷架等几个部分组成，其作用是将蓄电池供给的电能转变成电磁转矩。

（1）磁极。

磁极的作用是产生磁场。磁极用低碳钢制成马蹄形，并用螺钉固定在电动机壳体的内壁上。为了增大起动机的电磁转矩，采用了 4 个磁极。每个磁极上套装有磁场绕组，并与电枢绕组串联。

4 个磁场绕组的连接方式有两种：一种是 4 个绕组串联后再与电枢绕组串联，如图 2-14（a）

所示；另一种是两个绕组先串联后并联，然后再与电枢绕组串联，如图 2-14（b）所示。无论采用哪一种连接方式，其四个磁场绕组通电产生的磁极必须 N、S 极相间排列。

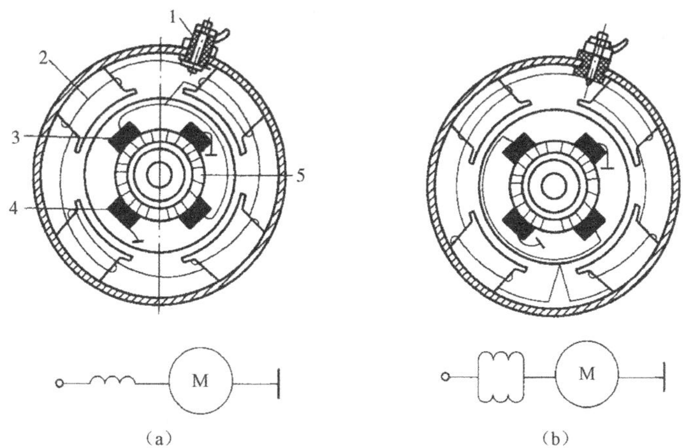

1—磁场线圈引线；2—磁场绕组；3—正电刷；4—负电刷；5—换向器

图 2-14　磁场绕组连接方式

（2）电枢。

电枢的作用是产生电磁转矩，如图 2-15 所示。主要由电枢轴 4、电枢绕组 3、铁芯 2 和换向器 1 组成。电枢铁芯由硅钢片叠压而成，内以花键固装在电枢轴上。铁芯槽内嵌绕组。为了获得较大的电磁转矩，流经电枢绕组的电流很大，一般为 400A 左右。因此，电枢绕组都用较粗的矩形裸铜线绕制。

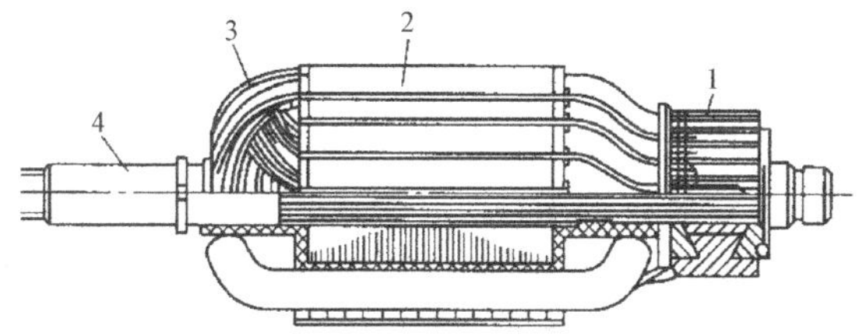

1—换向器；2—铁芯；3—电枢绕组；4—电枢轴

图 2-15　电枢的结构

（3）换向器。

换向器的作用是将电流引入电枢绕组，并保持电流方向不变。换向器由截面呈燕尾形的铜片围合而成，如图 2-16 所示。燕尾形铜片称为换向片，换向片与换向片之间以及换向片 1 与轴套 2 之间均用云母绝缘。

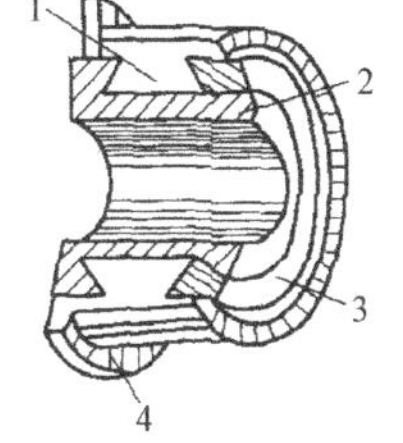

1—换向片；2—轴套；3—压环；4—焊线凸缘

图 2-16　换向器的结构

（4）电刷组件。

电刷组件由电刷、电刷架和电刷弹簧组成。电刷的作用是将电源电压加到与换向器相连接的电枢绕组上。电刷用铜粉与石墨粉压制而成。电刷架固定在电刷端盖上，电刷安放在电刷架内。电刷弹簧压在电刷上，其作用是保证电刷与换向器接触良好。

直流电动机是根据载流导体在磁场中受力运动的原理设计而成的。图 2-17 所示的是串励式直流电动机的工作情况。当电路接通时，蓄电池的电流便经励磁线圈和转子线圈形成回路。励磁绕组通电后形成了电磁场，转子绕组通电后受到电磁作用力产生旋转运动。

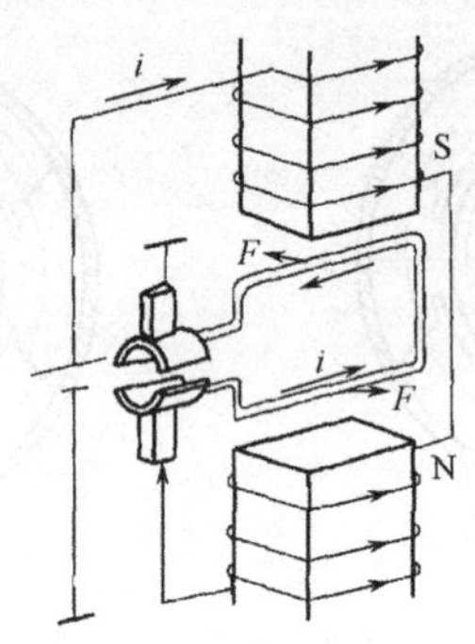

图 2-17　串励式直流电动机工作原理

2. 传动机构的结构与原理

传动机构主要作用是起动发动机时驱动飞轮旋转，发动机起动后驱动齿轮打滑并与飞轮脱离。

传动机构主要由驱动齿轮和单向离合器组成。离合器有滚柱式离合器、弹簧式离合器和摩擦片式离合器三种。摩擦片式离合器可以传递较大转矩，主要用于柴油发动机汽车；滚柱式和弹簧式离合器主要用于汽油发动机汽车。现以捷达轿车采用的滚柱式单向离合器为例介绍其结构和工作原理。

滚柱式单向离合器的结构如图 2-18 所示。传动导管与外座圈制成一体，外座圈内圆制成“+”字形空腔。驱动齿轮另一端的内座圈伸入外座圈的空腔内，将“+”字形空腔分割成四个楔形腔室，滚柱安放在楔形腔室内。弹簧一端套上弹簧帽，并安放在外座圈的径向小孔中，弹簧帽压在滚柱上，弹簧另一端压在铁皮外壳上，铁皮外壳将内外座圈包装在一起。

当起动机带动发动机旋转时，滚柱滚向楔形室较窄一侧（图 2-19（a）），并越挤越紧，使传动导管与驱动小齿轮形成一体，电动机转矩由此输出。发动机起动后，当飞轮转动线速度超越驱动小齿轮线速度时，飞轮便带动电枢旋转，此时滚柱被推到楔形室宽端，出现了间隙。传动导管与驱动小齿轮便分成两体（图 2-19（b）），两者打滑，于是齿轮空转，而电枢不再跟着飞轮高速旋转，起到了保护电枢的作用。

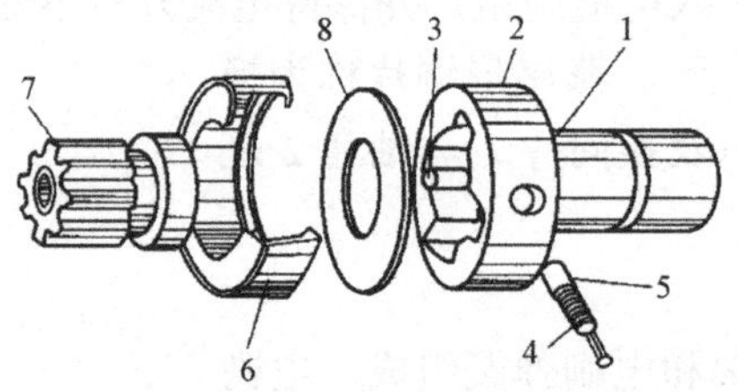

1—传动导管；2—外座圈；3—滚柱；4—弹簧；5—弹簧帽；6—铁皮外壳；7—驱动齿轮与内座圈；8—垫圈

图 2-18　滚柱式单向离合器的结构

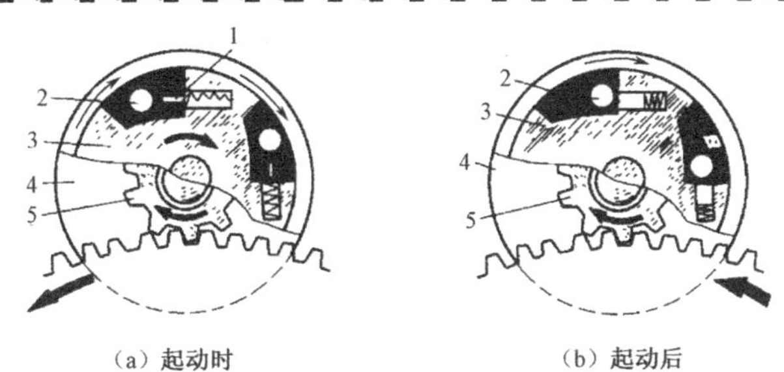

1—压帽与弹簧；2—滚柱；3—十字块（内座圈）；4—外壳；5—驱动齿轮

图 2-19　滚柱式离合器工作原理

3. 控制装置的结构与原理

控制装置主要由电磁开关（吸拉和保持线圈）、移动拨叉组成，其作用是起动时接通电路，驱动飞轮旋转，起动后使驱动齿轮复位。

电磁开关主要由固定铁芯 5、活动铁芯 8、吸拉线圈和保持线圈 6、主开关接触盘 4、拨叉 11 及复位弹簧 9 等组成，如图 2-20 所示。

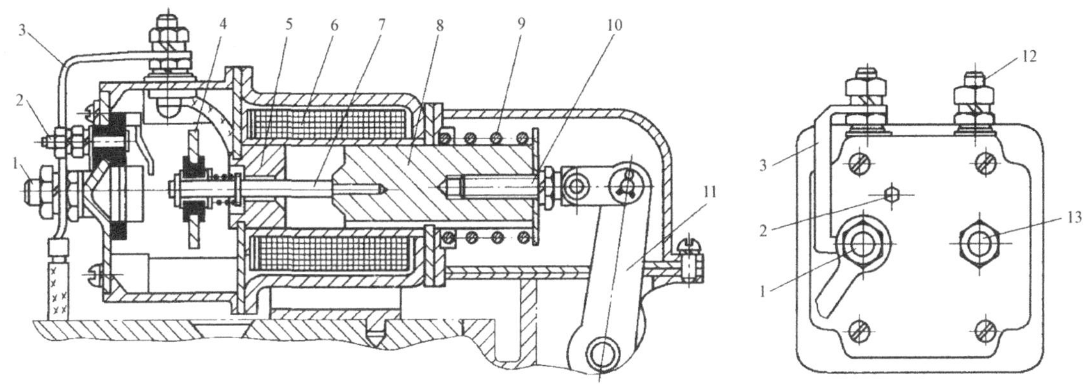

1、13—主接线柱；2—点火线圈附加电阻短路接线柱；3—导电片；4—接触盘；5—固定铁芯；6—吸拉线圈和保持线圈；7—推杆；8—活动铁芯；9—复位弹簧；10—调节螺钉；11—拨叉；12—起动机接线柱

图 2-20 电磁开关结构图

起动机结构原理图如图 2-21 所示。当接通起动机总开关，按下起动按钮时，吸引线圈和保持线圈的电路被接通。其电流走向如下：蓄电池 14 的正极→接线柱 12→电流表 13→熔断器 10→起动总开关 9→起动按钮 8→接线柱 7；之后一路经保持线圈 5→搭铁→蓄电池 14 负极形成回路，另一路经吸拉线圈 6→接线柱 16→起动机激磁绕组→电枢绕组→搭铁→蓄电池 14 负极形成回路。

在两线圈电磁吸力的共同作用下，活动铁芯克服复位弹簧的弹力而被吸入。拨叉便将驱动齿轮推出，使其与飞轮齿环啮合。当齿轮啮入后，接触盘也将接线柱接通，蓄电池电流流经起动机的激磁绕组和电枢绕组使起动机产生正常转矩转动电枢轴（转子轴）。单向离合器能传递转矩，使发动机起动，通过驱动齿轮转动飞轮。与此同时，吸引线圈被短路，活动铁芯靠保持线圈的磁力保持在吸合位置。

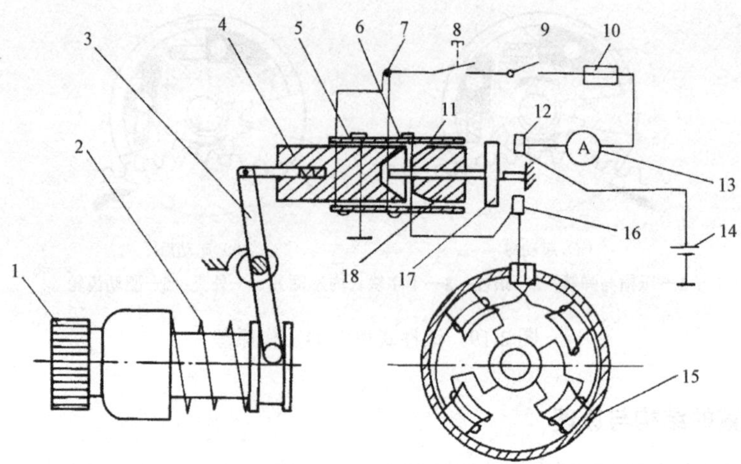

1—驱动齿轮；2—复位弹簧；3—拨叉；4—活动铁芯；5—保持线圈；6—吸拉线圈；7—接线柱；8—起动按钮
9—起动总开关；10—熔断器；11—电磁开关壳体；12—接线柱；13—电流表；14—蓄电池；15—定子线圈；
16—接线柱；17—接触盘；18—电磁开关

图 2-21 起动机结构原理图

发动机起动后，驱动齿轮的单向离合器开始打滑，保护电枢不会超速而损坏。此时松开起动按钮，电流经接触盘、吸引线圈和保持线圈构成回路。由于此时两线圈所产生的磁通方向相反而互相抵消，于是活动铁芯在复位弹簧的作用下回至原位，使驱动齿轮退出，接触盘回位，切断了起动机电路，起动机便停止转动。

2.1.5 汽油机点火系统的功用和组成

1. 点火系统功用和分类

点火系统的作用是适时地为汽油发动机气缸内已压缩的可燃混合气提供足够能量的电火花，使发动机能及时、迅速地做功。点火系统性能好坏对发动机的工作有十分重要的影响。点火系统应在发动机各种工况和使用条件下保证可靠而准确地点火。为此，对点火系统有下列要求。

（1）点火系统应能迅速及时地产生足以击穿火花塞电极间隙的高压电。火花塞电极之间产生火花的电压称为击穿电压。影响击穿电压的因素有：火花塞电极间隙，气缸内混合气的压力与温度，电极的温度与极性，发动机工作情况。汽车在行驶中，发动机在满载低速时击穿电压需 8～10kV 的高压电，起动时需 19kV。正常点火一般均在 15kV 以上。为保证点火可靠，考虑各种不利因素的影响，通常点火装置的设计能力为 30kV。

（2）电火花应具有足够的点火能量。为保证发动机能在较高经济性和污染物排放量指标的基础上正常工作，其可靠的点火能量应达到 50～80mJ，起动时应产生大于 100mJ 的电火花能量。

（3）点火时间应适应发动机的各种工况。发动机气缸的负荷、转速和燃油品质等，都直接影响到气缸内混合气的燃烧速度。为使发动机在把热能转换成机械能的过程中输出最大功率，点火系统必须在适应上述情况变化下实现最佳点火。

目前，在国内外汽车上使用的点火系统种类较多，主要有传统点火系统、无触点电子点火系统、微机控制点火系统等。

2．传统点火系统的组成和工作原理

（1）传统点火系统的组成。

传统点火系统的组成见图 2-22。主要包括：

a．电源。供给点火系统所需的电能，由蓄电池和发电机提供。

b．点火线圈。将电源 12V 的低压电变成 15～20kV 的高压电。

c．分电器。它包括断电器、配电器、电容器和点火提前机构等部分。各部分作用如下：

断电器：接通与切断点火线圈初级电路。

配电器：将点火线圈产生的高压电按气缸的工作顺序送至各缸火花塞。

电容器：减小断电器触点火花，延长触点使用寿命并提高次级电压。

点火提前机构：随发动机转速、负荷和汽油辛烷值变化改变点火提前角。

d．火花塞。将高压电引入气缸燃烧室产生电火花，点燃混合气。

e．点火开关。控制点火系统的初级电路。

f. 附加电阻。改善点火性能和起动性能。

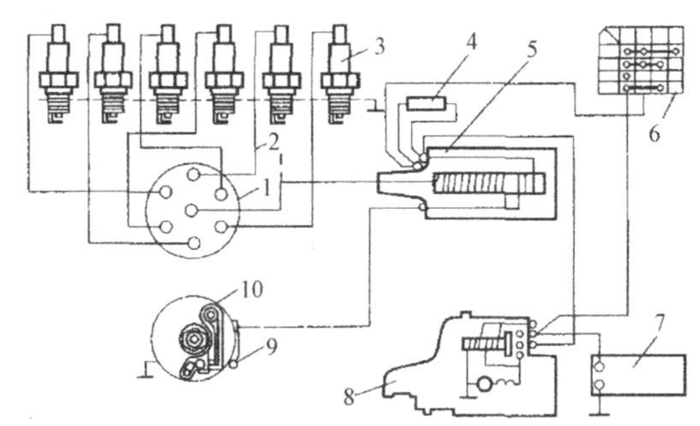

1—配电器；2—高压导线；3—火花塞；4—附加电阻；5—点火线圈；
6—点火开关；7—蓄电池；8—起动机；9—电容器；10—断电器

图 2-22　传统点火系统的组成

（2）传统点火系统的工作原理。

在传统点火系统中，蓄电池或发电机供给的 12V 低压电，经点火线圈和断电器转变为高压电，再经配电器分送到各缸火花塞，使其电极间产生电火花。其工作原理见图 2-23。发动机工作时，断电器轴连同凸轮一起在发动机凸轮轴的驱动下旋转。凸轮转动时，断电器触点交替地闭合和打开。当触点闭合时，接通点火线圈初级绕组的电路；当触点分开时，切断初级绕组的电路，使点火线圈的次级绕组中产生高压电；当火花塞的电极间隙被击穿时，产生电火花，点燃混合气。

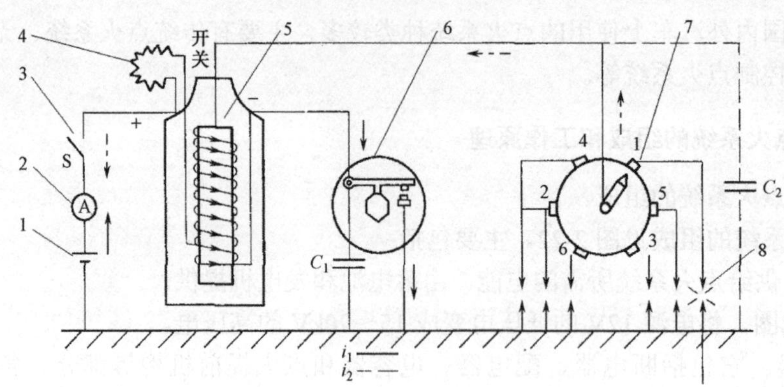

1—蓄电池；2—电流表；3—点火开关；4—附加电阻；5—点火线圈；6—断电器；7—分电器；8—火花塞

图 2-23　传统点火系统的工作原理

3. 无触点晶体管点火系统的组成和工作原理

采用电喷发动机的都市先锋、新捷达王和捷达王轿车，其电控燃油喷射系统具有点火控制功能，即包括点火系。采用化油器发动机的捷达轿车，则为无触点晶体管点火系，它与传统的蓄电池点火系的主要区别是：没有断电器触点，取而代之的是由转子和霍尔传感器组成的点火信号发生机构，克服了由于断电器触点产生电弧使发动机动力下降、燃料消耗增加、排放失控等缺点。

（1）无触点晶体管点火系统的组成。

捷达轿车无触点晶体管点火系主要由内装霍尔传感器的分电器 6、点火控制器 8、点火线圈 3、火花塞 5 等组成，如图 2-24 所示。

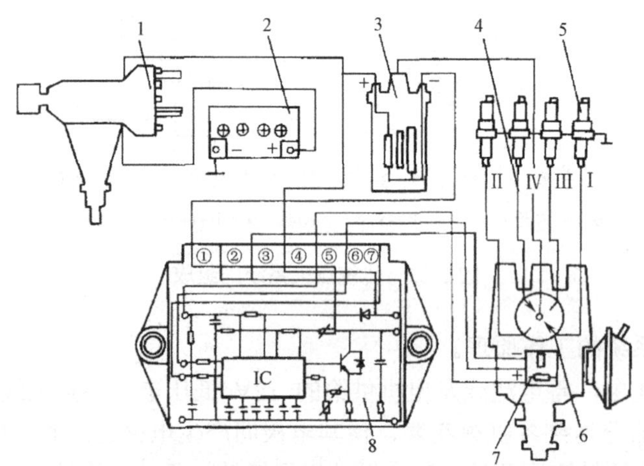

1—点火开关；2—蓄电池；3—点火线圈；4—高压阻尼线；5—火花塞；6—分电器；7—霍尔传感器组件；8—点火控制器

图 2-24　无触点晶体管点火系组成

（2）无触点晶体管点火系统的工作原理。

无触点晶体管点火系的点火工作原理可分为下面三个阶段：

a．当霍尔传感器输出接通信号时，使点火控制器接通点火线圈初级绕组，蓄电池提供低压电路电流。低压电路流通路径为：蓄电池正极→点火开关→点火线圈初级绕组→点火控

制器→搭铁→蓄电池负极。点火线圈初级绕组通电后，产生磁场所需的能量。

b．当霍尔传感器输出断路信号时，点火控制器便切断点火线圈初级绕组，低压电流及其产生的磁场立即消失。由于磁场迅速变化，在次级绕组中产生感应电动势。因次级绕组的匝数较多，故产生的电动势很高，可达 15～20kV 点火电压。

c．高压电流经过分电器送到各缸火花塞时，高压电经火花塞的中心电极，击穿中心电极与旁电极之间的火花塞气隙，进入旁电极。在击穿火花塞气隙时，点燃火花塞附近的可燃混合气，完成了强制点火的功能。

（3）无触点晶体管点火系统的主要部件。

a．分电器。

如图 2-25 所示为分电器总成，除包括与传统蓄电池点火系结构基本相同的分火头、分电器盖和点火提前装置（离心式和真空式点火提前装置）外，还有霍尔传感器。

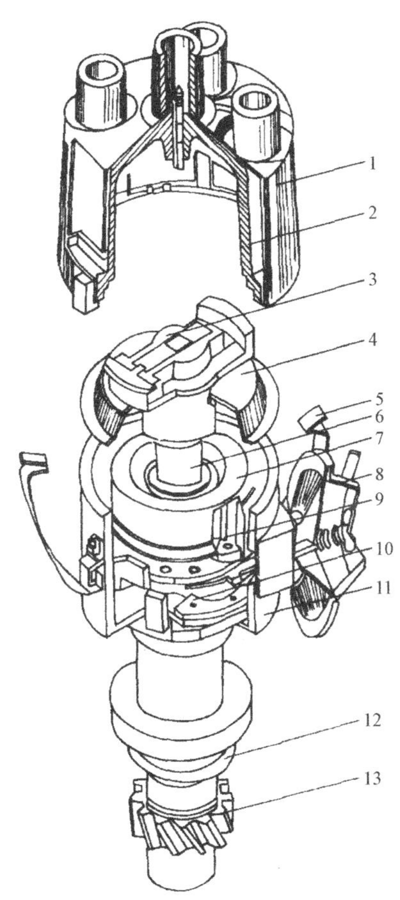

1—抗干扰屏蔽罩；2—分电器盖；3—分火头；4—防尘罩；5—分电器弹簧夹；6—分电器轴；7—带缺口转子；8—真空式点火提前装置；9—霍尔传感器及托架总成；10—离心式点火提前装置；11—分电器外壳；12—密封圈；13—传动齿轮

图 2-25　霍尔式无触点分电器

点火提前角装置的工作特性如表 2-1 所示。

表 2-1 点火提前角工作特性

离心式		真空式	
发动机转速（r/min）	点火提前角	真空度（kPa）	点火提前角
起始转速 1 000～1 450	0°	起始转速 14～19	0°
4 400	16°～20°	29～31	16°～20°
6 200	27°～31°		

霍尔传感器包括霍尔触发器、永久磁铁和带缺口的转子，如图 2-26 所示。带缺口的转子 2 与分火头连成一体，由分电器轴带动旋转，其缺口数与发动机气缸数相等。当转子的叶片进入永久磁铁 1 与霍尔触发器 3 之间时，磁场被转子的叶片所旁路，这时不产生霍尔电压，传感器无信号输出；当转子缺口部分进入永久磁铁与霍尔触发器之间时，磁力线穿过缺口进入霍尔触发器，产生霍尔电压，传感器输出信号。这个信号作为切断或接点火线圈通初级绕组的控制信号。

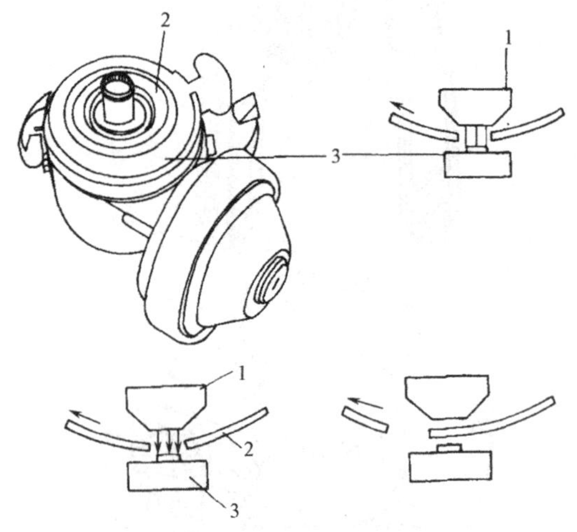

（a）转子缺口位于霍尔元件与永久磁铁之间时　（b）转子叶片位于霍尔元件与永久磁铁之间时

1—永久磁铁；2—带缺口转子；3—霍尔触发器

图 2-26 霍尔传感器

b. 点火控制器。

点火控制器如图 2-24 中 8 所示，由专用的集成电路芯片、三极管及其他辅助电路组成。它将霍尔传感器产生的信号整形、放大，并转变为点火控制信号，通过三极管使点火线圈初级绕组接通或断开，在次级绕组产生高压电。

c. 点火线圈。

点火线圈其功能类似于一个变压器，它将蓄电池提供的低压电流转变成点火所需的高压电。

捷达系列轿车点火线圈与传统蓄电池点火系点火线圈不同，它属于高能点火线圈。因为点火控制器中的输出级开关管接通工作时，其管压降要比一般点火系中分电器触点上的电压降大得多，因此无触点点火系中高能点火线圈的初级绕组电阻和电感都要小，而点火线圈的次级绕组的电阻和电感却要大，并且还要求次级电压上升速率快，火花持续时间长。

点火线圈的技术参数为：初级绕组电阻 0.52～0.16Ω，次级绕组电阻 2.4～3.5Ω。

d. 火花塞。

捷达系列轿车使用的火花塞型号为：

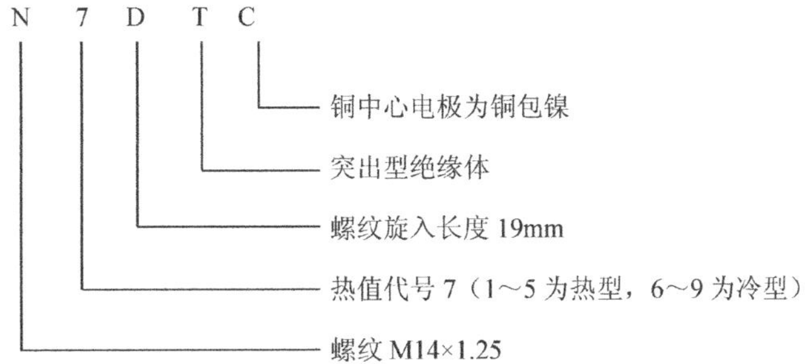

火花塞电极间隙，在无触点点火系中应调整到 0.9～1.1mm。

4．微机控制点火系统的组成和工作原理

采用微机控制点火系统，可使发动机实际点火提前角接近理想点火提前角。在各种运转条件下，点火提前角均可获得复杂而精确的控制。在怠速时，最佳点火提前角的主要目标是运转平稳、排放污染最低、油耗最小；在部分负荷时，主要要求降低油耗和提高行驶特性；在大负荷时，重点是提高最大转矩和避免工作中产生爆震。

（1）微机控制点火系统的组成和工作原理。

主要由传感器、电子控制器、点火器、点火线圈、火花塞等组成，如图 2-27 所示。

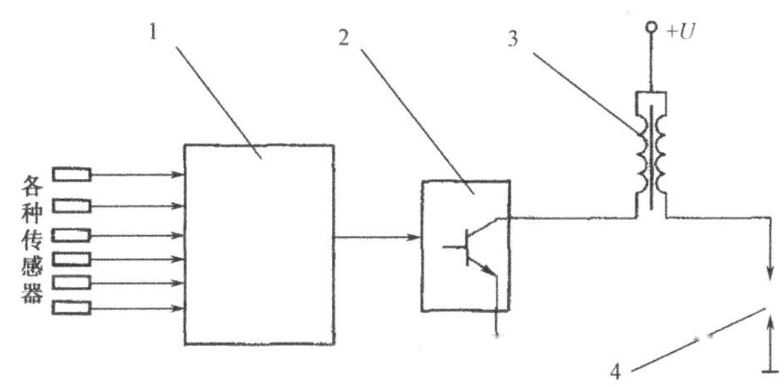

1—电子控制器；2—点火器；3—点火线圈；4—火花塞

图 2-27　微机控制点火系统原理图

a. 传感器。

传感器（包括各种开关）主要有曲轴位置传感器、空气流量计（或绝对压力传感器）、水温传感器、进气温度传感器、氧传感器、节气门位置传感器、车速传感器、爆震传感器、空调开关信号等。

b. 电子控制器。

电子控制器的作用是根据发动机各传感器输入的信息及内存的数据，进行运算、处理、判断，然后输出指令（信号）控制有关执行器（如点火器）动作，达到快速、准确地控制发动机工作的目的。

基本构成如图 2-28 所示，包括输入回路、输出回路、A/D 转换器、微型计算机，以及电源电路、备用电路等。

在微机的只读存储器 ROM 中，存放着各种程序和该车在各种工况下最优化的点火提前角等数据。发动机工作时，微机根据各传感器及开关信号输入的发动机信息，时刻检测曲轴位置及发动机负荷和转速。根据此时的发动机负荷和转速，查出此刻的基本点火提前角，并根据此时的工况进行修正，计算出最佳点火提前角。微机适时按最佳点火提前角向输出回路发出指令，控制点火器切断点火线圈初级电流，产生高压电，并按发动机的点火顺序分配到各缸火花塞进行点火。

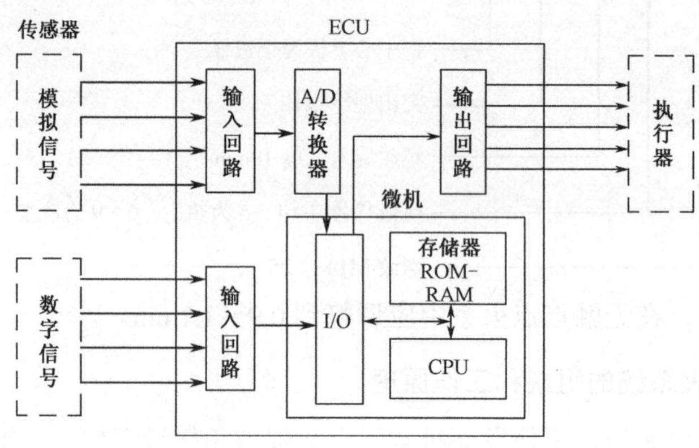

图 2-28 电子控制器的基本组成

c．点火器。

点火器的作用是根据电子控制器输出的指令，通过内部大功率三极管的导通和截止，控制初级电流的通断，完成点火工作。

（2）捷达两阀电喷系列点火系统。

捷达两阀电喷系列轿车采用的是以霍尔元件为传感器的无触点电子点火系统，是微机控制点火系统的一种。其特点是点火能量大，质量稳定。该点火系统由蓄电池、点火开关、电子控制器、点火器、传感器、点火线圈、点火高压线、火花塞等组成，如图 2-29 所示。

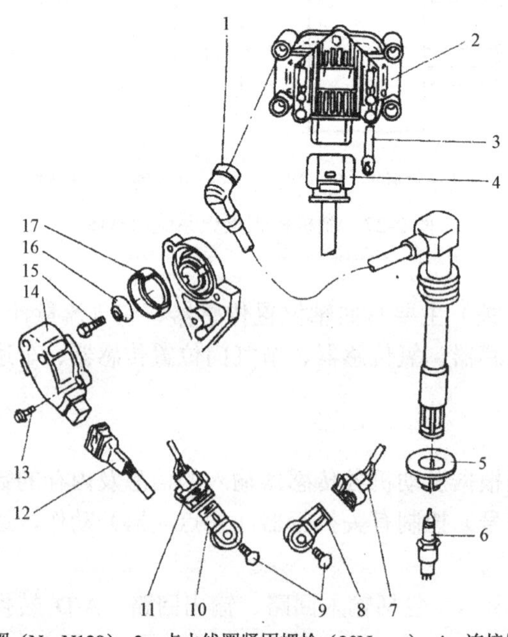

1—点火高压线；2—点火线圈（N、N128）；3—点火线圈紧固螺栓（30N・m）；4—连接插头；5—套盖；6—火花塞；7—连接插头；8—爆燃传感器 2(G66)；9—紧固螺栓；10—爆燃传感器 1（G61）；11—连接插头；12—连接插头；13—紧固螺栓（10N・m）；14—霍尔传感器（G40）；15—紧固螺栓（25N・m）；16—垫片；17—霍尔传感器挡片

图 2-29 捷达两阀车点火系统的组成部件

2.1.6　信号、照明、仪表及辅助电器设备

1. 电喇叭和喇叭继电器

电喇叭具有操作方便、结构简单、检修容易、声音悦耳等优点，被广泛应用。现乘用车上一般使用有触点电磁振动式电喇叭和无触点电喇叭。

（1）有触点电磁振动式电喇叭的结构与原理。

电喇叭由振动机构和电路断续机构两个部分组成，依据外形不同可分为筒形、螺旋形和盆形电喇叭。由于盆形电喇叭具有尺寸小、质量轻、指向性好等特点，为现代汽车普遍采用。盆形电喇叭的结构如图 2-30 所示。其工作原理如下：当按下喇叭按钮 10 时，进入喇叭的电流由蓄电池正极→线圈 2→触点 7→喇叭按钮 10→搭铁→蓄电池负极构成回路。线圈 2 通电后产生电磁吸力，吸动上铁芯 3 及衔铁 6 下移，使膜片 4 向下拱曲，衔铁 6 下移中将触点 7 顶开，线圈 2 电路被切断，其电磁力消失，上铁芯 3、衔铁 6 在膜片 4 弹力的作用下复位，触点 7 又闭合。如此反复一通一断，使膜片及共鸣板连续振动辐射发声。

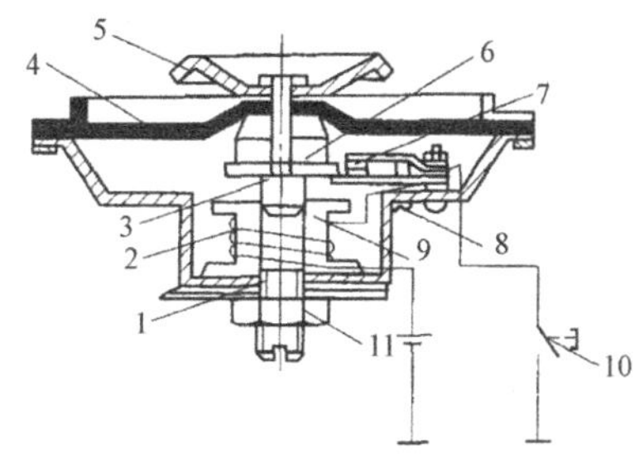

1—下铁芯；2—线圈；3—上铁芯；4—膜片；5—共鸣板；6—衔铁；7—触点；
8—调整螺钉；9—铁芯；10—喇叭按钮；11—锁紧螺母

图 2-30　盆形电喇叭

（2）无触点电喇叭。

有触点电磁振动式电喇叭由于触点易烧蚀、氧化，影响电喇叭的工作可靠性，故障率高。因此，无触点电喇叭应运而生，它利用晶体管控制电路来激励膜片振动产生声响。无触点电喇叭主要由多谐振荡电路和功率放大电路组成，如图 2-31 所示。工作原理如下：由 VT_1、VT_2、VT_3 和 C_1、C_2 及 R_1～R_9 组成多谐振荡电路。当按下喇叭按钮，电路即通电。由于 VT_1 和 VT_2 的电路参数总有微小差异，两个三极管的导通程度不可能完全一致。假设在电路接通瞬间 VT_1 先导通，VT_1 的集电极电位首先下降，于是，多谐振荡电路通过 C_1、C_2 正反馈电路形成正反馈过程，使 VT_1 迅速饱和导通，而 VT_2 则迅速截止，VT_3 也截止，电路进入暂时稳态。此时，C_1 充电使 VT_2 的基极电位升高，当达到 VT_2 的导通电压时，VT_2 开始导通，VT_3 也随之导通。多谐振荡电路又形成正反馈过程，使 VT_2 迅速导通，而 VT_1 则迅速截止，电路进入新的暂时稳态。这时，C_2 的充电又使 VT_1 的基极电位升高，使 VT_1 又导通，电路又产生一个正反馈过程，使 VT_1 迅速饱和导通，而 VT_2、VT_3 则迅速截止。如此周而复始，形成振荡。此振荡电流信号经 VT_4、VT_5 的直流放大，控制喇叭线圈电流的通断，从而使喇叭发出声响。

电路中，电容 C_3 是喇叭的电源滤波电容，以防其他电路瞬变电压的干扰。VD_2、R_1 为

多谐振荡器的稳压电路，使振荡频率稳定。VD_1 用作温度补偿，VD_3 起电源反接保护作用。R_6 可用于调节喇叭的音量。

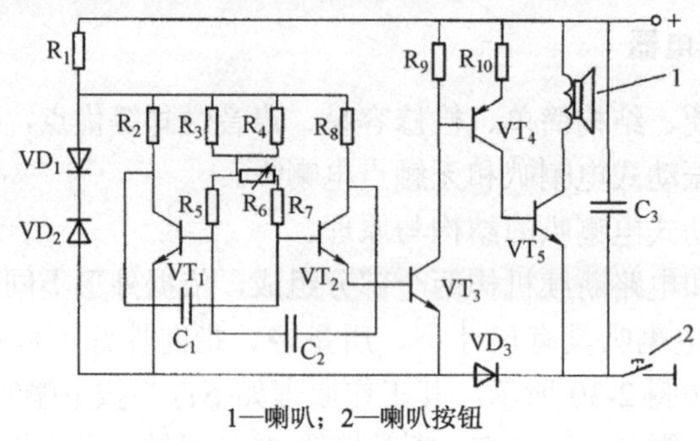

1—喇叭；2—喇叭按钮

图 2-31 无触点电喇叭

（3）喇叭继电器。

在汽车上常装有两个不同音频的喇叭。当装用双喇叭时，由于其消耗的电流较大，用按钮直接控制时，按钮容易烧坏，故常采用喇叭继电器控制，其构造与接线方法如图 2-32 所示。当按下喇叭按钮 5 时，喇叭继电器线圈 3 通电产生电磁力，触点 1 闭合，大电流通过支架 4、触点臂 2、触点 1 流到喇叭。由于喇叭继电器线圈的电阻很大，因此通过按钮 5 的电流很小，故可起到保护按钮的作用。

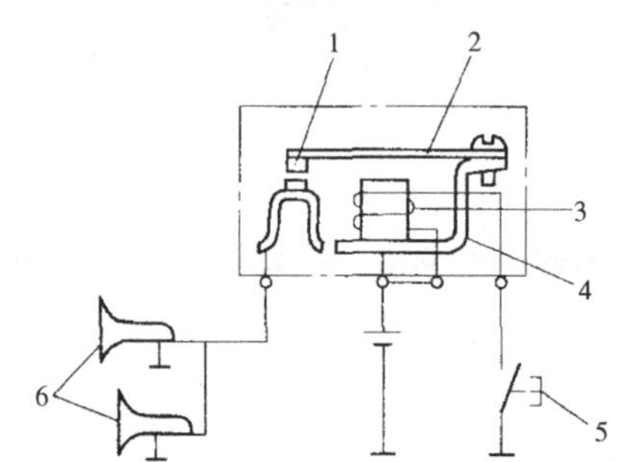

1—触点；2—触点臂；3—线圈；4—支架；5—喇叭按钮；6—喇叭

图 2-32 喇叭继电器

2. 点火开关

点火开关的功能主要有锁住方向盘转轴（LOCK 挡），接通仪表指示灯（ON 或 IG 挡），起动发动机（ST 或 START 挡），给附件供电（ACC 挡主要是收放机专用），发动机预热（HEAT 挡）。其中起动、预热挡工作时消耗电流很大，开关不宜接通过久，所以这两个挡位在操作时必须用手克服弹簧力，扳住钥匙，一松手就弹回点火挡，不能自行定位；其他各挡位均可自行定位。

开关在电路图中的表示方法有多种，常见的有结构图表示法、表格表示法和图形符号表示法等。下面以柴油车一般采用的点火开关为例，介绍电路中开关的表示方法，如图 2-33 所示。

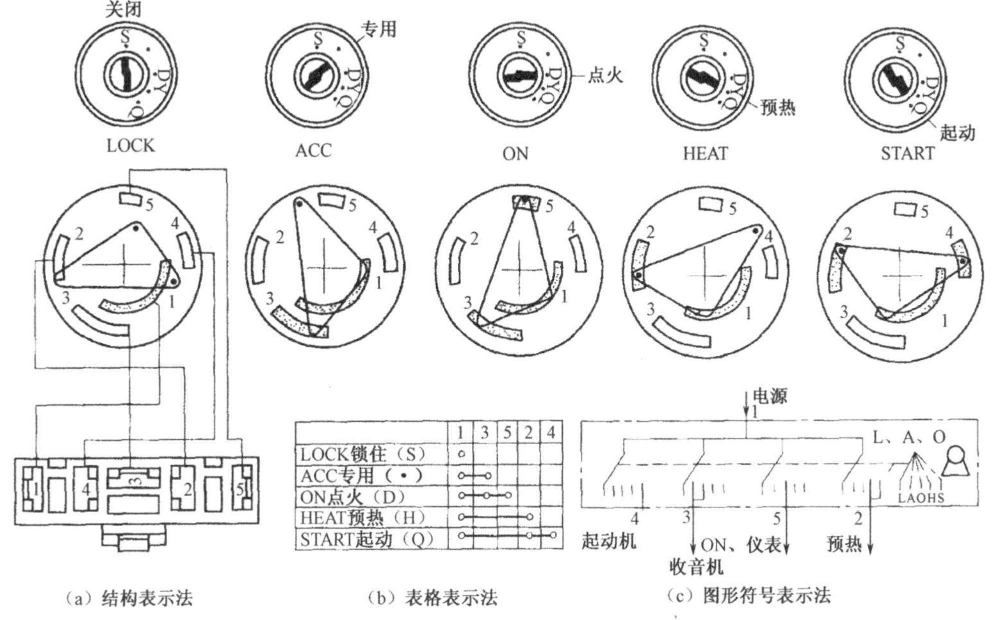

图 2-33　点火开关的三种表示方法

3．照明与信号装置

（1）照明与信号装置。

捷达系列轿车的照明系统包括前照灯、雾灯、车内灯、仪表灯、行李箱灯及牌照灯、警报/指示灯；信号系统包括转向灯、驻车灯、倒车灯、尾灯、制动灯、驻车制动指示灯。照明与信号装置如表 2-2 所示。

表 2-2　照明与信号装置

名称	规格	数量	名称	规格	数量
前照灯	H4 卤素灯泡 12V55W/50W	2	转向灯	12V21W	4
雾灯	12V21W	4	驻车灯	12V21W	2
车内灯（顶灯）	12V10W	1	倒车灯	12V21W	2
发动机舱灯	12V10W	1	尾灯	12V10W	2
行李箱灯	12V5W	1	制动灯	12V21W	2
杂物箱灯	12V1.2W	1	喇叭	双声蜗牛电子喇叭，声强≥105dB(A)	1

a．前照灯电路。

如图 2-34 所示为捷达系列轿车前照灯电路，主要由蓄电池电路、熔断器电路、灯光开关及变光（超车）开关电路组成。

点火开关处在点火位置时，X—卸荷继电器（图中未画）闭合。灯光开关 E_1 处于 2 挡位置，变光开关 E_4 处于 0 位置。这时前照灯电路中的工作电流由蓄电池正极经 X—卸荷继电器至灯光开关接线柱 X，再经变光开关接线柱 56 与 56b 到熔断器 S_1 与 S_2，从前照灯近光灯丝到蓄电池负极，于是两个前照灯的近光点亮。

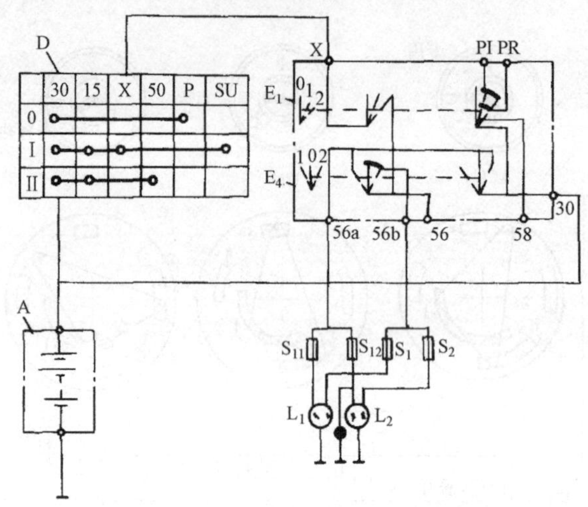

A—蓄电池；D—点火开关；E_1—灯光开关；E_4—变光（超车）开关；

S_1、S_2、S_{11}、S_{12}—熔断器；L_1—左前照灯；L_2—右前照灯

图 2-34 前照灯工作电路

如果想将近光转换成远光，只需把变光/超车开关 E_4 朝转向盘方向拉动。这时前照灯电路的工作电流由蓄电池正极经灯光开关接线柱 X 与 56 到变光开关接线柱 56a，又经熔断器 S_{11} 与 S_{12}、前照灯远光灯丝及仪表中远光指示灯到蓄电池负极，于是两个前照灯远光点亮，同时仪表中远光指示灯也点亮。

超车时，只需将变光开关 E_4 朝转向盘方向拉压。这时超车灯电路工作电流由蓄电池正极经变光开关接线柱 30 与 56a、熔断器 S_{11} 与 S_{12}、前照灯远光灯丝及远光指示灯至蓄电池负极，于是两前照灯远光及仪表中远光指示灯同时点亮。当松开开关手柄时，前照灯远光及远光指示灯同时熄灭；再将该开关拉动，前照灯远光又被点亮，如此反复地操纵变光/超车开关，即可得到前照灯远光闪亮的超车信号。

b．车内灯（顶灯）电路。

车内灯除为车内照明外，它还与各车门开关联系，提供各个车门的开闭状态信号。

如图 2-35 所示为车内灯电路。当车内灯开关处于 I 位置时，电源被切断，车内灯处于熄灭状态；当车内灯开关处于Ⅱ位置，电源接通，车内灯被点亮；当车内灯开关处于Ⅲ位置时，车内灯与四个车门开关联锁，只要有一个车门被打开（车门开关搭铁），车内灯就点亮。当四个车门全关闭后，车内灯才熄灭。

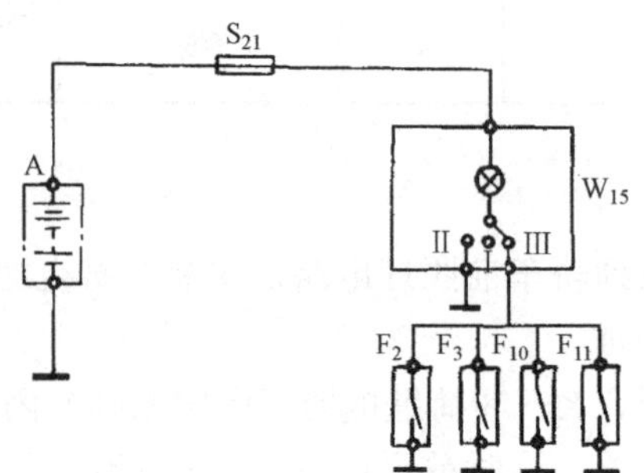

A—蓄电池；S_{21}—熔断器；W_{15}—车内灯；F_2—左前门开关；F_3—右前门开关；F_{10}—左后门开关；F_{11}—右后门开关

图 2-35 车内灯电路

c．转向灯及危险警报灯电路。

如图 2-36 所示为转向灯及危险警报灯电路。

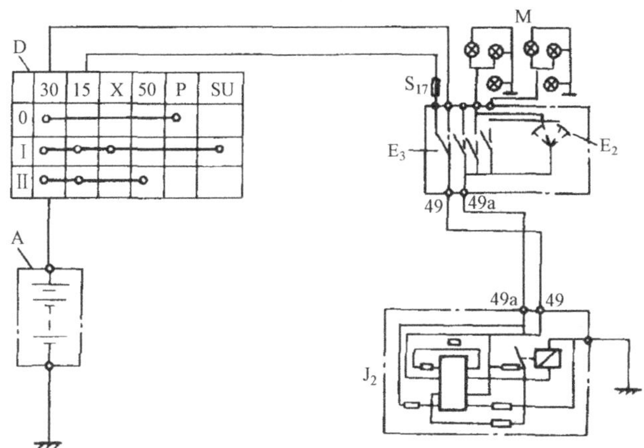

A—蓄电池；D—点火开关；S_{17}—熔断器；M—转向灯；E_3—危险警报灯开关；E_2—转向灯开关；J_2—闪光器

图 2-36　转向灯及危险警报灯电路

转向灯。当点火开关转至点火位置时，如果车辆向左转弯行驶，将转向灯开关 E_2 手柄向下搬动。这时左侧转向灯及仪表板中转向指示灯电路的工作电流由蓄电池正极经点火开关接线柱 30 与 15 至熔断器 S_{17}，再经危险警报灯开关 E_3 的常闭触点、闪光器接线柱 49 和 49a、转向灯开关 E_2 的触点、左侧两转向灯及转向指示灯至蓄电池负极，左侧转向灯及转向指示灯闪亮。当转向结束，转向盘回位时会自动将转向开关拨回，转向灯和仪表板中转向指示灯同时熄灭。

当右转向时，工作电流在转向开关处发生改变，向右转向灯及转向指示灯供电。

须指出的是，捷达系列轿车的左右转向灯共用一个转向指示灯，为了便于分析，图中画出了两个。

危险警报灯。当汽车发生故障或有紧急情况时，打开警报灯信号开关，这时前后左右 4 个转向灯一起闪烁，以示报警。无论点火开关处于什么位置，危险警报灯都可以工作。

按下危险警报灯开关 E_3，这时危险警报灯电路的电流由蓄电池正极经危险警报灯开关直接至闪光器接线柱 49，再由闪光器接线柱 49a 经危险警报开关至 4 个转向灯及转向指示灯，然后流回蓄电池负极，4 个转向灯及转向指示灯一起闪亮。

d．倒车灯电路。

如图 2-37 所示为倒车灯电路。打开点火开关，在变速器挂入倒挡时，变速器上的倒车灯开关 F_4 闭合，倒车灯电路中的工作电流由蓄电池正极经点火开关接线柱 30 与 15、熔断器 S_{14}、倒车灯开关 F_4、倒车灯 M_{16} 与 M_{17} 至蓄电池负极，于是倒车灯点亮。当把变速杆从倒挡位置摘下时，倒车灯开关断开，倒车灯电路断开，倒车灯熄灭。

e．喇叭电路。

如图 2-38 所示为喇叭电路。当按下喇叭开关（按钮）E 时，喇叭电路中的工作电流由蓄电池正极经点火开关接线柱 15、喇叭继电器 J_4、喇叭开关 E 至蓄电池负极，喇叭继电器中的铁芯动作使双声喇叭 H 的电路接通，这时另一路电流由蓄电池正极经点火开关接线柱 15、熔断器 S_{13}、喇叭 H、喇叭继电器 J_4 至蓄电池负极，喇叭鸣响。当松开喇叭开关时，喇叭继电器中的铁芯恢复原位，使双声喇叭电路中断。

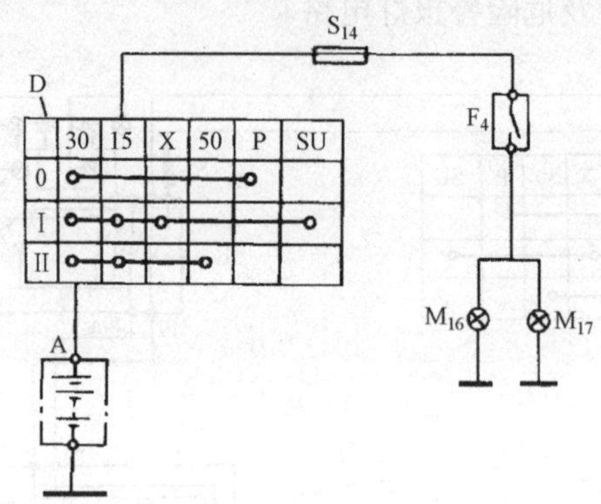

A—蓄电池；D—点火开关；S_{14}—熔断器；F_4—倒车灯开关；M_{16}—左倒车灯；M_{17}—右倒车灯

图 2-37　倒车灯电路

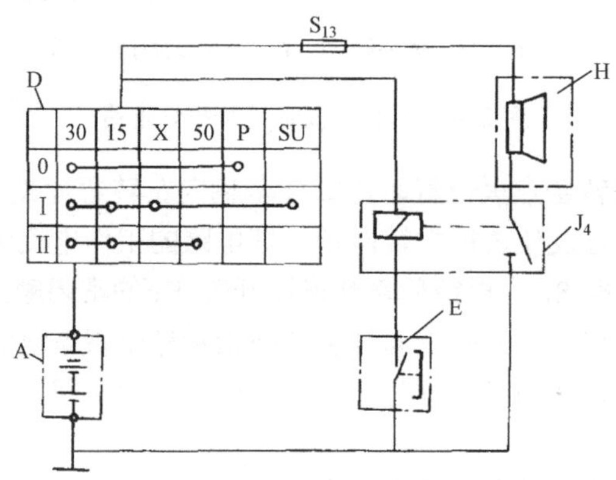

A—蓄电池；D—点火开关；S_{13}—熔断器；H—双声喇叭；J_4—喇叭继电器；E—喇叭开关（按钮）

图 2-38　喇叭电路

4. 仪表装置

捷达系列轿车采用组合仪表，其中包括车速里程表、水温表、燃油表、转速表及时钟等。组合仪表通过一个 28 孔插头与仪表线束连接，如图 2-39 所示。上排从右至左依次是 1～14 插孔，下排从右至左依次是 15～28 插孔，各插孔的功能如表 2-3 所示。

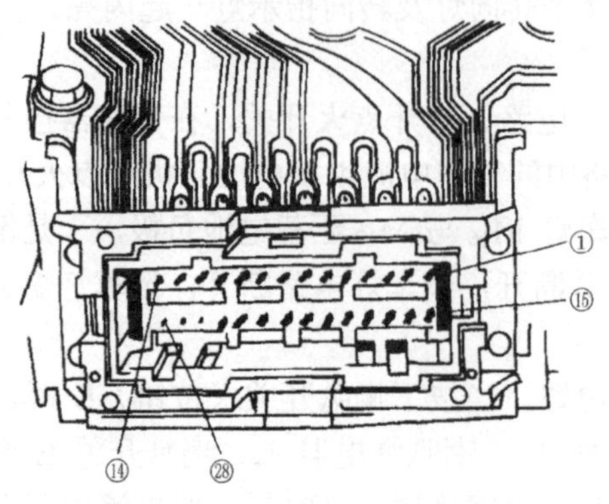

图 2-39　组合仪表 28 孔插头

表 2-3　组合仪表 28 孔插头各端子的作用

插孔	作用	备注	插孔	作用	备注
①	外部温度传感器（MFA）接地	自动空调用	⑬	接线柱 15（点火开关接通时供电）	
②	接水温报警开关		⑭ ⑱ ㉒ ㉖ ㉗ ㉘	空	
③	接线柱 31（搭铁）		⑮	MFA 数据选择方式	自动空调用
④	接 MFA 存储开关（重新设置）	自动空调用	⑯	接发电机 D_端子	
⑤	接线柱 31（MFA）	自动空调用	⑰	接机油温度传感器	未用
⑥	MFA 存储转换（记忆）	自动空调用	⑲	接外部温度传感器（MFA）	自动空调用
⑦	霍尔传感器车速信号，输出至发动控制单元	电喷发动机轿车用	⑳	预热时间指示灯	未用
⑧	接机油压力报警开关（180kPa）		㉑	接燃油表传感器	
⑨	接机油压力报警开关（30 kPa）		㉓	接水温传感器	
⑩	接点火线圈端子 1		㉔	转向指示灯供电端	
⑪	接线柱 30（电源正极），时钟电源		㉕	远光指示灯供电端	
⑫	接线柱 58b，仪表板照明供电				

（1）车速里程表。

捷达系列轿车车速里程表指示汽车行驶速度及累计汽车行驶里程，同时还设有单程里程计。测量车速部分采用磁力式结构，记录里程的部分由三对蜗轮蜗杆，中间齿轮、单程里程计数字轮、总里程计数字以及单里程计的复零机构组成，如图 2-40 所示。

不工作时，铝罩 2 在盘形弹簧 4 的作用下，使指针 6 位于刻度零的位置。当汽车行驶时，软轴（由变速器内传动齿轮驱动）带着永久磁铁 1 旋转，永久磁铁的磁力线在铝罩上引起涡流，涡流与永久磁铁的磁场相互作用产生转矩，克服盘形弹簧的弹力，使铝罩朝永久磁铁转动的方向旋转，于是铝罩带着指针转过一个角度。车速越高，永久磁铁旋转的也就越快，铝罩上的涡流也就越大，因而转矩也越大，使铝罩带着指针偏转的角度也越大，指示出较大的速度。

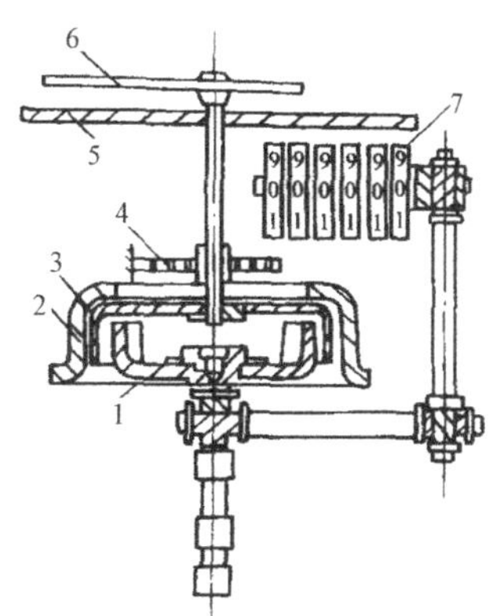

1—永久磁铁；2—铝罩；3—罩壳；4—盘形弹簧；5—刻度盘；6—指针；7—十进制里程表

图 2-40　车速里程表结构

里程记录部分由三对蜗轮蜗杆、中间齿轮、单程里程计数轮（俗称小路码）、总里程计数轮（俗称大路码）及复零机构等组成。

汽车行驶时，软轴驱动车速里程表的三对蜗轮蜗杆，并由第三蜗轮带动总里程计右边第一记数轮，累计出行驶的里程。总里程计上的齿轮通过中间齿轮驱动单程里程计 1/10 数字轮（单程里程计共有 4 个轮，包含 1/10 位数字轮），并向左逐级传到其余几个数字轮。车速表上有单程里程的复位杆，只要按下复位杆，单程里程计的 4 个数字轮均复位为零。

（2）水温表及水温传感器。

a．水温表。

捷达系列轿车采用双金属式水温表，如图 2-41 所示。电阻丝绕在双金属片上，一端与蓄电池连接，另一端与水温传感器相连接。双金属片为“Π”形结构，缠绕电阻丝的部分为工作臂，另一臂称为补偿臂。补偿臂的端部与左调整齿扇相连接，工作臂的端部与指针以及弹簧片相铰接。

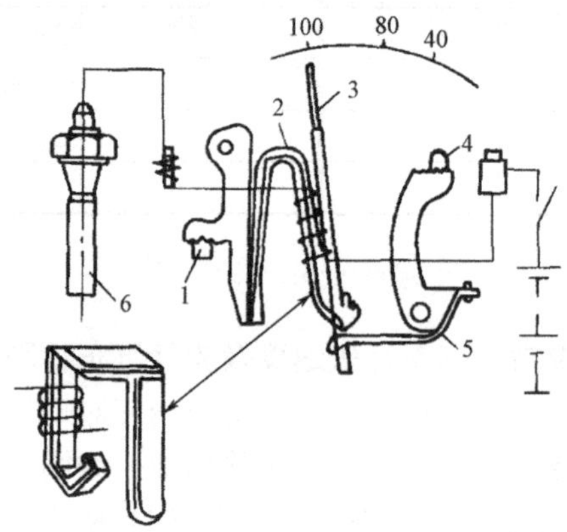

1、4—调整齿扇；2—双金属片；3—指针；5—弹簧片；6—水温表传感器

图 2-41 水温表结构

当点火开关接通后，电流流经电阻丝产生热量，使双金属片受热变形，从而使工作臂带动指针偏转。电阻丝流经的电流越大，双金属片受热挠曲变形也就越大，指针偏转角度也就越大。反之，当发动机冷却水温下降时，温度表电路中的电流减小，指示器电阻丝的温度下降，双金属片变形量减少，弹簧片推动指针摆动减少，指示出较低温度。

b．水温传感器。

捷达系列轿车水温传感器采用的是热敏电阻式，它与水温警报开关做成一体，如图 2-42 所示。热敏电阻是由一种负温度系数半导体材料制成，其电阻值随着温度的升高而急刷下降。

水温传感器与水温表中双金属片上的电阻丝串联连接。当发动机冷却液温度升高时，水温传感器电阻值减小，流过双金属片上电阻丝的电流增大，产生热量增加，双金属片变形增加，水温表指针偏转角度就大。反之，水温表偏转角度就小。

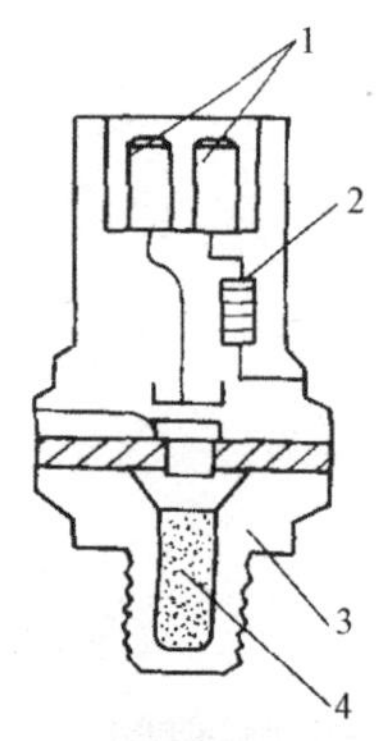

1—接线插头；2—热敏电阻（水温传感器）；3—壳体；4—低熔点合金

图 2-42 水温传感器及水温警报开关

c．燃油表。

捷达系列轿车的燃油表与水温表的工作基本相同，采用的也是电热式仪表，如图 2-43 所示。燃油表和水温表共用一个稳压器。

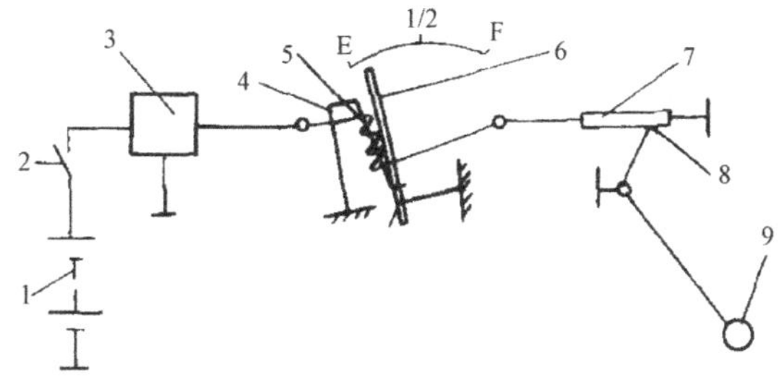

1—蓄电池；2—点火开关；3—稳压器；4—双金属片；5—燃油表电阻丝；6—指针；7—厚膜电阻；8—滑动触点；9—浮子

图 2-43　燃油表结构

当浮子随燃油箱内油面高度变化时，与浮子杆联动的滑动触点响应，改变厚膜电阻的电阻值。燃油箱内注满燃油时，厚膜电阻的电阻值最小，流过双金属片上电阻丝的电流最大，电阻丝对双金属片释放的热量最大，燃油表指针指向最大刻度值。反之，当燃油箱内燃油耗尽，厚膜电阻的电阻值最大，燃油表指针的偏转量最小。

油量与电阻值的关系如表 2-4 所示。

表 2-4　油量与电阻值的关系

浮子位置	容量（L）	电阻（Ω）
空	0	283
1/2	30	89
满	55	36

5．其他辅助电器设备

（1）刮水器与洗涤器。

刮水器主要由刮水器电动机总成、三联机构及三个方向球头活节和摆杆与刮片组成。刮水器电机如图 2-44 所示，它是一个永磁直流小电动机 1 和一个蜗轮蜗杆 2 组成的减速器。为了保证刮水器摆杆与刮片能在工作结束后停止在前风窗玻璃下边沿并与之平行，在减速器蜗轮输出轴的背面装有自动停位导电片，并在减速器后盖板上设有与导电片相接触的 3 个导电触点，再通过刮水器开关 0 位置的触点，共同完成刮水器的自动停位功能。

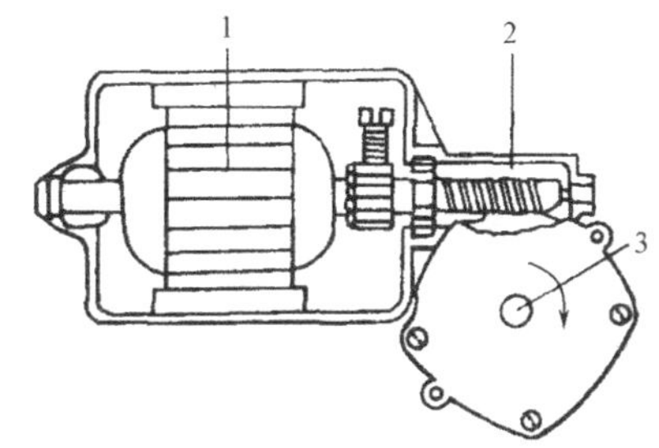

1—永磁直流电动机；2—蜗轮蜗杆减速器；3—刮水器电动机输出轴

图 2-44　刮水器电动机

洗涤器是由微型永磁直流电动机、离心式水泵、喷嘴、储液罐及水管五部分组成。电动机与水泵构成一个小总成（如图 2-45 所示），这个小总成安装在储液罐上，并与储液罐组成了一个洗涤器总成（如图 2-46 所示）。洗涤器总成安装在右侧前照灯后面的挡泥板上，储液罐的容积为 5.1L。

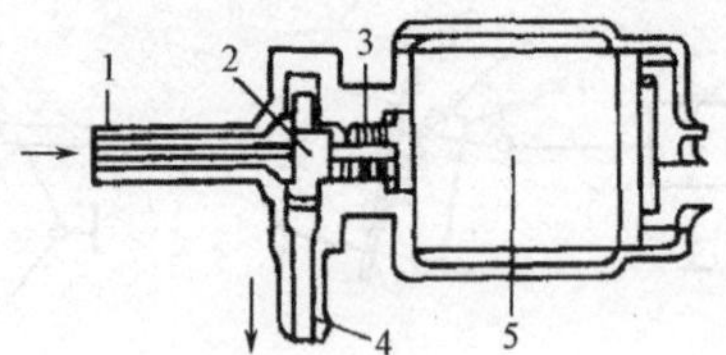

1—进水口；2—叶轮；3—泵体；4—出水口；5—永磁直流电动机

图 2-45 洗涤器电动机与水泵总成

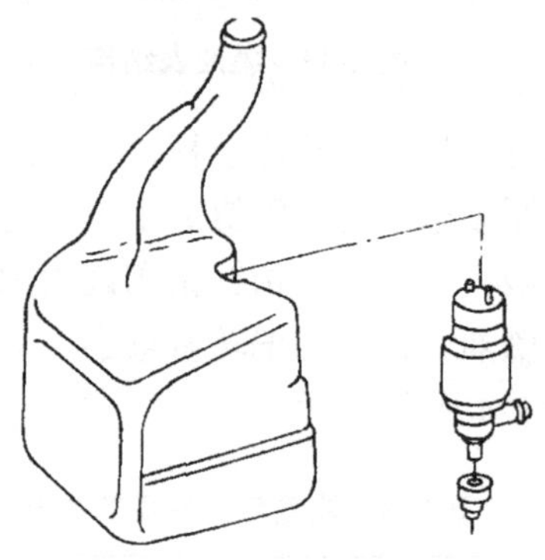

图 2-46 洗涤器总成

捷达系列轿车前风窗刮水器与洗涤器电路图如图 2-47 所示。

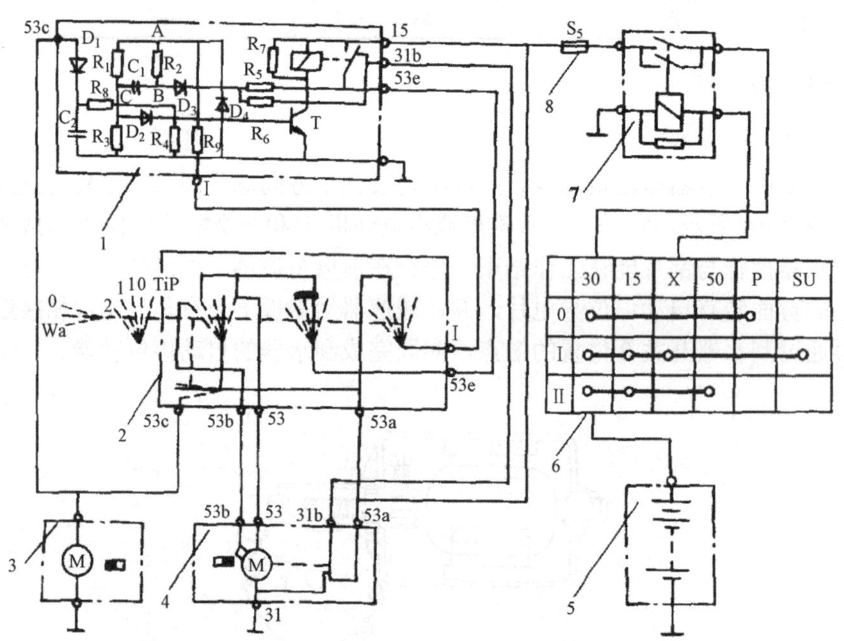

1—刮水间歇控制器；2—刮水器及洗涤器开关；3—洗涤器电动机；4—刮水器电动机；5—蓄电池；6—点火开关；7—X 触点卸荷继电器；8—熔断器

图 2-47 前风窗刮水器与洗涤器电路图

（2）电动门窗升降器。

如图 2-48 所示为都市先锋、新捷达王和捷达王轿车采用的电动钢丝绳式门窗升降器。玻璃的升降运动可由驾驶员操纵按钮进行集中控制，也可用各车门上设置的单独开关分别操纵，以调节各车门玻璃的开度大小。其动力传递路线为：电动机→减速器→钢丝卷筒→钢丝→玻璃托架→玻璃升降。

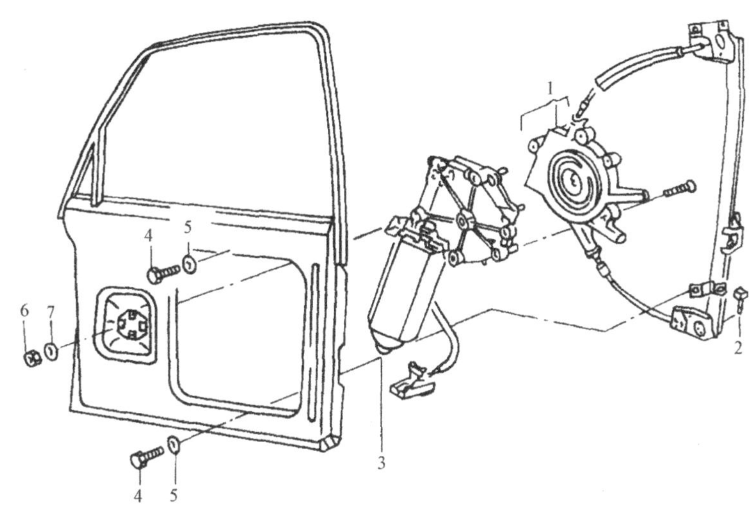

1—升降器总成；2—橡胶缓冲块总成；3—电动机；4—六角螺栓；5—垫圈；6—六角螺母；7—碟形弹簧垫圈

图 2-48　电动门窗升降器

（3）中央门锁系统。

捷达轿车选装电控中央门锁系统。装备中央门锁后，可实现以下功能：

a．将驾驶员或前排乘客侧车门锁操纵杆按下时，其他几个车门及行李箱门都能自动锁定，如用钥匙锁门，也可同时锁好其他车门和行李箱门。

b．将驾驶员侧或前排乘客侧车门锁操纵杆拉起时，其他车门和行李箱门锁扣都能同时打开，如用钥匙开门，也可实现该动作。

c．在车室内个别车门需要打开时，可分别拉开各自门锁操纵杆。

捷达轿车采用的是双压泵式中央门锁，它利用双向空气压力泵产生压力或真空，通过门锁执行元件（膜盒）来完成门锁的开关动作。如图 2-49 所示为中央门锁系统的布置图，其核心是中央门锁控制单元，它连同双压力泵装在一个塑料盒内，安装在后坐椅下面，用插头与中央门锁线束连接。插座的端子 1 接电源，端子 2 搭铁，端子 3 接右前门锁开关，端子 4 接左前门锁开关，端子 6 接点火开关 75 号线（卸荷电器控制线），如图 2-50 所示。当用钥匙或拉出两前门的任一门锁操纵杆来打开门锁时，如图 2-51 所示，由于门锁通过连接杆向上拉起，车门锁执行元件中门锁开关的开锁触点 I 闭合（参见图 2-50），中央门锁控制单元收到此信号后，立即控制双压泵转动，接通压缩空气，使系统管路中的气体呈正压，气体进入 4 个车门及行李箱的执行元件（膜盒）内，膜片推动连接杆向上运动将门锁打开。

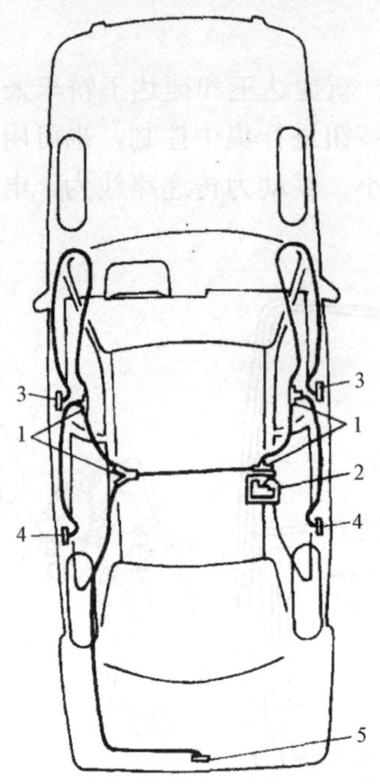

1—三通；2—双压泵及中央门锁控制单元；3—前门锁执行元件；4—后门锁执行元件；5—行李箱门锁执行元件

图 2-49 中央门锁系统

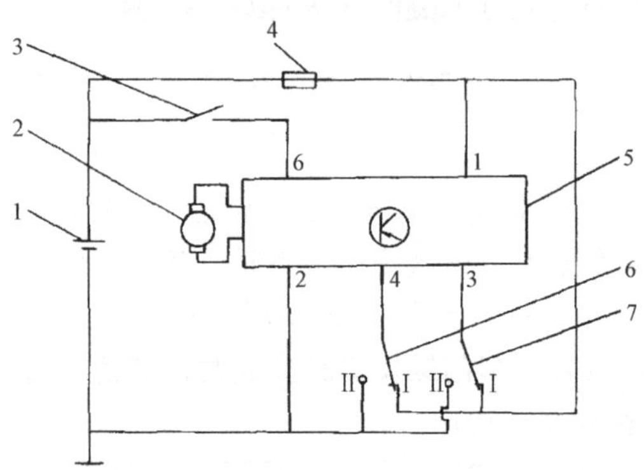

1—蓄电池；2—双压泵；3—点火开关；4—熔断器；5—中央门锁控制单元；6—右前门锁开关；7—左前门锁开关

图 2-50 中央门锁系统控制电路

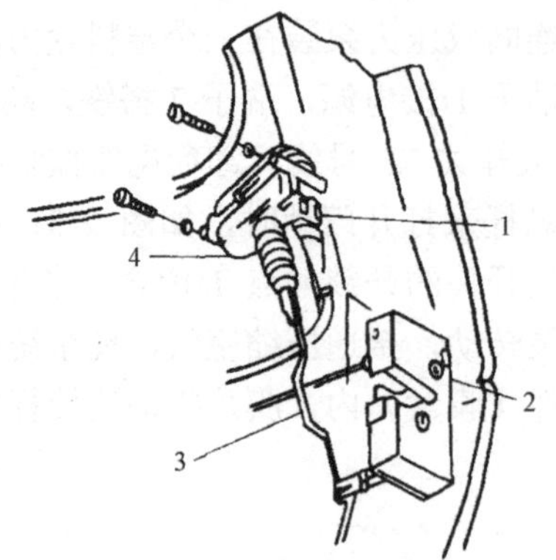

1—门锁开关接线插头；2—门锁；3—连接杆；4—膜盒

图 2-51 前门锁执行元件

当用钥匙或按下两前门的任一门锁操纵杆来锁住车门时，连接杆被压下，车门锁执行元件中门锁开关的门锁触点 II 闭合，中央门锁控制单元收到此信号后，立即控制双压泵向另一个方向运转，用以抽吸空气，系统管路中呈负压，各门锁的执行元件进入真空状态，膜片带动连接杆向下运动而将车门锁住。

后车门及行李箱的门锁执行元件与前门不同的是，它们没有门锁开关及接线，只是一个气动执行元件（膜盒），如图 2-52 所示。

另外，装有中央门锁控制单元和双压泵的塑料盒内有一个双触点压力开关。压力泵不转动时两对触点都断开，压力泵转动 3～7s 后，无论是正压还是负压，都会使一对触点闭合，中央门锁控制单元收到信号后，立即使压力泵停止转动，如果管路或膜盒出现漏气，压力泵虽然转动但建立不起正压或负压，触点不能闭合，经过 7s 后，压力泵仍然转动。中央门锁控制单元具有压力泵强行保护功能，即延迟电路每次只允许压力泵转动 30s 便自动停机，其作用是当管路出现漏气故障后，防止压力泵因长时间运转而被烧毁。在盒内的系统管路上还装有一个放气阀，每当压力泵停止转动后，此阀立即打开，使系统中管路与大气相通，以备下一次操作。每当压力泵转动之前，此阀立即关闭，使系统管路与大气隔绝。

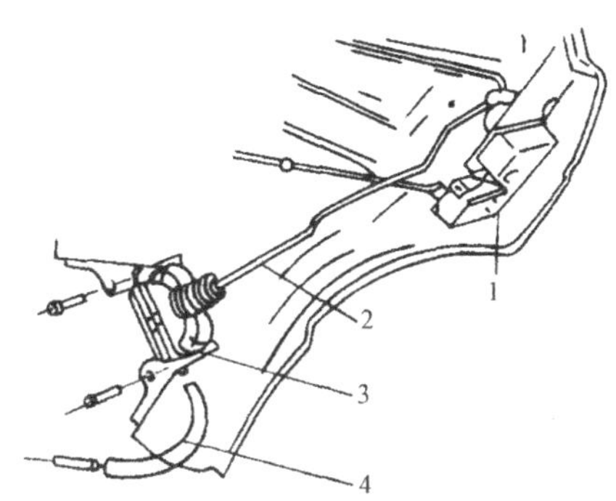

1—门锁；2—连接杆；3—膜盒；4—空气管

图 2-52　后门锁执行元件

2.2　汽车空调基本原理及结构

2.2.1　制冷系的构造与工作原理

1. 制冷系的工作原理

空调制冷循环过程为四个基本过程，如图 2-53 所示。

（1）压缩过程。

如图 2-53 所示，制冷剂 Rl34a 在蒸发器 5 中吸收车内热量而气化为低压低温的制冷剂蒸气（大约 0℃、0.15MPa），然后被吸入压缩机。压缩机消耗一定的机械能将制冷剂 R134a 蒸气压缩成为高压高温的气态制冷剂（大约 60℃～66℃、1.5MPa）并排入冷凝器。

（2）放热过程。

高温高压气态制冷剂在冷凝器 2 处被环境空气所冷却，变成中温过冷液态制冷剂，冷凝器中的温度下降（大约 40℃、1.0～1.2MPa）。

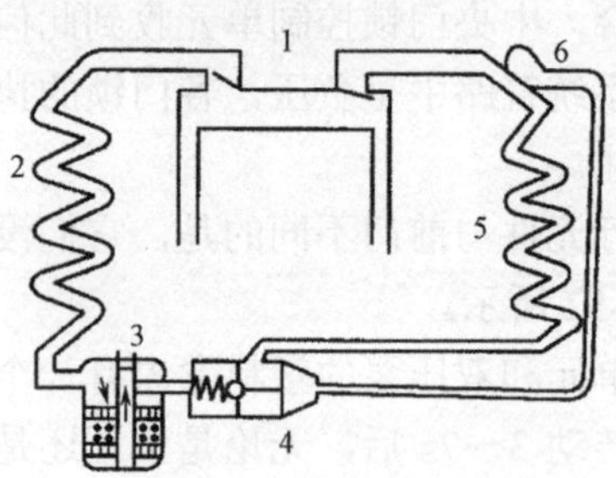

1—压缩机；2—冷凝器；3—储液干燥过滤器；4—膨胀阀；5—蒸发器；6—感温包

图 2-53　制冷循环示意图

（3）节流过程。

经储液器 3 过滤除水分和杂质后，高压液态制冷剂通过膨胀阀被节流后变成低压雾状制冷剂（湿蒸汽），使其温度和压力进一步降低（约−5℃、0.15MPa），然后进入蒸发器。

（4）吸热过程。

低压低温雾状制冷剂在蒸发器 5 内吸收热量变成气态制冷剂，使蒸发器表面温度下降（大约 0℃、0.15MPa），通过鼓风机将冷风送到车厢内。之后气态制态剂又重新被压缩机吸入，反复循环。

2. 制冷系的基本组成

制冷系的基本组成如图 2-54 所示。主要由蒸发器 1、膨胀阀 2、充注阀 3、储液器 4、冷凝器 5、三挡压力开关 6、放液螺塞 7、压缩机 8、电磁离合器 9 等组成。

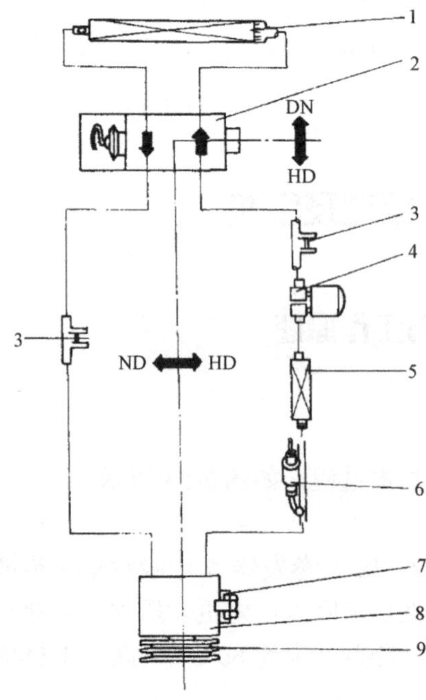

1—蒸发器；2—膨胀阀；3—充注阀；4—储液器；5—冷凝器；6—三挡压力开关；7—放液螺塞；8—压缩机；9—电磁离合器

图 2-54　制冷系统的组成

3. 制冷系部件构造及其原理

（1）空调压缩机构造及其原理。

空调系统的压缩机安装在发动机前端，由发动机曲轴皮带轮驱动。其功用是驱动制冷剂流动，将低温低压气态制冷剂压缩成高温高压气态制冷剂。捷达两阀电喷系列轿车空调系统采用了对大气层无害的新型制冷剂 HCF134a（R134a），取代了 R_{12}。压缩机采用变排量压缩，属于摇摆斜盘式压缩机，如图 2-55 所示。压缩机的核心机构是斜盘摇板。斜盘固定在压缩机轴上，与压缩机轴同步旋转。圆形摇板中心用钢球支承固定在缸体的摇板轴上。摇板通过连杆与缸孔中的活塞相连。活塞为铝制，有一道密封环。摇板由斜盘驱动，作圆周摇动。当压缩机工作时，作圆周摇动的摇板通过各缸体的连杆使各缸的活塞作往复运动，使制冷剂蒸气进入或排出气缸。

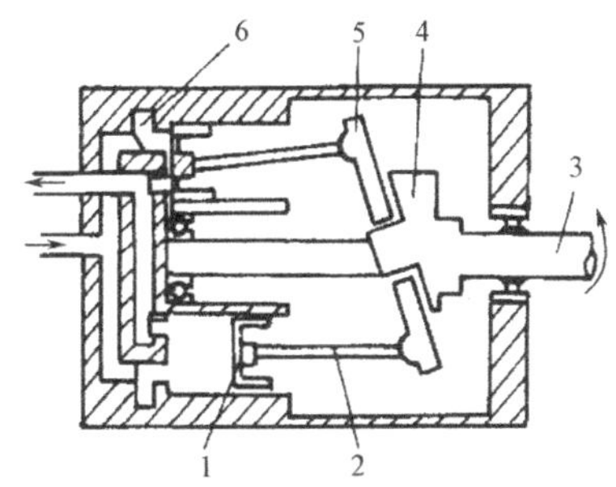

1—活塞；2—连杆；3—压缩机轴；4—传动斜盘；5—摇板；6—阀片

图 2-55　斜盘摇板式压缩机原理示意图

（2）冷凝器构造及其原理。

制冷剂在蒸发器里吸收热量后被压缩机加压，产生的热量通过冷凝器由空气将热量带走。捷达两阀电喷型系列轿车采用的冷凝器为管带式，如图 2-56 所示。

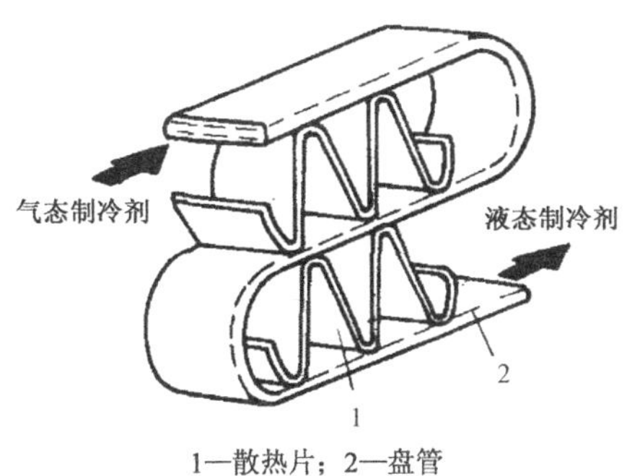

1—散热片；2—盘管

图 2-56　冷凝器原理及构造

（3）蒸发器。

蒸发器的作用与冷凝器的作用相反。其功能是经节流阀流入的制冷剂液体蒸发成气体，吸收车内空气的热量，达到降温的目的，使周围空气温度下降。

目前捷达两阀电喷系列轿车所用蒸发器有管带式和管片式两种结构形式。装在车厢内副驾驶侧仪表板内的空调器总成内。

（4）储液干燥器。

储液干燥器是由过滤网 3、干燥剂 4、进口 1、出口 2 和吸出管 5 组成，如图 2-57 所示。它的主要功能为：储存制冷剂、吸收制冷剂中的水分及过滤异物、高低压保护。

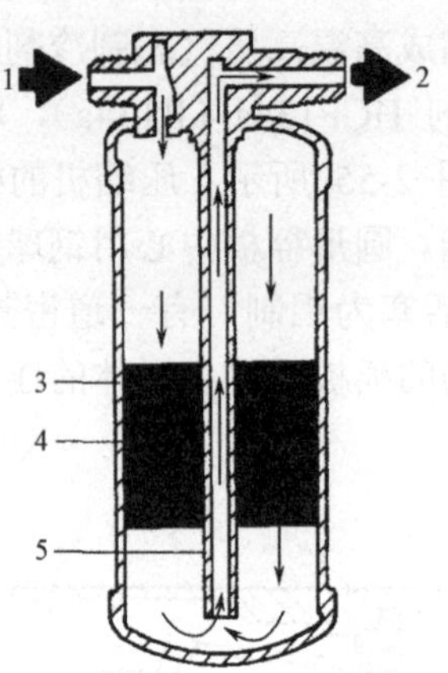

1—进口；2—出口；3—滤网；4—干燥剂；5—吸出管

图 2-57 储液干燥器

（5）膨胀阀。

膨胀阀的主要功能是将高温、高压的液态制冷剂节流降压，转化为低压、低温的雾状物，送入蒸发器。另外，控制向蒸发器的供液量，防止发生阻滞现象，影响蒸发器造成结冰。

捷达两阀电喷系列轿车采用 H 型内平衡热力膨胀阀，其结构如图 2-58 所示。它有四个分布在两侧的接口与汽车空调系统相连。上部为回气通道，一个接口与蒸发器出口相连，另一个接口接压缩机进气口。下部为供液通道，一个接口与储液罐出口相连，一个接口接蒸发器入口。其中间通路为一锥形阀，球阀与之相配合形成可变的节流效应。感温膜盒内的弹簧膜片上部充注有膨胀液，膨胀阀下部有一可调弹簧座。

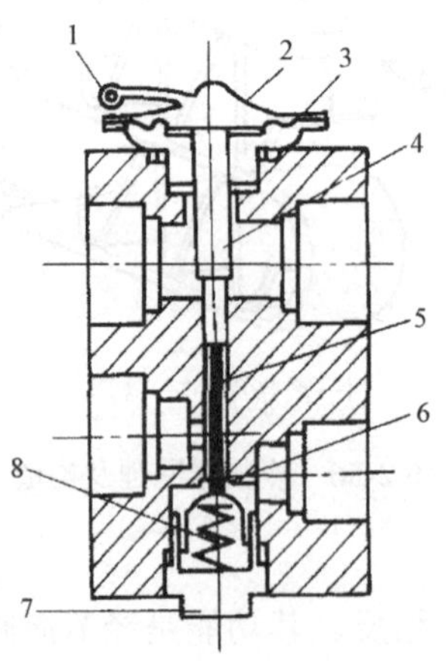

1—充液管；2—膜盒；3—膜片；4—顶杆；5—传动杆；6—球阀；7—弹簧座；8—弹簧

图 2-58 H 型内平衡热力膨胀阀

2.2.2 加热系统

捷达轿车的空调装置采用再热混合式，加热系统不仅可以单独加热来自车室内的循环空气或者车外的新鲜空气，也可以将这两部分空气先进行冷却，再全部或部分加热，以获得所要求的空气温度。这样既可以对空气进行除湿，又可以对空气进行过滤，得到湿度适宜的洁净空气。

图 2-59 所示为捷达轿车加热系统。该系统主要由鼓风机、暖风散热器、温度风门和壳体组成，也称为加热器。暖风散热器与发动机散热器结构相同，为铝管铝片组成的管片式。

由发动机出来的冷却液，经暖风散热器再流回发动机水泵，将暖风散热器周围的空气加热供采暖用。当温度风门打开暖风散热器与蒸发器壳体相连的通道后，由鼓风机送过来的空气流经暖风散热器加热，一路经过中央风门进入中央出风口，另一路经除霜出风口与控制风门进入下出风口。

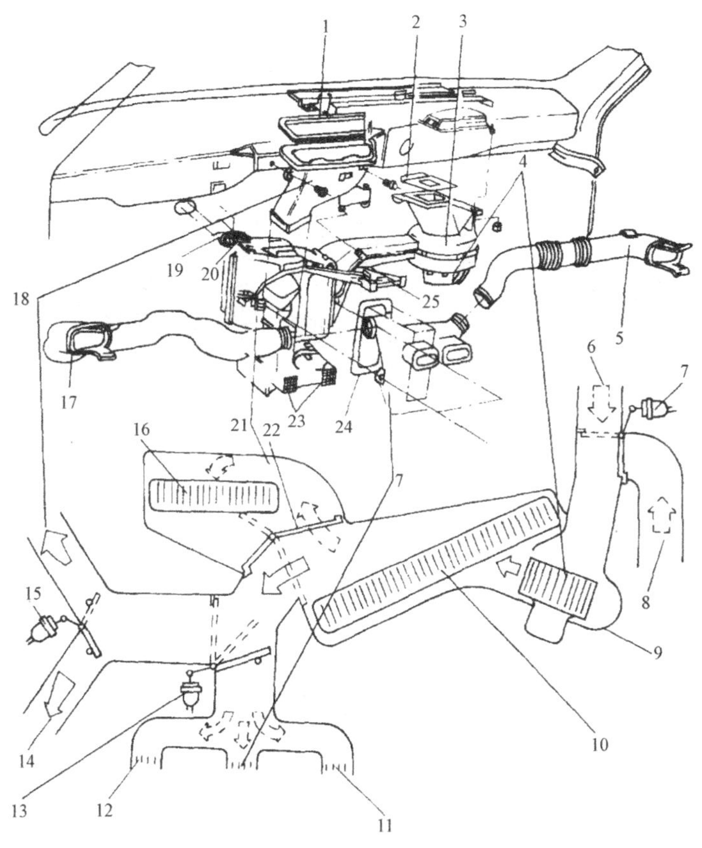

1、2、19、24—密封垫；3、9—风道；4—新鲜空气鼓风机；5、11—右侧中央出风口；6—新鲜空气进气口；7—中央出风口；8—循环空气进气口；10—蒸发器；12、17—左侧中央出风口；13—中央风门真空阀；14—下出风口；15—除霜/下出风口真空阀；16—暖风散热器；18—除霜出风口；20—暖风散热器连接支管；21—暖风分配箱；22—温度风门；23—新鲜空气/循环空气真空阀；25—暖风和新鲜空气调节器

图 2-59　加热系统

2.2.3 通风系统

捷达轿车具有自然通风和强制通风两种形式。新鲜空气进口接通或关闭是由新鲜空气/

循环空气真空阀控制的，如图 2-59 所示。

自然通风过程中，新鲜空气从设置在前风窗玻璃下方（正压区）的进气口进入，从后备箱盖上的安全带槽口进入后备箱中，再经过车身后围板、后备箱衬面、后纵梁上的风口（负正区）排入大气。由于空气在后车身空腔中运动，对后车窗除霜起着良好的作用，另外全过程是在无压力下进行的，所以换气无噪声并且与行车速度无关。

强制通风过程中，新鲜空气由鼓风机加压后，在不经过暖风散热器（温度风门关闭）的情况下，从各个风道进入车室内，然后按着与自然通风相同的路线排入大气中。

2.2.4 控制系统

空调控制系统的功用是对制冷系统与加热系统进行控制，调节车内的空气温度、风量、流向，确保空调系统正常工作。一般由控制开关、机械传动（或真空系统）、电气系统组成。

1. 控制开关

捷达轿车空调的控制开关如图 2-60 所示。

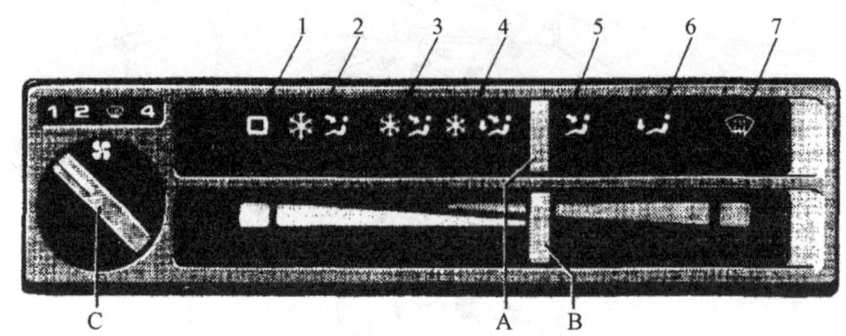

1—空调系统关闭；2—强冷；3—常规制冷；4—适度调节；5—通风；6—采暖；7—除霜/雾；A—功能滑键；B—温度滑键；C—暖风电机开关

图 2-60 空调控制开关

A 为功能滑键，用来选择不同的空调工作模式：

挡位 1 为空调系统关闭。

挡位 2 为强冷；（温度滑键 B 拨至最左端或所需位置）空气经侧面和中央出风口流出。

挡位 3 为常规制冷：（温度滑键 B 拨至所需位置）空气经侧面和中央出风口流出。

挡位 4 为适度调节：（温度滑键 B 拨至所需位置）空气经侧面和中央出风口流入脚部空间。

挡位 5 为通风：功能滑键 A 处于该位置时，新鲜空气是否加热取决于温度滑键 B 的位置，制冷系统停止工作，不能产生冷风。空气经侧面及中央出风口流出。

挡位 6 为采暖：（温度滑键 B 拨至所需位置）大部分空气流向脚部空间，少量流至风窗、侧窗及侧面和中央出风口。制冷系统停止工作。

挡位 7 为除霜/雾：（温度滑键 B 拨至所需位置）大部分空气流向风窗及侧窗，少量流至脚部空间及侧面和中央出风口。

B 为温度滑键。功能滑键 A 置于上述任一功能位置，该滑键均能无级调节空气温度。右移滑键为温度上升，左移滑键为温度下降。

C 为暖风电机开关。暖风电机设有四挡变速开关。

2. 真空控制系统

捷达轿车空调控制机构中除温度风门由拉索直接操纵外，其余的风门都是通过真空阀控制的。真空控制系统的真空管路布置情况如图 2-61 所示。

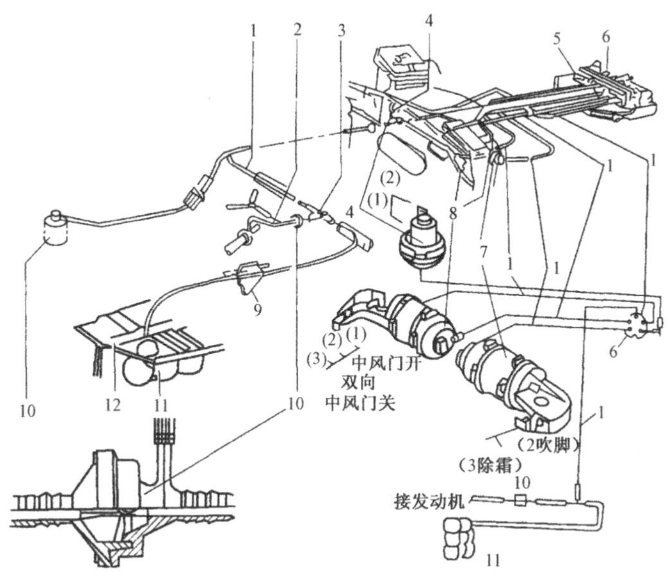

1—管路；2—接进气歧管；3—三通管；4—新鲜空气/循环空气真空阀；5—空气调节装置；6—多头插座；7—除霜/下出风真空阀；8—中央风门真空阀；9—轮罩；10—单向阀；11—真空罐；12—蓄电池上护板

图 2-61　真空系统布置图

（1）真空罐。

空调系统控制用真空来自于发动机进气歧管。发动机工作时，进气歧管处相当于真空源，但此处的真空度是不断变化的，为保证空调控制系统的可靠工作，在真空管路中设有真空储存器即真空罐，罐内有 90kPa 真空度，保证了空调系统真空控制部分有足够的真空度，而且真空度不随发动机工况的变化而大幅度变化，使真空波动小。

（2）单向阀。

真空管路中还设有单向阀。单向阀是一个单方向流量的控制阀，装于真空罐与发动机之间。如果进气歧管内的绝对压力低于真空储存器的绝对压力，单向阀开启，真空储存器中的真空度增加到 92kPa 时，阀门关闭。

（3）真空阀。

空调装置调节器 5 控制真空管路多头插座 6 的接通与切断，以控制风门的开启与关闭。新鲜空气/循环空气风门的真空阀 4、除霜与下出风口真空阀 7 以及中央风门真空阀 8 通过真空管路与多头插座 6 相接。

空气/循环空气风门、中央风门及除霜/下出风风门均由真空阀控制。但除霜/下出风真空阀和新鲜空气/循环空气真空阀属单膜片真空阀，只有开、闭两个位置；而中央风门真空阀属双膜片真空阀，具有无真空、半真空和真空三个位置，能处于开、闭、半开三种状态。

3. 电气控制

（1）外部温度开关。

外部温度开关的作用是在环境温度小于 5℃时，切断压缩机电磁离合器。外部温度开关的位置在刮水器电机附近。

（2）三挡压力开关。

制冷回路高压侧压力低于 0.22MPa 或高于 3.2MPa 时，断开压缩机电磁离合器，实现高压保护和低压保护。只有制冷回路高压侧压力在 0.22～3.2MPa 时，电磁离合器才处于接通状态，空调系统正常工作。

制冷回路高压侧压力高于 1.6MPa 时，控制冷却风扇高速旋转。在环境温度较高，制冷系统负荷较大时，高压侧压力升高，冷却风扇必须高速旋转加强冷却。

（3）双温开关。

当发动机的冷却水温超过 95℃时，冷却风扇以低速运转；冷却水温超过 105℃时，冷却风扇以高速运转。

（4）空调继电器。

打开空调时，空调继电器吸合，电磁离合器吸合，同时散热器风扇低速运转。

（5）风扇继电器。

在冷却水温超过 105℃或制冷回路高压侧压力高于 1.6MPa 时，冷却风扇以高速运转。

2.3 汽车电子控制装置

汽车电子控制装置的应用越来越广泛，每个电子控制装置都包括传感器、电控单元、执行机构三部分。它是采用传感器监测汽车有关总成的工作状况，并将相关信息传送给电控单元，电控单元经过分析、运算、判断后，发送指令给执行机构，从而使相关总成的工作状况达到最佳。

2.3.1 汽车常用传感器的基础知识

1．传感器的概念及类型

传感器的主要功用是把非电量信号转换成电量信号，或者将物理量、电量、化学量的信息转换成电控单元（ECU）能够理解的信号。

用于汽车发动机电控系统的传感器主要有温度传感器、空气流量传感器、压力传感器、转速及位置传感器、氧传感器、爆燃传感器等。

2．温度传感器

温度传感器根据工作原理不同，分为热电偶、金属测温电阻和热敏电阻三种类型。汽车上温度传感器主要有水温传感器、进气温度传感器、变速器油温传感器、水温表传感器、排放温度传感器等。

（1）水温传感器。

水温传感器的结构如图 2-62 所示。它主要安装在发动机机体或缸盖的水套上，与冷却水直接接触。从而测得发动机冷却水的温度。它的内部是一个半导体热敏电阻，温度越低，电阻阻值越大；反之电阻越小。电控单元根据这一变化测得发动机冷却水的温度，作为燃油喷射和点火正时的修正信号。

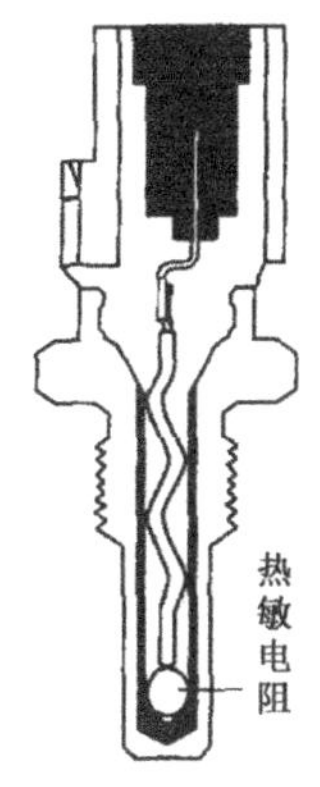

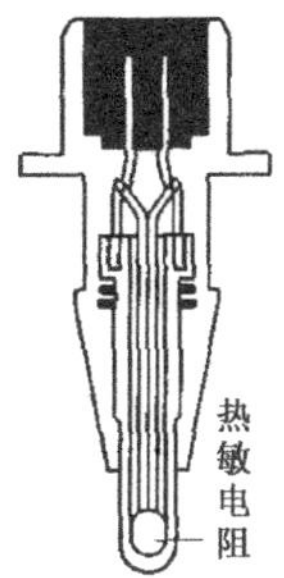

图 2-62　水温传感器

图 2-63　进气温度传感器

（2）进气温度传感器。

进气温度传感器的结构如图 2-63 所示。它的内部也是一个半导体热敏电阻，外部由环氧树脂密封，安装在空气滤清器之后的进气软管上或空气流量计上，用于检测进气温度，向电控单元输入进气温度信号。

（3）变速器油温传感器。

变速器油温传感器安装在自动变速器油底壳内的阀板上，其内部也是一个具有负温度系数的半导体热敏电阻。温度愈高，电阻愈低。电控单元根据其电阻的变化测出自动变速器液压油的温度，用以作为进行换挡控制、油压控制和锁止离合器控制的依据。

3. 空气流量传感器

空气流量传感器测量发动机吸入空气量，并将信号输入给电控单元，作为燃油喷射和点火控制的主控制信号。空气流量传感器一般安装在进气管上。

空气流量传感器有多种形式，目前广泛使用的有翼片式、热线式、热膜式、卡门式、压力式等。

（1）翼片式空气流量传感器。

翼片式空气流量传感器安装在空气滤清器和节气门之间，其结构如图 2-64 所示。

当发动机起动后，吸入的空气把测量片从全闭位置推开，使其绕轴偏转。当气流推力与测量片复位弹簧张力平衡时，测量片便停留在某一位置上。进气量愈大，测量片开启的角度也愈大。这时测量片转轴上的电位计滑臂也绕轴转动，使电位计的输出电压随之变化。这一信号输入到电控单元，电控单元再根据进气温度传感器的信号进行修正，即可测出实际的进气流量。

缓冲室及缓冲板用于衰减加速时或减速时引起的测量片的摆振，使电位计得以实时地检测进气流量，防止进气管内气流脉动。

旁通气道上的 CO 调整螺钉，用于调整怠速混合气的浓度。

空气流量计上还有电动汽油泵开关。当发动机起动后，测量片偏转时，其触点闭合；当发动机熄火时，其触点分开，避免出现意外事故时，汽油泵仍在工作，使汽油外溢而引起火灾。

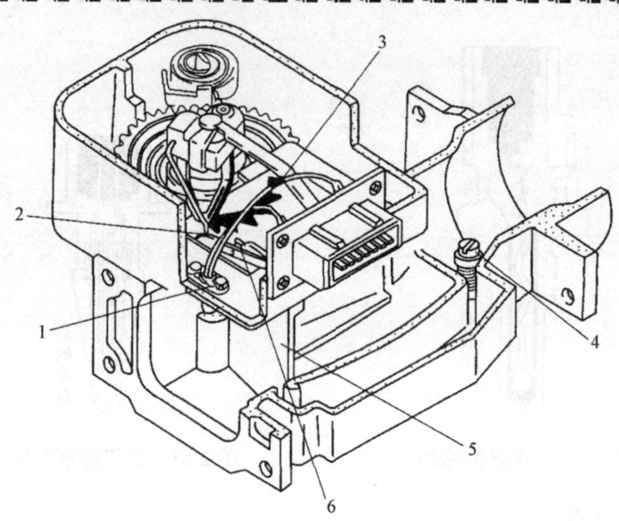

1—进气温度传感器；2—电动汽油泵动触点；3—电位计；4—CO 调整螺钉；5—测量片；6—电动汽油泵静触点

图 2-64　翼片式空气流量传感器

（2）光电式卡门涡旋空气流量传感器。

这种空气流量传感器的结构和工作原理如图 2-65 和图 2-66 所示。

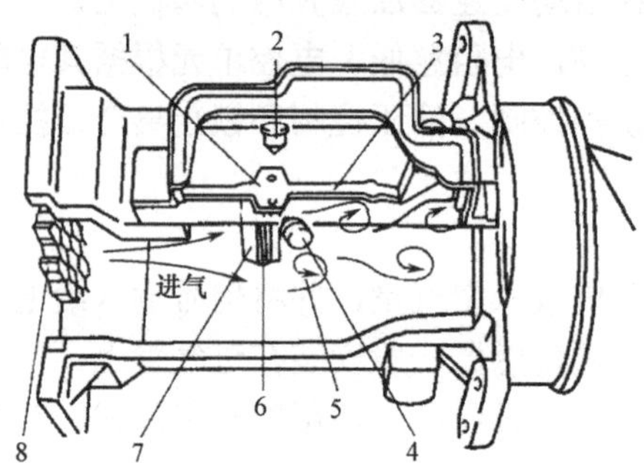

1—反射镜；2—发光二极管；3—金属箔；4—光敏晶体管；5—涡旋；6—压力传递孔；7—立柱；8—整流网

图 2-65　卡门涡旋空气流量传感器

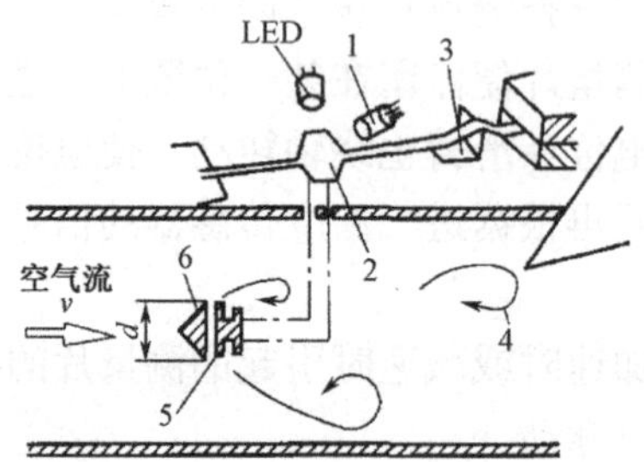

1—光敏晶体管；2—反射镜；3—板弹簧；4—卡门涡流；5—导压孔；6—涡流发生器

图 2-66　卡门涡旋空气流量传感器工作原理

光电式卡门涡旋空气流量传感器是利用卡门涡旋理论来测量空气流量的。在传感器进气道的正中间有一个流线型或三角形立柱，空气流经这个立柱时，在立柱后方的气流中会产生空气涡旋，涡旋发生器两侧的压力会发生变化，这个压力加至金属箔（安装反射镜）的表面上时，金属箔产生振动。发光二极管发出的光束被一个反射镜反射到光敏晶体管上，使光敏晶体管导通。由于反射镜同金属箔一同振动，因此被反射的光束也以相同的频率，致使光敏晶体管也随光束的变化以同样的频率导通和截止。电控单元根据导通和截止的频率即可计算出进气量。

（3）热丝式空气流量传感器。

热丝式空气流量传感器的结构如图 2-67 所示。在进气道的量化管中有一根铂丝（热丝，直径约为 0.07mm），经通电后发热。当发动机起动后，空气流过铂丝周围，使其热量散失，温度下降，此时与铂丝相连的桥式电路将改变电流，以保持铂丝的温度恒定，即当空气流量变化时，流过铂丝的电流随之发生变化。将这种变化的信号输入电控单元，即可测得空气流量。

这种流量计中的前保护网用于进气整流，后保护网用于防止发动机回火时烧坏铂丝。

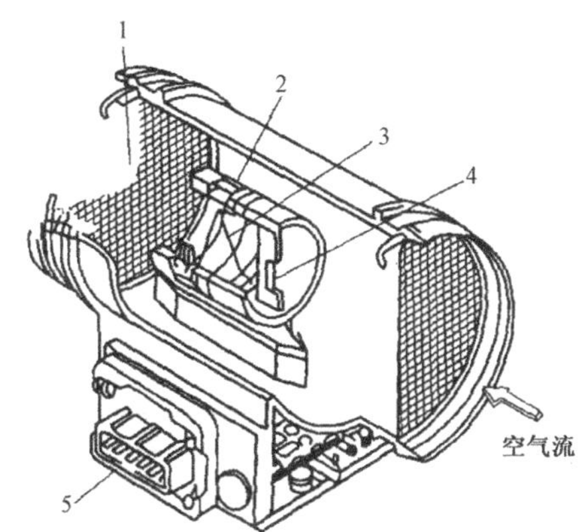

1—防回火滤网；2—量化管；3—铂热丝；4—温度传感器；5—接线插座

图 2-67　热丝式空气流量传感器

4．进气压力传感器

（1）膜盒式进气压力传感器。

膜盒式进气压力传感器结构如图 2-68 所示。在这种压力传感器中设有弹性金属膜盒 2 与大气相通。与膜盒连接在一起的衔铁 6 可在线圈绕组 8 中移动。当进气歧管压力发生变化时，膜盒膨胀，衔铁在线圈绕组内的位置随之发生变化，从而影响线圈绕组周围磁场，这样便把膜盒的机械运动转换成了电信号。电控单元根据这个电信号可测出进气歧管中的进气压力。

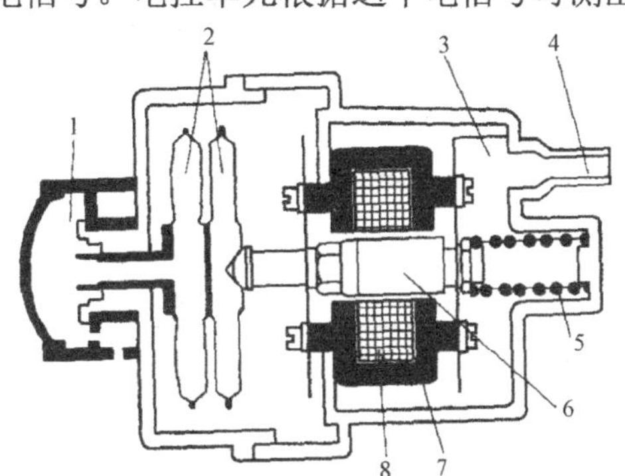

1—大气压力；2—膜盒；3—进气歧管压力；4—通进气管真空接管；5—复位弹簧；6—衔铁；7—接电控单元；8—线圈绕组

图 2-68　膜盒式进气压力传感器

（2）应变仪式进气压力传感器。

应变仪式进气压力传感器结构如图 2-69 所示。这种传感器的主要元件是硅片，硅片 1 的外围较厚，中间最薄。硅片上下两面各有一层二氧化硅膜。在膜层中沿硅片四边有四个传感电阻 5。在硅片四角各有一个金属块 6，通过导线与电阻相连。硅片下部有一真空腔 4 与进气管相通。硅片上的四个电阻连接成桥式电路。当进气歧管内压力变化时，硅膜片随之发生变化，这时传感器电阻的阻值也随之发生相应的变化，使桥式电路输出正比于进气压力的电压信号。电控单元根据该信号即可测出进气歧管的压力。

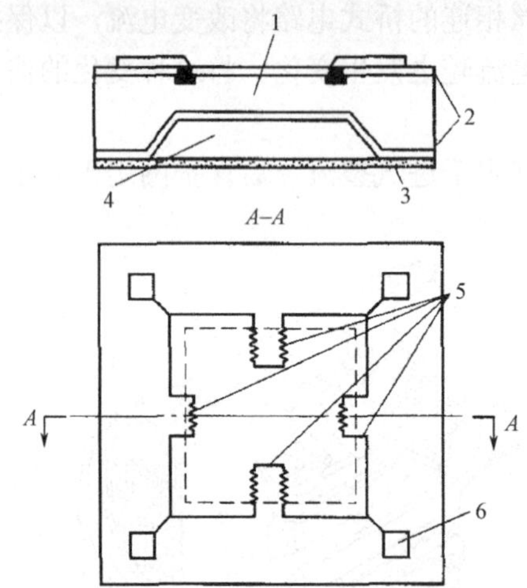

1—硅片；2—二氧化硅膜；3—硼硅酸玻璃片；4—真空腔；5—传感电阻；6—金属块

图 2-69 应变仪式进气压力传感器

（3）电容膜盒式进气压力传感器。

电容膜盒式进气压力传感器结构如图 2-70 所示。该传感器的结构是由两片用绝缘垫圈隔开的铝片组成。在铝片内表面贴有两片极薄的硅片，分别与容器内引线连接。铝片和绝缘垫圈构成中部有一个真空腔的膜盒。该盒装在与进气管相通的进气歧管，进气压力发生变化时，铝片弯曲变形，使硅片间距离随之改变，从而引起电容量的变化。这时电控单元可根据电容量的变化测出进气歧管的进气压力。

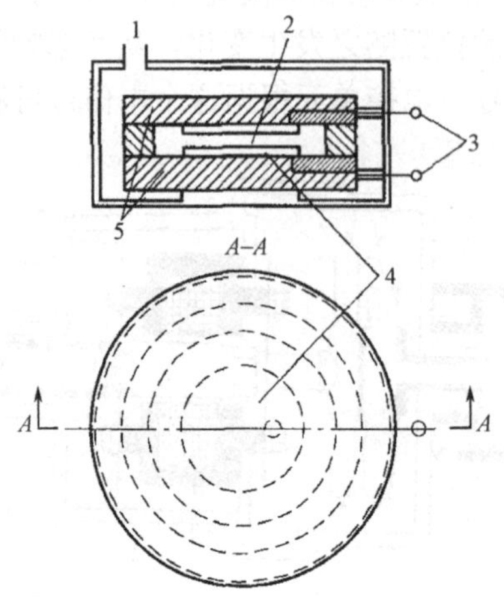

1—通进气歧管；2—真空腔；3—引线；4—硅片；5—氧化铝片

图 2-70 电容膜盒式进气压力传感器

5. 曲轴位置传感器

（1）采用触发叶片的霍尔式曲轴位置传感器。

霍尔式曲轴位置传感器安装在分电器内，其结构如图 2-71 所示。在霍尔传感器 3 的触发叶轮 1 上设有四个叶片和四个窗口。当发动机转动时，配气凸轮轴便通过中间轴驱动分电器轴 2 转动，分电器轴又带动触发叶轮转动，触发叶轮的叶片和窗口便在传感器的气隙中交替转过，从而使传感器输出矩形波信号。分电器轴每转一圈，曲轴转两圈，霍尔传感器输出四个矩形波。电控单元根据每分钟接收矩形波信号的数量便能迅速计算出发动机曲轴的转速。

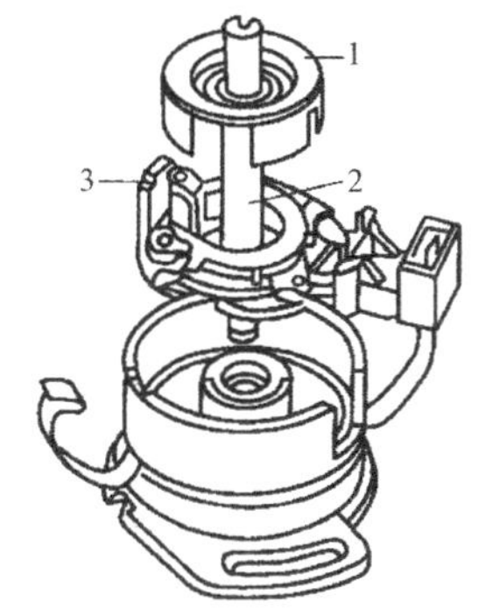

1—触发器叶片；2—分电器轴；3—霍尔发生器

图 2-71　霍尔式曲轴位置传感器

（2）光电式曲轴位置传感器。

光电式曲轴位置传感器安装在分电器内，它由发光二极管 1 和光敏二极管 2 及信号盘 4 组成，如图 2-72 所示。

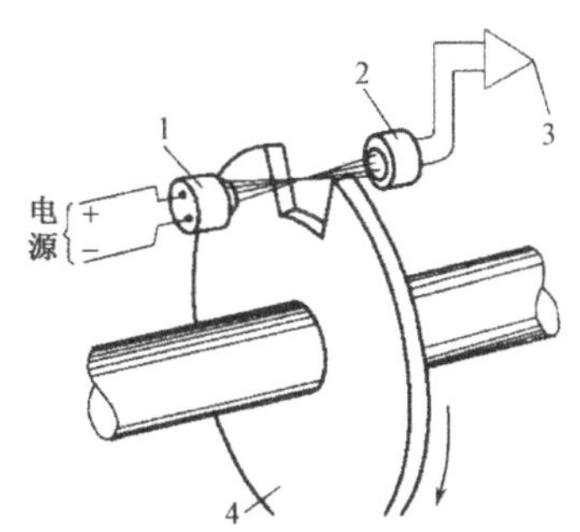

1—发光二极管；2—光敏二极管；3—输出信号；4—信号盘

图 2-72　光电式曲轴位置传感器

光电式曲轴位置传感器工作原理如图 2-73 所示。发光二极管正对着光敏二极管，发光二极管以光敏二极管为照射目标。信号盘位于发光二极管和光敏二极管之间，当信号盘随发动机曲轴运转时，因信号盘上有光孔，产生透光和遮光的交替变化，造成信号发生器输出表征曲轴位置和转角的脉冲信号。电控单元根据此信号计算出发动机曲轴的转速。

6. 节气门位置传感器

节气门位置传传感器用于检测节气门的开度，并将其转换成电信号输送给电控单元，作为电控单元判定发动机运转工况的依据。

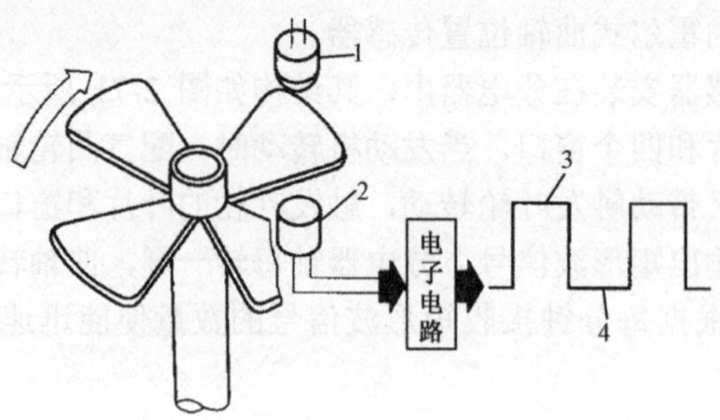

1—发光二极管；2—光敏二极管；3、4—输出脉冲信号

图 2-73 光电式曲轴位置传感器工作原理

（1）开关式节气门位置传感器。

开关式节气门位置传感器的结构如图 2-74 所示。在这种传感器内部有两对触点：怠速开关触点和全负荷开关触点。

发动机在怠速或强制怠速时，怠速触点闭合，电控单元据此信号对怠速时的混合气进行微调，并修正点火提前角，切断废气再循环系统；强制怠速时，暂时切断供油。

当节气门开度超过一定角度时，全负荷触点闭合，电控单元据此信号加浓混合气，提高发动机的输出功率。

（2）滑动电阻式节气门位置传感器。

其结构如图 2-75 所示。主要由可变电阻、节气门轴和壳体组成。可变电阻的滑臂与节气门轴一同转动，从而改变输入电控单元的信号电压。

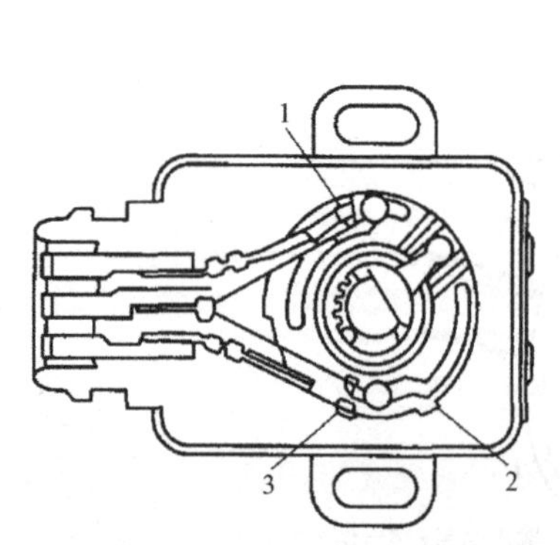

1—怠速开关触点；2—导向凸轮；3—全负荷开关触点

图 2-74 开关式气门位置传感器

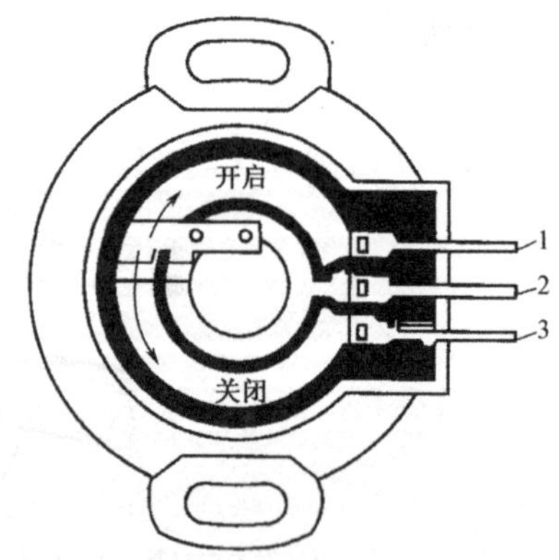

1—基准电压；2—节气门开度输出电压；3—搭铁

图 2-75 滑动电阻式节气门位置传感器

这种传感器是一种线性电位计。电控单元通过该传感器可以获取表示节气门开度从全闭到全开连续变化的信号及开闭速度信号，从而更精确地判断发动机的运行工况，以提高控制精度和效果。

7. 电磁感应式车速传感器

电磁感应式车速传感器由永久磁铁和电磁感应线圈组成，如图 2-76（a）所示。它安装

在自动变速器输出轴附近的壳体上，靠近输出轴上的停车锁止齿轮或感应转子，用于检测自动变速器输出轴的转速，如图 2-76（b）所示。

当输出轴转动时，停车锁止齿轮或感应转子的凸齿不断地靠近或离开车速传感器，使感应线圈内的磁通量发生变化，从而产生交流感应电压。车速越高，输出轴的转速也越高，感应电压的脉冲频率也越高。电控单元根据感应电压脉冲频率的大小计算出车速，如图 2-76（c）所示。

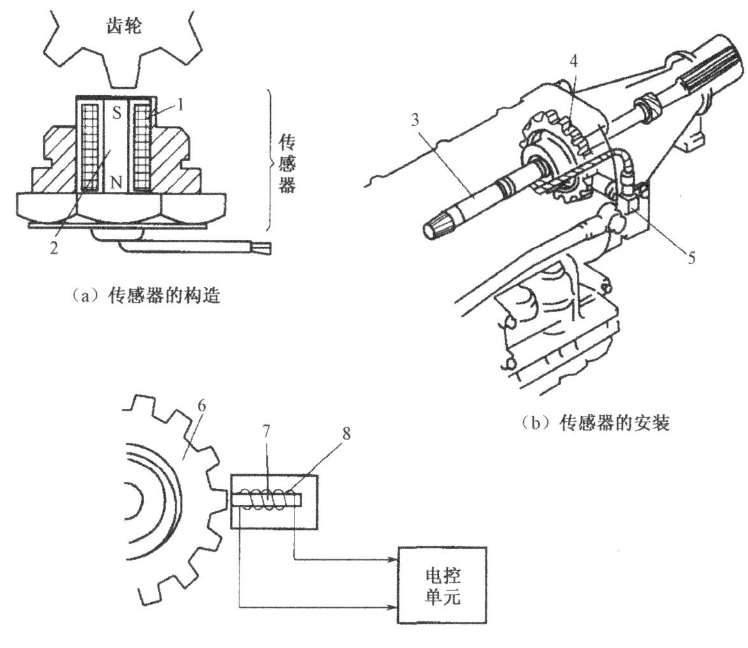

（a）传感器的构造

（b）传感器的安装

（c）传感器的工作原理

1、8—线圈；2、7—永久磁铁；3—输出轴；4、6—停车锁止齿轮；5—车速传感器

图 2-76　电磁感应式车速传感器

8. 氧传感器

氧传感器用于电子控制的燃油喷射装置的反馈控制系统，用来检测排气中的氧浓度与空燃比的浓稀，在发动机内进行理论空燃比燃烧的监控，并向电控单元送反馈信号。

氧传感器均安装在发动机的排气管上。

（1）二氧化锆式氧传感器。

二氧化锆式氧传感器的基本元件是专用陶瓷体，即二氧化锆（ZrO_2）固体电解质。陶瓷体制成试管式的管状，亦称锆管，如图 2-77（a）所示。

锆管固定在带有安装螺钉的固定套中，锆管内外表面都覆盖着一层多孔性的铂膜作为电极。锆管内表面电极与大气相通，外表面则与废气接触。为了防止废气中的杂质腐蚀铂膜，在锆管外表的薄膜上覆盖着一层多孔的氧化铝保护层，并且还加装一个防护套管。

氧传感器的接线端有一个金属保护套，其上开有一孔，用于锆管内表面与大气相通，导线将锆管内表面铂极经绝缘套从传感器引出。

为了保证氧传感器具有稳定的输出信号，必须保证氧传感器处于 300℃以上环境工作。因此，许多氧传感器增设了加热器。

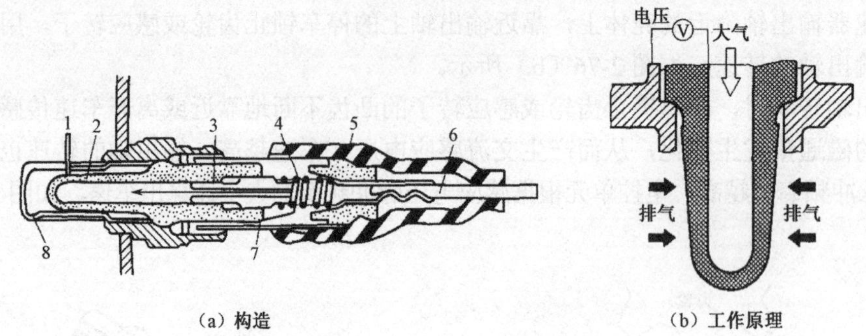

（a）构造　　（b）工作原理

1—废气；2—锆管；3—电极；4—弹簧；5—绝缘体；6—信号输出导线；7—空气；8—防护套管

图 2-77　二氧化锆式氧传感器

二氧化锆式氧传感器的工作原理如下（图 2-77（b））：

氧化锆是一种具有氧离子传导性的固体电解质，氧化锆在高温下具有这样一种特性，即当内外侧的氧浓度差较大时，就会产生电动势。大气一侧和汽车排出废气一侧的氧气浓度及氧气分压是不同的。氧离子从氧气分压高的一侧（大气侧）移向氧气分压低的一侧（汽车排出废气侧），结果，在电极之间产生电动势。

当空燃比较浓时，排放气体中的氧气比较少，大气中氧离子通过二氧化锆管后产生的电压高；反之，当空燃比较稀时氧气浓度很高，产生的电压很低。

（2）二氧化钛式氧传感器。

二氧化钛式氧传感器的外形和二氧化锆式氧传感器相似，如图 2-78 所示。在传感器前端的护罩内是一个二氧化钛厚膜元件。纯二氧化钛在常温下是一种高电阻的半导体，但表面一旦缺氧，其晶格便出现缺陷，电阻也随之减小。

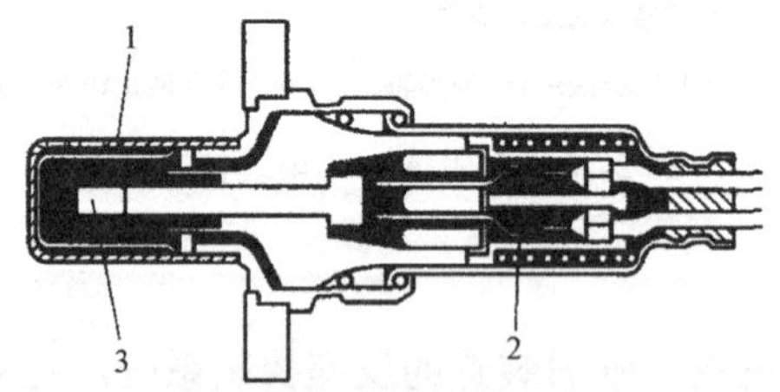

1—保护套管；2—连接线；3—二氧化钛厚膜元件

图 2-78　二氧化钛式氧传感器

由于二氧化钛的电阻也随温度不同而变化，因此，在二氧化钛式氧传感器内部也有一个电加热器，以保持二氧化钛式氧传感器在发动机工作过程中的温度恒定不变。

当发动机的可燃混合气浓时，排出的废气中的氧离子含量较少，氧化钛管外表面氧离子很少或没有氧离子，二氧化钛呈现低阻状态；当发动机的可燃混合气稀时，排出的废气中的氧离子含量较多，氧化钛管外表面的氧离子浓度较大，二氧化钛呈现高阻状态。由于氧传感器的电阻发生改变，使得与电控单元连接的氧传感器负极上的电压降也产生变化。当氧传感器负极上的电压高于参考电压时，电控单元判定混合气过浓，于是就控制喷油器逐渐减少喷油量。

通过这样的反馈控制，使混合气的浓度保持在理论空燃比附近的狭小范围内。

2.3.2　车用电控单元 ECU 的基本知识

1. 车用电控单元的功用

电控单元（ECU）是发动机的综合控制装置，它的功用是根据自身存储的程序对发动机各传感器输入的各种信息进运算、处理、判断，然后输出指令，控制有关执行器动作，达到快速、准确、自动控制发动机工作的目的。

2. 车用电控单元的组成

电控单元（ECU）的基本构成主要是微型计算机，如图 2-79 所示。

（1）输入回路。

从传感器来的信号，首先进入输入回路。在输入回路里，对输入信号进行预处理，一般是去除杂波和把正弦波变为矩形波后，再转换成输入电压信号。

（2）A/D 转换器（模拟/数字转换器）。

从传感器送出的信号有相当一部分是模拟信号，经输入回路处理后，虽已变成相应的电压信号，但这些信号微机还不能直接处理，需经过相应的 A/D 转换器，将其模拟信号转换成数字信号后再输入微机。

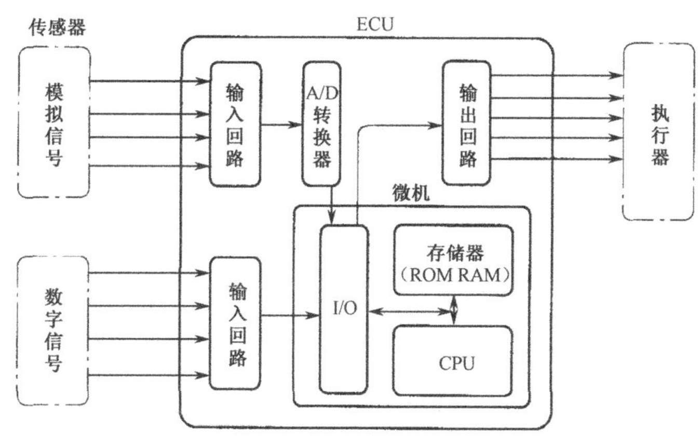

图 2-79　电控单元的构成

（3）微型计算机。

微机是发动机电子控制的中心，它能根据需要把各种传感器送来的信号，用内存程序和数据进行运算处理，并把处理结果送往输出回路。

微机主要由中央处理器（CPU）、存储器、输入/输出接口（I/O）等组成。

a．中央处理器（CPU）。

中央处理器主要由运算器、寄存器、控制器组成。CPU 的工作是在时钟脉冲发生器操作下进行的，当微机通电后时钟脉冲发生器立即产生一连串的具有一定频率和脉宽的电压脉冲，使计算机全部工作同步，保证同一时间内完成一定的操作，实现控制系统各部分协调工作的目的。

b．存储器。

存储器的主要功能是存储信息。存储器一般分为以下两种：

RAM（随机存储器），主要用来存储计算机操作时的可变数据。如用来存储计算机的输入、输出数据和计算过程产生的中间数据等。当电源切断时，所存入 RAM 的数据均完全消失，所以一般 RAM 都通过专用电源后备电路与蓄电池直接连接。但拔掉蓄电池缆线时，数据仍会消失。

ROM（只读存储器），它是只能读出的存储器，用来存储固定数据，即存放各种永久性的程序和数据。如喷油特性脉谱、点火控制特性脉谱等。这些资料一般都是制造时厂家一次存入的，新的数据不能存入，电源切断时 ROM 信息不会消失。

只读存储器存储的大量程序和数据，是计算机进行操作和控制的重要依据，它们都是通过大量试验获得的，存入只读存储器中数据的精确性（如各种工况和各种因素影响下发动机的喷油控制数据、点火控制数据等），是满足微机控制发动机动力性、经济性和排放等的最重要的保证。

c．输入/输出接口（I/O）。

I/O 是 CPU 与输入装置（传感器）、输出装置（执行器）间进行信息交流的控制电路，根据 CPU 的命令，输入信号以所需要的频率通过 I/O 接口接收，输出信号则按发出控制信号的形式和要求通过 I/O 接口，以最佳的速度送出。输入、输出装置一般都通过 I/O 接口才能与微机连接。它起着数据缓冲、电压信号匹配、时序匹配等多种功能。

（4）输出回路。

它是微机与执行器之间建立联系的一部分装置，它将微机发出的指令转变成控制信号来驱动执行器工作。输出回路一般具有控制信号的生成和放大等功能。

3．ECU 的工作过程

当发动机起动时，电控单元进入工作状态，某些程序和步骤从 ROM 中取出，进入 CPU。这些程序可以是控制点火时刻、控制汽油喷射、控制怠速等。通过 CPU 的控制，一个个指令逐个地进行循环。执行程序中所需的发动机信息，来自各个传感器。从传感器来的信号，首先进入输入回路，对其信号进行处理。如是数字信号，根据 CPU 的安排，经 I/O 接口，直接进入微机。如是模拟信号，还要经过 A/D 转换器，转换成数字信号后，才能经 I/O 接口进入微机。大多数信息，暂存在 RAM 内，根据指令再从 RAM 送至 CPU。下一步是将存储器 ROM 中参考数据引入 CPU，使输入传感器的信息与之比较。对来自有关传感器的每个信号，依次取样，并与参考数据进行比较。CPU 对这些数据比较运算后，做出决定并发出输出指令信号，经 I/O 接口进行放大，必要的信号还经 D/A 转换器变成模拟信号，最后经输出回路去控制执行器动作。

2.3.3 执行元件的基础知识

1．电磁式喷油器

喷油器的结构如图 2-80 所示。安装在燃油分配管和进气管下体之间，通过弹簧夹将其固定在燃油分配管上。其主要由燃油滤网 12、接线插座 2、电磁线圈 3、针阀 8、阀体 6、复位弹簧 11 等组成。

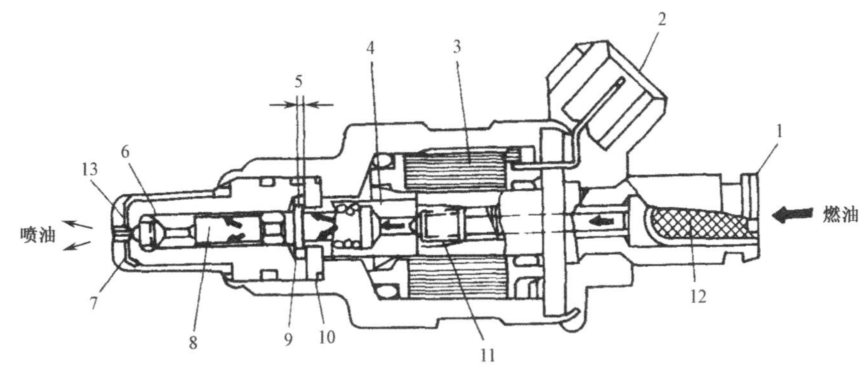

1—燃油接头；2—接线插座；3—电磁线圈；4—磁心；5—行程；6—阀体；7—壳体；
8—针阀；9—凸缘部分；10—调整垫；11—复位弹簧；12—燃油滤网；13—喷口

图 2-80　喷油器结构图

喷油器为电磁式，由发动机电子控制单元控制喷油器接地端而控制其打开或关闭。捷达两阀电喷轿车采用的是 2 孔喷油器。喷油器内有一电磁线圈和一复位弹簧，当电流流过电磁线圈时，磁力将针阀吸起，打开喷孔，压力燃油通过喷孔喷入进气道内。由于燃油压力较高，因此喷出雾化较好。当电磁线圈电流被切断时，针阀在复位弹簧力的作用下落座，封闭喷孔，从而停止喷油。由于燃油压力调节器的调节，燃油压力与进气管内气压之差保持恒定，所以喷油量的大小仅由喷油器针阀开启时间长短决定。

2. 燃油泵继电器

捷达两阀电喷轿车所用的燃油泵继电器（J17）为常开触点继电器，位于中央继电器盒上第 12 号位置上。继电器线圈一端接点火线（15 号线），另一端接 ECU 第 80 号端子。燃油泵继电器为喷油器、燃油泵和氧传感器加热器提供正电。

燃油泵继电器由 ECU 控制，当打开点火开关时，ECU 控制继电器励磁，使继电器触点闭合，燃油泵开始运转。约 2s 左右，如果 ECU 未收到发动机转速传感器提供的发动机起动或运转信号，ECU 将断开继电器的接地电路，使燃油泵继电器触点断开，燃油泵停止运转。在发动机起动和运转期间，燃油泵继电器一直闭合，油泵一直运转。

3. 活性炭罐电磁阀

捷达轿车的燃油通风控制系统，包括活性炭罐和炭罐电磁阀（见图 2-81）。汽油蒸气被吸附在炭罐内的活性炭表面上。当活性炭罐电磁阀开启后，将燃油蒸气导入发动机中燃烧，这样可防止汽油蒸气排入大气而污染环境。ECU 通过控制炭罐电磁阀接地来调节额外进入发动机中燃烧的燃油蒸气量。捷达两阀电喷轿车活性炭罐电磁阀的正电不同于捷达王轿车（由燃油泵继电器提供），而是由点火线（15 号线）经 S15 熔断器到达活性炭罐电磁阀。

4. 空调控制器

捷达两阀电喷轿车采用一汽大众最新设计的空调控制器，内部有两个常规常开触点继电器：高速风扇继电器和空调继电器。ECU 通过空调控制器控制空调压缩机离合器的结合与分离。空调控制系统如图 2-82 所示。

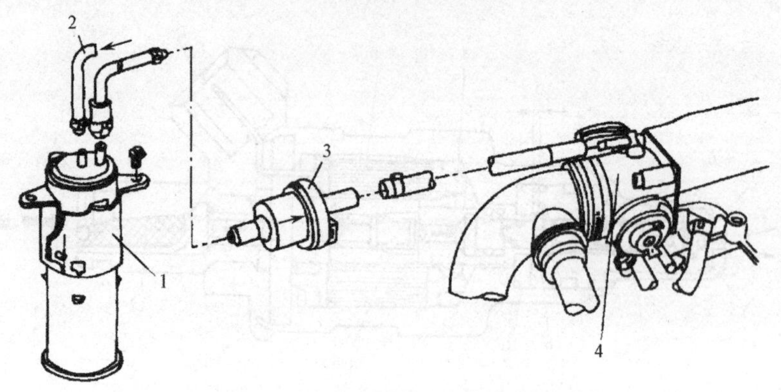

1—活性炭罐；2—油箱通风管；3—活性炭罐电磁阀；4—节气门体

图 2-81 活性炭罐和炭罐电磁阀

当按下空调开关后，空调申请信号经过低温开关、低压开关进入 ECU 的 28 号端子。ECU 接到该信号后，将根据怠速开关和节气门位置传感器信号确定空调是否加入以及如何加入。

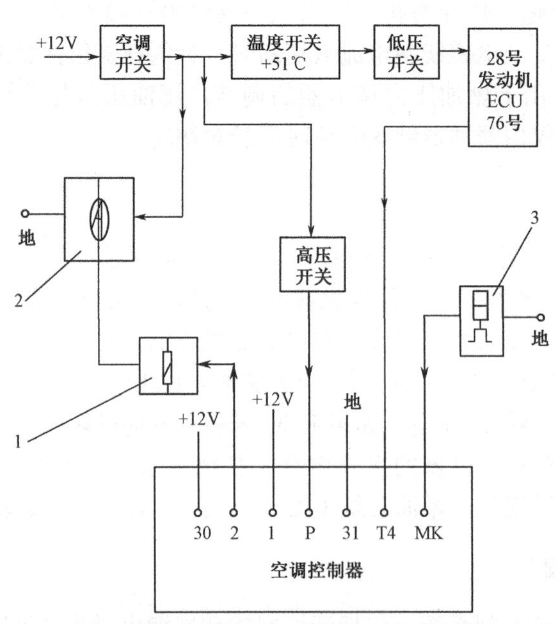

1—高速风扇继电器；2—风扇开关；3—压缩机离合器

图 2-82 空调控制系统

如果怠速开关闭合，则发动机在怠速工况运行。在收到空调加入申请信号后，ECU 将不立即接通空调继电器，而是给一个 140ms 的延时，同时 ECU 将提高发动机转速。这样当空调压缩机工作时，发动机有足够的功率补偿，使怠速保持稳定。

如果节气门全开，则发动机在全负荷工况运行，即使空调开关接通，ECU 也将切断空调继电器，使空调压缩机停止工作。当节气门再回到部分开启或全关时，ECU 才接通空调继电器，使空调压缩机工作。

5．点火线圈

捷达两阀电喷型轿车采用的是静态高压分配双火花点火装置。白色部分为未级功率放大器，黑色部分为点火线圈。

注意

不允许拆卸点火线圈总成，因为点火线圈的密封胶对人体有害。

此种点火线圈具有如下优点：

（1）不再需要分电器，无旋转件，无机械磨损，免维护。

（2）减少高压线，降低了故障发生率。

（3）电磁干扰减少，抗干扰能力强。

点火线圈不能用 V.A .G1551 进行检测，所以在故障码表中无点火线圈一项内容。

思考题

1．汽车电气设备的特点是什么？

2．蓄电池在充、放电时，正负极板及电解液起了哪些变化？

3．交流发电机构造由哪几部分组成？各部分有什么作用？

4．JFT106 型晶体管电压调节器是怎样工作的？

5．电起动传动机构的作用是什么？单向滚柱式离合器是怎样工作的？

6．传统点火系有哪些部件组成？各有何作用？

7．无触点晶体管点火系统是怎样工作的？

8．空调系统组成有哪几部分？各部分作用是什么？

9．制冷系统由哪些部件组成？请说出制冷循环的工作过程。

10．电磁式喷油器是怎样工作的？

11．二氧化锆式氧传感器与二氧化钛式氧传感器有什么区别？

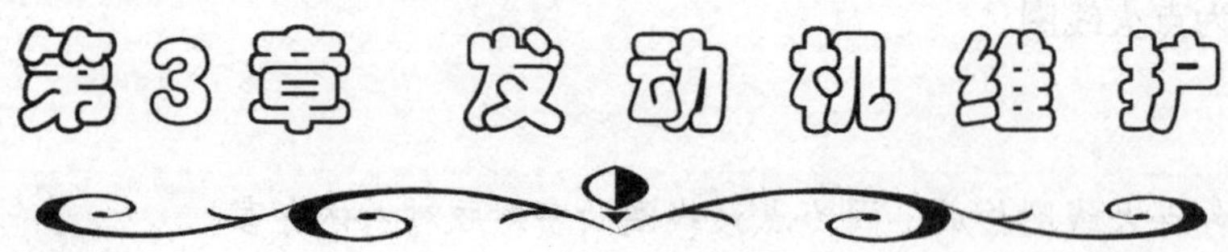

3.1 发动机二级维护前的检测

3.1.1 点火系统性能的检测

1. 点火提前角的检测

点火提前角一般用正确的点火时间表示。当点火时间正确时，点火提前角应处于最佳状态。对于传统点火系统，随转速和负荷的变化，是在动态情况下由分电器上的离心式调节器和真空式调节器自动调节的；辛烷值的变化，则是在静态情况下通过获得最佳初始点火提前角，亦即获得最佳分电器固定位置得到的。

发动机的点火正时直接影响到发动机的动力性、燃料经济性和排气净化性。

（1）用闪光法检测点火正时。

正时检测仪使用方法：

a. 将闪光正时检测仪的两个电源夹，夹到蓄电池（12V）的正、负电极上，红正、黑负。

b. 将正时仪的外卡式传感器，卡在 1 缸的高压线上。

c. 将正时仪的电位器退回到初始位置，打开开关，正时灯应闪光，指示装置应指示零位。

d. 事先擦拭飞轮或曲轴传动带盘上 1 缸压缩终了上止点标记，以便在闪光照耀下看清。

e. 发动机运转至正常工作温度。

a. 发动机在怠速下稳定运转，打开正时灯并对准标记，如图 3-1 所示。

a. 发动机在怠速下稳定运转，打开正时灯并对准标记，如图 3-1 所示。

b. 调正时仪上的电位器，使飞轮上的活动标记与固定指针对齐，此时正时仪指示的读数即为发动机怠速运转时的点火提前角。

c. 用同样的方法，分别测出发动机不同工况时的点火提前角。

若测出的点火提前角符合规定，对于传统点火系统来说，说明初始点火提前角调整正确，同时也说明离心式调节器和真空式调节器工作正常。如果需要分别测量离心提前角和真空提前角，可拆下分电器真空管进行测量。

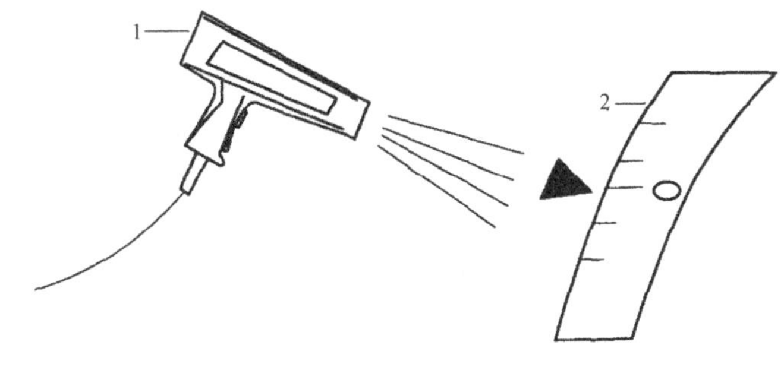

1—闪光灯；2—飞轮

图 3-1　闪光正时检测仪检测点火正时

（2）电控燃油喷射发动机点火提前角的检测。

电控燃油喷射发动机，由电子控制器 ECU 控制点火系统，其点火提前角包括初始点火提前角、基本点火提前角和修正点火提前角三部分。其中，基本点火提前角是点火提前角中最主要的部分，其大小取决于发动机工况。不同的发动机工况，基本点火提前角的大小也不一样。汽车运行中，ECU 根据发动机转速、进气量（或进气管压力）等信号，从存储器中查取该点的点火提前角。该点火提前角是在设计发动机电控系统时，根据发动机性能要求并通过实验、优化处理而获得的，以此构成点火提前角脉谱图。用传感器检测出发动机的实际工况，然后由中央处理器 CPU 查询点火提前角脉谱图并调出与此工况相对应的基本点火提前角，再根据其他有关传感器信号加以修正，就获得了最佳点火提前角。

电控燃油喷射发动机的点火提前角，一般是不可调的。检测点火提前角是为了发现点火提前角不符合要求时，以便于确定是微处理器损坏还是传感器失效。

使用闪光正时检测仪检测电控燃油喷射发动机点火提前角的方法，与传统发动机相同。

2．断电器、配电器的检测

（1）断电器。

断电器由凸轮、固定触点与支架、活动触点与活动触点臂、调整螺钉、紧固螺钉、触点臂弹簧、接线柱及断电器活动底板等组成。

凸轮装在分电器轴顶端，分电器轴顶端有限位螺钉与垫片，防止凸轮向上窜动。凸轮通过离心重块由分电器轴驱动，在转速不变的条件下，凸轮与分电器轴同步。分电器轴经机油泵传动轴由发动机凸轮轴驱动。由于发动机为四冲程式，所以发动机曲轴与分电器的转速比为 2∶1，即曲轴转二圈，分电器轴转一圈。

断电触点由固定触点与活动触点组成。固定触点与触点臂为一体，套装在断电器活动底板的销柱上，有调整螺钉调整其位置，用紧固螺钉固定在活动底板上。活动触点与触点臂也套装在活动底板的销柱上，二者保持绝缘。触点臂弹簧是活动触点臂的回位弹簧，企图使触点保持闭合状态。凸轮转动时，其棱角推动活动触点臂顶块（用胶木制造），使触点臂绕销柱转动，形成 0.35～0.45mm 的触点间隙。此间隙不符合要求时，可以通过转动调整螺钉进行调整。

断电触点应保持同心，接触面积不小于 85%，若不符合要求，可以使用尖嘴钳修正。若间隙不符合要求，应当调整，如图 3-2 所示。首先旋松紧固螺钉，转动分电器轴，使触点张开至最大程度，再旋转调整螺钉，使断电触点间隙变化，用厚薄规测量符合要求后，旋紧紧固螺钉。然后再将各缸的触点间隙复查一遍，若有变化应重新调整。若各缸触点间隙不均匀，且差值较大，是由于凸轮磨损不均匀，或者轴套磨损过甚，分电器轴偏摆造成的，应当更换凸轮或更换轴套。在无更换、修理条件下，应当放宽触点间隙值，尽可能使每个缸都能工作。

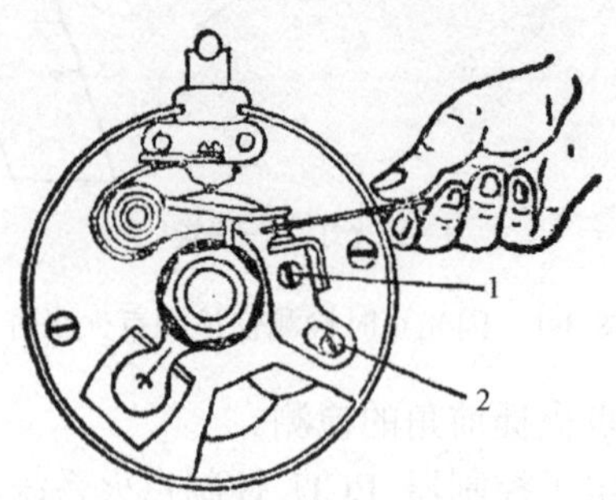

1—紧固螺钉；2—调整螺钉

图 3-2 断电触点间隙的调整

断电触点弹簧在触点上的压力应为 3.92～6.86N，可用弹簧秤检查。当触点刚张开时，弹簧秤读数小于规定值，应当更换新件，否则，高速时断电触点闭合不良。

断电触点绝缘性能检验使用 220V 交流试灯。将断电触点间夹一纸片，试灯的两个试棒分别接分电器壳与分电器低压接线柱。若试灯不亮，说明活动触点臂与接线柱绝缘良好；若试灯亮，说明活动触点臂或接线柱搭铁，应拆检修复。

（2）配电器。

配电器根据发动机的点火次序，将点火线圈产生的高压电，通过高压线输送至各缸的火花塞，产生电火花。配电器由分电器盖与分火头组成。顶部有中央高压线插孔，触点工作表面应平整、光洁，不得有油污、烧蚀。若有烧蚀，轻则使用白金砂条或 0 号砂纸研磨，重则使用油石修磨，最后还需使用洁净的纸片清除触点间残存的砂粒。

3.1.2 发动机性能的检测

1. 无负荷测功

当发动机在怠速或某一空载低转速运转时，突然全开节气门加速运转，此时发动机产生的动力，除克服惯性和内部各种运转阻力矩外，将使曲轴加速运转。如果被测发动机的有效功率愈大，则曲轴的瞬时角加速度也愈大，而加速时间愈短。

无负荷测功原理可分为两类，一类是用测定瞬时角加速度的方法测量瞬时功率，另一类是用测定加速时间的方法测量平均功率。

无负荷测功仪，既可以制成单一功能的便携式测功仪，也可以和其他测试仪表组合起来制成便携式或台式移动式发动机综合测试仪。如图 3-3 所示面板图是国产单一功能的便携式无负荷测功仪。它可以测出发动机加速过程中起始转速 n_1 至终止转速 n_2 转速范围内的加速时间——平均功率。

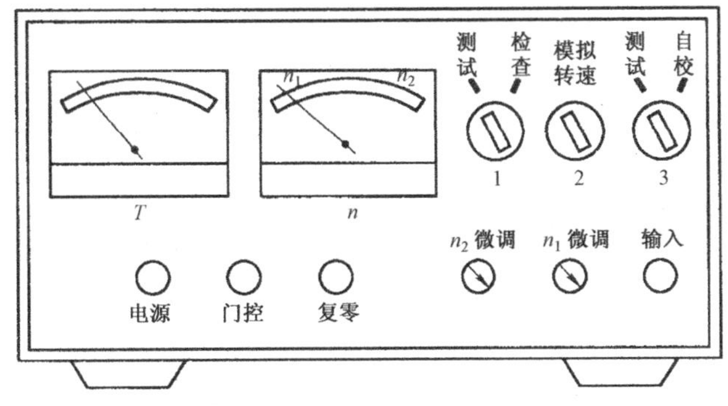

图 3-3 便携式无负荷测功仪面板图

不管哪种形式的无负荷测功仪，其通用的测功方法如下。

（1）仪器准备。

a. 未接通电源前，如为指针式的，应检查指针是否在机械零点上，否则应进行调整。

b. 接通电源，电源指示灯亮，预热仪器至规定时间。

c. 带有数码管的仪器，数码管的亮度应正常，且数码均在零位。

d. 按仪器使用说明书对仪器进行检查、调试和校正，待完全符合要求后才能使用。

e. 测加速时间——平均加速功率的仪器，要利用仪器的模拟转速、门控指示灯和微调电位器，调整好起始转速 n_1 和终止转速 n_2 的门控。微机控制的仪器，可通过数字键输入 n_1、n_2 的设定值。

f. 需要置入转动惯量 I 的仪器，要把被测发动机的转动惯量 I 置入无负荷测功仪内。

（2）发动机准备。

预热发动机至正常工作温度（80～90℃）。调整发动机怠速，使其在规定的转速范围内稳定运转。

（3）测功方法。

a. 按下“复零键”，使装置复零。

b. 按下其他必要的键位，如机型选择键等。

c. 发动机在怠速下稳定运转，操作者在驾驶室内急速把加速踏板踩到底，发动机转速猛然上升。当发动机转速超过终止转速 n_2 时，应立即松开加速踏板。记下或打印出测量结果，按下“复零”键，使指示装置复零。重复上述操作 3 次，检测结果取算术平均值。

上述测功方法称为怠速加速法，既适用于汽油机又适用于柴油机。

（4）查对功率。

仅显示加速时间的无负荷测功仪，测得加速时间后应到仪器制造厂推荐的曲线图或表格中查出对应的功率值，以便与标准功率值对照。

一些台式移动式发动机综合性能分析仪，也具有无负荷测功功能。元征 EA－1000 型发动机综合性能分析仪用于测定发动机功率时，方法如下。

a. 在主菜单中点击“柴油机”。

b. 在柴油机下级菜单中选择“无外载测功”进入无外载测功界面，如图 3-4 所示。

c. 设定起始转速 n_1 和终止转速 n_2。

d. 输入当量转动惯量。

e. 点击“检测”按钮，界面出现 5s 倒计时。

f. 当倒计时为“0”时迅速踩下加速踏板，至发动机转速超过 n_2 时抬起加速踏板。

g. 读取发动机的加速时间和最大平均功率。

h. 点击“保存数据”和“打印报表”按钮，对数据进行保存和打印。

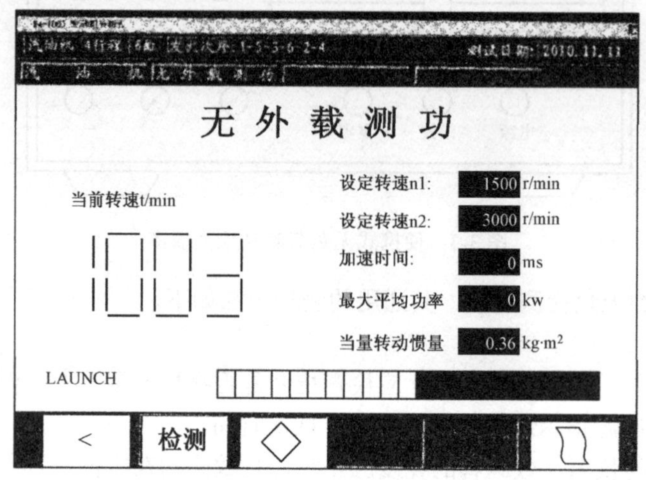

图 3-4 无外载测功

2. 发动机单缸转速降检测

无负荷测功仪检测单缸功率的方法是：先测出发动机整机功率，再测出某单缸断火情况的发动机功率，两功率之差即为断火之缸的功率。

技术状况良好的发动机，各缸功率应是一致的，称为动力平衡。动力不平衡时，会造成发动机运转不平稳。

工作正常的发动机，在某一转速稳定运转时，发动机的指示功率与发动机运动机件摩擦所消耗的功率是平衡的。此时，若通过断火停止某一缸的工作，则会打破原来的平衡，使发动机的转速下降，并达到另一新的平衡转速。

当四行程发动机在 800r/min 稳定工作时，取消任一个气缸工作，致使发动机转速正常平均下降值如表 3-1 所列。要求最高与最低下降值之差不大于平均下降值的 30%。如果转速下降值偏低，说明断火之缸工作不良，功率偏小。

在进行单缸断火试验时，断火时间不宜过长。否则会造成气缸内积存的燃油过多，冲刷缸壁润滑油膜，会加速气缸、活塞和活塞环的磨损。

发动机单缸功率偏低，说明该缸高压分线、分线插座或火花塞技术状况不良，或是气缸、活塞密封性不良等原因造成的，应调整、更换或维修。

元征 EA－1000 型发动机综合性能分析仪，通过提取汽油机 1 缸点火信号和点火系 1 次信号，在“动力平衡”菜单启动后，自动使各缸依次断火，从而获得各缸未断火以前转速、断火以后转速及转速下降的百分比，如图 3-5 所示。

表 3-1 单缸断火转速正常平均下降值

发动机缸数	单缸断火转速正常平均下降值（r/min）	发动机缸数	单缸断火转速正常平均下降值（r/min）
4 缸	150	8 缸	50
6 缸	100		

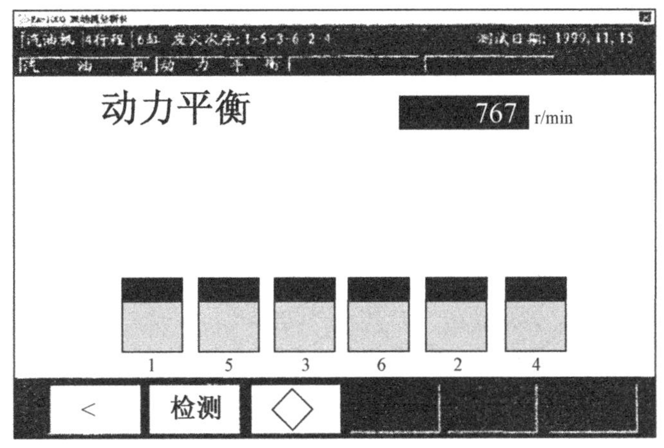

图 3-5　测试“动力平衡”

3．发动机气缸压力检测

检测活塞到达压缩终了上止点时气缸压缩压力（以下简称“气缸压力”）的大小，可以表明气缸的密封性，常用气缸压力表检测气缸压力。

（1）气缸压力表的结构与工作原理。

用气缸压力表检测气缸压力，由于仪表具有价格低廉、轻便小巧、实用性强和检测方法简便等优点，在汽车维修企业中应用非常广泛。

气缸压力表是一种气体专用压力表。它一般由压力表头、导管、单向阀和接头等组成。压力表头多为鲍登管（Bourdon-tube）式，其驱动元件是一根扁平的弯曲成圆圈状的管子，一端为固定端，另一端为活动端。活动端通过杠杆、齿轮机构与指针相连。当气体压力进入弯管时，弯管伸直。于是，通过杠杆、齿轮机构带动指针运动，在表盘上指示出压力的大小。

气缸压力表的接头有两种形式。一种为螺纹管接头，可以拧紧在火花塞或喷油器螺纹孔内；另一种为锥形或阶梯形的橡胶接头，可以压紧在火花塞或喷油器孔上。接头通过导管与压力表头相连通。导管也有两种，一种为软导管，另一种为金属硬导管。软导管适用于螺纹管接头与压力表头的连接，硬导管适用于橡胶接头与表头的连接。

气缸压力表还装有能通大气的单向阀。当单向阀处于关闭位置时，可保持压力表指针位置以便于读数。当单向阀处于打开位置时，可使压力表指针回零。气缸压力表外形图如图 3-6 所示。

（2）气缸压力表使用方法。

a. 检测条件　发动机应运转至正常工作温度；用起动机带动已拆除全部火花塞或喷油器的发动机运转，其转速应符合原厂规定。

b. 检测方法　拆下空气滤清器，用压缩空气吹净火花塞或喷油器周围的脏物，拆下全部火花塞或喷油器，并按气缸顺序放置。对于汽油发动机，还应把点火系二次高压总线拔下并可靠搭铁，以防止电击或着火。然后，把气缸压力表的橡胶接头插在被测缸的火花塞或喷油器孔内，压紧。将节气门置于全开位置，用起动机转动曲轴 3～5s（不少于 4 个压缩行程），待压力表头指针指示并保持最大压力后停止转动。取下气缸压力表，记录读数，按下单向阀使压力表指针回零。

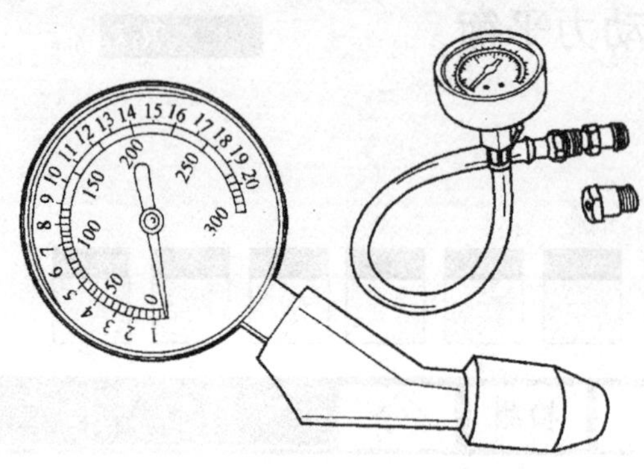

图 3-6　气缸压力表外形图

按上述方法依次测量各缸，每缸测量不少于 2 次，每缸测量结果取算术平均值。

就车检测柴油机气缸压力时，应使用螺纹接头的压力表。如果该机要求在较高转速下测量，此种情况除受检气缸外，其余气缸均应工作。其他检测条件和检测方法同汽油机。

（3）诊断参数标准。

按照国家标准 GB18565－2001《营运车辆综合性能要求和检验方法》的规定，对于在用汽车发动机：各缸压力应不小于原设计规定值的 85%。每缸压力与各缸平均压力的差，汽油机应不大于 8%；柴油机应不大于 10%。对于大修竣工发动机，按照国家标准 GB/T15746.2—1995《汽车修理质量检查评定标准・发动机大修》附录 B 的规定：大修竣工发动机的气缸压力应符合原设计规定；每缸压力与各缸平均压力的差：汽油机不超过 8%；柴油机不超过 10%。

（4）结果分析。

气缸压力的测得结果如高于原设计值，并不一定表明气缸密封性好，要结合使用和维修情况进行分析。

a. 第二次测得的结果比第一次高，接近标准压力，表明是气缸、活塞环、活塞磨损过大或活塞环对口、卡死、断裂及缸壁拉伤等原因造成了气缸不密封。

b. 第二次测出的结果与第一次略同，仍比标准压力低，则表明进排气门或气缸衬垫不密封。

c. 若两次结果均表明某相邻两缸压力都相当低，则说明两缸相邻处的气缸衬垫烧损窜气。

4. 检测进气歧管的真空度

发动机进气管的真空度，是随其自身密封性和气缸密封性的变化而变化的。因此，在确认进气管自身密封性良好的情况下，利用真空表检测进气管的真空度值，或利用示波器观测真空度波形的变化，可用来分析、判断气缸的密封性，并能诊断故障。

（1）用真空表检测真空度。

真空表由表头和软管两部分组成。真空表的表头为鲍登管。当真空（负压）进入表头内弯管时，弯管弯曲，通过杠杆和齿轮机构等带动指针动作，在表盘上指示出真空度的大小。

真空表表头的量程为 0～101.325kPa。软管的一头固定在表头上，另一头连接在节气门后方的进气管专用接头上。

（2）真空表使用方法。

a. 发动机应预热到正常工作温度。

b. 把真空表软管连接在节气门后方的进气管专用接头上。

c. 发动机怠速运转。读取真空表上的读数。考虑到进气管真空度有随海拔高度增加而降低的现象，因此真空度检测中应根据所在地海拔高度修正真空度标准值，如图 3-7 所示。

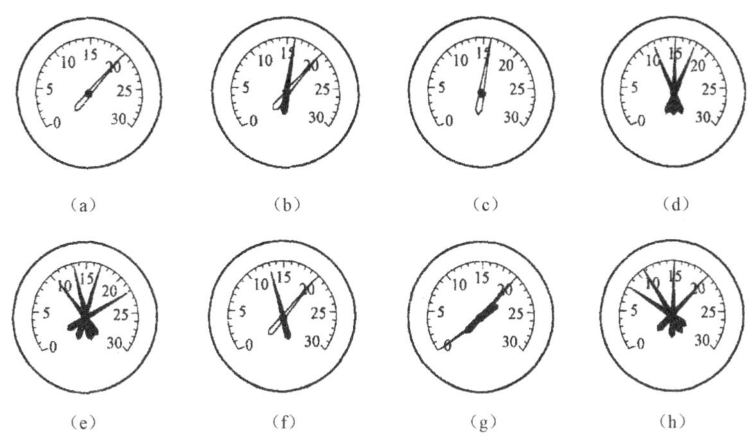

图 3-7　真空表指针的位置和动作

（3）用示波器观测真空度波形。

可采用元征 EA－1000 型发动机综合性能分析仪检测进气管真空度波形，用于分析、判断气缸密封性和诊断相关机件故障，方法如下。

a. 发动机运转至正常工作温度。

b. 将分析仪真空度传感器的橡胶软管通过三通接头连接到发动机的真空管上。

c. 使发动机转速稳定在 1700r/min 左右。

d. 在主菜单下的副菜单上选择“进气管内真空度”，进入真空度检测状态。

e. 按下检测界面下方的“检测”按钮，分析仪高速采集进气管真空度值，并显示出被检发动机的真空度波形。

f. 对波形观测、分析和判断。

g. 再按下“检测”按钮，高速采集结束。

h. 必要时可按下 F4 按钮，分析仪提供 4 缸、6 缸或 8 缸的进气管真空度标准波形。其中，4 缸发动机进气管标准波形分别如图 3-8 所示。除此之外，还提供了进气门开启不良、进气门漏气、排气门开启不良和排气门关闭不良等故障波形，以供观测波形时对照、分析和判断。4 缸发动机第 4 缸进气门严重漏气波形图，如图 3-9 所示。

i. 按 F2 按钮可对数据进行存储，按 h 按钮可进行图形存储，按 F6 按钮可进行图形打印。

j. 按 F1 按钮，返回主菜单。

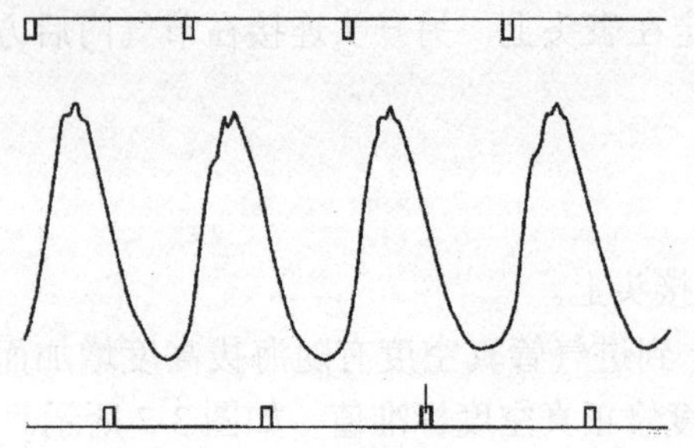

图 3-8 4 缸发动机进气管标准波形

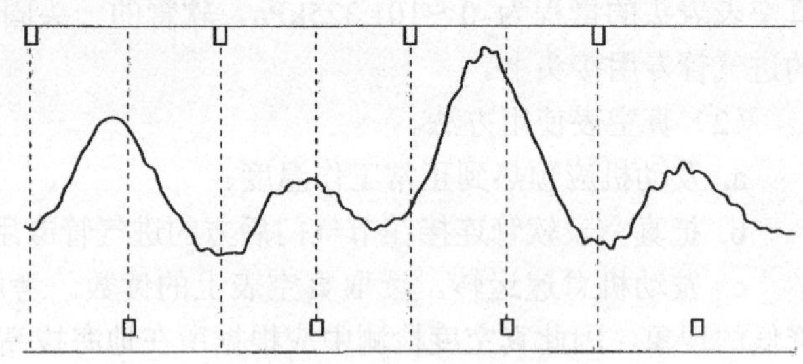

图 3-9 4 缸发动机第 4 缸进气门严重漏气波形图

5. 检测配气相位

配气相位的检查方法，根据测定基点的部位不同有很多种。下面以东风 EQ6100 型发动机为例，介绍在维修作业中比较简单实用的飞轮控制点划线法。

飞轮控制点划线法是用飞轮划线测量进气门开始开启和排气门最终关闭时相对排气行程上止点的曲轴转角，从而确定配气相位的快慢度。由东风 EQ6100 型发动机规定的配气相位可知，进气门在进气行程上止点前 20° 开启，排气门在排气行程上止点后 56° 关闭，而飞轮齿圈共 141 个齿，每个齿所占曲轴转角为 360°/141=2.55°。因此，用飞轮划线法只需测出进气门开始开启到排气行程上止点的齿数（即曲轴转角）和排气门最后关闭到排气行程上止点的齿数是否符合原厂规定，即可确定发动机配气相位的快慢度。那么，东风 EQ6100 型发动机进气门提前开启角 20° 约占 7.8 个齿，排气门滞后角 20.5° 约占 8 个齿。若检查结果符合规定，则说明配气相位良好，否则应调整。

飞轮控制点划线法的检查步骤为：

（1）拆除火花塞、气缸盖和离合器底盖。

（2）摇转曲轴，使第 1 缸活塞处于压缩行程上止点，并按规定气门间隙标准检调气门间隙。同时，取一钢尺以离合器壳底面为基础，在飞轮上划一条水平线作为上止点刻线。

（3）慢慢摇转曲轴，同时用手摸排气门推杆，在排气门刚刚关闭的瞬间（排气门推杆由转不动到转动），停止摇转曲轴，仍以离合器底面为基础，在飞轮上划出第 2 条水平线作为排气门关闭线。

（4）再慢慢摇转曲轴，同时用手摸进气门推杆，在进气门刚刚开启的瞬间（进气门推杆由转动到不转动），停止摇转曲轴，仍以离合器壳底面为基准，在飞轮上再划第 3 条水平线作为进气门开启线。

（5）根据上述 3 条划线，检查进气门开启线和排气门关闭线到上止点刻线的飞轮齿数。如若进气门开启齿数大于排气门关闭齿数，则说明配气相位过快，反之则过慢。

3.1.3 发动机燃油供给系的检测

1. 汽油机燃油供给系的检测

（1）燃油泵控制电路。

不同车型采用的燃油泵控制电路也不同，但主要分为三种类型。

a. ECU 控制的燃油泵控制电路 如图 3-10 所示，蓄电池电源经主熔断器、20A 熔断器、主继电器进入 ECU 的+B 端子，燃油泵控制 ECU 通过 FP 端子向燃油泵供电。燃油泵控制 ECU 根据发动机 ECU 端子 FPC 的信号，对燃油泵转速进行控制。当发动机高速、大负荷工作时，发动机 ECU 的 FPC 端子向燃油泵控制 ECU 发出高电压指令，使 FP 端子向燃油泵提供 12V 的蓄电池电压，燃油泵以高速运转。当发动机低速、小负荷工作时，发动机 ECU 的 FPC 端子向燃油泵控制 ECU 发出低电压指令，使 FP 端子向燃油泵提供较低的电压（一般为 9V），燃油泵以低速运转。发动机 ECU 与燃油泵 ECU 之间的 DI 线路为故障诊断信号线。ECU 的+B 端子和 FP 端子，分别有导线与诊断座上的相应端子相连，以便于对燃油泵进行检查。

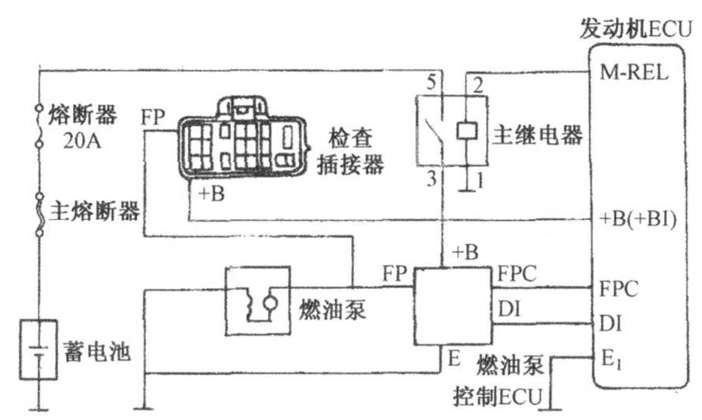

图 3-10 ECU 控制的燃油泵控制电路图

b. 油泵开关控制的燃油泵控制电路 此种控制电路仅用于装用叶片式空气流量计的 L 型电控燃油喷射系统。

油泵开关控制的燃油泵控制电路如图 3-11 所示。发动机起动时，点火开关 ST 端子与电源接通，起动机继电器线圈通电使其触点闭合，蓄电池经起动机继电器向开路继电器中的线圈 L_1 供电使其触点闭合，从而通过主继电器、开路继电器向燃油泵供电，燃油泵工作。发动机起动后正常运转时，点火开关处于点火位置，点火开关 IG 端子与电源接通，同时空气流量计内的测量板转动使燃油泵开关闭合，开路继电器内的线圈 L_2 通电，仍可保持开路继电器触点闭合，燃油泵继续工作。发动机运转中，燃油泵始终保持工作状态；但发动机停转时，空气流量计内的燃油泵开关便断开，开路继电器内的 L_1 和 L_2 线圈均不通电，其开关断开燃油泵电路，燃油泵停止工作。

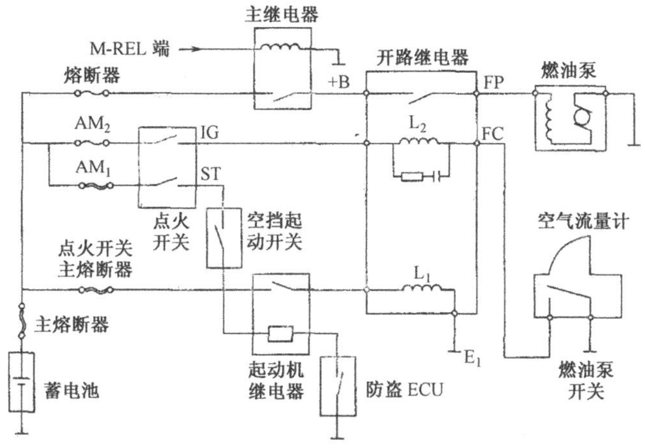

图 3-11 油泵开关控制的燃油泵控制电路图

c. 油泵继电器控制的燃油泵控制电路　此种控制电路可根据发动机转速和负荷的变化，通过油泵继电器改变燃油泵供电线路，从而控制燃油泵工作转速。油泵继电器控制的燃油泵控制电路如图 3-12 所示。

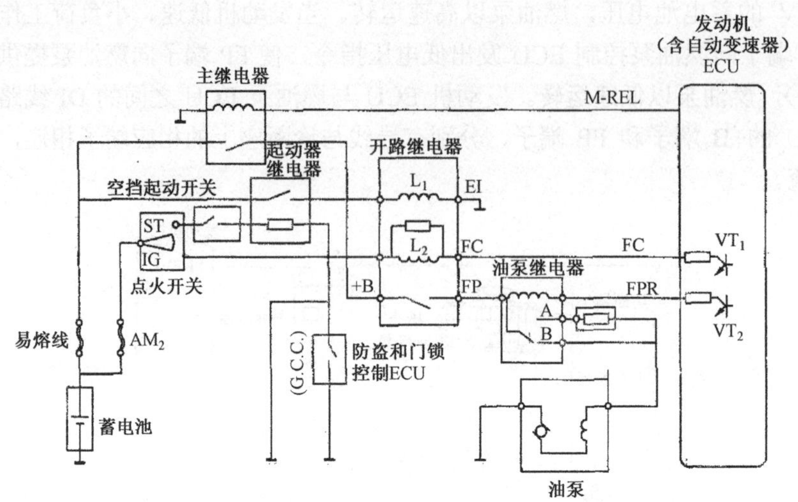

图 3-12　油泵继电器控制的燃油泵控制电路图

与油泵开关控制的燃油泵控制电路类似，点火开关接通后即通过主继电器将开路继电器的+B 端子与电源接通，起动时开路继电器中的 L_1 线圈通电，发动机正常运转时，ECU 中的晶体管 VT_1 导通，开路继电器中的 L_2 线圈通电，均使开路继电器触点闭合，油泵继电器 FP 端子与电源接通，燃油泵工作。发动机熄火后，ECU 中的晶体管 VT_1 截止，开路继电器内的 L_1 和 L_2 线圈均不通电，其开关断开燃油泵电路，燃油泵停止工作。发动机 ECU 控制油泵继电器。发动机低速、中小负荷工作时，ECU 中的晶体管 VT_1 导通，油泵继电器线圈通电，使触点 A 闭合，由于将电阻串联到燃油泵电路中，所以燃油泵两端电压低于蓄电池电压，燃油泵低速运转。发动机高速、大负荷工作时，ECU 中的晶体管 VT_2 截止，油泵继电器触点 B 闭合，直接给燃油泵输送蓄电池电压，燃油泵高速运转。

（2）燃油泵的就车检查。

电动燃油泵通常在点火开关关闭 10s 以上再打开时，或关闭点火开关使发动机熄火时，都会提前或延长工作 2～3s。若燃油泵及其电路无故障，在此情况下，均能听到电动燃油泵工作的声音。也可以拆开电动燃油泵的线束插接器，直接用蓄电池给燃油泵通电检查。对诊断座上带有燃油泵测试端子的汽车，可采用如下方法检查电动燃油泵：

a. 用专用导线将燃油泵测试端子跨接到 12V 电源上，将点火开关转至“ON”位置，但不起动发动机。

b. 拧开油箱盖应能听到燃油泵工作的声音，用手捏进油管感觉有压力；若听不到燃油泵工作声音或进油管无压力，应检修或更换该燃油泵。

c. 若有燃油泵故障，但按上述方法检查正常，应检查燃油泵电路导线、继电器。

（3）燃油泵的拆装与检验。

多数轿车的电动燃油泵可在打开汽车后备箱盖后，从油箱上直接拆出。拆卸燃油泵时应释放燃油系统压力，并关闭用电设备。

拆下燃油泵后，测量燃油泵两端子之间电阻，应为 2～3Ω。用蓄电池直接给燃油泵通

电，应能听到油泵电动机高速旋转的声音。用蓄电池直接给燃油泵通电时，由于油泵电动机得不到润滑和冷却，通电时间一般不要超过 10s，否则会导致油泵电动机损坏。

（4）燃油滤清器。

燃油滤清器安装在燃油泵之后的高压油路中，其功用是滤除燃油中的杂质和水分，防止燃油系统堵塞，减小机械磨损，以保证发动机正常工作。

在电控燃油喷射系统中，一般采用纸质滤心、一次性的燃油滤清器。燃油滤清器的结构如图 3-13 所示，燃油从入口进入滤清器，经过壳体内的滤心过滤后，清洁的燃油从出口流出。

一般汽车每行驶 20 000～40 000km 或 1～2 年，应更换燃油滤清器。更换燃油滤清器时，应首先释放燃油系统压力，并注意燃油滤清器壳体上的箭头标记为燃油流动方向。

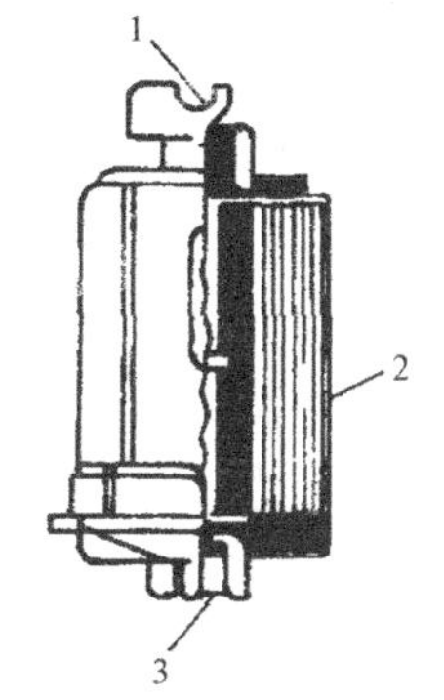

1—出口；2—滤心；3—入口

图 3-13　燃油滤清器的结构图

（5）脉动阻尼器。

在部分电控燃油喷射系统中，输油管的一端装有脉动阻尼器，其功用是衰减喷油器喷油时引起的燃油压力脉动，使燃油系统压力保持稳定。脉动阻尼器的结构如图 3-14 所示。

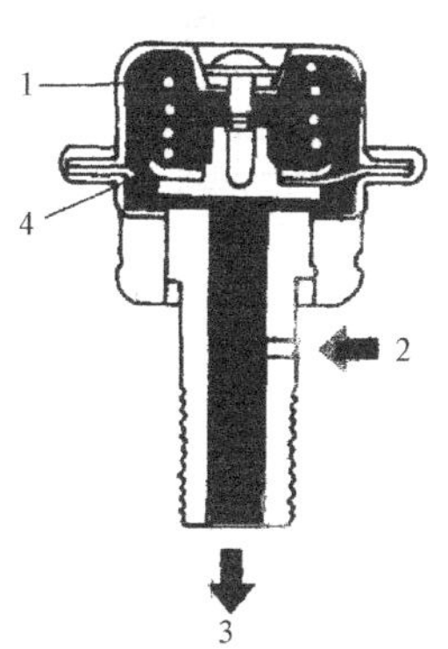

1—膜片弹簧；2—进油口；3—出油口；4—膜片

图 3-14　脉动阻尼器的结构图

主要由膜片和膜片弹簧等组成。发动机工作时，燃油经过脉动阻尼器膜片下方进入输油管，当燃油压力产生脉动时，膜片弹簧被压缩或伸张，膜片下方的容积略有增大或减小，从而可起到稳定燃油系统压力的作用。同时膜片弹簧的变形可吸收脉动能量，迅速衰减燃油压力的脉动。阻尼器一般不会发生故障，需进行拆卸时，应首先释放燃油系统压力。

（6）燃油压力调节器。

喷油器的喷油量取决于喷油器的喷孔截面、喷油时间和喷油压差。在 EFI 系统中，ECU 通过控制喷油器的喷油时间来实现对喷油量的控制。因此，要保证燃油喷射量的精确控制，在喷油器的结构尺寸一定时，必须保持恒定的喷油压差。喷油器将燃油喷入进气管内，喷油压差就是指输油管内燃油压力与进气管内气体压力的差值。而进气管内的气体压力是随发动机转速和负荷的变化而变化的，要保持恒定的喷油压差，必须根据进气管内压力的变化来调节燃油压力。燃油压力调节器的功用就是调节燃油压力，使喷油压差保持恒定。燃油压力调节器通常安装在输油管的一端，其结构如图 3-15 所示，主要由膜片、弹簧和回油阀等组成。膜片将调节器壳体内部分成两个室，即弹簧室和燃抽室；膜片上方的弹簧室通过软管与进气管相通，膜片与回油阀相连，回油阀控制回油量。发动机工作时，燃油压力调节器的膜片上方承受的压力为弹簧的弹力和进气管内气体的压力之和，膜片下方承受的压力为燃油压力。当膜片上、下承受的压力相等时，膜片处于平衡位置不动。当进气管内气体压力下降（真空度增大）时，膜片向上移动，回油阀开度增大，回油量增多，输油管内的燃油压力也下降；反之，当进气管内的气体压力升高时，则膜片带动回油阀向下移动，回油阀开度减小，回油量减少，输油管内的燃油压力也升高。由此可见，在发动机工作时，燃油压力调节器通过控制回油量来调节输油管管内燃油压力，从而保持喷油压差恒定不变。

发动机工作时，由于燃油泵的供油量远大于发动机消耗的油量，因此回油阀始终保持开启，使多余燃油经过回油管流回油箱。发动机停止工作（燃油泵停转）时，随输油管内燃油压力下降，回油阀在弹簧作用下逐渐关闭，以保持燃油系统内有一定的残余压力。压力调节器不能维修，若工作不良时，应进行更换。拆卸时注意应先释放燃油系统压力。

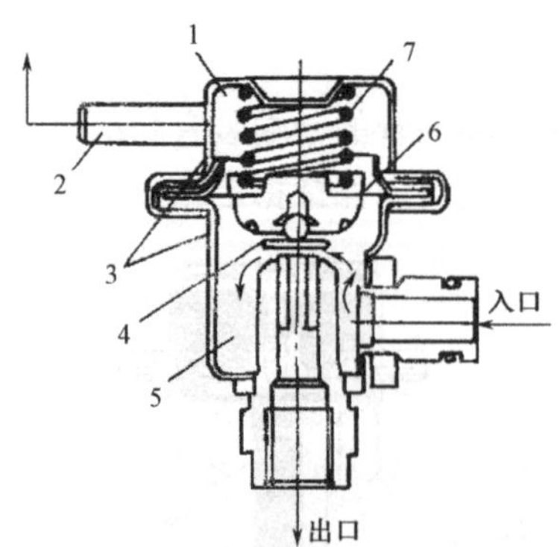

1—弹簧室；2—真空管接头；3—壳体；4—回油阀；5—燃油室；6—膜片；7—弹簧

图 3-15　燃油压力调节器的结构图

在部分车型上，燃油压力调节器与进气管连接的真空管路中装有一个真空开关阀（VSV 阀），又称燃油压力控制阀，此阀是由 ECU 控制的电磁阀。该阀控制原理及电路如图 3-16 和图 3-17 所示，当发动机起动时，若 ECU 检测到冷却液温度过高，则接通 VSV 阀电磁线圈的搭铁回路，VSV 阀则切断真空通道，使燃油压力调节器的弹簧室通大气，从而提高输油管内的油压，以防止高温时产生“气阻”现象，改善发动机高温起动性能。发动机起动后约 100s，ECU 切断 VSV 阀电磁线圈的搭铁回路，终止燃油压力控制。

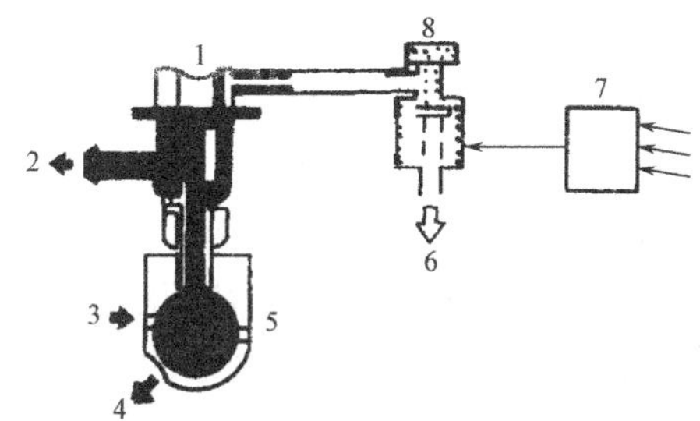

1—燃油压力调节器；2—接回油管；3—接进油管；4—接输油管；5—接冷起动喷油器；6—接真空软管；7—发动机 ECU；8—VSV 阀

图 3-16　VSV 阀控制原理图

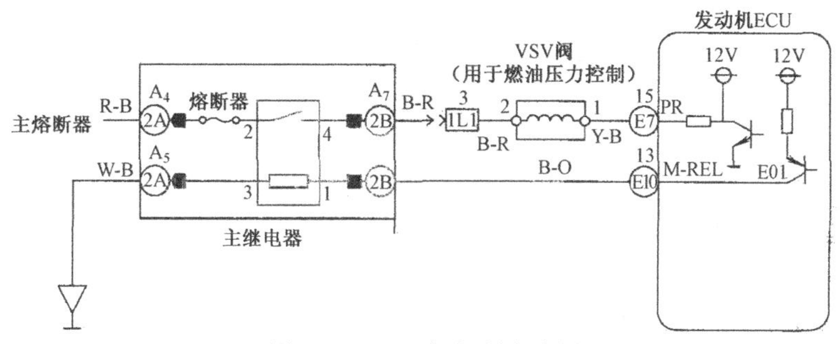

图 3-17　VSV 阀控制电路图

2．柴油机喷油器的检测

（1）喷油器的检测。

a. 用专用工具从柴油机上拆下喷油器，用铜丝刷清洁喷油器外部。

b. 将喷油器喷孔朝上，用垫有铜皮护口的台钳夹住喷油器体。

c. 从喷油器体上拧下紧固螺套，拆下针阀、针阀体等零部件，并从喷油器体内取出顶杆。注意：针阀与针阀体是精密偶件，必须按原配成对放置。若针阀卡死在针阀体内无法取出，表明针阀已变形，应更换针阀与针阀体偶件。

d. 松开台钳，将喷油器调转并重新夹住，拧下调压螺钉护帽和调压螺钉。取出调压螺钉垫圈、调压弹簧和弹簧座等零件。

e. 用直径合适的专用清洁针清除喷孔内的积碳，用柴油清洗喷油器各零部件。

f. 检查针阀。若发现其密封锥面或导向面暗淡无光，表明针阀已磨损；其前端有暗黄色的伤痕，表明针阀因过热而拉毛；其导向面有咬住或黏滞的痕迹，表明针阀已变形；发现上述任何情况之一，均应更换针阀与针阀体偶件。

g. 检查针阀体。针阀体前端伸入燃烧室内部分，若有严重烧蚀现象，应更换针阀与针阀体偶件。

h. 检查针阀与针阀体的配合情况。针阀与针阀体清洗干净后，将针阀放入针阀体，使其倾斜 45°，抽出针阀 1/3，放松后，针阀应能靠自重均匀、缓慢地滑入针阀体；若有黏滞现象，应将针阀与针阀体偶件放入柴油中进行研磨，直到符合要求为止；若针阀下滑时，有严重的黏滞现象，表明有变形，应更换针阀与针阀体偶件。

i. 按分解相反的顺序装复喷油器，并检查其性能。

（2）喷油器性能的检查。

将喷油器安装在专用试验台的高压油管上，如图 3-18 所示。

a. 检查喷油器密封性　连续压动喷油器试验台上的泵油手柄，同时用旋具拧动喷油器上的调压螺钉，使喷油压力调整到 20MPa 以上，然后测量油压从 20MPa 下降到18MPa 所需时间，应不小于 9～12s，否则说明针阀与针阀体圆柱面配合间隙过大；再拧动喷油器调压螺钉，并连续压动泵油手柄，将喷油压力调整到比规定的标准喷油压力低 2MPa，喷油器在 1s 内不能有渗油甚至滴油现象，否则说明针阀与针阀体密封锥面密封不良。

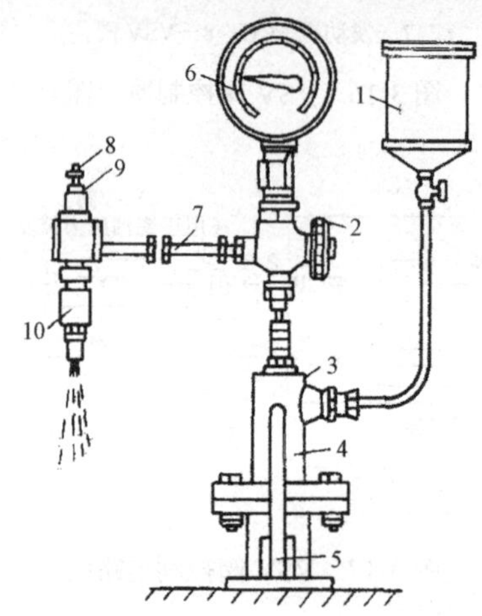

1—油箱；2—开关；3—放气螺钉；4—手动高压油泵；
5—泵油手柄；6—油压表；7—高压油管；8—调压螺钉；9—锁紧螺母；10—喷油器

图 3-18　喷油器试验台

b. 调整喷油压力　在喷油器试验台上，以每分钟 60 次的频率压动泵油手柄，当喷油器开始喷油时，油压表上的指示压力即为喷油器的喷油压力，喷油压力若不符合规定标准应予调整。调整时，用旋具拧进喷油器调压螺钉，可使喷油压力增大，反之喷油压力降低。

c. 喷雾试验　在喷油器试验台上，按规定喷油压力，并以每分钟 60～80 次的频率压动泵油手柄，使喷油器喷油，要求：喷出的柴油呈雾状，且分布均匀，没有分支、油滴飞溅等现象；喷柱平直，不能有弯曲；断油干脆，并伴有清脆的声响；在多次喷油后，喷孔周围应干燥或稍许湿润。若不符合上述任何一项要求，应更换喷油器针阀与针阀体偶件。

（3）就车检查喷油器。

在缺少喷油器试验台时，也可就车检查喷油器的工作情况。

a. 拆下待查的喷油器，用一个三通接头，将其与一个工作性能良好的标准喷油器并联安装在喷油泵高压油管上，起动发动机并维持怠速运转。

b. 观察待查喷油器是否与标准喷油器同时喷油。若待查喷油器喷油早，说明其喷油压力过低；若喷油晚，则说明待查喷油器喷油压力过高；如出现这两种情况都应调整喷油压力。

c. 观察喷油器的喷油情况，应符合喷雾试验的要求。

d. 在两喷油器下面各放一量杯，以对比检查其喷油量。

3. 供油正时的检查与调整

（1）将操纵手柄放在最大供油位置，打开试验台上标准喷油器的溢流阀，调节试验台供给喷油泵低压油腔的油压，使油能顶开出油阀从第 1 缸喷油器的回油管中流出。

（2）转动喷油泵凸轮轴，使第 1 缸柱塞处于下止点极限位置，再缓缓转动凸轮轴直到第 1 缸喷油器回油管中刚刚停止流油时，说明第 1 缸分泵柱塞上行到供油开始位置（堵住柱塞套筒上的进油孔时）。反复进行几次试验，当第 1 缸开始供油时，检查喷油泵联轴器和泵体上的供油正时标记应对正，否则说明第 1 缸供油正时失准。

（3）第 1 缸供油正时失准时，可通过滚轮体上的调整螺钉来调整，相差较大时可重新做正时标记。

（4）利用试验台飞轮盘上的刻度，选择任意角度作为第 1 缸供油开始的基准，依照上述方法，按发动机各气缸做功顺序，依次检查各气缸供油间隔角以确定其他各气缸供油正时。

如：CA6110A 型柴油机做功顺序为 1—5—3—6—2—4，以第 1 缸供油开始时刻为基准，当第 5 缸开始供油时，试验台刻度盘上的指针应正好转过 60°±0.5°，转过角度过大说明第 5 缸供油迟后，转过角度过小说明第 5 缸供油过早，应调整第 5 缸滚轮体有效高度，使供油间隔角符合要求；依同样方法检查调整其他各气缸供油正时。

3.2 发动机二级维护附加作业

3.2.1 汽车二级维护

1. 汽车二级维护的定义

汽车二级维护是指除完成一级维护作业外，以检查、调整转向节、转向摇臂和悬架等经过一定时间使用后容易磨损或变形的安全部件为主，并拆检轮胎，进行轮胎换位，检查调整发动机工况和排气污染控制装置等，由维修企业负责执行的车辆维护作业。

当汽车行驶到一定里程后，汽车的磨损和变形会增加，为了延长汽车的使用寿命和保证行车安全，必须按期进行汽车二级维护。

2. 汽车二级维护的基本要求

汽车二级维护的目的是消除隐患，恢复车辆性能，尤其是排放和安全性能。

汽车二级维护应该全面完成二级维护检测诊断项目，对车辆的技术状况真正掌握，发现汽车潜在的故障隐患并通过维护得到彻底地排除；加强对维护作业过程的检验，对汽车维护质量进行有效控制，确保汽车二级维护达到应有的目的。

3. 汽车二级维护工艺过程

汽车二级维护是维护制度中规定的最高级别维护，其目的是维持汽车各总成、机构的零件具有良好的工作性能，及时消除故障和隐患，保证汽车动力性、经济性、排放净化性、操纵性及安全性能满足要求，确保汽车在二级维护间隔期内能正常运行。

二级维护过程中要进行过程检验。经过维护企业进行竣工检验，竣工检验合格的车辆，由维护企业填写《汽车维护竣工出厂合格证》后方可出厂。二级维护工艺过程如图 3-19 所示。

汽车“强制维护”的原则要求汽车二级维护基本作业项目无论车辆技术状况如何都必须完成。

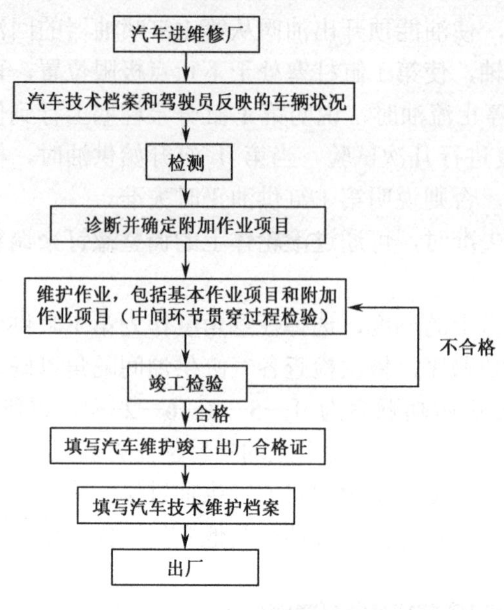

图 3-19 二级维护工艺过程图

发动机二级维护具体项目：

（1）发动机润滑油、机油滤清器。

a．更换润滑油；

b．更换机油滤清器。

技术要求：

a．润滑油规格性能指标符合要求；

b．液面高度符合规定；

c．机油滤清器密封良好，无堵塞，完好有效。

（2）检查润滑油油面高度。

a. 检查转向器、变速器、主减速器等润滑油规格；

b. 液面高度，不足时按要求补给。

技术要求：符合出厂规定。

（3）空气滤清器。

清洁空气滤清器。

技术要求：

a．空气滤清器清洁有效，安装可靠；

b．恒温进气装置真空软管安装可靠，进气转换阀工作灵敏、准确。

（4）燃油箱及油管、燃油滤清器、燃油泵。

a．检查接头及密封情况；

b．清洁燃油滤清器，并视情更换；

c．检查燃油泵，必要时更换。

技术要求：

a. 接头无破损、渗漏，紧固可靠；
b. 燃油滤清器工作正常；
c. 燃油泵工作正常，油压符合规定。
（5）燃油蒸发控制装置。
检查、清洁，必要时更换。
技术要求：
工作正常。
（6）曲轴箱通风装置。
检查、清洁。
技术要求：
a. 清洁、畅通，连接可靠，不漏气；
b. 各阀门无堵塞、卡滞现象，灵敏有效，符合规定。
（7）散热器、膨胀箱、百叶窗、水泵、节温器、传动带。
a．检查密封情况、箱盖压力阀、液面高度、水泵密封；
b．检视传动带外观，调整传动带松紧度。
技术要求：
a．散热器及软管无变形、破损及渗漏；
b. 箱盖接合表面良好，胶垫不老化；
c. 箱盖压力阀开启压力符合要求；
d. 水泵不漏水，无异响；节温器工作性能符合规定；
e．传动带应无裂痕和过量磨损，表面无油污，传动带松紧度符合规定；
（8）进、排气支管、消声器、排气管、气缸盖。
a．检查、紧固，视情补焊或更换；
b．按规定次序和扭紧力矩校紧气缸盖。
技术要求：
a．无裂纹、无漏气，消声器性能良好；
b．扭紧力矩符合规定。
（9）增压器、中冷器。
检查、清洁。
技术要求：符合规定。
（10）发动机支架。
检查、紧固。
技术要求：
a. 连接牢固；
b. 无变形和裂纹。
（11）化油器及联动机构。
a. 清洁、检查、紧固；
b. 化油器及联动机构清洁，联动机构运动灵活；
c. 连接牢固，无漏油、漏气现象。
技术要求：

附加装置工作正常。

（12）喷油器、喷油泵。

a. 检查喷油器和喷油泵的作用，必要时检测压力和喷油状况；

b. 视情况调整供油提前角。

技术要求：

a．喷油器雾化良好，无滴油、漏油现象，喷油压力符合规定；

b．供油提前角符合规定。

（13）分电器、高压线。

清洁、检查。

技术要求：

a. 分电器无油污；

b. 调整触头间隙在规定范围内无松旷、漏电现象；

c. 高压线性能符合规定。

（14）火花塞。

a. 清洁、检查或更换火花塞；

b. 调整电极间隙。

技术要求：

a. 电极表面清洁；

b. 间隙符合规定。

（15）气门间隙。

a. 检查气门间隙；

b. 调整气门间隙。

技术要求：

气门间隙符合规定。

（16）电控燃油喷射系统供油管路。

检查密封状况。

技术要求：

a. 密封良好；

b. 作用正常。

（17）三元催化装置。

检查三元催化装置的作用，必要时更换。

技术要求：

作用正常。

3.2.2 汽油泵的维护

1．清洗与检查

汽油泵的常见故障主要表现为供油压力不足或不供油、密封性差等，其结构简图如图 3-20 所示。故障主要原因是摇臂磨损、进出油阀门关闭不严、各接合面不平、膜片破损、膜片弹簧弹力减弱和油路堵塞等。

汽油泵的拆解、检验

a. 汽油泵摇臂检查。摇臂与凸轮接触部位的磨损会引起膜片工作行程缩短，泵油量减少。摇臂轴孔和轴的配合间隙超过 0.20mm 时，应更换摇臂或摇臂轴。内、外摇臂修复后应组装进行检查。两摇臂之间应有一定的间隙，并应注意内摇臂末端的工作行程是否过大，如行程过大，则可能拉破膜片。

b. 进、出油阀的检查。将阀装在泵体阀座上，将阀片用汽油润湿，用专用吸附工具检查或用嘴吸进油口和吹出油口，如漏气则应修复。若阀片损坏严重、弹簧折断应换新件。

c. 膜片弹簧的检查。膜片弹簧的弹力用专用弹簧秤检验，不符合标准的应更换。

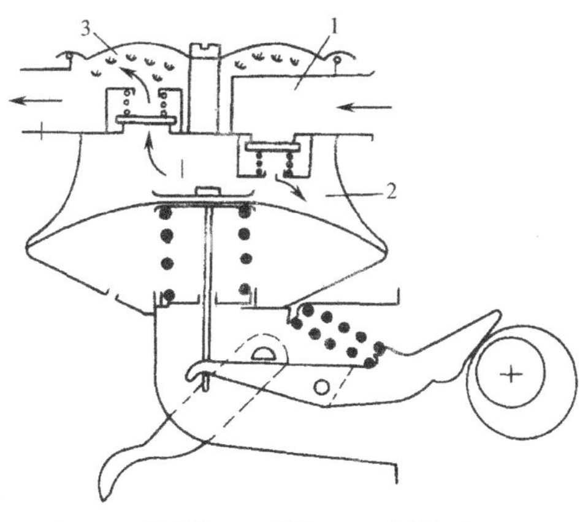

1—进油室；2—泵室；3—出油气室

图 3-20　EQB501 型汽油泵结构简图

d. 泵膜的检查。泵膜破裂、硬化变质，应更换。汽车在途中发现膜片破漏时，可将泵膜拆下，将各片膜的损坏处交错排列装合使用。

e. 壳体的检查。壳体出现破裂，可进行焊接、粘补修复或更换新件。

2. 汽油泵装配

汽油泵装配时注意事项：

a. 进、出油阀不能装反；

b. 非胶质膜片装合前先用汽油浸湿；

c. 油泵下体的漏油小孔应保持清洁畅通；

d. 不要随便改变泵体与缸体接合面的垫片。

3. 相关技术要求

汽油泵装合后的检验

a. 摇臂自由行程与工作行程检查。用手推摇臂，摇臂从自由状态位置推到有阻力时的行程叫自由行程。从有阻力时到推不动时的行程叫工作行程。汽油泵应有一定的自由行程和工作行程。

b. 进出油口吸力和压力试验。将油泵进出油口用汽油浸润后，用手扳动摇臂，用拇指堵住进、出油口应感到有较强的吸力和压力。

3.2.3 柴油机喷油器的维护

1. 拆卸、清洁与装配喷油器

（1）喷油器拆卸、清洁。

在检查前，应将所有的零件清洗干净，特别是对喷油器偶件应单独清洗，不得互换弄混。

a. 喷油器头部和针阀的积炭或污物可在煤油中浸润软化后用铜丝刷清理。

b. 针阀体、喷油器体的油道可用专用通针或直径合适的钻头疏通。

c. 堵塞的喷孔用直径小于喷孔的通针清理，以免损伤喷孔。

d. 针阀若被咬住，可用鲤鱼钳衬上软布，夹住针阀尾端，稍加转动用力拉出。

e. 清洗后的零件，应用压缩空气吹通油道中的杂质，并再清洗一遍后进行检查和试验调整。

（2）喷油器检查。

a. 喷油器有无咬住或黏滞痕迹。

b. 喷油器阀座有无烧伤损坏。

c. 喷油器针阀头部锥形部分有无损伤或变形。

d. 推杆和针阀接触部分是否磨损过量，弹簧座是否变形。

e. 调压弹簧是否出现裂纹、锈蚀、折断和端面严重歪斜。同一组喷油器的调压弹簧高度差不应超过3mm。

2. 喷油器的维护保养

a. 清除积炭。喷油器积碳不但容易阻塞喷孔，而且使喷油嘴过热，因此在维护、保修时，都必须清除积炭。清除时不得使用砂布和钢刮刀，可用木制、竹制或铅制刮刀。为了除去进油孔道及孔内污垢和积炭，可将喷油嘴放入煤油中浸泡数小时，然后用细铜丝清除在油针或喷油孔体上的积炭（将零件放在软木板上来回摩擦）。清除了积炭的零件，需用汽油或煤油再清洗。

b. 喷油嘴为积炭脏污堵塞，可用小于喷孔的铜丝或钢针细致地清洗，并用压缩空气吹干净。

c. 油针与喷油嘴密封性不好，可将油针尖端蘸少许研磨膏（氧化铬和机油），用手拿着喷油嘴套在油针上，开动电钻，进行研磨。研磨好的零件应光滑无磨痕和偏斜，然后加以仔细清洗，装复试验。

3.2.4 润滑系统的维护

润滑系统的机油在高温、高压的影响下，受到燃烧废气或其他有害物质的腐蚀和污染而变质。变质后化学性质改变，黏度降低、变稀，间接影响机油压力，结果会降低润滑性能，破坏润滑油膜的形成，腐蚀零件和加剧磨损等，甚至产生恶性循环，机油氧化变黑、结胶等。

发动机在不同使用环境温度下，对其润滑油的黏度要求不同。润滑油的的黏度级别可根据图3-21进行选择，当环境温度短时间内高于所示温度时，不必更换润滑油。

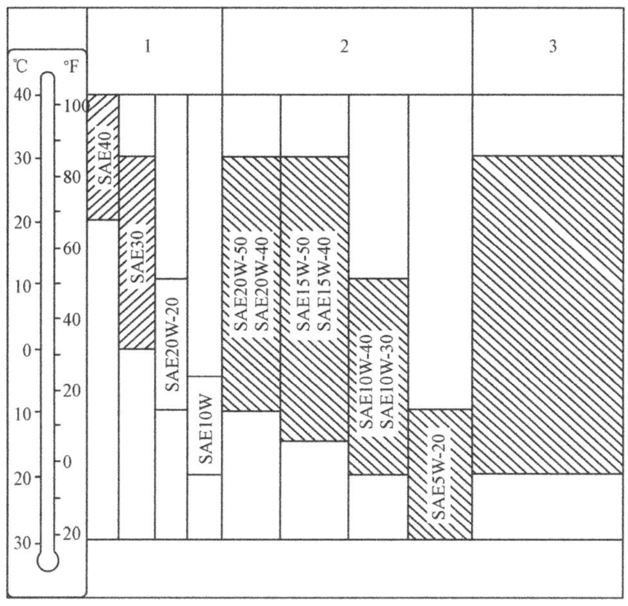

1—单级润滑油；2—多级润滑油；3—改良润滑油

图 3-21　发动机润滑油的选择

1. 润滑油的更换

（1）检查润滑油油面高度。在每次出车之前，都要检查润滑油油面高度。要求油面在“MAX”和“MIN”标记之间。最小与最大标记之间油量差额为 1.0L。

具体检查方法如下：车辆处于水平位置，发动机预热至润滑油温度高于 60℃。发动机熄火后等待几分钟，拔出油尺，用于净的抹布擦干，然后再将其插入到底。拔出润滑油尺，读取润滑油液面高度数值，如图 3-22 所示。

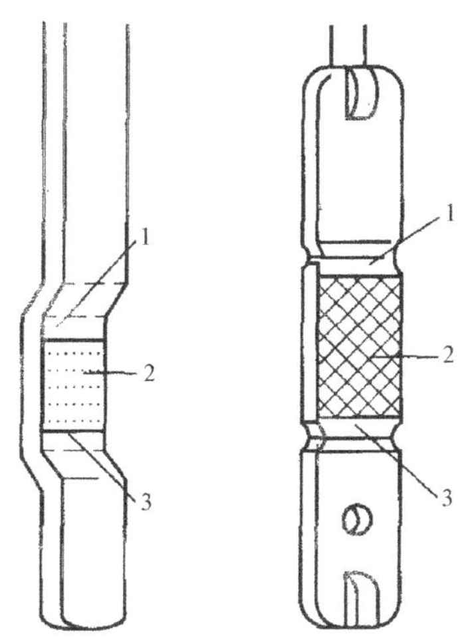

1—不必加注润滑油；2—可以加注润滑油；3—必须加注润滑油

图 3-22　检查发动机润滑油液面高度

（2）更换润滑油。按上海大众汽车有限公司的维护要求，每行驶 7500km 应更换一次润滑油。对于那些经常在粉尘较大等恶劣道路上行驶的车辆，应根据实际情况需要及时进行更换。

更换润滑油时，如果与机油滤清器一起更换，则需 3.5L 润滑油。

2. 润滑油压力

发动机润滑系正常的工作压力为 98～392kPa，怠速时一般为 98～140kPa；高速时一般为 294～392kPa。机油品质的优劣是发动机润滑减磨的基础，所以机油压力是否正常，机油品质如何，对发动机的正常运转有很大影响。

机油压力过低对润滑的影响：油压过低，不能实现润滑系的工作循环，则会造成发动机润滑不良、冷却不佳、清洗不利、工作条件恶化，加剧了磨损和机件损坏、发动机不能正常运转等恶性故障发生，如烧瓦、抱轴、拉缸等。

机油压力过高的影响：机油压力过高不仅增大了发动机的功率损耗，而且导致机油温度升高、机油品质变坏、机械密封被破坏、漏油，同时也会加剧机械磨损，甚至产生破坏性故障。

3. 机油滤清器的清洗或更换

（1）机油滤清器的检查。

a. 检查滤清器壳体有无损伤或变形，若有损伤或变形，应进行更换。

b. 检查旁通阀是否良好，若配合不良，应更换。

c. 机油滤清器的滤心每行驶 7 500km 更换一次，对于经常行驶在恶劣道路条件下的车辆，每行驶 7 200km 就应更换，必要时更换机油滤清器总成。

（2）更换机油滤清器的方法。

a. 趁热放出发动机润滑油。

b. 用专用工具拆卸机油滤清器，如图 3-23 所示。更换时，注意清洗机油滤清器安装表面。

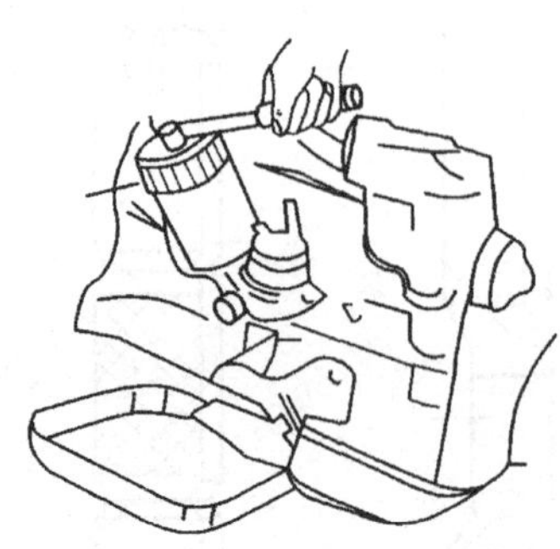

图 3-23 拆卸机油滤清器

c. 安装机油滤清器时，应在密封圈外涂上干净的润滑油，如图 3-24 所示。

d. 用手轻轻拧进机油滤清器，直到感觉有阻力为止，再用专用工具重新拧紧机油滤清器 3/4 圈，如图 3-25 所示。

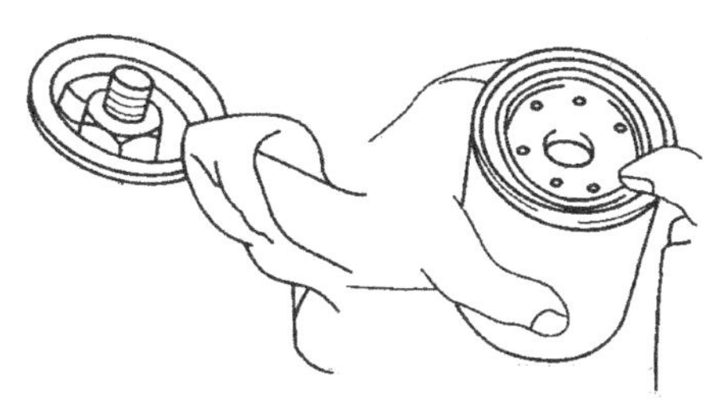

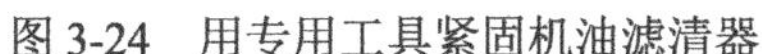
图 3-24　用专用工具紧固机油滤清器

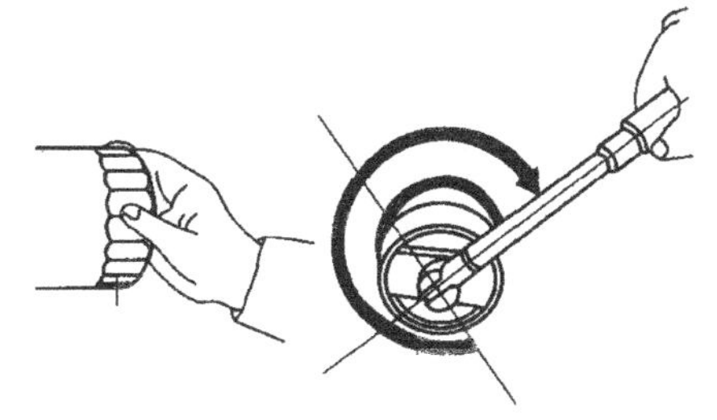
图 3-25　密封圈涂机油

3.2.5　冷却系统的维护

1．冷却液的使用

（1）冷却液的配置与功能。

桑塔纳系列轿车的各种发动机不直接用水作冷却液，而是用水加添加剂制成的冷却液。冬季往往会因冷却液冻结而使气缸体和气缸盖胀裂，所以必须降低冷却液的冰点。为了提高冷却液与外界大气的温度差，从而提高散热效率，有必要提高冷却液的沸点。为了防止冷却液泄漏，能使发动机长时间不更换冷却液，要求冷却液有防腐蚀性能。

桑塔纳轿车发动机用冷却液添加剂为 G11，该产品以乙二醇为基料，配有多种其他化学物质，产品为液态，呈深绿色。两年内不必更换冷却液，冷却系统内不会产生结垢、锈蚀。

（2）检查冷却液液面高度。

在正常的使用中，每月应至少检查一次冷却液液面高度。如果气候炎热，检查的次数应更多一些。检查液面高度应在发动机处于正常的工作温度下进行。检查时不必打开散热器，观察冷却液膨胀箱中的液面即可。正常的液面应位于“MAX”和“MIN”标记之间，如图 3-26 所示。

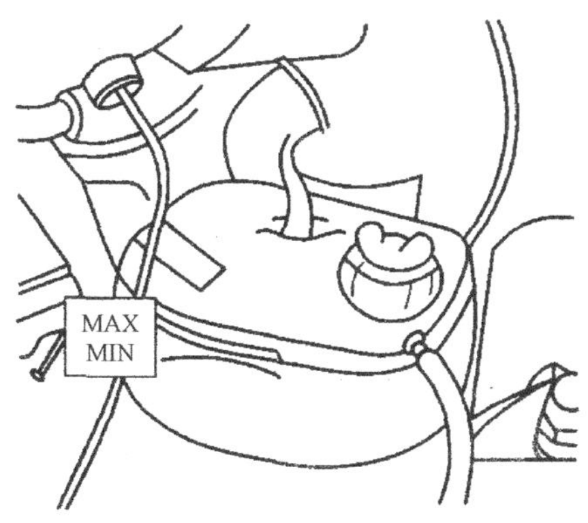

图 3-26　冷却液液面

2．散热器盖的维护

散热器盖是散热器上储水箱注水口的盖子（图 3-27），用以封闭加水口，防止冷却液溅出。如冷却系中水蒸汽过多，将使冷却系内压力增大，可能使散热器破裂。因此需在盖上设置蒸汽排出管。若此管口经常与大气相通为开式水冷却系，（易使冷却液溢失和蒸汽逸出）。

而闭式水冷却系的水箱盖则需设置自动阀门，即当发动机热态正常时，阀门关闭，将冷却系与大气隔开，防止水蒸汽逸出，使冷却系内的压力稍高于大气压，从而可提高冷却水的沸点。这一性能对在热带和高原地区行驶的汽车特别有利。当冷却系内压力过高或过低时，阀门又能自动开启，使冷却系与大气相通。

目前闭式水冷系统广泛采用具有上述特性的水箱盖。一般情况下，两阀均在弹簧力的作用下处于关闭状态，故散热器上储水箱与通大气的蒸汽排出管隔开。当散热器中压力升高到一定数值（一般为 0.026～0.037MPa，在此压力下冷却系内水的沸点可达 381K（108℃），蒸汽阀才开启使水蒸汽排出（图 3-27（b））。当水温下降，冷却系中产生真空度达一定数值（一般为 0.01～0.02MPa），空气阀开启，空气便进入冷却系（图 3-27（a））。以防胶管及散热器上下储水箱被大气压瘪。

有些轿车（如桑塔纳、奥迪）的水箱盖蒸汽阀开启压力设计得更高，可达 0.1MPa，则水的沸点可高达 393K（120℃），故散热能力更强。

在发动机热状态下，不宜立即取下水箱盖，以免烫伤。采用封闭自动补偿冷却系时，将水箱盖上的蒸汽排出管用橡胶软管与储液罐或膨胀水箱相连即可。

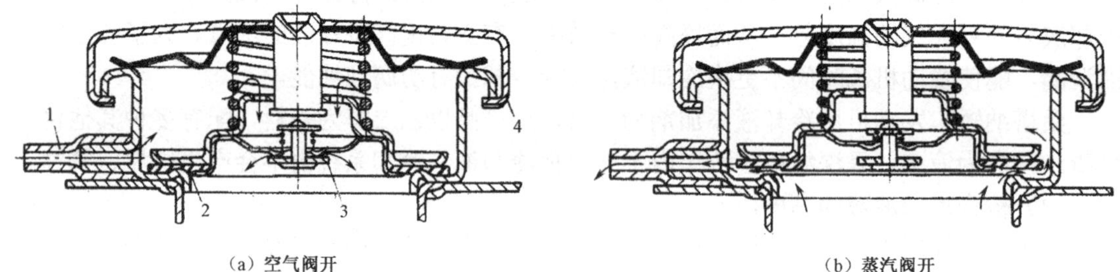

（a）空气阀开　　（b）蒸汽阀开

1—蒸汽排出管；2—蒸汽阀；3—空气阀；4—散热器盖

图 3-27　散热器盖

3．风扇带轮的检查与调整

风扇和带轮采用静平衡的方法，其不平衡量带轮小于 35g；风扇小于 20g。平衡最好在专用静平衡机上进行，也可采用如图 3-28 所示的简易方法。

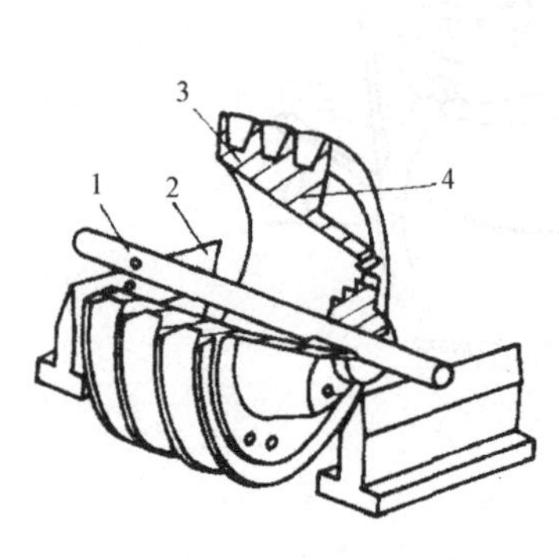

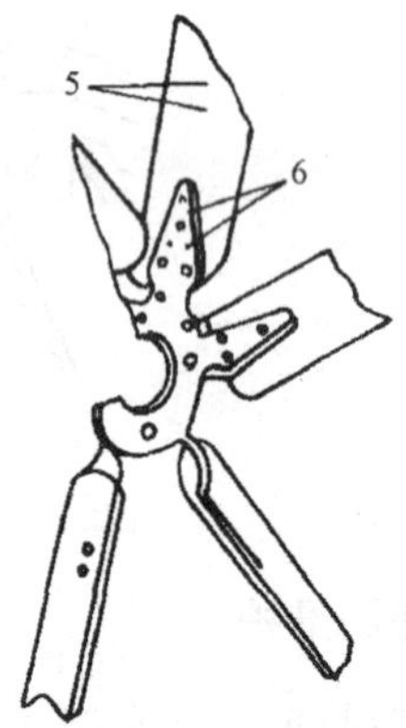

1—心轴；2—水平刃口；3—待平衡带轮；4—钻平衡孔位置；5—铆钉位置；6—风扇钻孔平衡位置

图 3-28　简易静平衡方法

平衡前可用方框水平仪校正平衡架的两刃口，使水平度达到≤0.02/1000，将带轮或风扇紧套在心轴上后，再放置在平衡架的两刃口上。带轮如不平衡则要转动并将重的一侧停在下方，可在上方粘附适量的橡皮泥，转动带轮，待停转后，根据停的位置情况，再在对称的上方粘附橡皮泥或调整橡皮泥的位置和数量，经反复多次，直至在任何方向、位置都可停转时，再按橡皮泥的位置、重量在零件规定的位置上钻削掉等量的金属，实现零件的平衡。

思考题

1. 如何用闪光法检测点火正时？
2. 何为电控燃油喷射发动机点火提前角的检测方法？
3. 何为发动机无负荷测功仪的测功方法？
4. 如何检测发动机单缸转速降？
5. 如何检测发动机气缸压力？
6. 如何进行柴油发动机喷油器性能的检查？
7. 如何进行汽油发动机汽油泵的检查与调整？
8. 如何进行柴油发动机供油正时的检查与调整？
9. 汽车二级维护的工艺过程有哪些？
10. 润滑油压力过高、过低对润滑有何影响？
11. 如何清洗、更换机油滤清器？
12. 冷却系统中风扇带轮如何检查与调整？

第4章 发动机修理

4.1 气缸体与曲柄连杆机构的检修

4.1.1 气缸体和气缸盖裂纹的检修

裂纹产生的主要原因是发动机工作过程中产生的热应力和机械应力的反复作用下而形成的。此外，严寒季节停车后忘记放出冷却液或发动机过热时突然添加冷的冷却液等，也会造成气缸体与气缸盖的裂纹。

气缸体和气缸盖的裂纹通常用水压试验进行检验，试验时，将气缸盖和气缸垫安装到气缸体上，按规定力矩拧紧缸盖螺栓，将水压机出水管接头接到气缸体前端的进水口处，封闭其他水道口，然后将水压入气缸体水套中，并将水压提高到 350～450kPa，在此压力下保持5min；若发现气缸体或气缸盖某处有水珠渗出，表明该处有裂纹。没有水压机时，可用自来水及气泵配合检查。气缸体或气缸盖出现裂纹时，应更换新件。

4.1.2 气缸体、气缸盖变形的检修

气缸体和气缸盖的变形主要原因是缸盖螺栓拆装顺序不当，高温下拆卸气缸盖，长时期高速大负荷工作，装配时螺栓孔内存有污物或拧紧力矩过大或使用过程中因为润滑不良出现烧瓦、抱轴等因素引起的。造成的危害是气缸的密封性下降，将会造成发动机漏气、漏水甚至冲坏气缸垫等故障；变形引起的曲轴主轴承座孔的同轴度误差增大，会加剧曲轴及其轴承的磨损；此外，气缸体和气缸盖的变形还会影响离合器和变速器的正常工作。

1．气缸体与气缸盖结合面平面度的检验

可用钢直尺、塞尺进行气缸体与气缸盖结合面的平面度误差检验。如图 4-1 所示，将钢直尺放于气缸体或气缸盖的结合面上，变换不同的方向，并用塞尺测量钢直尺与结合面间的间隙，塞入塞尺的最大厚度值即为结合面的平面度误差。气缸体上平面的平面度误差应不大于 0.15mm，气缸盖下平面的平面度误差应不大于 0.10mm。平面度误差超出标准时，应予以修复。

2．曲轴主轴承座孔同轴度误差的检查

曲轴主轴承座孔的同轴度误差可采用标准芯棒进行检查，安装上各道主轴承盖，并按规定力矩拧紧其固定螺栓后，若芯棒能顺利通过各道主轴承座孔，表明其同轴度误差符合要求；否则可在气缸体或主轴承盖的结合平面上铣除部分金属，装好主轴承盖，重新镗削各道

主轴承座孔。

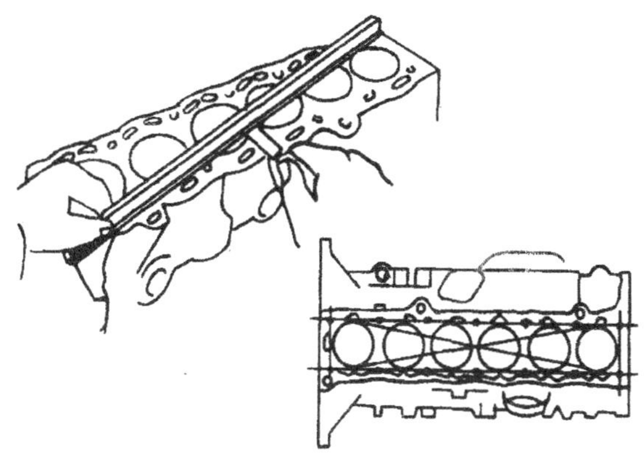

图 4-1 检查气缸体和气缸盖的平面度

4.1.3 气缸磨损的检修

使用过程中气缸的磨损逐渐积累，将使气缸失去正确的几何形状，从而造成发动机动力性和经济性的下降。因此，在修理过程中，通常以气缸的磨损程度作为确定发动机是否需要大修的主要依据。

气缸的磨损一般用量缸表进行测量，其基本测量步骤如下：

（1）组装量缸表。根据被测气缸直径的大小，选择相应合适长度的接杆接于量缸表的下端，并将百分表装于量缸表表杆上端的安装孔中（安装后，表针应转动灵活）。

（2）校对量缸表的尺寸。将外径千分尺调到所量气缸的标准尺寸，然后将量缸表校对到外径千分尺的尺寸（保证量缸表的测杆有 2mm 左右的压缩量），并转动表盘使表针对正零位。

（3）测量气缸直径。在气缸中取上（活塞位于上止点时第一道活塞环所对应的位置）、中（气缸中部）、下（距气缸下边缘 10mm 左右）三个截面，如图 4-2 所示，在每个截面上沿发动机的前后方向和左右方向分别测量气缸的直径。为保证测量的准确性，测量时量缸表的测杆与气缸的轴线应保持垂直。

（4）气缸的圆度和圆柱度误差计算。每个横截面上所测得的两直径之差的 1/2，即为该截面的圆度误差。对三个截面所测得的圆度误差进行比较，取其最大值作为该气缸的圆度误差。同一气缸中所测得的所有直径中，最大与最小直径差值之半即为被测气缸的圆柱度误差。

气缸的圆度或圆柱度误差超过标准规定值时，应对发动机进行镗磨缸修理。

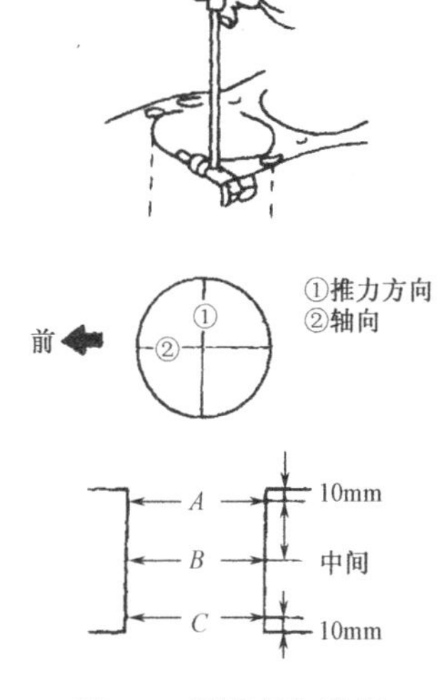

图 4-2 测量气缸孔径

4.1.4 活塞、连杆的检修

1. 活塞的检修

活塞因受侧压力的影响而形成椭圆形状。圆度误差的检验可在圆度检验仪上进行，若超过标准值范围，应予更换。

（1）活塞圆度误差的检验程序和要点如图 4-3 所示。

a. 将百分表支柱固定于 T 形槽内。

b. V 形架上放置被检验的活塞。

c. 百分表装在支柱上，调整百分表量头与活塞的圆柱表面刻度盘指针到“0”位置，然后旋紧螺母，固定刻度盘。

d. 旋转活塞，每隔 360° 测量一次并做出记录，旋转后仍指在“0”位置。

e. 根据记录数据，进行圆度误差的计算。

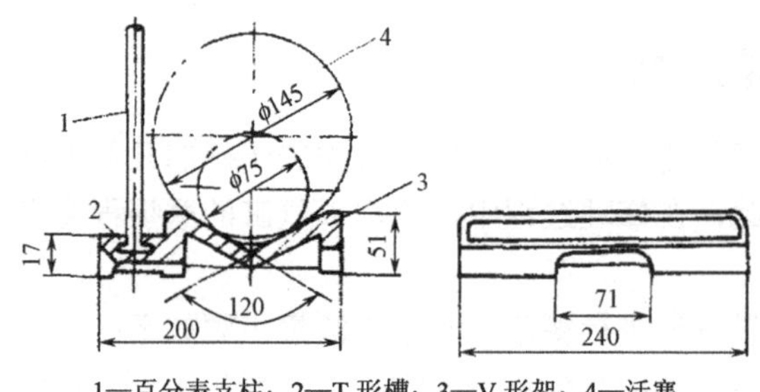

1—百分表支柱；2—T 形槽；3—V 形架；4—活塞

图 4-3 圆度检验

（2）活塞直径的测量。同一台发动机上应选用同一厂牌、同一规格的成副活塞。活塞的选组应根据测得的气缸直径，选取对应的组别。活塞直径测量时，用外径千分尺从活塞裙部底边向上约 15mm 处测量活塞的横向直径。

测量气缸直径减去活塞直径，即为活塞与气缸之间隙，应符合配合标准。

（3）活塞环槽的加工。活塞环在活塞环槽内的运动，使活塞环槽在高度方向受到最大的冲击和磨损，使它变成外大内小的梯形，同时也使环槽磨损变宽，与活塞环配合间隙增大，造成窜油、漏气。对于磨损了的环槽，用专用夹具将活塞卡装在车床上，按照加大尺寸的活塞环车削活塞环槽，并留出标准间隙。

（4）活塞销座孔的检修。活塞销座孔由于活塞受气体压力和惯性力的作用，其磨损是不同的，其磨损程度取决于活塞销座孔与销的表面粗糙度值和它们之间的配合情况。磨损最大处发生在垂直于活塞顶的方向上，即活塞销座孔的上下方。用内径量表检测座孔的磨损，其直径与活塞销直径的配合应符合标准。若超限，则应修理活塞销座孔，将其铰削到活塞销的加大尺寸。

（5）活塞与销座轴心线垂直性的检验。活塞销座孔往往在铰削中破坏了与活塞轴线的垂直性而不能使用，因此，应作活塞销座孔轴线与活塞轴线垂直性的检查（见图 4-4）。将活塞套装在专用座架的销柱上紧贴座架，此时，活塞的壁面抵压着百分表的量头，记下百分表指出的读数；取下活塞从另一面将活塞镶入，记下百分表指出的读数。两读数之差一般不应超过 0.035mm，否则应予更换。

活塞按活塞销座孔直径分组（按最小处尺寸），每组相差 0.0025mm。

（6）活塞的选配。活塞的选配应按照气缸的修理尺寸来决定。它与气缸修理尺寸相适应，也有六级修理尺寸，在原标准的基础上，直径每加大 0.25mm 为一级。加大用“+”表示，刻在活塞的顶面上，以供识别。活塞的修理尺寸可以逐级或越级选配。

（7）活塞与气缸壁间隙的检测。为了使活塞与气缸壁有适当的配合间隙，应分别按各个气缸的行走部位进行检测。如图 4-5 所示，将活塞倒置于气缸，以适当的塞尺与活塞同时插入气缸受侧压力最大一面的缸壁与活塞裙部之间，与活塞销座孔确实对成 90°，和活塞推力面成为一线。用弹簧秤按规定的拉力应能将塞尺轻轻地拉出为宜。

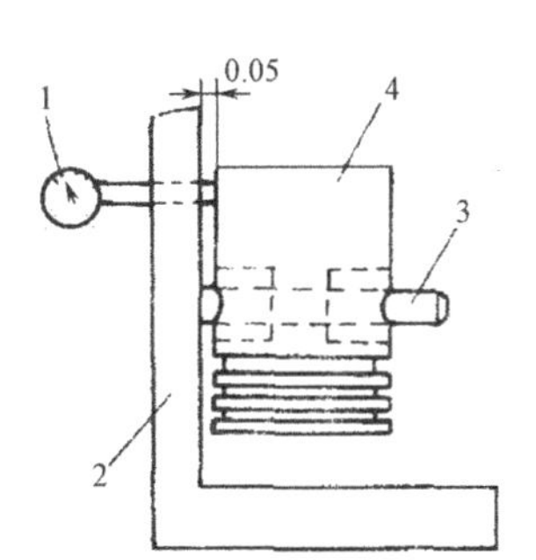

1—百分表；2—座架；3—销柱；4—活塞裙部

图 4-4 销座孔中心与活塞中心垂直度的检验

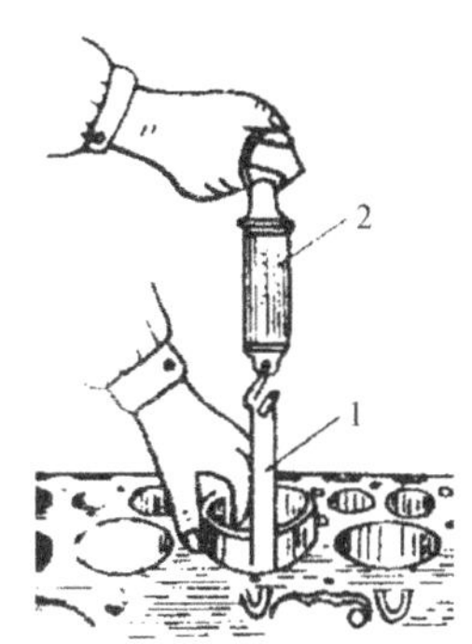

1—厚薄规；2—弹簧秤

图 4-5 活塞与气缸壁间隙的检测

活塞顶部较裙部小，故一般都在裙部一侧留间隙。

按气缸检测选配好活塞后，应在活塞顶部按照气缸的顺序做出标记，以免装错。

2. 活塞环的检修

（1）活塞环的磨损。

因为活塞环最初不能与气缸壁表面完全密合，所以活塞环的磨合磨损较快。经过磨合磨损后，形成光滑的镜面，活塞环转入运行磨损，则磨损速度减慢。随后活塞与气缸壁的间隙逐渐增大，活塞倾斜也增大，活塞环形成不规则的磨损，弹力下降，密封性减弱，润滑油膜不能防止漏窜气体的侵入，从而加速了磨损。活塞环磨损的特点是环外径和上下端面的磨损，有时出现疤痕、毛刺及折断等缺陷。活塞环的磨损比气缸到达磨损限度要快，因此，在两次大修之间应更换活塞环，以改善发动机的动力性能。

（2）活塞环弹性的检验。

活塞环与气缸内壁应有一定的径向压力，使环的周围均匀地压在气缸壁上。弹力过大，增加摩擦损耗；弹力过小，不能起到良好的密封作用，引起气缸漏气、窜油。

活塞环弹性的检验应在如图 4-6 所示检验器上进行。检验程序如下：

a. 将活塞环正直地放稳在检验器的凹槽里，环的开口向外。

b. 将杠杆压在活塞环上，移动杠杆上的重锤，按规定所需的力，将活塞环的开口端隙压至所规定的尺寸。如果荷重符合技术规定的数据，活塞环的弹性便合格。活塞环弹性试验的要求应符合各机型的规定。

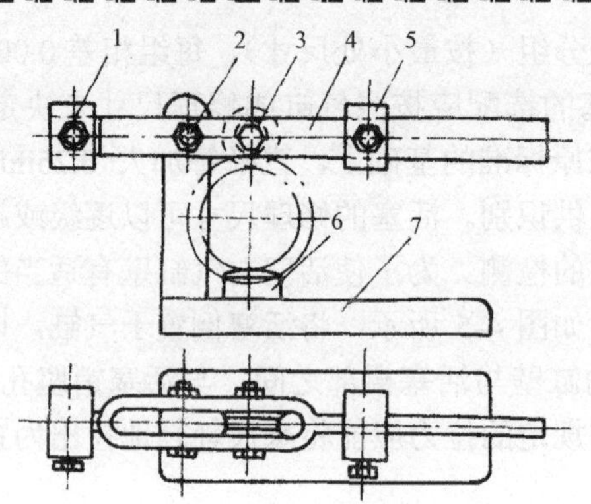

1—重锤；2—支承；3—滚轮；4—秤杆；5—滑动砣；6—底座；7—座板

图 4-6 活塞环弹性的检验

（3）活塞环漏光的检查。

活塞环应与气缸壁处处吻合，起到有效的密封作用。选配时，须进行漏光检查。

可通过简易方法（见图 4-7）进行检查：

将活塞环平放在气缸的内圆。在活塞环的下边放一个光源，活塞环上面放一块盖板盖住环的内圆。

a. 同一环的漏光处不能多于两处，两处的弧长之和与相应的圆心夹角不能大于 45°。

b. 活塞环开口两端各 30° 的范围内不允许有漏光现象。

c. 漏光处的最大缝隙不得大于 0.03mm。

生产厂家有文件规定的，应以生产厂家技术要求为准。

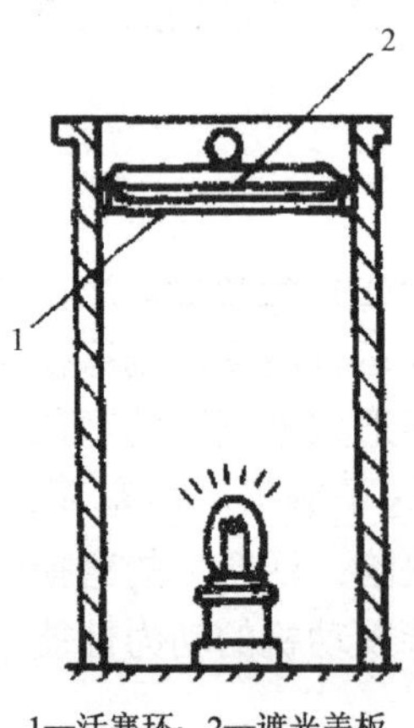

1—活塞环；2—遮光盖板

图 4-7 活塞环漏光度的简易检验

（4）活塞环间隙的检查。

a. 端隙。活塞环装入气缸后，其环的开口处两端之间有一定的间隙，以防止活塞环受热膨胀后卡死在气缸内。

端隙的大小与气缸直径有关，一般缸径每 100mm，端隙为 0.25～0.45mm。检查程序（见图 4-8）是：首先将活塞环平正地放入待配的气缸内，用活塞顶部将环推到气缸的未磨损处（气缸的上下部），使环平行于气缸体平面；然后取出活塞，用塞尺测量环开口处两端的间隙，应符合该机型的规定。

端隙的修整：如端隙超过规定，则不能使用。如端隙过小，则用细锉刀锉环口一端予以调整。

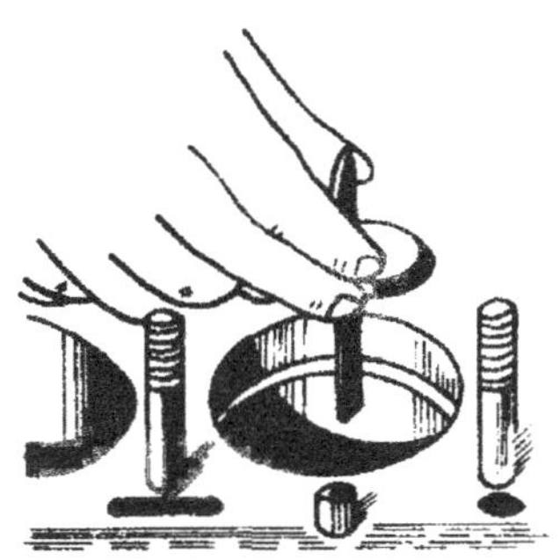

图 4-8 活塞环端隙的检查

注意

锉后环口端面接触应平整并倒角，以防锋利的环外口拉缸。

b. 背隙和侧隙。背隙是活塞与活塞环装入气缸后，在活塞环背部（环内径）与活塞环槽内之间的间隙。侧隙是活塞环与活塞环槽平面间（槽内的上、下面间）的间隙。

背隙的检查。背隙常以槽深与环厚之差来表示，如图 4-9 所示，即活塞环一般应低于岸边 0～0.35mm，以免在气缸内卡住。以小钢直尺靠在环岸上检测其间隙。

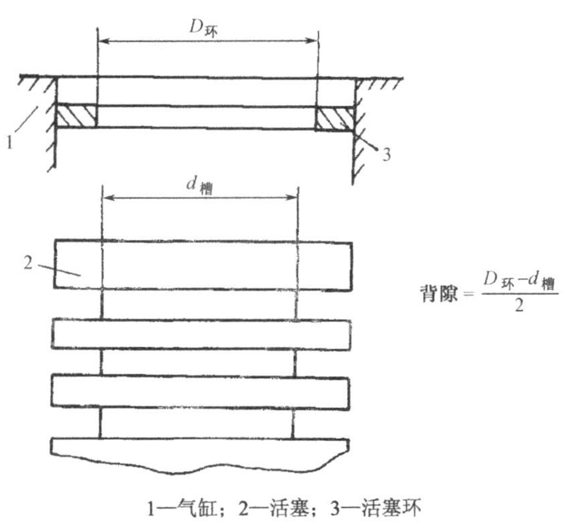

1—气缸；2—活塞；3—活塞环

图 4-9 活塞环背隙的检查

侧隙的检查如图 4-10 所示。把活塞环放在各自的环槽内，围绕环槽滚行一周，应能自由滚动。用塞尺按规定测量其间隙的大小。

修整时，对于背隙过小时可车深活塞环槽。对于侧隙，若活塞环较环槽宽些或侧隙过小时，可将活塞环平放在极细的（0 号）砂布上研磨。研磨时，砂布应放在平板上，涂少许机油，使环紧贴砂布，均匀地作回转运动，直至符合规定的间隙为止。

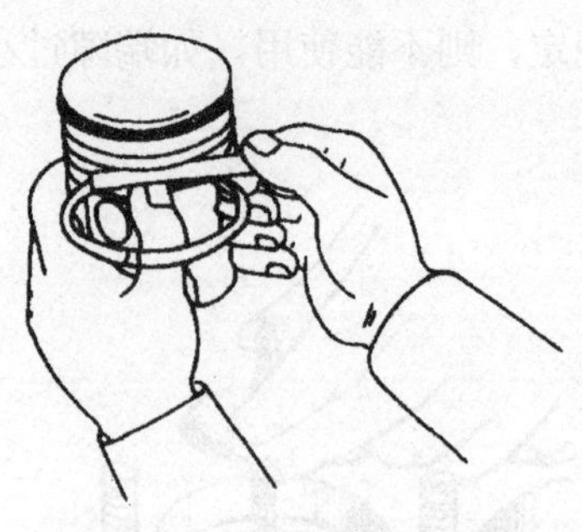

图 4-10 活塞环侧隙的检验

活塞环的各配合间隙是为了适应发动机热状态下的工作需要。若选配不当，将影响发动机的动力性和经济性，严重时会造成拉缸事故。

活塞环的端隙、背隙和侧隙，应符合各型发动机的规定。

（5）活塞环的选配。

活塞环应按每个气缸、活塞和每个环槽逐个进行选配和装配，不可错乱。安装活塞环时，要把有尺寸标记的一面向上，活塞环构造形状和倒角的方向不可颠倒装反。各环口位置应按圆周正确、均匀地分布，以免环口重叠造成漏气、窜油。

活塞环的装配应用活塞环装卸钳，按油环和气环逐个装配。同时应注意各道环开口位置，各道环的开口要相互错开。三道环的开口应相互错开 120°，组合式油环的上下刮片开口应错开 180°，且与衬环开口错开 45°～90°。四道环的第一、二道环的开口位置与活塞销轴线呈 45°，彼此错开 180°；第三、四道环的开口位置与第一、二道环呈 90°。各道环的开口不许朝向活塞受侧压力的方向，如图 4-11 所示。

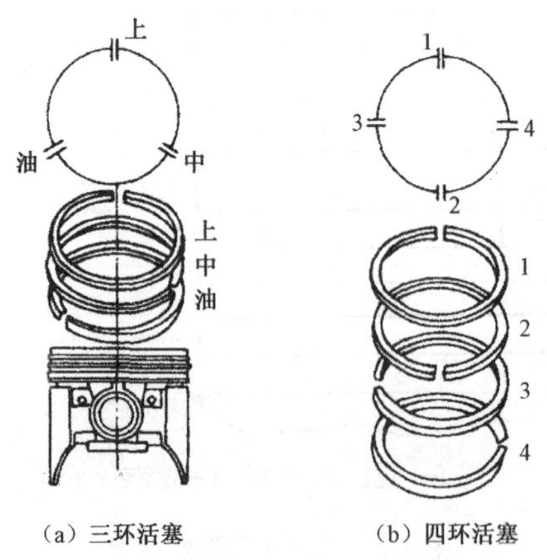

（a）三环活塞 （b）四环活塞

图 4-11 活塞环的开口方向

3. 连杆的检修

（1）连杆的拆装。

连杆大端内孔是与连杆盖配对装合后加工的，而且连杆装配后的质量在出厂时都有较严格的控制，为此，连杆和连杆盖的组合不能装错，一般都刻有配对标记（常用数字），拆装时必须注意。

连杆上的喷油孔和偏位连杆都有方向性，同时为保证连杆大端和连杆小端与配合件的配合位置，连杆的杆身上刻有朝前标记（见图 4-12），并在连杆大端侧面刻有缸位序号，装配时不可装反，更不可装错缸位。

连杆螺栓必须根据不同发动机的要求按规定力矩拧紧。带开口销的不可漏装。

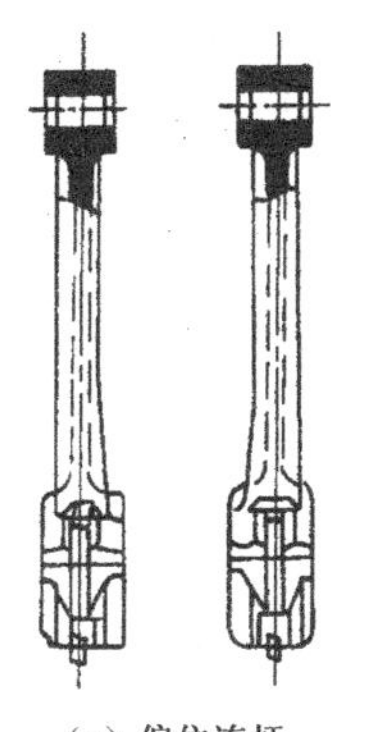

（a）偏位连杆

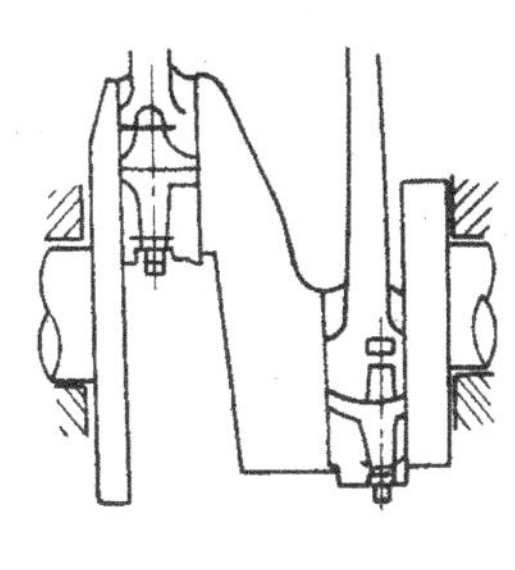

（b）直列发动机偏位连杆的安装

图 4-12　偏位连杆及其安装

（2）连杆变形的检查和校正。

连杆变形主要是弯曲和扭曲，其主要危害是导致气缸、活塞和连杆轴承异常磨损。对采用全浮式连接的活塞销，连杆弯曲可能会引起活塞销卡环脱出。连杆变形量的检查必须使用专用的连杆检测仪器。

检查连杆变形时，将连杆轴承盖装好，活塞销装入连杆小端，再将连杆大端固定在检测器的定心轴上，然后把三点式量规的V 形槽贴紧活塞销，用塞尺测量检测器平面与量规指销之间的间隙。三点式量规有三个指销，上面一个下面两个，三个指销均与检测器平面接触，说明连杆无变形；若量规仅上面一个指销（或下面两个指销）与检测器平面有间隙，说明连杆有弯曲变形，如图 4-13 所示，间隙大小反映了连杆的弯曲程度；若量规下面的两个指销与检测器平面的间隙不同，说明连杆有扭曲变形，如图 4-14 所示，两指销的间隙差反映了连杆的扭曲程度；若上述两种情况并存，说明连杆既有弯曲变形，又有扭曲变形。连杆弯曲或扭曲超过其允许极限时，应进行校正或更换连杆。

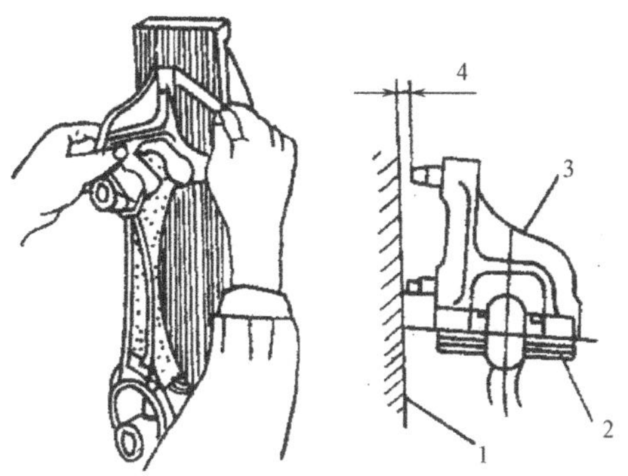

1—检测器平面；2—活塞销；3—量规；4—量规间隙

图 4-13　连杆弯曲的检查

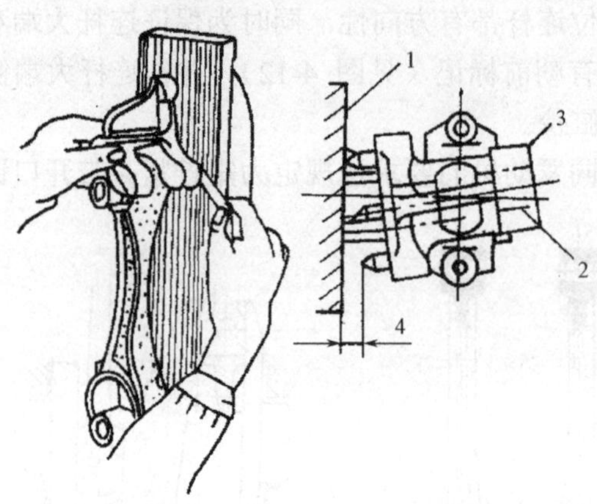

1—检测器平面；2—活塞销；3—量规；4—量规间隙

图 4-14 连杆扭曲的检查

4.1.5 活塞连杆组的组装

活塞连杆组各零件经修复、检验合格后，应装配成组合件。装配前应认真进行各零件的清洗，去除油道的油垢，并用压缩空气吹净。装配时应严格遵守工艺规程，确保装配质量符合技术规范要求。装配方法如下：

（1）将活塞、活塞销、连杆按各零件的标记和气缸排列顺序分组，将活塞销涂以机油待用，摆放整齐。

（2）将活塞放入油中加热到 353～363K（80～90℃）。

（3）将加热的活塞从油中取出，迅速擦拭干净，将活塞销推入活塞的销座孔中（一端）。并迅速将连杆（注意前后方向）小端置于活塞内的两座孔间，对准中心，将活塞销迅速穿过连杆小端衬套孔，至活塞的另一端座孔中。

（4）安装活塞销两端的限位锁环。锁环嵌入环槽内的深度不应少于锁环丝直径的 2/3。活塞销的两端应与锁环各有 0.10～0.25mm 的间隙。

装配在一起的活塞连杆组应是同一缸号。安装的标记、方向应准确无误，活塞和连杆的向前标记应完全一致，如图 4-15 所示。

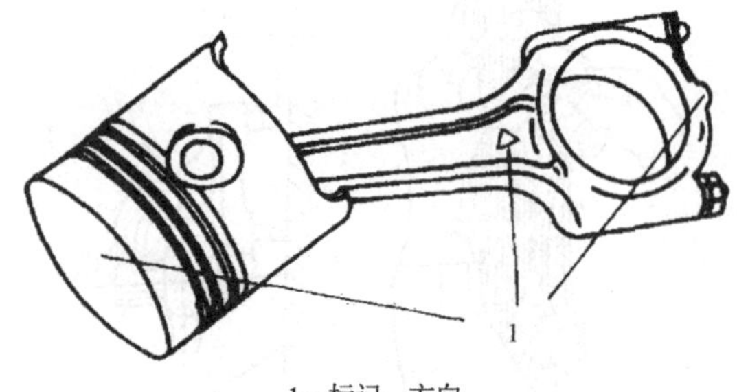

1—标记、方向

图 4-15 安装的标记、方向

（5）检验连杆大端孔与活塞裙部中心线的垂直度，其值一般不得大于 0.005～0.08mm。将连杆大头孔装在检验器的支撑轴上，将活塞裙部外圆表面贴在检验器的平板上，用厚薄规

测量活塞顶部外圆与平板间的间隙值，然后将活塞连杆组翻转 180°，安装在检验器上后再测量一次，两次测量值的差即为垂直度误差。检验同一发动机各活塞连杆组件的重量差，其值不得超过 40g。

（6）安装活塞环。使用专用工具，先下后上，先装油环再装气环，要注意活塞环的结构和安装方向。

4.2　进气系统的检修

4.2.1　气门的检修

气门在使用过程中的主要损伤是气门杆的弯曲、磨损和气门工作锥面的磨损、烧蚀及气门头部的翘曲变形。

（1）气门杆磨损的检修。用外径千分尺测量气门杆的直径（在气门杆上进行多点测量，并取其最小值作为被测直径），中型载货汽车气门杆的直径减小量应不大于 0.10mm，轿车气门杆的直径减小量应不大于 0.05mm；否则应更换新气门。气门杆端头出现不平时，可用砂轮对其进行磨削。

（2）气门杆弯曲的检修。将气门置于两块 V 形架上（见图 4-16），并用支撑钉顶住气门两端面，将百分表 B 的测量触头垂直抵压在气门杆的中部，然后转动气门杆一圈，百分表 B 所指示的最大值与最小值之差（径向圆跳动）应不大于 0.10mm，否则应采用压力校正的方法进行校直。

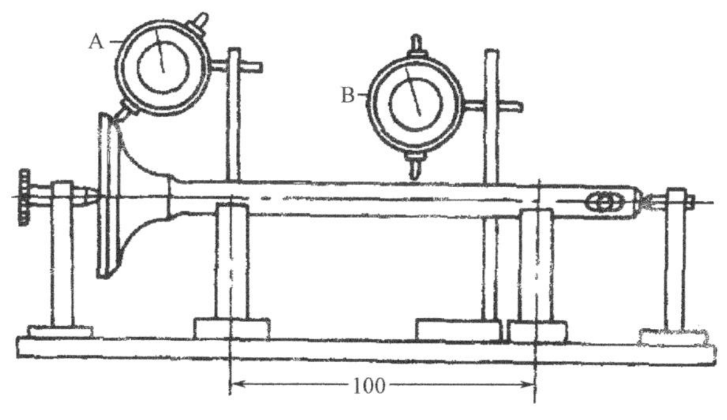

图 4-16　气门杆弯曲度的检验

（3）气门杆尾端的检修。气门杆端面磨损不平或起槽，可将尾端磨平（见图 4-17）。气门杆尾端累计磨削量不得大于 1.5mm，以免磨掉淬硬层。天津 TJ376Q 型发动机规定磨削量不得大于0.8mm。当磨损量较大，杆端硬度偏低时，可采用镀铬法补偿磨损量并提高硬度。

（4）气门头部的检修。先通过外观检查气门头部有无烧蚀和裂纹，对于头部蠕变，可通过测量气门顶的凹心量了解蠕变情况，如图 4-18 所示。

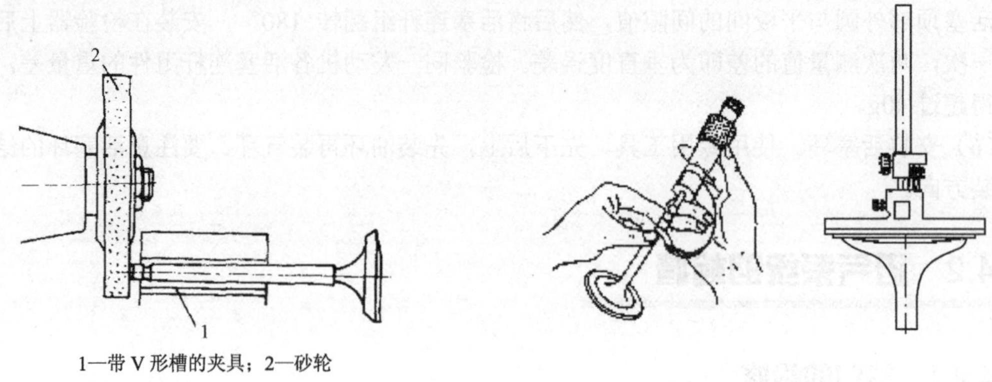

1—带V形槽的夹具；2—砂轮

图4-17　气门杆尾端的磨平

图4-18　气门的检查方法

（5）气门工作锥面的检修。直观检视法检查气门工作锥面的损伤程度；气门的工作锥面不得有明显的点蚀、烧蚀现象及明显的磨损凹痕，否则应在气门光磨机上进行磨削修复。其光磨方法如下：

a. 按气门杆的直径选择合适的夹具，并将气门装夹到光磨机上。

b. 按气门工作锥面的规定锥角调整好夹具角度。

c. 开动夹具电动机检查气门是否摇摆。

d. 开动砂轮电动机，并操纵纵向进给手柄，使砂轮缓慢靠到气门工作锥面上。

e. 转动横向手柄，使气门工作锥面在砂轮上缓慢地左右移动，对气门工作锥面进行磨削。磨至形成光滑的工作锥面后，进行 3～5 次空切削，直至砂轮与气门工作锥面间不再产生火花为止。

f. 用“0”号砂布磨光气门工作锥面。光磨后气门头部圆柱面的厚度应不小于 1mm，否则应更换新气门。

4.2.2　气门座的检修

气门座的工作锥面出现点蚀现象时，可用铰削或磨削的方法进行修复。气门座出现裂纹、松动或磨损造成气门下沉量大于 2mm 时（气门下沉量可用深度游标卡尺测量），应重新进行镶配。

（1）气门座的铰削。

铰削气门座使用专用成套铰刀，有整体高速钢和镶硬质合金刀片两种，其铰削工艺方法如下：

a. 根据气门导管内径选择铰刀导杆，一般以能够穿入气门导管内，滑动自如又无松旷量为宜（图4-19（a））。

b. 去除硬化层可用砂布垫在铰刀下进行砂磨。

c. 粗铰：先选用与气门工作面角度相同的粗铰刀，套装在导杆上，用导管导向（图 4-19（b））。铰削时，用力要均匀，转速要一致，防止起棱。

d. 试配：初铰后，应用光磨过的气门试配，以检查气门座工作面与气门头上工作锥面的接触位置，一般要求气门头上的接触位置应居中略偏向锥面小端。若接触位置偏高，可用 15° 铰刀铰削气门座外口；若接触位置偏低，则要用 15° 铰刀铰削气门座内口（图4-19（c）、（d））。

使用 15° 或 75° 铰刀每铰削一次，均会改变原工作带的宽度，因此，必须及时用 45°

或 30° 铰刀修整工作带，保证工作带宽度。进气门为 1.00～2.20mm；排气门为 1.50～2.50mm。

e. 精铰：选用与气门工作面相同的细齿铰刀进行最后精铰，或在铰刀下垫以砂布光磨（图 4-19（e））。

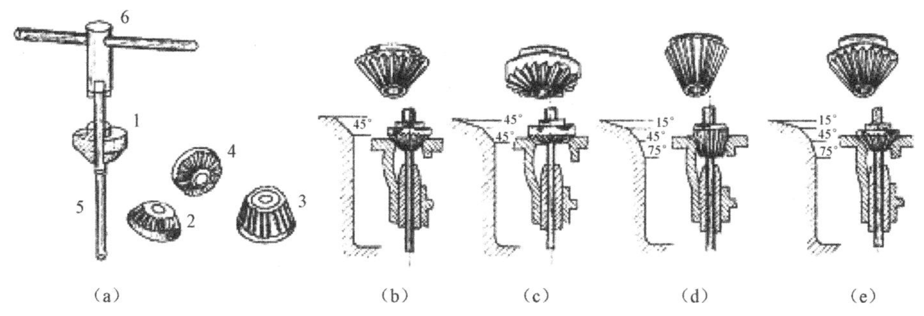

1—粗刃 45° 主锥带锥刀；2—15° 座面绞刀；3—75° 喉口修整绞刀；4—细刃 45° 主锥带锥刀；5—导杆；6—手柄

图 4-19　气门的绞削顺序

（2）气门座的磨削。

气门座的磨削是利用气门座光磨机对气门座进行磨削，与铰削气门座相比，具有速度快、效率高、质量好等特点，特别是修复硬度较高的气门座时，其效果更为理想。其操作工艺如下：

a. 选择砂轮。根据气门座工作面的锥度和尺寸选择砂轮，所选砂轮的锥角应与被修磨锥面的角度相同，砂轮的直径比气门头部直径大。

b. 修磨砂轮，以保证砂轮锥面平整且与轴孔同轴。

c. 安装光磨机。将定心导杆插入气门导管中并可靠地固定（磨削时导杆应不转动），然后将装有砂轮的磨头安装在导杆上端。

d. 将光磨机六角插头插入磨头上的六方孔中，开动电动机进行磨削。磨削过程中，光磨机应保持正直，并轻轻施加压力，而且要边磨边检查，以防磨削过量。停止磨削时，应先关闭电动机，待砂轮停转后再将其取出。

（3）气门与气门座的研磨。

气门与气门座配对研磨可进一步提高其表面质量，确保其密封性。研磨方法可选择机动研磨，其研磨效率高，减轻了工人的劳动强度，故应用越来越广泛。

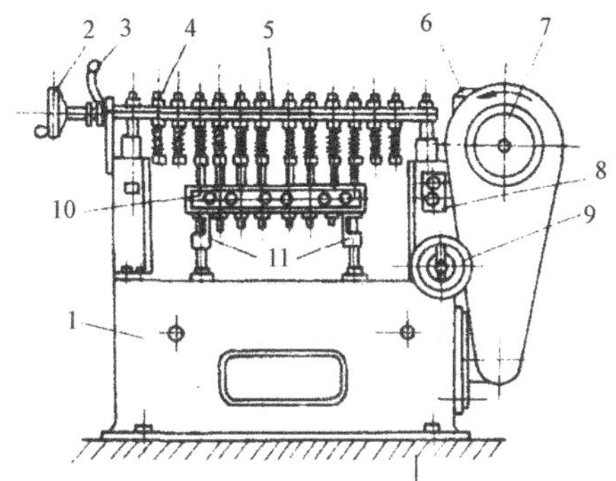

1—床台；2—磨轴手轮；3—控制机构手柄；4—磨轴柄；5—磨轴；
6—减速箱；7—磨轴手轮；8—启动开关；9—升降手柄；10—气缸盖；11—支撑架

图 4-20　气门机动研磨机

机动研磨法：

a. 用汽油将气门、气门座及气门导管清洗干净。

b. 在气门工作锥面上涂抹一层粗研磨砂（涂抹研磨砂不宜过多，以免掉入气门导管中造成气门杆及导管内孔的磨损），并在气门杆上涂以稀机油。

c. 将气门插入气门导管中，并将气门捻子吸于气门的头部。

d. 用气门研磨机带动气门进行转动和上下往复运动，同时不断变换气门与气门座的接触位置，实现气门与气门座工作锥面的配对研磨，直至在气门及气门座工作锥面上磨出一条无麻点和斑痕的完整环带。

e. 取出气门，洗去气门与气门座上的粗研磨砂，换上细研磨砂继续研磨，直至工作锥面上出现一道灰色环带。

f. 洗去细研磨砂，在气门工作锥面上涂上机油，继续研磨数分钟。

j. 研磨结束后，应对气门的密封性进行检验。生产中常用铅笔画线法进行检验，即用软铅笔在气门工作锥面上均匀地画上相隔约 4mm 的若干条素线，然后将气门插入气门座内，轻轻施加压力并转动气门 45°～90°；取出气门观察，若所画铅笔线被均匀切断，表明密封性良好，否则应重新进行研磨。也可用渗油法进行检查，即将气门放入相配合的气门座中，将汽油或煤油浇于气门顶面上观察有无渗漏现象，5min 内应无明显渗漏，否则应重新研磨。

（4）气门座的镶换。

气门座出现裂纹、松动、磨损或多次铰削造成气门下沉量大于 2mm 时，可按如下步骤进行镶换：

a. 拆除旧气门座。用拉器或撬棒将旧气门座取下（原来未镶过气门座时，可在气缸盖上镗出气门座承孔）。

b. 检修气门座承孔。用内径量表进行测量，气门座承孔的圆度误差应不大于 0.02mm，圆柱度误差应不大于 0.05mm，否则应按修理尺寸对承孔进行修复（每级加大 0.50mm）。

c. 选配新气门座。按照气缸盖上的承孔尺寸选择新的气门座。新气门座的材料应与基体相近，而且其过盈量应符合要求。

d. 安装新气门座。将气门座放入液氮或干冰中冷却，或将气缸盖放入机油中加热后，将气门座装入承孔中。温度达到正常后，将气门座高出部分修平。

4.2.3 凸轮轴的检修

凸轮轴的主要损伤形式是凸轮表面产生点蚀及磨损、支承轴颈磨损、凸轮轴产生弯曲及裂纹、偏心轮及驱动齿轮磨损等。

1. 凸轮轴裂纹的检修

凸轮轴的裂纹可用磁力探伤法进行检验，出现裂纹时应更换新件。

2. 凸轮轴弯曲变形的检修

凸轮轴的弯曲变形可用百分表进行检验（见图 4-21），以两端轴颈为支点，用 V 形架将凸轮轴支承在平台上，将百分表的测量触头抵靠在凸轮轴的中间轴颈上（凸轮轴支承轴颈为偶数时，对中间两道轴颈进行测量），缓慢转动凸轮轴一周，百分表所指示的最大值与最小值之差（即径向圆跳动）应不大于 0.10mm，否则应对其进行压力校正，校正后的径向圆跳动应不大于 0.03mm。

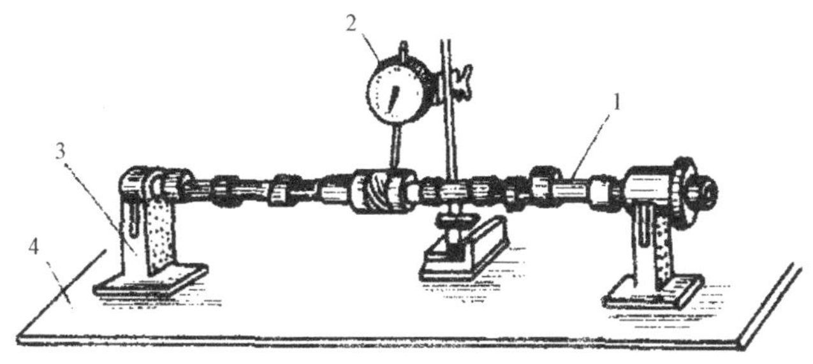

1—凸轮轴；2—百分表；3—V 形支架；4—平板

图 4-21　凸轮轴弯曲的检验

3. 凸轮轴轴颈磨损的检修

凸轮轴的轴颈磨损后，圆度和圆柱度会超差，径向摆差会增大。直径、圆度和圆柱度可用外径千分尺测量，径向跳动的检测与弯曲变形的检测方法相同。若轴颈的圆度、圆柱度偏差大于 0.015mm，需进行轴颈的修磨。

凸轮轴轴颈的修复方法有两种，一是修理尺寸法，可按规定减小修理尺寸，将轴颈磨小至某级，再选配相应同级修理尺寸的轴承（轴套）。另一种修理方法是镀铬，恢复原尺寸精度或按磨损后的轴承尺寸加大轴颈尺寸。

修磨轴颈外圆可在精密外圆磨床上进行，修磨后的凸轮轴轴颈的圆度和圆柱度误差不得大于 0.005mm，表面粗糙度不得大于 R_a0.8，中间轴颈的最大径向跳动不得大于 0.025mm。

4.2.4　曲轴箱通风装置检修

曲轴箱通风装置只需保养，更换损坏、磨损零件，而不需修理。如发现下述情况时，应进行检查与排除。

① 发动机机油消耗量超标，怠速不稳或消失时；

② 当油底壳密封垫或曲轴前后端出现漏油时；

③ 发现化油器腔体迅速变黑，空气量孔经常堵塞时。

除进行针对性的检查外，应对通风装置的单向阀、计量阀和空气滤清器进行检查、保养和维修。

4.3　冷却润滑系统的检修

4.3.1　机油泵的检修

1. 齿轮式机油泵的检修

（1）检查齿轮与泵壳径向间隙。如图 4-22 所示，拆下泵盖，在齿轮上选一与啮合齿相对的轮齿，用塞尺测量齿顶与泵壳间的间隙。然后转动齿轮，用相同的方法测量其他轮齿与泵壳间的间隙，若径向间隙超过允许极限值，应更换机油泵总成。

（2）检查齿轮与泵盖轴向间隙。如图 4-23 所示，拆下泵盖后，在泵体上沿两齿轮中心连线方向上放一直尺，然后用塞尺测量齿轮端面与直尺之间的间隙，若间隙超过允许极限值，应更换机油泵总成。

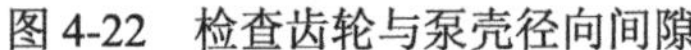

图 4-22　检查齿轮与泵壳径向间隙

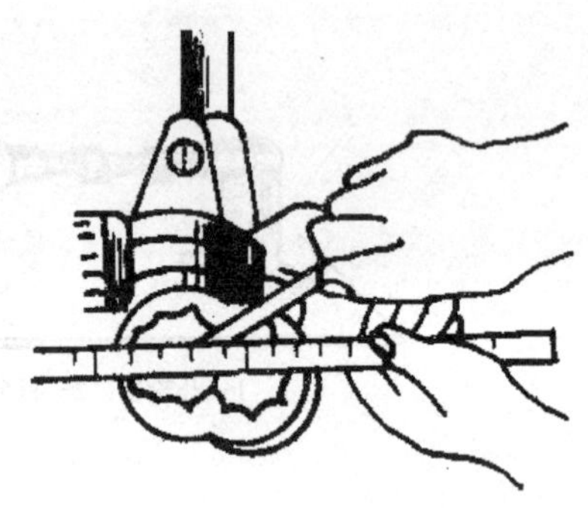

图 4-23　检查齿轮与泵盖轴向间隙

（3）检查齿轮啮合间隙。如图 4-24 所示，拆下泵盖，用塞尺测量主动齿轮与从动齿轮啮合一侧的齿侧间隙，若超过允许极限值，应更换机油泵总成。

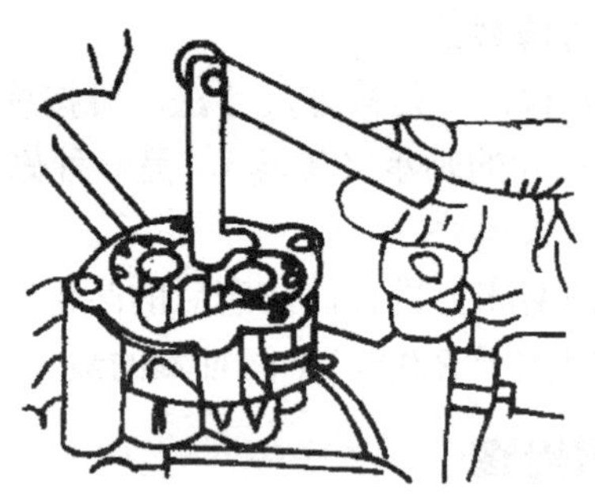

图 4-24　检查齿轮啮合间隙

（4）检查主动轴与轴孔配合间隙。分别测量机油泵主动轴直径、泵体上主动轴孔径，并计算其配合间隙。若配合间隙超过允许极限值，应进行修复或更换新件。

（5）检查从动轴与衬套孔配合间隙。分别测量机油泵从动轴直径及其衬套孔径，并计算其配合间隙，若配合间隙超过允许极限值，应更换衬套。

（6）检查机油泵限压阀。限压阀常见故障是发卡而导致机油压力过高或过低，检查时，拆下限压阀，清洗阀孔和阀体，将限压阀钢球（或柱塞）装入阀孔，移动时应灵活无卡滞现象。在实验台上检查限压阀的开启压力，应符合标准。

2．转子式机油泵的维修

（1）检查转子轴与轴孔配合间隙。分别测量机油泵转子轴直径和泵壳上的轴孔内径，并计算其配合间隙。若配合间隙超过允许极限值，应更换机油泵总成。

（2）检查外转子与泵壳配合间隙。如图 4-25 所示，拆下泵盖，用塞尺测量外转子与泵壳之间的间隙，若超过允许极限值，应更换机油泵总成。

（3）检查内转子与外转子啮合间隙。如图 4-26 所示，拆下泵盖，用塞尺测量内转子与外转子啮合间隙，若超过允许极限值，应更换机油泵总成。

图 4-25 检查外转子与泵壳配合间隙

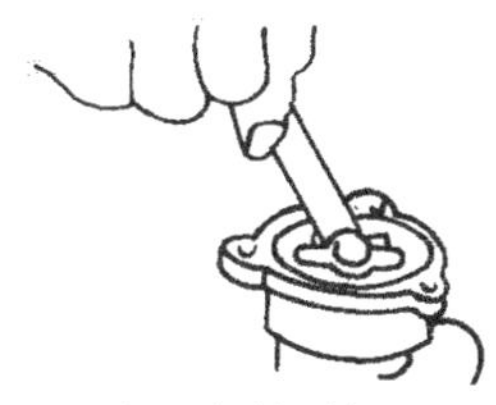

图 4-26 检查内转子与外转子啮合间隙

（4）检查转子端面与泵盖轴向间隙。如图 4-27 所示，拆下泵盖，用塞尺和直尺测量转子端面与泵盖轴向间隙，若超过允许极限值，应更换机油泵总成。

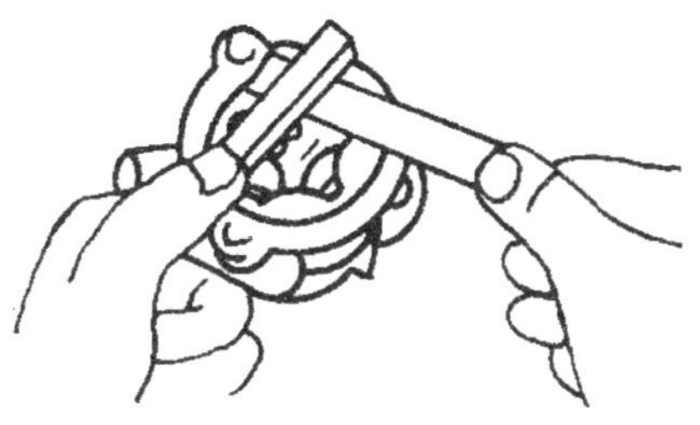

图 4-27 检查转子端面与泵盖轴向间隙

3. 机油泵的装配与调试

机油泵装配时，应边安装边复查各部位配合间隙，尤其是要复查机油泵齿轮或转子端面与泵盖的轴向间隙，此间隙过大，机油泵工作时，润滑油会从此间隙漏出，使供油压力降低。

机油泵装配后应进行调试。简便的方法是：将进油口浸入清洁的润滑油内，用手转动机油泵轴，润滑油会从出油口流出来，用拇指堵住出油口，会有压力感，且泵轴转动困难。如条件允许，最好在试验台上对机油泵的泵油量和泵油压力进行测试。

4.3.2 水泵的检修

（1）水泵的常见损伤。

a. 水泵壳体裂纹多为使用、维修拆装不当造成；

b. 水泵轴的弯曲、磨损多为前端皮带轮皮带调整过紧或机械碰撞造成的；

c. 水泵轴承松旷损坏是使用中磨损、润滑不良、漏水、锈蚀等引起轴承损坏，并产生异响等；

d. 水封损坏，水封磨损，橡胶水封老化变质而漏水不止；

e. 水泵叶轮损坏多为腐蚀和气蚀现象造成，尤其是气蚀现象的产生对叶轮的危害极大，如图 4-28 所示。

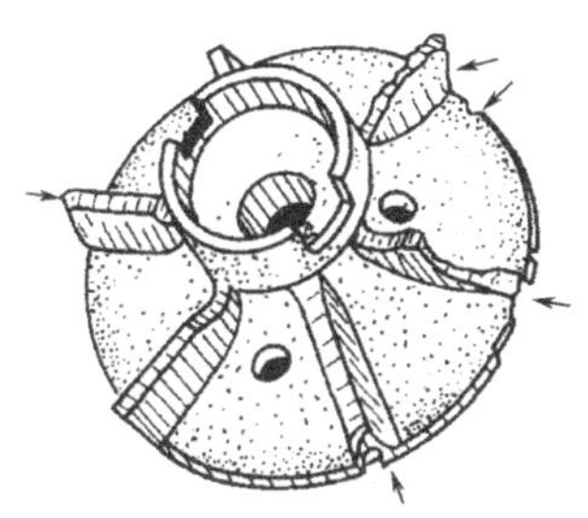

图 4-28 气蚀毁坏的叶轮

（2）水泵壳体的检修。

a. 水泵壳经敲击法检查或试压检查发现裂纹后，如不是关键部位，又有修复价值，可在裂纹两端钻直径 3mm 的止裂孔，再沿裂纹开 V 形坡口，经预热、焊接、保温，缓慢冷却。如裂纹在加工面上，焊后需再加工。

b. 轴承座孔配合间隙一般应为－0.02～＋0.02mm，若经多次拆装修理或使用中磨损松旷，可酌情进行镶套、座孔刷镀、轴承外圈刷镀或镀铬等方法修复。

c. 水封密封端面磨损产生沟槽、不平、麻点等缺陷，可对端面进行研磨，或锪平、修磨再抛光。

d. 水泵壳大端面的不平度不得大于 0.05mm，因挠曲变形，可采用车削、磨削或锉削修复，但总加工量不得大于 0.5mm，以保证叶轮与端盖的端面间隙（0.05～1.00mm）。为保证此间隙，也可采用加厚端盖垫片的方法解决。

e. 螺孔的损坏可采用加大螺孔、螺钉尺寸的方法，也可将损坏的螺孔焊补后再钻孔攻丝。

（3）水泵叶轮的检修。

水泵叶轮的损伤一般是叶片破损和叶轮与水泵壳体径向间隙因磨损而增大及叶轮孔与轴配合间隙过大的滑脱。

a. 水泵叶轮破损可用堆焊法修复，叶轮外径与水泵壳工作腔内壁的径向间隙最大不得超过 3mm。如上述两项损坏超差，应更新叶轮。

b. 叶轮内孔与水泵轴的配合，车型不同要求也不同。NJ130 型汽车配合间隙为 0.05mm，黄河 JN150、JN151 型则为过盈配合。过盈配合的修复最好采用镶套法，如不影响拆装工艺也可采用水泵轴与叶轮配合部位镀铬修理法。

（4）水泵轴的检修。

水泵轴弯曲可用摆差检查仪或架在V 形块上，用百分表检查，当超过 0.05mm 时，可直接进行冷校修理。水泵轴前后轴承部分磨损（间隙大于 0.03mm）后，可采用镀铬、刷镀等修理方法修复。水泵轴两端的内外螺纹损坏超过两牙时，可采用堆焊后重新加工螺纹（外螺纹）或扩大螺孔尺寸的办法（内螺纹）修复。

（5）水泵水封的检修。

a. 使用一定时间后的胶木密封垫，拆装水泵后就应更新胶木垫。水泵壳的密封端面也应进行研磨修光。

b. 橡胶水封座圈、皮碗老化后应换新件。

c. 水封弹簧疲劳软化也应更新。

d. 胶木水封垫圈更新后，如有毛刺或不平整时，可用细砂布研磨。

（6）水泵的装配。

a. 把水泵体加热。

b. 用水泵轴承专用拆装工具，把水泵轴承压进水泵体；配合过盈量为 0.027～0.031mm。

c. 在水泵的连接部位涂抹液态密封胶。当每次将水泵总成分解再重新装复时，必须更换新的水封副，并用水泵大修专用拆装工具压进。

d. 在安装水泵叶轮以前，应将沟槽部位清理干净，因为那是水封副的定位面。清理干净后，将密封垫圈放进水泵叶轮，将水泵叶轮压进水泵壳体并试运转。

e. 用水泵大修专用拆装工具把 V 形皮带轮压到规定的位置。

f. 水泵的装复按分解的反顺序进行。

（7）水泵装复后的检验。

a. 左右旋转，前后拉动，检查水泵轴承以及与承孔的间隙，泵轴应无阻滞现象，叶轮与泵壳体应无碰击声响。如松动过甚或有碰击现象，应予修整或更换。

b. 检查水泵密封圈有无漏水情况，检视是否有来自排泄孔的冷却液泄漏的痕迹。

4.3.4　节温器的检修

若发动机温度过高，而散热器的温度并不高，或散热器上储水箱温度高，下储水箱却较冷时，可能是节温器的阀门没打开或阀门升程太小，应检查更换节温器。

将节温器卸下后，放在如图 4-29 所示的检验装置中，挂在支架上，用温度计标示烧杯内水的温度，为使杯中水温均匀，要常用搅棒搅动。首先将水加热至节温器阀门的开启温度，保持该温度 5min 以上。一般良好的节温器，温度在 343K（70℃）时开始开启，然后再继续加热，将水温升高至完全开启的温度 353～356K（80～83℃），再保持 5min 或稍长一段时间，再检查节温器阀门的升程是否达到规定的数值。然后将水温降至开始开启的温度，检视阀门是否回落。如果初开和全开温度高于规定温度或升程过小，则说明节温器不合格，应予更换。常用车型节温器的检测标准见表 4-1。

表 4-1　常用车型节温器检测标准

车　　型	开启温度（K）	全　　开	
		温度（K）	高度（mm）
上海桑塔纳 JV 发动机	360± 2	375± 3	>7
天津夏利 TJ7100 型用 TJ376Q 发动机	355± 2	368	8
东风 EQ1090 型用 6100Q-1 发动机	349	359	8～9
北京 BJ2020N 用 492Q 发动机	341～345	353～359	>9

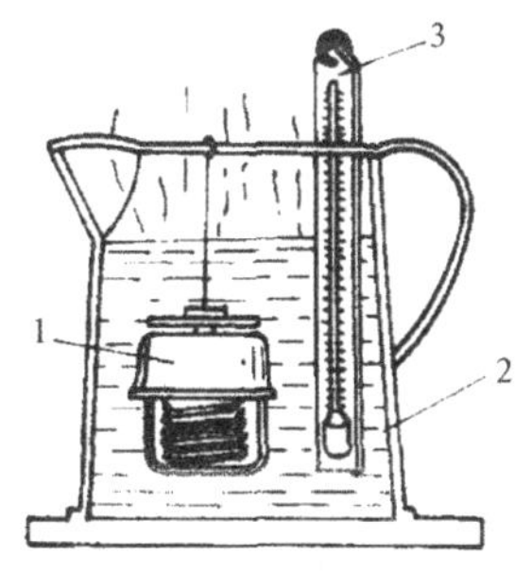

1—节温器；2—水；3—温度计

图 4-29　节温器的检测

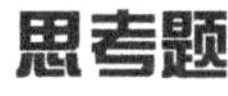

思考题

1. 如何检查气缸体裂纹?气缸体裂纹如何修理?
2. 如何检查气缸体上平面的平面度误差?如何修理?
3. 如何检查气缸磨损?
4. 如何进行曲轴轴径磨损的检修?

5. 活塞环安装时应注意什么?
6. 活塞连杆组的拆装应注意什么?
7. 活塞与气缸选配的目的是什么?如何进行选配?
8. 如何进行活塞环漏光度的简易检验?
9. 活塞环的端隙、背隙和侧隙如何检查?
10. 如何检查连杆弯曲、扭曲变形?
11. 活塞连杆组的组装应注意什么?
12. 如何进行气门弯曲的检验?
13. 如何进行气门的铰削?
14. 如何进行气门座的磨削?
15. 如何进行凸轮轴弯曲变形的校正?
16. 如何进行曲轴箱通风的检查?
17. 齿轮式机油泵的检修项目有哪些?
18. 转子式机油泵的检修项目有哪些?
19. 如何进行水泵各部件的检修?
20. 如何进行节温器的检修?

第5章　汽车底盘维护

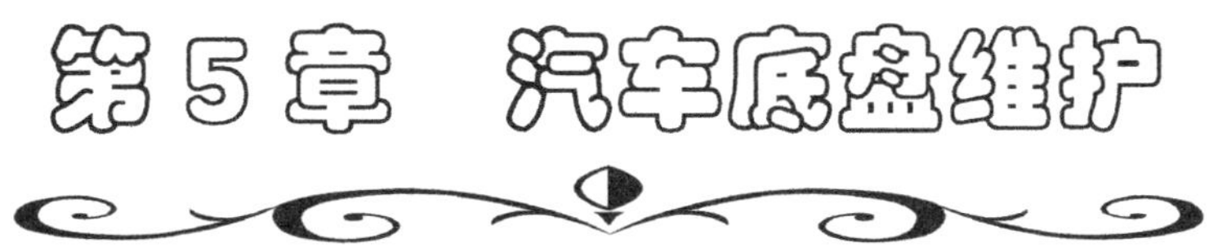

5.1　汽车底盘二级维护检测

汽车底盘二级维护是指除完成一级维护作业外，以检查，调整为主，并拆检轮胎，进行轮胎换位，作业周期为10^4km左右。

底盘二级维护是维护作业中的最高一级。二级维护要求在维护前进行不解体检测诊断，确定附加作业项目，强调对安全部件的检查、调整。

汽车底盘二级维护首先要进行检测，具体项目见表5-1。

表5-1　汽车底盘二级维护基本检测项目

序号	维护项目	检测内容	技术要求
1	离合器	检查、调整离合器踏板自由行程	符合规定
2	变速器、差速器	检查润滑油、密封状况和操纵机构，清洁通气孔	1.润滑油足量，密封良好，通气孔畅通 2.操纵机构作用正常，无异响、跳动和乱挡现象
3	自动变速器	基本检查	1.添加或更换自动变速器油 2.符合规定
4	传动轴、传动轴支架和中间轴承	1.检查防尘罩 2.检查传动轴万向节工作状况 3.检查传动轴支架和中间轴承间隙	1.防尘罩不得有裂纹、损坏，支架无松动 2.万向节不松旷，无异响 3.传动轴支架无松动 4.中间轴承间隙符合规定
5	车轮定位及转向角	调整	符合规定要求
6	车轮和轮胎	检查、紧固、充气，进行轮胎换位，磨损严重时更换轮胎	气压符合规定，清洁、无裂损、老化和变形，气门嘴完好，轮胎螺栓紧固，轮胎的装用符合规定
7	转向器和转向传动机构	1.检查转向器、转向传动机构的工作状况和密封性，校紧各部位螺栓 2.检查调整转向盘的自由行程	1.转向盘的自由行程符合规定 2.转向轻便、灵活，无卡滞、漏油现象，转向节臂等无弯曲和裂损 3.各部位螺栓联接可靠

5.2　二级维护附加作业项目

汽车底盘二级维护附加作业项目的确定，要根据检测结果进行。附加的作业项目和内容，以消除汽车故障为目的，恢复汽车的正常技术状况。附加作业项目确定后要与基本作业项目一并进行二级维护。

5.3 离合器的维护

国产中型载货汽车的离合器，一级维护时，应检查离合器踏板的自由行程。二级维护时，还要检查分离轴承回位弹簧的弹力，如有离合器打滑、分离不彻底、接合不平顺、分离时发响发抖等故障发生，还要对离合器进行拆检，以及更换从动盘、压盘、回位弹簧及分离轴承等附加作业项目。对其他车型应根据用户手册推荐的行驶里程按离合器维护项目进行。

5.3.1 离合器的解体

1. 离合器解体注意事项

（1）从飞轮上拆下离合器总成时，应首先检查有无拆装标记，无拆装标记时应补作后再进行拆装，以免组装后破坏原系统的平衡。

（2）离合器总成解体时，为防止离合器盖的变形和零件弹出，必须用专用拆装工具，并按对角线交替、均匀地拧松紧固螺栓。

2. 离合器解体

用专用工具压紧后（见图 5-1），拧下连接螺栓或钻去铆钉，取下相关零件，放松专用工具即可。

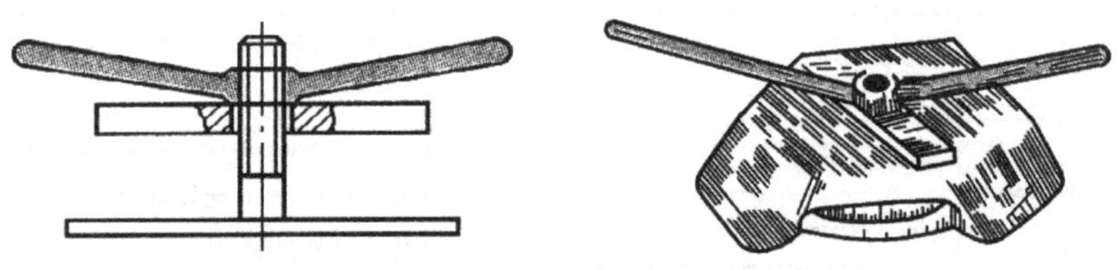

图 5-1 离合器专用拆装工具

5.3.2 离合器踏板高度的检查和调整

（1）检查离合器踏板高度是否正确（见图 5-2）。

（2）如果离合器踏板高度不符合原车要求，应进行调整：拧松锁紧螺母（见图 5-2），旋转调整螺栓，直到高度符合要求为止，之后拧紧锁紧螺母。

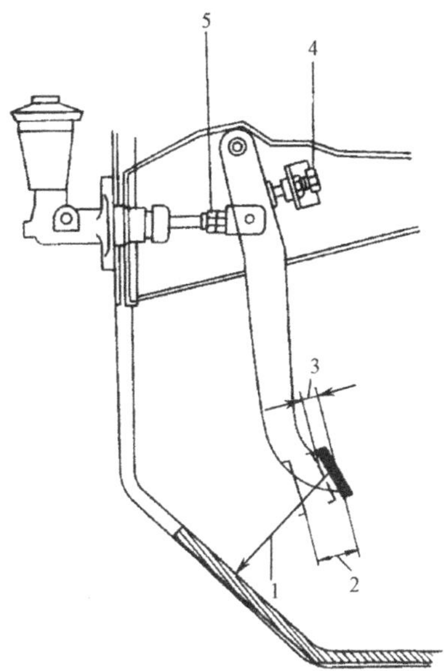

1—踏板高度；2—踏板自由距；3—推杆距；4—踏板高度调整点；5—推杆距和踏板自由距调整点

图 5-2　离合器踏板的高度

5.3.3　离合器踏板自由行程的检查和调整

离合器踏板自由行程：驾驶员在踩下离合器踏板后，需要先消除操纵机构中的机械、液压间隙和离合器分离间隙，然后才能分离离合器。为消除这些间隙所需要的离合器踏板行程，称为离合器踏板自由行程。测量时用手压离合器踏板直至感到踏板阻力增大时，测量踏板所移动的距离，即为离合器踏板自由行程。

若离合器踏板自由行程不符合原车要求，应进行调整。其调整方法依据操纵机构形式不同而异。但捷达轿车离合器拉线是免调整拉索,具有自动补偿离合器踏板自由行程的功能。

1. 机械操纵式

其操纵机构通过拉杆（解放 CA1091 及东风 EQ1090 型汽车）或绳索（捷达及上海桑塔纳轿车）将加在离合器踏板上的动作传给分离叉，实现离合器的分离与接合。

（1）拉杆式操纵机构。解放 CA1091 和东风 EQ1090 型汽车的离合器均采用拉杆式操纵机构，而且均用踏板拉杆上的球面螺母来调整离合器踏板的自由行程。当自由行程小于标准值时，可将球面螺母退出以增加拉杆有效长度。上述两种车型的离合器踏板自由行程的标准值为 30～40mm。

（2）绳索式操纵机构。上海桑塔纳轿车离合器踏板自由行程为 15～25mm。离合器踏板自由行程的调整可通过如图 5-3 所示的螺母进行。将螺母逆时针转动，踏板自由行程加大。另外，调整时应注意分离叉传动臂支架之间的距离为 200±5mm。如该距离不当，可将分离叉传动臂固定螺母松开，将传动臂从分离叉支撑上取下，转过一个角度后装复，直至该距离达到标准值为止。

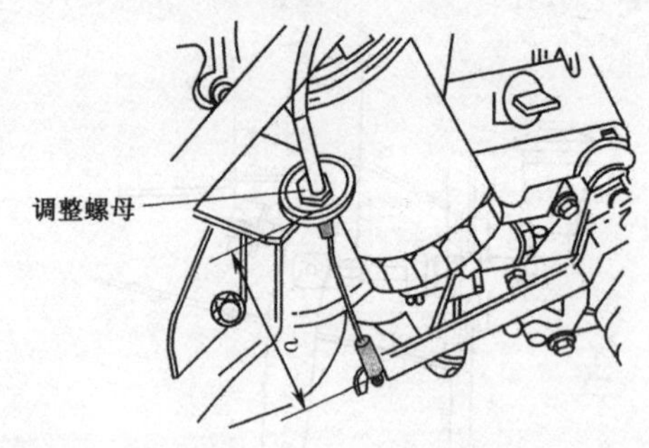

图 5-3　桑塔纳轿车离合器踏板自由行程的调整

（3）自动调整式。捷达轿车离合器拉线是免调整拉索，具有自动补偿离合器踏板自由行程的功能。当离合器摩擦片磨损变薄后，无需人工调整离合器操纵机构。如图 5-4 所示，离合器拉线一端连接在离合器踏板上，另一端连接在离合器分离杠杆上，拉线呈圆弧状布置，自动调整机构在拉索中间。

离合器摩擦片未磨损时的拉线弧度情况如图 5-5 所示。离合器摩擦片磨损后，从理论上讲拉线须变长，自动调整机构通过缩短波形护套使拉线伸长，使拉线弧度变得较平滑。

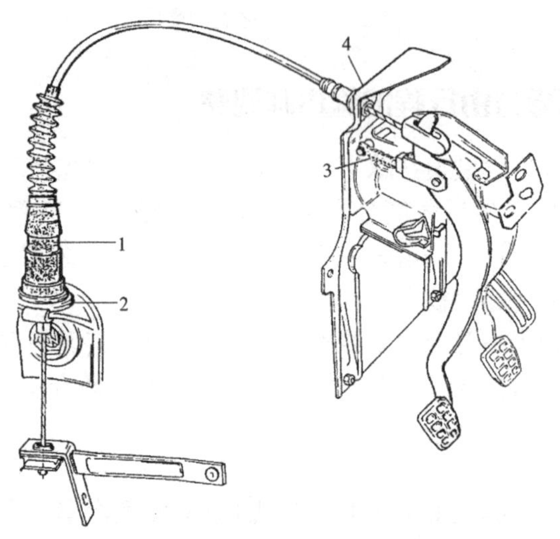

1—自动调整装置；2—固定点 B；3—助力弹簧；4—固定点 A

图 5-4　离合器拉索结构图

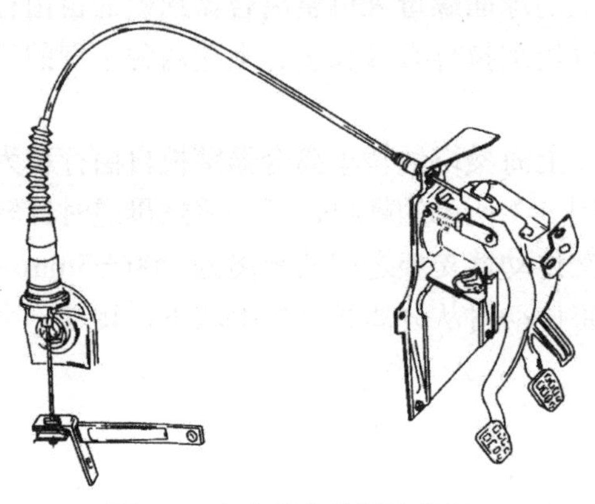

图 5-5　离合器拉线原始状况

自动调整机构的工作原理如下：

a. 接合。离合器接合时，拉线与波顿弹簧力相平衡，锁止锥块与锁球有间隙，调整机构处在未被锁止的状态，如图 5-6 所示。

b. 分离。当离合器分离时，随着离合器踏板被踏下，拉线被拉紧，拉线试图沿直线运动，而拉线护套的弧度阻碍这种趋势，造成拉线弹簧压力增加，使得锁球与锁锥面接触并使压力逐渐增加，最后锁锥将锁球向外紧压在缸筒壁上。调整机构被锁止，这时拉线变成普通形式的拉线，如图 5-7 所示。

c. 回位。当离合器踏板放松时，拉线受拉力作用向下运动，夹持块被拉到锁球保持架的底面与锁球保持架同时向下运动，锁球脱离锁锥面，自动调整机构被松开，恢复到离合器的接合位置，如图 5-8 所示。

d. 离合器摩擦片磨损后。离合器摩擦片磨损后，在离合器接合状态下，拉线向下移动一段距离，夹持块带动锁球保持架一同向下移动一段距离，锁球保持架上的弹簧被压缩，迫使锁锥与波形护套向下运动，波顿弹簧被压缩，使调整机构处在新的平衡位置，达到拉线自动调整的目的。

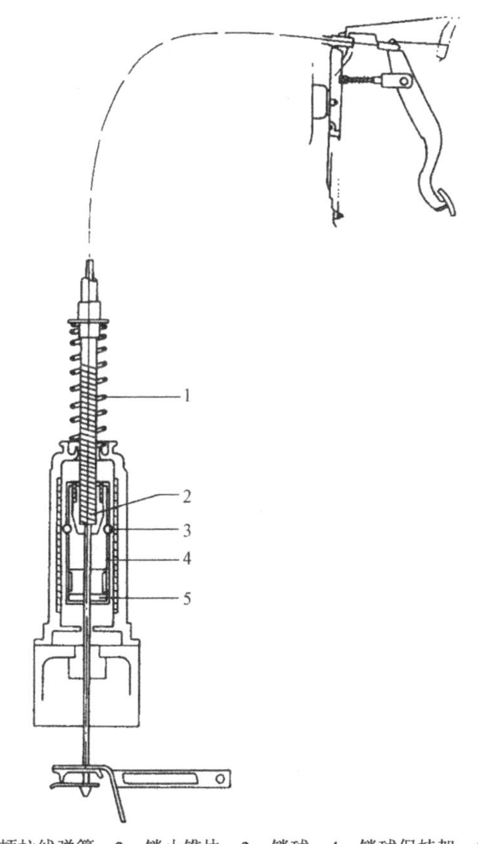

1—波顿拉线弹簧；2—锁止锥块；3—锁球；4—锁球保持架；5—底面

图 5-6　离合器波顿拉线弹簧示意图

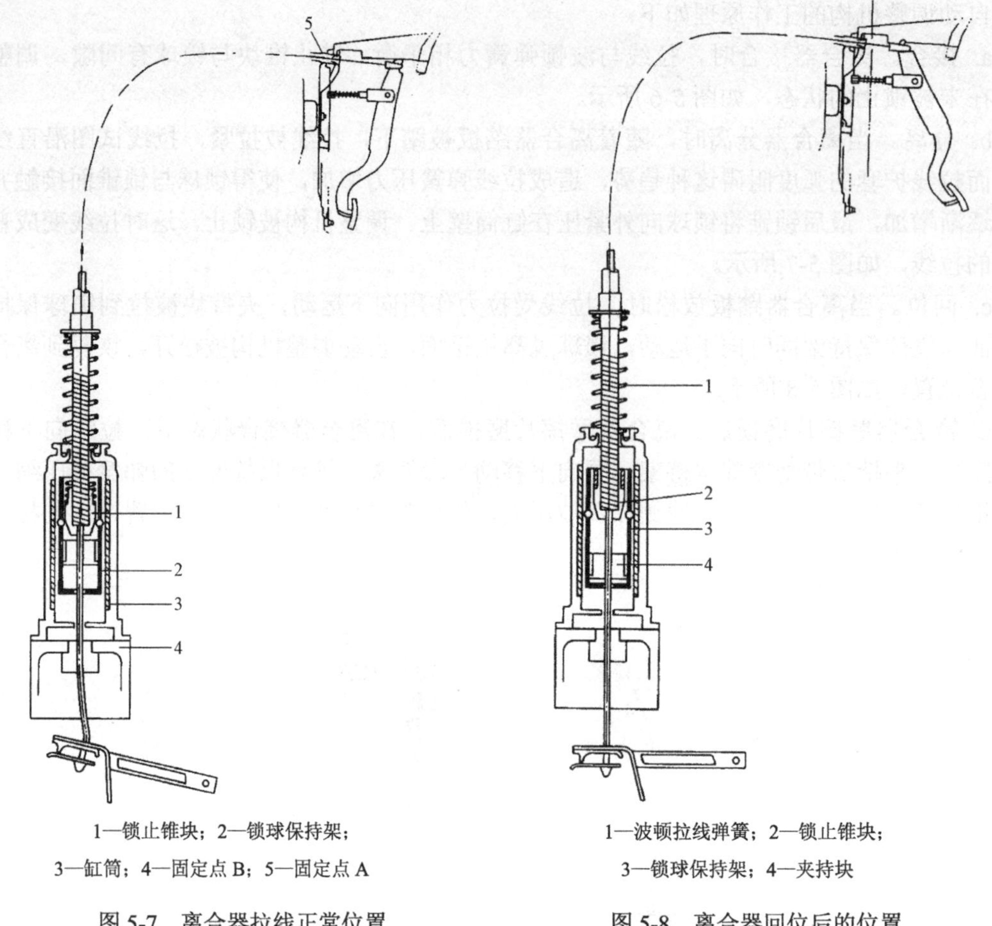

1—锁止锥块；2—锁球保持架；
3—缸筒；4—固定点 B；5—固定点 A

图 5-7　离合器拉线正常位置

1—波顿拉线弹簧；2—锁止锥块；
3—锁球保持架；4—夹持块

图 5-8　离合器回位后的位置

2. 液压操纵式

离合器主缸及工作缸的皮碗、密封圈和防尘罩，因磨损或老化而漏油应及时更换。缸筒、活塞磨损出沟槽或台阶，也应及时更换。

液压操纵式离合器的踏板自由行程，是主缸推杆与活塞之间的间隙和分离杠杆与分离轴承之间的间隙在踏板上的总反映。因此，调整也应分两步进行。

（1）北京 BJ2020 汽车离合器踏板自由行程的检查与调整。

首先应检查分离叉外端的移动量。检查时，将分离叉复位弹簧取下，来回扳动分离叉，其外端应有 3～4mm 移动量。此处间隙可通过调整工作缸推杆长度的方法进行调整；然后，轻压离合器踏板至稍有阻力为止，此段空行程应在 6mm 左右。否则可旋转踏板与主缸推杆的偏心连接螺栓来调整。上述两部位调整后，其踏板自由行程为 32～40mm。

有些车型离合器主缸推杆长度可调，其作用与上述偏心螺栓一样。

（2）北京切诺基汽车离合器踏板自由行程。

其离合器工作缸采用了较特殊的结构。如图 5-9 所示，其工作缸与分离轴承组合在一起装于变速器输入轴上。

工作缸的缸体与活塞均为空心尼龙制品，活塞前部固定着分离轴承。工作时，在油压和弹簧作用下，活塞前移推动分离轴承使离合器分离。工作缸的缸体单装有两根金属油管。一

根为放气油管，外端用支架装在飞轮壳右侧，放气螺钉伸出飞轮壳，另一根为进油管。这种工作缸的特点是弹簧力的方向与液压力方向一致，离合器接合后，分离轴承在弹簧作用下始终和分离杠杆接触，无间隙，离合器踏板的自由行程只是主缸活塞与推杆间隙的反映。

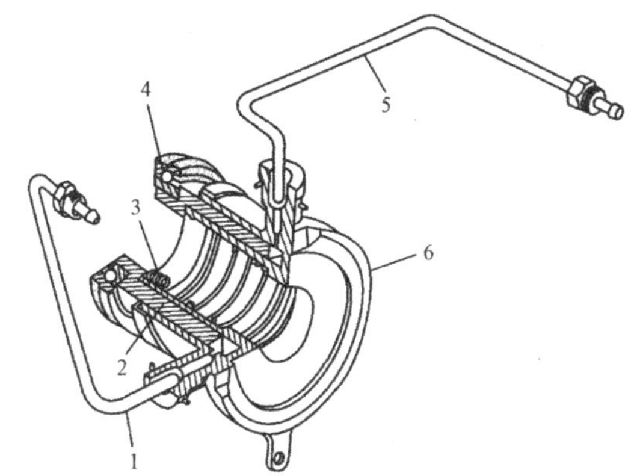

1—进油管；2—活塞；3—弹簧；4—分离轴承；5—放气油管及螺塞；6—缸体

图 5-9　切诺基汽车离合器工作缸

5.4　手动变速器的一、二级维护

对国产中型载货汽车，一级维护时应检查变速器润滑油量，清洗通气塞。油面应保持在变速器检视口下沿不低于15mm 的位置，通气塞应保持畅通。二级维护时，应检查变速器第二轴凸缘的螺母紧固情况，其力矩不得小于 196N・m。二级维护前的检查作业中，还要检查变速器是否有运转异响和了解变速器已经发生的有规律性的修理，从而判定齿轮、轴、轴承等零件的磨损情况，以及是否有断裂的可能。最后，确定是否需要在二级维护中增加拆检变速器及其他作业项目。

其他车型变速器的维护，应按使用说明书的要求进行。

5.5　自动变速器的二级维护

自动变速器的检验可以分为基础检查和专项检验两大类。目的是确定故障的原因和所在的部位，从而确定相应的修理方法。进行检验的前提是发动机工作正常，底盘性能良好，尤其是制动系统性能良好。

5.5.1　基础检查

1. 检查、更换自动变速器油

检查在冷态时油面是否处于量油尺 COOL 范围内，但 COOL 范围仅作油面位置的粗略参考，最终必须在热车时再检查油面。

在发动机和自动变速器达到正常的工作温度（70～80℃）时，再检查油面，此时油面处于量油尺 HOT 的范围，必要时应从加油管处添加合适的自动变速器油，直至油面高度符合标准为止。

2. 节气门阀拉索的检查和调整

发动机熄火后节气门应全闭，当将加速踏板踩到底时节气门应全开。节气门全开时，节气门阀的拉索标记距其套管的距离为 0～1mm。拉索的松或紧是由于车身和自动变速器相对位置的移动所造成的，应及时检查与调整，如图 5-10 所示。若节气门拉索调整不当，会导致主油路压力异常，造成油压过低或过高，使换挡执行元件打滑或产生换挡冲击。其调整步骤如下：

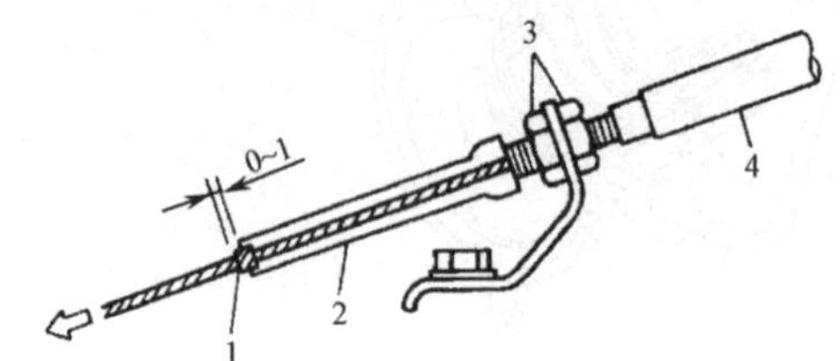

1—挡块标记；2—防尘罩套；3—调节锁紧螺母；4—外拉索

图 5-10 节气门阀拉索的检查

（1）推动加速踏板连杆，检查节气门是否全开，如不全开，则应调整加速踏板连杆。

（2）将加速踏板踩到底，将调整螺母旋松，调整节气门拉线。

（3）旋动调整螺母，节气门阀的拉索标记距其套管的距离为 0～1mm。

（4）旋紧调整螺母。

（5）重新检查调整情况，真空式还要检查真空调节器。

3. 检查和调整手控连杆机构

检查和调整手控连杆机构的重点部位是手控连杆机构位于自动变速器壳体外的部分。调整步骤：

（1）用千斤顶顶起汽车；

（2）选挡操纵手柄推至 P 位，然后转动驱动轴。如果驱动轴无法转动，说明手控连杆机构工作可靠。如果驱动轴可以被转动，表明手控连杆机构需要进行调整；

（3）找到手控连杆机构的调整部位，将其放松；

（4）调整手控连杆机构，然后将调整部位拧紧；

（5）重复步骤（2），检查驱动轴是否已可靠锁止；

（6）采取可靠的行车制动；

（7）将选挡操纵手柄推至各个挡位，起动发动机。如果发动机只有在 N 挡位或 P 挡位才能起动，说明空挡起动开关工作正常。否则，需要检查空挡起动开关。

4. 调整制动间隙

制动间隙的调整有内部调整和外部调整两种方式，调整原理基本相同。先将制动带支撑座上的调整螺钉旋入，完全消除制动间隙，再反向旋出若干圈，使制动间隙调整到规定范围（一般内部调整为旋出 2.5 圈；外部调整为旋出 3.5 圈）。

5. 发动机怠速检查

发动机怠速过高，会使自动变速器工作不正常，出现换挡冲击，引发异常的车辆蠕动问题；如怠速过低，轻则引起汽车车身振动，重则发动机熄火。因此，在对自动变速器做进一步检查之前，应先检查发动机的怠速是否正常。检查怠速时应将自动变速器操纵手柄置于停车挡（P）或空挡（N）位置。通常装有自动变速器的汽车发动机怠速为 600～800r/min。若发动机的怠速过低或过高，都应予以调整。

发动机的怠速调整应在满足下述条件后方可进行：发动机达到正常工作温度；已安装空气滤清器；进气系统所有的管路和软管均已接好；所有的附件（包括空调在内的用电器）均已关掉；所有的真空管均已正确联接；电子控制燃油喷射系统（EFI）的配线连接器已完全插好；点火正时已正确设定，自动变速器位于空挡。

满足上述条件后，可将转速表接至发动机，并开始检查怠速。检查时，最好先将发动机以 2500r/min 的转速高速空转 1.5s，然后检查怠速转速的高低。

5.5.2　专项检验

1. 失速检验

试验目的是通过测取选挡手柄置于 D 位或 R 位时的失速转速，检查发动机输出功率大小、变矩器性能的好坏、自动变速器中离合器和制动器是否打滑。

进行试验时，为保证安全，应选择开阔且有良好附着力的平坦地面；变速器油温在 50～80℃。

试验方法：先用垫木将前后车轮塞住，然后将转速表接至发动机，拉紧驻车制动，再将制动踏板牢牢地踩到底。起动发动机怠速运转，将选挡手柄拉到 D 位，再把加速踏板一脚踩到底，记下发动机的最高转速，即为失速转速。然后置于 R 位，进行相同的试验。

大部分自动变速器的失速转速标准为 2300r/min 左右。若失速转速高于标准值，说明主油路油压过低或换挡执行元件打滑；若失速转速低于标准值，则可能是发动机动力不足或液力变矩器有故障。

2. 时滞试验

在发动机怠速运转时，将选挡手柄从 N 位换到 D 位或 R 位，需要有一段时间的时滞或延时才能使自动变速器完成换挡工作，这段时间称为时滞时间。时滞试验的目的是进一步判断主油路油压及换挡执行元件的工作是否正常。

测定时滞的时候，先用驻车制动锁住汽车，然后起动发动机，在关掉空调系统的前提下检查怠速转速是否在允许的范围内。如是，则将选挡手柄从 N 位换至 D 位，用秒表测量从换挡开始至感觉汽车震动为止所需的时间。然后用同样的方法，测量 N 位至 R 位时的时滞。大部分自动变速器 N 位至 D 位的时滞时间应小于 1.2s，N 位至 R 位的时滞时间应小于 1.5s。

3. 液压试验

其目的是测量控制管路中的液压，用来判断各种泵、阀工作性能的好坏，以便调整或换件修理。

方法及步骤：

（1）拆下自动变速器壳体上的测试塞，将油压表连接上。

（2）拉紧驻车制动，起动发动机，达到正常油温（50～80℃）。

（3）测出D挡位和R挡位在怠速时油压数值，与规定值比较。

如发现：

（1）D挡位和R挡位都过高，说明主油路调压阀有故障，可更换新弹簧或调节垫片数量。

（2）D挡位和R挡位都过低，说明主油路调压阀有故障，调整或更换弹簧。如仍偏低，则油泵有故障。

（3）只有D挡位过低，说明D挡油路有漏泄或前离合器漏油。

（4）只有R挡位过低，说明R挡油路有漏泄或后离合器漏油。

4. 道路试验

道路试验是对汽车自动变速器性能的最终检验，检验内容侧重于换挡点、换挡冲击、振动、噪声和打滑等诸方面。进行道路试验时，由于只能凭试验人员的感觉来判断是否已换挡，所以试验人员应尽可能多地积累操纵各种自动变速器的经验。

道路试验前，汽车的发动机、底盘等各总成或系统的技术状态应完好，自动变速器需经过了各种检查和试验。考虑到决定自动变速器换挡规律的升、降挡换挡点因具体的车辆型号不同而异，所以在进行道路试验前，要设法找到被试车型自动变速器的换挡规律图或换挡一览表，以便加以对照检查。

5.6 驱动桥的维护

国产中、重型载货汽车后桥的维护在一、二级维护中占有重要的位置。

5.6.1 一级维护

一级维护时，对后桥和车轮应进行如下的维护作业：

（1）检查后桥壳是否有裂纹及不正常的渗漏。如有渗漏，应查明原因，予以排除。

（2）检查各部螺栓、螺母的联接是否可靠。

（3）后桥壳体内的润滑油量是否合适，其油面应不低于检视孔下沿 15mm 处；通气塞应保持畅通。

（4）用推动轮毂来检查轴承的紧度时，应无明显松旷量。

5.6.2 二级维护

二级维护除进行一级维护的所有项目外，还应进行如下内容：

（1）检查半轴应无弯曲、裂纹，键槽应无过度磨损。如有可视的键槽磨损时，应进行左右半轴的换位。

（2）拆下轮毂，检查半轴套管是否有配合松旷和裂纹，各螺纹的损伤不得超过2牙。

（3）放油后，拆下后桥壳盖，清除油污并检视齿轮、轴承及各部螺栓紧固情况，必要时可以更换齿轮和轴承。

（4）检视主减速器的油封有无漏油，凸缘螺母是否松动，检查主减速器连接螺栓的松紧度。

（5）检查轮毂轴承的紧固情况，必要时按技术条件的要求校紧。

后桥维护的附加作业项目：主减速器有无异响，如有异响，说明轮齿磨损或啮合间隙过大，应调整啮合间隙并检查齿面接合状况。

检查后桥在正常工作时的油温是否超过 60℃并伴有异响。如有此现象说明齿轮啮合不当或轮齿有折齿，也可能是由于轴承预紧度过大，应拆检主减速器和差速器。

上述作业结束后，装复后桥壳后盖，按规定加注符合原厂规定的齿轮油至规定油面。

5.7　车轮和轮胎的维护

车轮和轮胎的维护应结合车辆的维护强制执行。车辆分日常维护、一级维护和二级维护，轮胎维护的分级和周期与车辆维护相同。

5.7.1　轮胎的日常维护

汽车轮胎的使用与维修可按交通部标准《汽车轮胎使用与维修要求》JT/T303—96 进行。日常维护包括出车前、行车中和收车后的检视。主要是检视轮胎气压和有无不正常的磨损和损伤，并及时消除它。其内容有：

1. 出车前检视

（1）用气压表检查轮胎气压是否符合规定，气门嘴是否漏气，气门帽是否齐全，气门嘴是否碰擦制动鼓。

（2）检查轮胎螺母是否紧固，翼子板、挡泥板、货厢等有无碰擦轮胎现象，并设法消除。

（3）检查随车工具，如撬胎棒、千斤顶、轮胎螺母套筒扳手、气压表、手锤、挖石子钩等是否齐全。

2. 行驶中检视

（1）行驶途中检视应结合途中停车、装卸等各种机会进行。

（2）检查轮胎螺母有无松动，翼子板、挡泥板、货厢等有无碰擦轮胎现象，并设法消除。

（3）检查轮胎胎面及胎侧有无不正常的磨损和损伤，以及轮辋有无损伤。

（4）检查轮胎气压，摸试轮胎温度。

（5）及时发现并挖出轮胎夹石和花纹中的石子及杂物。

3. 收车后检视

（1）停车场地应注意干燥清洁、无油污，严寒地区应扫除停车场上的冰雪，以免轮胎与地面冻结。

（2）检查轮胎花纹并挖出夹石和花纹中的石子、杂物。

（3）停车后应注意检查轮胎有无漏气现象，并查找漏气原因，予以排除。

（4）检查轮胎螺母是否松动，备胎架装置是否牢固，以及车辆机件是否碰擦轮胎。

（5）如途中换用备胎，收车后应及时送修损坏的轮胎。

5.7.2 轮胎一级维护

（1）紧固轮胎螺母，检查气门嘴是否漏气，气门帽是否安全，如发现损坏或缺少应立即修理或补齐。

（2）挖出夹石和花纹中的石子、杂物，如有较深伤洞应用生胶填塞。特别是子午线轮胎，刺伤后更应及时修补。

（3）检查轮胎磨损情况，如有不正常磨损或起鼓、变形等现象，应查找原因，予以排除。

（4）检查轮胎搭配和轮辋、挡圈、锁圈是否正常。

（5）检查轮胎（包括备胎）气压，并按标准补足。

（6）检查轮胎有无与其他机件刮碰现象，备胎架是否完好、坚固，如不符合要求应予排除。

（7）必要时（如单边偏磨严重）应进行一次轮胎换位，以保持胎面花纹磨耗均匀。

完成上述作业后应填写维护记录。

5.7.3 轮胎二级维护

除执行一级维护的各项作业外，还应：

（1）拆卸轮胎，按轮胎标准测量胎面花纹磨耗、周长及断面宽的变化，作为换位和搭配的依据。

（2）轮胎解体检查

a. 胎冠、胎肩、胎侧及胎内有无内伤、脱层、起鼓和变形等现象。

b. 内胎、垫带有无咬伤、折皱现象，气门嘴、气门芯是否完好。

c. 轮辋、挡圈和锁圈有无变形、锈蚀，并视情涂漆。

d. 轮辋螺栓承孔有无过度磨损或损裂现象。

（3）排除解体检查所发现的故障后，进行装合和充气。

（4）高速车应进行轮胎的动平衡。

（5）按规定进行轮胎换位。

（6）发现轮胎有不正常的磨损或损坏，应查明原因并予以排除。

完成上述作业后应填写维护记录。

5.7.4 轮胎的拆装、换位和车轮动平衡检测

1. 轮胎的拆装

拆卸轮胎时，应使用换胎器，特别是轿车轮胎不得使用手动工具或撬棒。

轮胎拆卸的顺序如下：

（1）拆下气门嘴，保证轮胎充分放气。

（2）将车轮和轮胎一起放到换胎器上，使狭窄的胎圈凸缘向上，将车轮固定。

（3）把上部胎圈的一端挤压进轮辋中间的凹槽。

（4）把换胎器插脚放进胎圈和轮辋之间。

（5）转动轮胎，把胎圈从轮辋上拆下来。

（6）翻转轮胎，将轮胎另一侧从轮辋上拆下来。

将修复后的轮胎或新的轮胎安装在轮辋上，应采用下述步骤：

（1）将轮辋上的胎圈座清理干净。

（2）在胎圈和轮辋的胎圈座上涂上一层橡胶轮辋润滑剂。

（3）将轮辋固定在换胎器上，使安装胎圈的窄凸缘朝上，并把轮胎放在轮辋顶端，使轮胎胎底侧的胎圈处于轮辋的凹槽中。

（4）把换胎器插脚置于胎圈下面，把胎圈安装到轮辋上。

（5）给轮胎充气。

2. 轮胎换位

轮胎换位应结合车辆二级维护定期进行。在路面拱度较大的地区或夏季，轮胎磨损差别较大，可适当增加换位次数。

轮胎换位方法常用的有交叉换位法和循环换位法，见图 5-11。装用普通斜交轮胎的六轮二桥汽车，常用交叉换位法，并在换位的同时进行翻面。

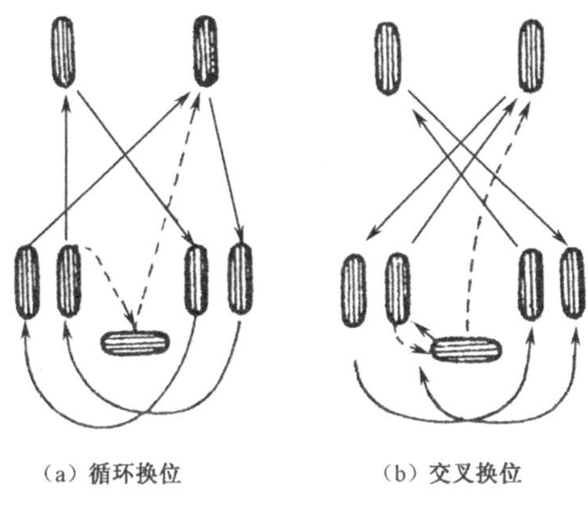

（a）循环换位　　（b）交叉换位

图 5-11　六轮二桥轮胎换位

四轮二桥汽车采用斜交轮胎也可采用交叉换位法，见图 5-12（a）；子午线轮胎宜采用单边换位法，见图 5-12（b）。

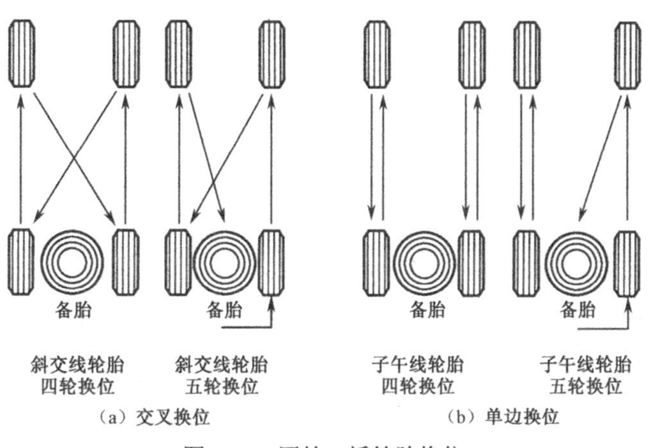

（a）交叉换位　　（b）单边换位

图 5-12　四轮二桥轮胎换位

3. 轮胎的动平衡试验

无论是新轮胎还是维修后的轮胎，在装车之前都要进行轮胎动平衡试验。特别是高速车轮胎，如果不进行动平衡试验，轮胎不平衡，将导致前轮摆振、行驶抖动等故障。车速越高，其故障现象越明显。

5.8 车轮定位的检查和调整

车轮定位的检查和调整是汽车总装后的一项重要的作业，汽车二级维护时必须检查调整车轮定位。

5.8.1 车轮定位检查

车轮定位的检查必须使用车轮定位检测仪进行检测，具体的检测方法必须按照检测仪的使用说明书进行。

5.8.2 车轮定位调整

车轮定位的调整方法根据汽车悬架形式不同其方法也不同，常见车型车轮定位参数值见表 5-2。

表 5-2 汽车前轮定位参数

型号	主销后倾角	主销内倾角	车轮外倾角	车轮前束	最大转向角
CA1091	1°30′	8°	1°	2～4 mm	左 38°
EQ1090E	2°30′	6°	1°	1～5 mm	右 30°30′
红旗 CA7220	−0°30′±30′	14.160	1.16°	0°±5′	
桑塔纳 2000	−1°30′±30′		前轮−40′±30′ 后轮−1°40′±20′	前轮−10′±5′ 后轮+25′±15′	
捷达前卫	1°30′±30′		前轮−30′±20′ 后轮−1°30′±10′	前轮 0°±10′ 后轮−1°30′±10′	
富康	1°30′±30′	10°45′±40′	0°30′±30′	空载−2～0 mm	外 31°40′、内 38°50′
天津夏利	2°55′	12°	前轮 0°20′ 后轮−40′	前轮 0～2 mm 后轮 4～8 mm	
依维柯	0°±30′	6°30′	1°	1～3mm	外 36°、内 43°
本田雅阁	3°±1°		前轮 0°±1° 后轮−0°25′±30′	0±3 mm	外 30°、内 39°±2°
切诺基	6°		0°	30mm	外 33°

1. 非独立悬架汽车前轮定位的调整

非独立悬架汽车前轮定位中的主销内倾、前轮外倾完全由前桥结构来保证，是不可调的。而主销后倾多数由前钢板弹簧在空载状态下的弧度或由钢板弹簧与前桥间的楔形垫块保证，一般情况下也不能调整，只有前轮前束可通过旋转横拉杆进行调整。

前轮前束的调整方法：

（1）确定两前轮上的同名点。同名点选择必须符合原厂规定，多数制造厂规定同名点在轮胎的中线上；也有少数厂家规定的同名点处在两轮胎内侧胎体或外侧胎体上；还有的规定同名点在轮辋内侧边缘上。

（2）将汽车停放于水平地面上并支起前桥。

（3）调整前束尺。首先调整前束尺两条链条的长度，这一长度应等于前轮轴线的离地高度。

（4）用前束尺测量前束。先伸缩前束尺两个测量管，使两个水平指针指到两个同名点上。在通过两前轮公共轴线的水平面内，分别测量出两同名点在车轮前方的距离 A 和后方的距离 B，$B-A$ 值即为前束值。

（5）调整前束。若前束值不符合原厂规定时，松开横拉杆接头，旋转横拉杆，待前束值合格后，拧紧横拉杆接头的紧固螺栓。

双横拉杆的转向桥，调整前束时，左右横拉杆应转动同样的角度，也就是左右横拉杆各自的伸长量或收缩量必须相等，否则会影响左右最大转角的正确性。

一般情况下使用普通斜交轮胎时，前束值为 5±2mm，使用子午线轮胎时，前束值为 4±2mm，而欧洲型汽车使用子午线轮胎的前束值多为 0±2mm。

2. 独立悬架汽车前轮定位的调整

采用独立悬架的汽车，其主销内倾和主销后倾一般由结构设计来保证，不需要也不能进行调整。但前轮外倾是可以调整的。有些是前轮外倾与主销内倾同时调整，主销后倾可单独调整。下面以捷达轿车为例来说明前轮外倾的调整方法。

（1）转向盘处于车辆直线行驶状态的正中位置；

（2）松开图 5-13 中所示螺母，调整前轮外倾角，使其达到标准值。

前轮前束仍通过转动横拉杆调整。

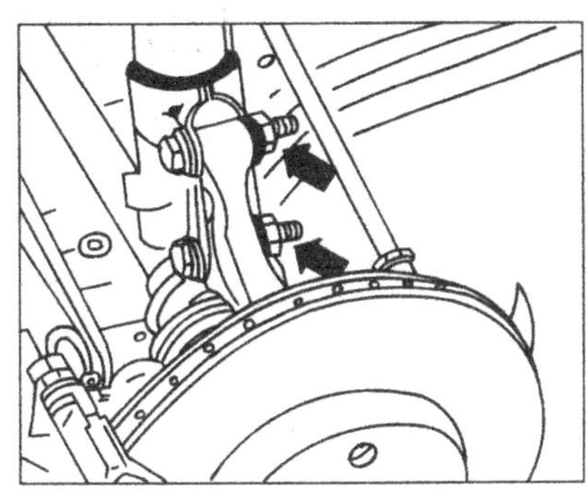

图 5-13　外倾角调整

3. 前轮最大转向角的检查和调整

前轮最大转向角如表 5-2。转向角最简易的检查调整方法是将转向盘向左、向右转到底，检查前轮前端外侧不应与轮罩相擦，后端内侧不应擦直拉杆（或前钢板弹簧），并有 8～10 mm 的距离为合适。

调整方法是旋出或旋入转向节上的转向角限位螺栓，或转动转向节壳上的一个调整螺栓进行调整，调整完毕后必须旋紧锁紧螺母。

5.9 转向系的维护

5.9.1 检查与调整转向盘自由行程

汽车处于直线行驶时，在转向盘边缘处测量自由行程，应为15～20mm。用双手握住转向盘，在轴向和直角方向上用力摇动，观察此时转向盘是否移出，由此了解转向盘与转向管柱的装配情况、主轴承的松旷量及转向柱支架的连接状况。

5.9.2 转向器的检查

（1）检查转向器外壳有无破裂和磨损，若严重则予以更换。

（2）检查各密封圈和密封环，若有泄漏必须更换。

（3）检查波形管是否完好，若有破损应更换。

（4）为保证转向装置安全可靠，不允许对转向器零件进行焊接和整形。

5.9.3 转向器的调整

转向器装配后必须检查调整齿轮齿条间隙。调整时将车辆处于直线行驶位置，松开锁紧螺母，转动调整螺栓至接触止推垫圈挡块为止。固定锁紧螺母时，应用内六角扳手固定，以防止调整螺栓转动。

5.9.4 动力转向器的检查

（1）检查动力转向器是否漏油，盖板螺栓是否松动，若螺栓松动，应拧紧。

（2）如果转向轴轴承松旷，应进行调整或更换损坏、磨损的轴承。

（3）动力转向器啮合副间隙过大或过小，通过螺栓改变补偿弹簧的预紧力，可调整转向齿条、转向齿轮的啮合间隙。

补偿弹簧的弹力出厂时已经调好，一般不需要另行调整，只有在确实有问题时才进行调整。

5.9.5 储油罐液压油的检查

1. 液面高度的检查

使发动机怠速运转，反复将转向盘从一侧极限位置转到另一侧极限位置，以提高液压油温度。检查储油罐内油量，油面应在储油罐的“MAX”处。油量不足时，在检查各部位无泄漏后，按规定牌号补充液压油至“MAX”处。

2. 液压系统的排气

检查液面高度，必要时添加液压油。使发动机怠速运转，反复使转向盘从左极限位置转

到右极限位置，直到储油罐内无气泡和泡沫为止。若液面有下降，应继续添加液压油直至达到规定的最大高度。

3. 液压油的更换

顶起汽车前桥，从储油罐及回流管中排出液压油；使发动机怠速运转，一面排油，一面将转向盘转到极限位置，直至液压油排净；添加液压油；排净液压系统中的空气。

5.9.6　转向油泵泵送压力的检查

将压力表装到连接阀体和软管之间的压力管中，起动发动机，急速关闭截止阀（不超过5min），并读出压力值。泵送压力额定值为 6.8～8.2MPa。如果没有达到额定数值，应检查限压阀和溢流阀是否完好。若不正常，应更换限压阀和溢流阀或者液压泵。

思考题

1. 离合器踏板自由行程的检查和调整有哪些内容？
2. 北京 BJ2020 汽车离合器踏板自由行程的检查与调整内容有哪些？
3. 手动变速器的一、二级维护的内容有哪几方面？
4. 驱动桥的二级维护包括哪些内容？
5. 轮胎换位方法有哪些？请以图示说明。
6. 非独立悬架汽车前轮前束的调整方法如何？
7. 转向系维护的内容包括哪些？

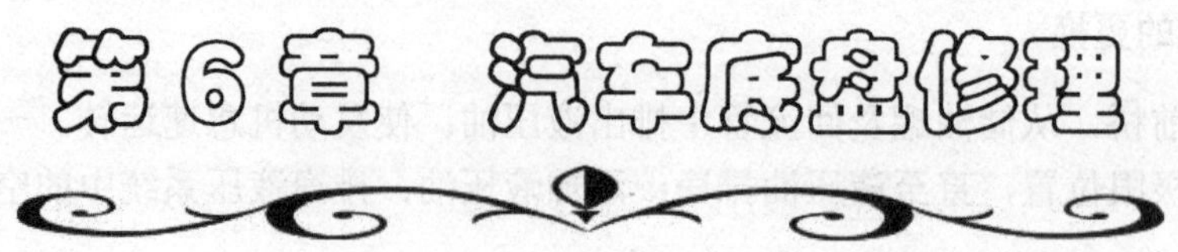

6.1　离合器的检修

6.1.1　离合器技术状况的变化

摩擦式离合器在汽车行驶的过程中，较高频率地接合与分离，造成技术状况的变化，产生打滑、分离不彻底、发抖和发响等故障现象。

上述故障说明离合器在使用过程中，各组成部分，如压盘、从动盘、压紧弹簧、分离机构和操纵机构可能出现损伤，需要进行维修才能恢复其技术状况。

6.1.2　离合器主要零件的检修

1. 飞轮

其损伤有齿圈轮齿的磨损，飞轮后端面易出现磨损、沟槽、翘曲和裂纹等。齿圈轮齿磨损则需更换；磨损沟槽深度超过 0.5mm，平面度误差超过 0.12mm 时应修平平面；当飞轮工作面摆差超过极限值时需更换飞轮，检查方法如图 6-1 所示。

2. 检查导向轴承

导向轴承通常是永久润滑而不需清洁或加注润滑油的，对它的检查一般为：一面用手转动轴承，一面向转动方向施加压力，如轴承卡住或阻力过大，则应更换导向轴承。更换导向轴承时，需用专用修理工具拆装（SST），其方法如图 6-2 所示。

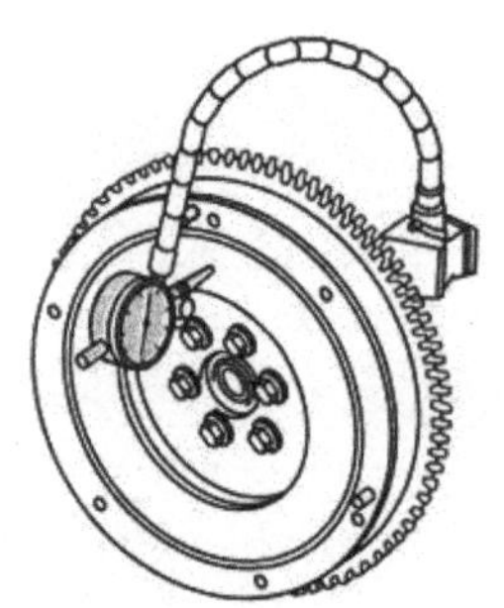

图 6-1　飞轮摆差的检查

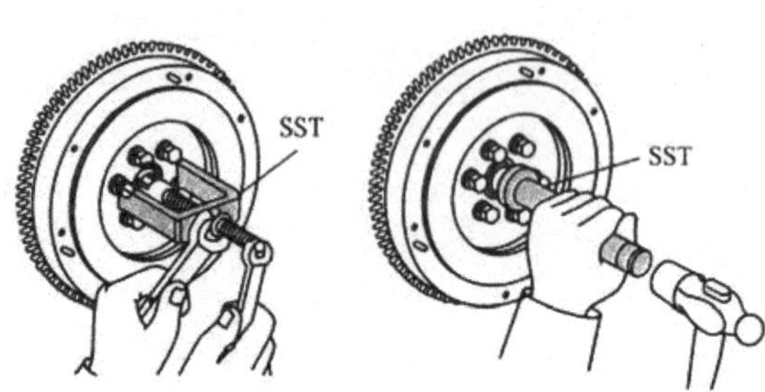

图 6-2　导向轴承的更换

3. 压盘和离合器盖

离合器压盘和中压盘的主要耗损是工作表面的磨损，严重时会出现磨损沟槽。使用不当时，甚至引起烧蚀、翘曲或破裂现象。

工作表面的轻微磨损可用油石修平。磨损沟槽超过 0.5mm，应修平平面，压盘的极限减薄量不得大于 1mm，修整后压盘的平面度误差不得大于 0.10mm，而且应进行静平衡试验。

压盘有严重的磨损或变形，甚至出现裂纹，磨削后厚度小于极限值，均应更换新件。

离合器盖与飞轮的接合面的平面度公差为 0.50mm。如有翘曲、裂纹或变形，应更换新件。

4. 从动盘

离合器从动盘的常见耗损有摩擦片的磨损、烧蚀、表面龟裂、硬化、油污、铆钉外露或松动；从动盘钢片翘曲、破裂，花键磨损；使用不当时，还会出现扭转减振器弹簧折断、钢片与花键毂铆钉松动等现象。

从动盘摩擦衬片表面有烧焦、开裂时，应更换新片；摩擦衬片表面严重油污，要更换新摩擦衬片并检查曲轴后油封与变速器第一轴的密封情况。

扭转减振器弹簧折断，花键磨损大时应更换，铆钉松动可重新铆接或更换。

从动盘摩擦表面严重磨损，如图 6-3 所示，用卡尺测量铆钉头深度，铆钉头深度小于 0.50mm，应更换新片。新的或经修复的从动盘装配前应按如图 6-4 所示方法检验其端面圆跳动，超过允许值应进行校正。

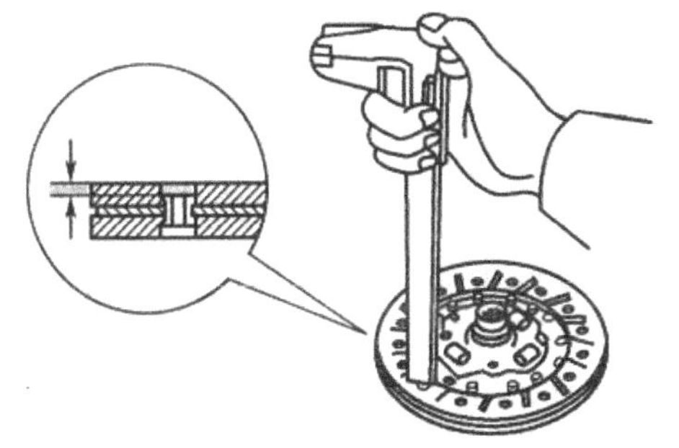

图 6-3　离合器摩擦片磨损检查

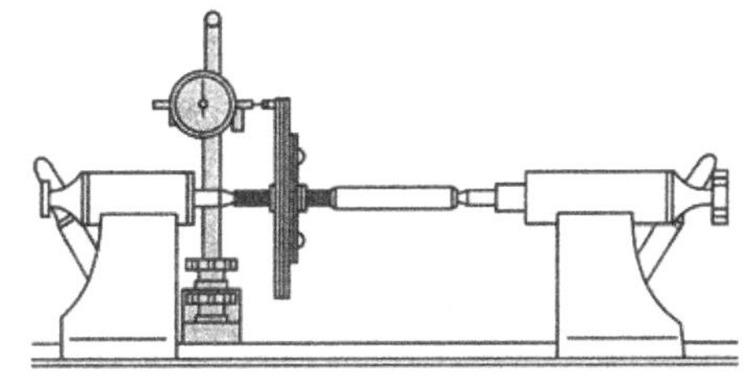

图 6-4　从动盘端面圆跳动的检查

5. 膜片弹簧

膜片弹簧因长久负荷而疲劳，造成弯曲、折断或弹力减弱而影响动力的传递。如弯曲必须校正，折断应予更换，当磨损时，用卡尺测量膜片弹簧的深度和宽度如图 6-5 所示。例如丰田海狮汽车的极限值为：深度 0.60mm，宽度 5.0mm，超过极限值应更换。

6. 螺旋压紧弹簧

螺旋压紧弹簧的主要损伤有断裂或裂纹、弯曲变形、弹力减弱。自由长度减小值大于 2mm，在全长上的偏斜量超过 1mm，或出现裂纹，应予更换。

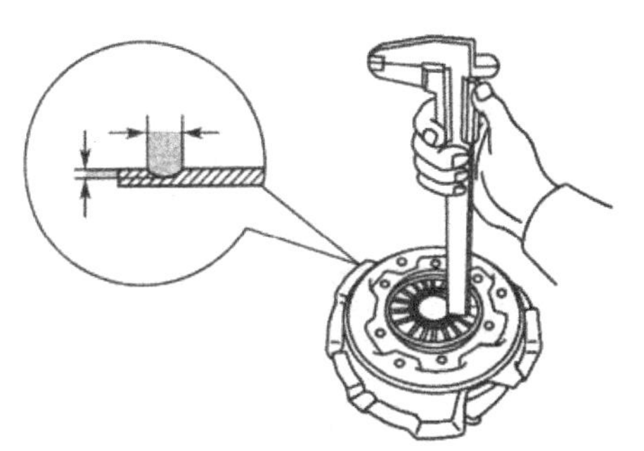

图 6-5　膜片弹簧的深度和宽度的测量

7. 分离杠杆、分离轴承和分离叉

分离杠杆的端面磨损严重或变形、分离轴承运转不灵活或有噪声应更换。有些离合器分离叉采用尼龙衬套支撑，应检查其磨损情况，如松旷会使离合器操纵沉重，应更换新件。

6.1.3 离合器的装配与调整

离合器的装配与调整是离合器修复后的重要工序，它直接影响离合器的正常工作。其装配顺序是，先装配离合器盖及压盘总成，然后将总成及从动盘安装到飞轮上。

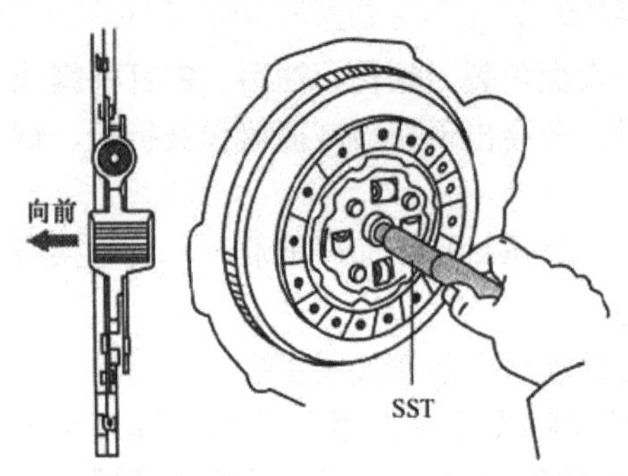

图 6-6 从动盘的安装

1. 从动盘的装配

装配时用专用修理工具（SST）或校正杆或变速器输入轴插入离合器从动盘键槽，使离合器从动盘键槽中心对正，如图 6-6 所示，将离合器从动盘装在飞轮上。装配时应仔细观察离合器从动盘的设计和制造品质，表面是否有油污，并注意从动盘安装方向。

2. 离合器盖的装配

首先对正离合器盖和飞轮上的装配记号，再均匀地以规定的拧紧力矩分几次拧紧各螺栓。

3. 膜片弹簧的检查与调整

膜片弹簧在使用中易出现弯曲，因此有必要进行检查与调整，具体方法是在膜片弹簧装复后用一个测规和专用工具测量弹簧尖端和工具之间的间隙。最大允许间隙一般为 0.50mm，如过大则调整弹簧。

装配时，要在各活动部位，如分离叉支撑衬套、分离轴承内腔、连接销等处涂以润滑脂。

4. 螺旋弹簧式离合器的调整

主要是分离杠杆高度的调整。分离杠杆的高度，即分离杠杆内端面至飞轮表面或压盘表面或其他规定平面的距离，应符合原厂规定，且各杠杆高度差应不超过要求。如东风 EQ1090E 规定分离杠杆内端面至减振器盘后平面的距离应为 32.4mm，各杠杆高度差应不大于 0.2mm。

分离杠杆高度差的调整方法根据离合器结构有所不同。有的通过分离杠杆支点螺栓的调整螺母进行调整，如东风 EQ1090E。有的车型通过分离杠杆内端调整螺钉进行调整。调整螺母（栓）无自动锁止装置的，调好后要采取措施锁止。

6.2 手动变速器的检修

6.2.1 主要零部件的检修

国产汽车变速器壳体、第一轴、第二轴及中间轴、各传动齿轮修理的具体要求，应按国

标 GB5372－85《汽车变速器修理技术条件》执行，此书只介绍检修要点。

1. 变速器壳体

变速器壳体的主要损伤形式有壳体的裂纹、变形及轴承孔、螺纹孔的磨损等。

（1）变速器壳体的裂纹。对受力不大部位的裂纹，可用环氧树脂粘结修复；重要和受力较大部位的裂纹，可进行焊修。当轴承座孔及安装固定孔处出现裂纹时，则应更换变速器壳体。

（2）变速器壳体的变形。其变形将造成各轴轴线间的平行度误差，轴间距改变，导致齿轮副啮合精度的破坏。轮齿表面的阶梯形磨损不但使传动噪声加大，也会形成轴向力，当齿面上有冲击载荷时，就会形成变速器早期自动脱挡的故障。

检查时，对三轴式变速器用专用量具检查：

a. 上下两孔轴线间的距离；

b. 上下两孔轴线的平行度；

c. 上孔轴线与上平面间的距离；

d. 前后两端面的平面度。

两轴式变速器的壳体一般由前、后两部分组成，其变形检查主要是检查输入轴与输出轴的平行度及前、后壳体接合面的平面度。变速器壳体承孔磨损超限时，可在单柱立式镗床上，用长度规作定位导向镗削各承孔，以修正各轴线间的平行度。扩孔后再镶套，镶套的承孔一般应加大 3～4mm；如镶套无法修复，应予以更换。

2. 变速器盖

变速器盖应无裂纹，与变速器壳体结合平面公差为 0.10～0.15mm；拨叉轴与承孔的间隙为 0.04～0.20mm。

3. 齿轮与花键

齿轮的主要损伤有齿面、齿端磨损；齿面腐蚀斑点、疲劳剥落；轮齿断裂或破碎等。

（1）齿轮的啮合面上出现明显的疲劳麻点、麻面、斑疤或阶梯形磨损时，必须更换。齿面仅有轻微斑点或边缘略有破损时，可用油石修磨后继续使用。

（2）固定齿轮或相配合的滑动齿轮的端面损伤长度不得超过齿长的 15%。

（3）齿轮的啮合面中线应在齿高中部，接触面积不得小于工作面的 60%。

（4）齿轮与齿轮、齿轮与轴及花键的啮合间隙、径向间隙和轴向间隙应符合原厂规定。

4. 轴与轴承

第一轴、第二轴及中间轴，当以两端轴颈公共轴线为基准时，其中部径向圆跳动应不大于 0.03mm（长度大于 120～250mm）和 0.06mm（长度大于 250～500mm）。超过时应换新轴。

滚动轴承或齿轮与轴颈的配合：属于过盈配合的，大修应无间隙，且最大过盈量不能超过原设计规定；属于过渡配合的，其间隙允许比规定增加 0.003mm；属于间隙配合的，允许比原设计规定增加 0.02mm。

5. 同步器

手动变速器多数采用锁环式或锁销式惯性同步器。

（1）锁环式同步器的检修。

锁环式同步器的主要耗损是：锁环内锥面螺纹槽及锁止角磨损、滑块磨损、接合套和花键毂的花键齿损伤。锁环与滑块的磨损会破坏换挡过程的同步作用；锁环与接合套锁止角的磨损会使同步器失去锁止作用，这些都会造成换挡困难，发出机械撞击噪声。如图 6-7 所示检验锁环的磨损，图中间隙 *e* 与锁环内锥面螺纹槽的磨损程度有关。该间隙的标准值：解放 CA1091 型变速器为 1.2～1.8mm，磨损极限是 0.3mm；奥迪、捷达、桑塔纳的变速器为 1.1～1.9mm，磨损极限为 0.5mm。超过极限值时应更换。

同步器滑块顶部凸起磨损出现沟槽，会使同步作用减弱，必须更换。锁环、接合套的接合齿端磨秃，接合套和花键毂的花键齿磨损也须更换。

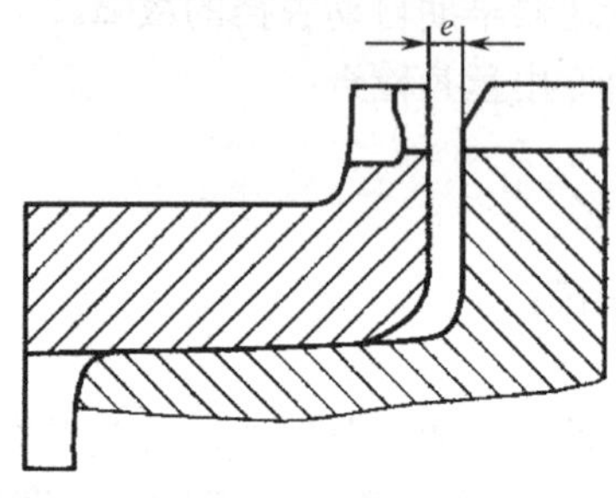

图 6-7　锁环的检验

（2）锁销式同步器的检修。

锁销式同步器的损伤主要是由于换挡操作不当、冲击过猛使锥盘外张，摩擦角变大造成同步效能降低；锥环锥面上的螺纹槽的磨损严重，使摩擦系数过低，甚至两者端面接触，使同步作用失效。

当锥环锥面螺纹磨损，使锥环端面与锥盘锥面接触，需车削锥环端面修复，但车削总量不得大于 1mm。如果锥环外锥面螺纹槽的深度小于 0.1mm，而锥环端面未与锥盘接触，应更换同步器总成。但可保留原有的锥盘，使两者的端面间隙不得小于 3mm。

当同步器的锁销和支承销松动或有散架，一般应更换新同步器。

6. 操纵机构的检修

（1）检查操纵机构各零件的连接应无松动现象，否则应及时紧固。

（2）检查拨叉与接合套、拨叉与拨叉轴、换挡轴等处的磨损，磨损超限时应更换。

（3）检查变速杆、拨叉、拨叉轴等有无变形，如有变形，则需校正或更换。如拨叉轴的直线度公差为 0.05mm，轴上定位凹槽的最大磨损量为 0.5mm，超过时应换新。

（4）检查定位钢球、定位锁销、锁止弹簧、回位弹簧，当出现磨损超限或弹簧失效时应更换。

6.2.2　手动变速器的装配与调整

变速器装配质量的好坏，对其工作质量影响很大。在变速器装配时，首先进行各分总成的装配与调试，合格后才进行变速器总成的装配。变速器总成装到发动机总成上时，应确保原来的装配关系，即从哪一台发动机上拆下来的离合器壳和变速器总成，还应装回到这台发动机上。否则对变速器的工作十分不利，甚至可能损坏离合器壳。

在装配变速器时，应注意以下几方面：

（1）装配前，必须认真地清洗零件，除去脏物、毛刺和铁屑等。尤其要注意第二轴齿轮上的径向润滑油孔的畅通。

（2）装配各处轴承时，应先涂质量优良的润滑油进行预润滑。总成修理时，应更换所有的滚针轴承。

（3）对零件的工作表面不得用硬金属直接锤击，避免齿轮轮齿出现运转噪声。

（4）注意同步器锁环或锥环的装配位置。装配过程中，如有旧件时应原位装复，以保证两元件的接触面积。因此，在变速器解体时，应对同步器各元件做好装配记号，以免装错。

（5）组装中间轴和第二轴时，应注意各挡齿轮、同步器固定齿轮座、止推垫圈的方向及位置，以保证齿轮的正确啮合位置。

（6）安装第一轴、第二轴及中间轴的轴承时，只许用压套垂直压在内圈上，禁止施加冲击载荷，并注意轴承内圈圆角较大的一侧必须朝向齿轮。

（7）装入油封前，需在油封的刃口涂少量润滑脂，要垂直压入，并注意安装方向。

（8）变速器装配后，要检查各齿轮的轴向间隙和各齿轮副的啮合间隙及啮合印痕。常啮合齿轮的啮合间隙为 0.15～0.4mm；滑动齿轮的啮合间隙为 0.15～0.5mm。第一轴的轴向间隙≤0.15mm，其他各轴的轴向间隙≤0.30mm。各齿轮的轴向间隙≤0.40mm。

（9）装配密封衬垫时，应在密封衬垫的两侧涂以密封胶，确保密封效果。

（10）安装变速器盖时，各齿轮和拨叉均应处于空挡位置。必要时，可分别检查各个常用挡的齿轮副是否处于全齿长接合位置。

（11）按规定的力矩拧紧各部位螺栓。

6.2.3　手动变速器的磨合试验

变速器装配后，应按规定进行磨合试验，以改善零件摩擦表面的接触状况，检查变速器的修理和装配质量。

变速器的磨合应在试验台上进行，进行无负荷和有负荷条件下的各种转速的运转。磨合前，先向变速器加注清洁的润滑油。磨合时，第一轴转速为 1 000～2 000r/min，各挡磨合时间的总和不得少于 1h。变速器进行有负荷试验时，其负荷为最大传递转矩的 30%，严禁加入研磨用的磨料进行磨合。

变速器磨合的过程中，油温应控制在 15～65℃。变速器的变速机构和操纵机构应轻便、灵活、迅速、可靠，不允许有自动脱挡现象；运转和换挡时不得有异常响声；变速杆不得有明显的抖动现象；所有密封部位不得有漏油现象。变速器经磨合试验后，应认真进行清洗，并按原厂规定加注润滑油。

6.3　自动变速器的检修

6.3.1　故障自诊断

电控自动变速器 ECU 内部有一个故障自诊断电路，它能在汽车行驶过程中不断检测自动变速器控制系统各部分的工作情况，并能将检测到的故障以代码的形式存储在 ECU 存储器中。维修人员可以通过读取故障代码确定故障部位，以便进行维修。

1. 利用汽车电脑检测仪读取故障代码

汽车的控制电路上有一个专用的电脑故障检测插座，其通常位于发动机附近或驾驶室仪表板下方，通过线路与汽车各部分电脑连接。只要将该车型的电脑检测仪与汽车上的电脑故障检测插座连接，然后接通点火开关，就可方便地对汽车发动机、自动变速器及其他部分电子控制系统进行检测。

通过专用或通用的汽车电脑检测仪和汽车电脑解码器，可以对电子控制自动变速器的控制系统进行以下几种检测。

（1）读取故障代码。汽车电脑检测仪和汽车电脑解码器都可以很方便地读出储存在汽车自动变速器电脑内的故障代码，并显示出故障代码的含义，为检修自动变速器的控制系统提供可靠的依据。

（2）进行数据传送。许多车型的电脑运行中会将各种输入、输出信号的瞬时值以串行输送的方式，经故障检测插座内的数据传输插孔向外传送。电脑检测仪可以将这些数值以数据流的方式在检测仪的屏幕上显示出来，使整个控制系统的工作一目了然。检修人员可以根据自动变速器工作过程中控制系统各种数据的变换情况，来判断控制系统的工作是否正常或将电脑的指令与自动变速器的实际反应进行比较，以准确地分辨故障出在控制系统还是自动变速器的其他部分。

（3）清除电脑储存的故障代码。清除故障代码的方法通常有三种：利用解码器或诊断仪器进行清除；从蓄电池附近的仪表板熔断器中拆下发动机燃油喷射（EFI）熔断器（15A）10s 以上的时间；断开蓄电池的负极连接线，但是这样也会将其他电子部件存储的记录一同清除。

如果故障代码没有清除，它将一直存储在 ECU 的存储器中，以后发生故障读取代码时，将会与新故障代码一同显示。

清除故障代码后，进行道路试验，检查自动变速器原先发生故障时的症状是否消失，并通过故障代码指示灯看是否显示正常。否则，须再进行诊断和修理。

2. 人工读取故障代码

不同车型的电控自动变速器故障代码的人工读取方法各不相同。目前大部分车型的人工读取方法是：用一根导线将故障检测插座内特定的两个插孔短接，然后通过观察仪表板上自动变速器故障代码指示灯的闪烁规律读取故障代码。不同车型的汽车电脑故障检测插座形状及插孔分布各不相同。故障代码的含义可查阅相应的维修手册。

6.3.2 液力变矩器的检修

（1）检查液力变矩器外部有无损坏和裂纹，轴套外径有无磨损，驱动油泵的轴套缺口有无损伤。如有异常，应更换液力变矩器。

（2）将液力变矩器安装在发动机飞轮上，用千分表检查变矩器轴套的径向圆跳动误差，如图 6-8 所示。如果在飞轮转动一周的过程中，千分表指针偏摆大于 0.03mm，应采用转换角度重新安装的方法予以校正，并在校正后的位置上做一记号，以保证正确安装。若无法校正，应更换液力变矩器。

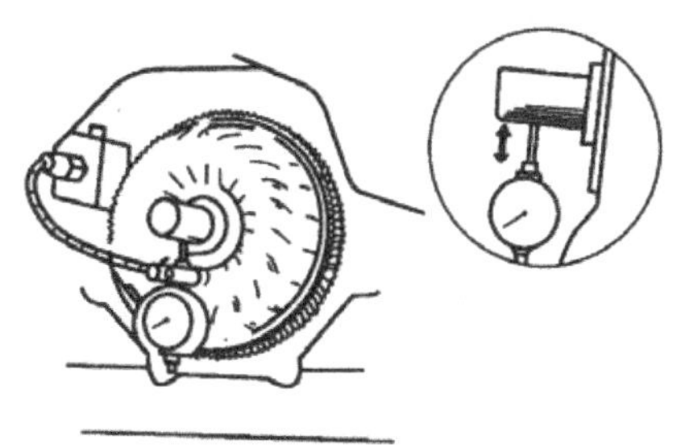

图 6-8　液力变矩器轴套的径向圆跳动误差测量

（3）检查导轮单向超越离合器。将单向超越离合器内座圈驱动杆（专用工具）插入变矩器中，将单向离合器外座圈固定器（专用工具）插入变矩器中，并卡在轴套上的油泵驱动缺口内。转动驱动杆，检查单向超越离合器工作是否正常。在逆时针方向上，单向超越离合器应锁止，顺时针方向上应能自由转动。否则说明单向超越离合器损坏，应更换液力变矩器。

6.3.3　换挡执行机构的检修

1. 行星齿轮机构的检修

在自动变速器所有零件中，行星齿轮机构的寿命是最长的，在正常使用条件下它的工作寿命不低于 40×10^4km。主要检查以下内容：

（1）行星齿轮和轴有无变黑现象，如变黑，修理时可更换行星齿轮机构总成（齿轮应成对更换），或更换行星架和行星轮轴。

（2）检查行星轮与行星架的轴向间隙，其标准值为 0.2～0.6mm，最大不得超过 1.0mm，否则应更换止推垫片或行星架和行星轮组件。

2. 离合器和制动器的检修

离合器和制动器主要检查摩擦片和钢片的磨损，摩擦片可根据其颜色来判定磨损情况，磨损严重时必须予以更换。活塞密封圈拆卸后，予以更换，并按规定的方向装复。

检修时需检查离合器的自由间隙。离合器片厚 1.5～2.0mm；平均每片间的间隙为 0.3～0.5mm；总间隙因片数不同，一般为 2～5mm，可通过压紧复位弹簧，测量压板与卡簧间的间隙来取得。如间隙过大，说明离合器片已磨薄，传力时打滑；如间隙过小，造成分离不彻底，可更换薄卡环或薄压板进行调整。

离合器片是易损件，极易磨损，行驶中打滑是故障的象征。摩擦片打滑带来了油液温度的急剧上升。如冷却器和散热器在一起，水温也将明显上升，甚至沸腾开锅。

6.3.4　液压泵的检修

（1）用塞尺检查齿轮与泵体之间的间隙，如图 6-9 所示。大部分自动变速器液压泵外齿轮和泵体之间的正常工作间隙是在 0.08～0.15mm 之间，该处间隙如超过 0.25mm，液压泵的工作油压就会过低，主油路油压受其影响也过低，必须更换液压泵。

（2）用塞尺检查液压泵内齿和月牙形隔板之间的间隙，该处正常工作间隙也是在 0.08～0.15mm 之间，如间隙超过 0.25mm，同样会造成主油路油压过低，应更换泵体构件。

（3）用钢直尺和塞尺检测齿轮和泵壳之间的间隙，如图 6-10 所示。该处的正常工作间隙为 0.02～0.04mm，如超过 0.08mm，就会造成液压泵工作油压过低，最终导致主油路油压过低，亦应更换泵体构件。

图 6-9 检查齿轮与泵体间的间隙

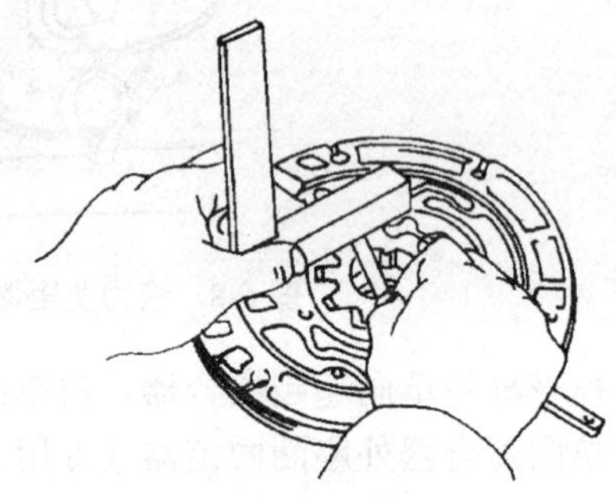
图 6-10 检测齿轮和泵壳间的间隙

6.3.5 电子控制系统检修

电控自动变速器电控系统中的传感器、执行器、开关等任何零部件产生故障，都会对自动变速器的工作产生影响。利用电脑检测仪读取故障码，可以找出控制系统大部分故障的大致范围，但要确定故障所在的具体部件，还必须进一步用万用表等工具，按照维修手册中提供的检测方法、检测步骤及标准数值，对各个零件进行检测。另外，一些执行器的机械故障也必须通过实际检测方能发现。

1. 检修节气门位置传感器

用万用表在节气门位置传感器接线插座上测量怠速开关的导通情况。当节气门全关时，怠速开关应导通；当节气门开启时，怠速开关应不导通。否则，应调整或更换节气门位置传感器。用万用表测量节气门位置传感器中电位计的电阻，该电阻应能随节气门开度的增大而呈线性增大。将测量结果与标准值进行比较，如有不符，应更换或调整节气门位置传感器。

2. 车速传感器和输入轴转速传感器的检修

车速传感器和输入轴转速传感器的结构和工作原理相同，其检修方法也是一样的。通过用万用表测量车速传感器或输入轴转速传感器两接线端之间的电阻值，判断感应线圈短路、断路或电阻值不符合标准等故障。测量车速传感器和输入轴转速传感器的输出脉冲信号时，可用千斤顶将汽车一侧的驱动轮顶起，让操纵手柄位于空挡位置，用手转动悬空的驱动轮，同时用万用表测量车速传感器两接线柱之间有无脉冲感应电压。测量时，应将万用表选择开关转至 1V 以下的直流电压挡位置或电阻挡位置。若转动车轮时万用表指针有摆动，说明传感器有输出脉冲，其工作正常；否则应更换传感器。另外，也可将传感器拆下，用一根铁棒或一块磁铁迅速靠近或离开传感器，同时用万用表测量传感器两接线柱之间有无脉冲感应电压。如果没有感应电压或感应电压很弱，说明传感器有故障，应更换。

3. 检修冷却液温度传感器和液压油温度传感器

冷却液温度传感器和液压油温度传感器的内部都是一个半导体热敏电阻。其检修方法

为：拆下冷却液温度传感器或液压油温度传感器，将传感器置于盛有水的烧杯中，加热杯中的水，同时测量在不同温度下传感器两接线端之间的电阻值，将测量的电阻值与标准值相比较，如果不符合标准，应更换传感器。

4. 多功能开关的检修

用举升器将汽车升起，拔下多功能开关的线束连接器。变换各个挡位，同时用万用表测量多功能开关线束插座内各插孔之间的导通情况。将测量结果与标准值进行比较，如有不符，应重新调整或更换多功能开关。

5. 检修开关式电磁阀

开关式电磁阀的就车检查：用举升器将汽车升起，拆下自动变速器的油底壳，拔下电磁阀的线束连接器，用万用表测量电磁阀线圈的电阻，其电阻一般为 10～30Ω。若电磁线圈短路、断路或电阻值不符合标准，应更换。另外，将 12V 电源施加在电磁阀线圈上，此时应能听到电磁阀工作时的“咔嗒”声，否则说明阀芯卡住，应更换电磁阀。

6. 检修脉冲线性式电磁阀

脉冲线性式电磁阀的就车检查：用举升器将汽车升起，拆下自动变速器的油底壳，拔下电磁阀的线束连接器，用万用表测量电磁阀线圈的电阻，其电阻值较小，一般为 2～10Ω。若电磁线圈短路、断路或电阻值不符合标准，应更换。

7. ECU 及其控制电路的维修

ECU 及其控制电路的故障可以用该车型的电子检测仪或通用于各种车型的汽车电脑解码器来检测。由于不同车型 ECU 的结构及控制电路形式有很大差异，不同的电脑检测仪和电脑解码器的使用方法也不相同，因此在检测之前应熟练掌握车辆维修手册中所提供的有关被测车型的技术数据、检测范围、检测步骤等内容。只有在此基础上，才能充分发挥检测仪的作用，得到正确的检测结果。

当不具备电脑检测仪或电脑解码器，或被修车型的自动变速器的 ECU 不能采用电脑检测仪来检测时，可采用另一种检测方法，即通过测量 ECU 连接器各接线端子的工作电压，判断 ECU 及其控制电路工作是否正常。用这种方法检测 ECU 及控制电路的故障，必须以被测车型的详细维修技术资料为依据。

上述方法只是对 ECU 及控制电路的一种辅助检测方法。因为 ECU 在工作中所接收或输出的信号有多种形式，如脉冲信号、模拟信号等，而一般的指针电压表只能测出电路的平均电压值，即使检测到 ECU 连接器各端子的工作电压都正常，也不能说明 ECU 绝对没有故障。当自动变速器控制系统工作不正常时，如果用上述方法检测未发现异常，必须采用总成互换法来判断 ECU 是否有故障。

6.4　万向传动装置的检修

国产汽车的万向传动装置的修理应执行 GB8824—88《汽车传动轴修理技术条件》的规定。万向传动装置主要零部件检修情况如下。

6.4.1 传动轴的检修

1. 传动轴的检修

（1）传动轴轴管不得有裂纹及严重的凹陷，否则应更换。

（2）传动轴弯曲度的检验。传动轴轴管全长上的径向圆跳动公差应符合表 6-1 的规定。

表 6-1 传动轴轴管的径向圆跳动公差（mm）

轴长	≤600	600～1 000	＞1 000
径向圆跳动公差	0.6	0.8	1.0

轿车传动轴径向圆跳动公差应比表 6-1 相应减小 0.2mm。中间传动轴支撑轴颈的径向圆跳动公差为 0.10mm。当超过规定时，应对传动轴进行矫正或更换。

（3）检查传动轴花键与滑动叉花键、凸缘叉与所配合花键的侧隙：轿车应不大于 0.15mm，其他类型的汽车应不大于 0.30mm，装配后应能滑动自如。

2. 万向节叉、十字轴及轴承的检修

万向节叉和十字轴的损伤形式有裂纹、磨损等。当十字轴轴颈表面有疲劳剥落、磨损沟槽或滚针压痕深度在 0.10mm 以上时，应更换。

当滚针轴承的油封失效、滚针断裂、轴承内圈有疲劳剥落时，应更换。十字轴与轴承的最小配合间隙应符合原厂规定，最大配合间隙应符合表 6-2 的规定。

表 6-2 十字轴轴承的配合间隙（mm）

十字轴轴颈直径	≤18	18～23	＞23
最大配合间隙	符合原厂规定	0.10	0.14

3. 中间支撑的检修

中间支撑的橡胶垫环开裂、油封磨损过甚而失效、轴承松旷或内孔磨损严重时，均应更换新的中间支撑。中间支撑轴承经使用磨损后，需及时检查和调整，以恢复其良好的技术状况。以解放 CA1091 型汽车为例，其传动系中间支撑为双列圆锥滚子轴承，有两个内圈和一个外圈，两内圈中间有一个隔套，供调整轴向间隙用。当因磨损使中间支撑轴向间隙超过 0.30mm 时，将引起中间支撑发响和传动轴严重振动，导致各传力部件早期损坏。

调整方法：拆下凸缘和中间轴承，将调整隔板适当磨薄，传动轴承在不受轴向力的自由状态下，轴向间隙在 0.15～0.25mm 之间，装配好后用 195～245N·m 的转矩拧紧凸缘螺母，保证轴承轴向间隙在 0.05mm 左右，即转动轴承外圈而无明显的轴向间隙为宜，最后从润滑脂嘴注入足够的润滑脂，以减少磨损。

4. 等速万向节

当等速万向节出现球形壳、球笼、星形套及钢球凹陷、磨损、裂纹、麻点时，则应更换。

当防护罩有刺破、撕裂等损坏现象时，也应更换。

6.4.2　万向传动装置的装配

万向传动装置的装配步骤如下（以解放 CA1091 型汽车万向传动装置为例）：

（1）安装传动轴中间支承。如图 6-11 所示，把中间支承轴承内注满润滑脂，装入橡胶垫圈。再将橡胶垫圈、轴承一同装入中间轴承支架 7 内，把前后毛毡的油封压入前后轴承盖上。之后将前后轴承盖装在支架两侧。有油嘴的轴承盖必须装在后侧，插入螺栓后，转动传动轴数圈后再拧紧螺栓，然后把它装在传动轴上，再装上凸缘 3，穿上开口销 1，将槽形螺母拧紧。

（2）安装万向节。十字轴上的润滑脂嘴要朝向传动轴以便注油。将十字轴轴颈套在万向节叉的轴承座孔内，把轴承涂上润滑脂，配上油封放入轴承座孔内，并把轴承壳上凹槽与盖板螺栓孔对正，然后套在十字轴轴颈上（见图 6-12）。用铜棒将轴承壳轻敲慢慢进入轴承孔内，装上盖板。再用相同的方法安装另一对十字轴与万向节叉（见图 6-13）。

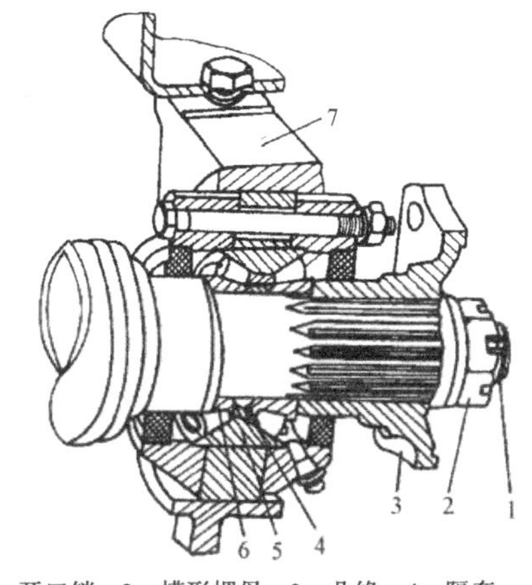

1—开口销；2—槽形螺母；3—凸缘；4—隔套；
5—轴承外圈；6—轴承内圈；7—中间轴承支架

图 6-11　安装传动轴中间支承

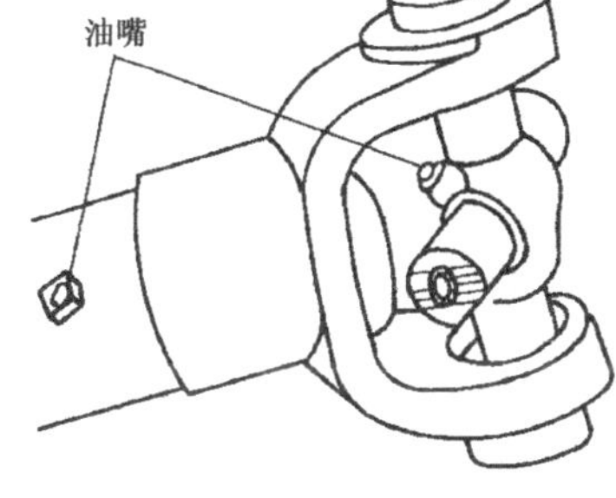

图 6-12　安装万向节十字轴

（3）安装伸缩花键套。安装前，先在伸缩花键内均匀涂上润滑脂，再按装配记号把它套在传动轴上，最后拧紧油封盖。

（4）按拆下传动轴的相反顺序将传动轴安装在汽车上，并按规定力矩拧紧螺栓、螺母。

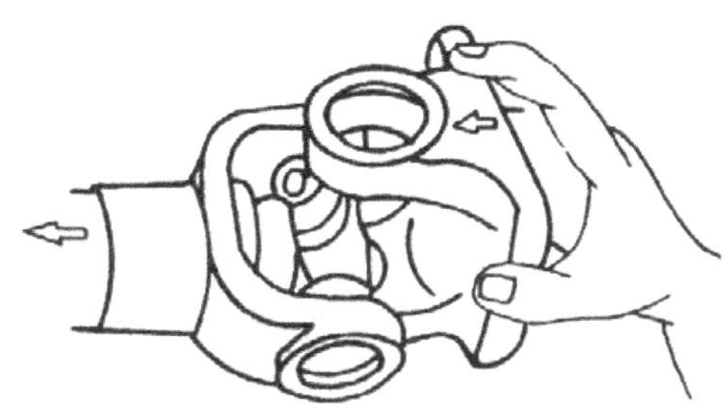

图 6-13　万向节装复

（5）向所有润滑脂嘴加注润滑脂，直到从油封刃口处或中间支承轴承盖上的通气孔有润滑脂挤出为止。

同一根传动轴两端万向节叉应在同一平面内，且应对准记号。凸缘叉也应与万向节叉对准记号。

6.5 驱动桥的检修

国产汽车驱动桥的检修应执行 GB8825—88《汽车驱动桥修理技术条件》，其他车型的驱动桥检修可参阅厂家的维修手册进行。

6.5.1 主要零件的检修

1. 主减速器

（1）齿轮工作表面不得有明显斑点、剥落、缺损和阶梯形磨损。

（2）主动圆锥齿轮：轮齿锥面的径向圆跳动公差为 0.05mm；前后轴承与轴颈、轴承孔的配合应符合原厂规定；从动锥齿轮的铆钉联接应牢固可靠；用螺栓连接的，连接螺栓的紧度应符合原厂规定，紧固螺栓锁止可靠。

（3）齿轮必须成对更换。

（4）主减速器壳纵轴线对横轴线的垂直度公差：当纵轴线长度在 300mm 以上，其值为 0.16mm；纵轴线长度小于或等于 300mm，其值为 0.12mm；纵、横轴线应位于同一平面（双曲线齿轮结构除外）。

2. 差速器

（1）当差速器壳体产生裂纹时应更换。

（2）差速器壳与行星齿轮、半轴齿轮垫片的接触面应光滑，无沟槽。如有小的沟槽，可用砂纸打磨，并换成新的半轴齿轮垫片。

（3）半轴齿轮、行星齿轮不得有裂纹，工作表面不得有明显斑点、脱落和缺损。

（4）差速器壳与轴承、差速器壳与行星齿轮轴的配合应符合原厂规定。

3. 桥壳和半轴套管

（1）桥壳和半轴套管应无裂纹存在，各部位螺纹的损伤多于 2 牙时应换新。

（2）钢板弹簧座定位孔的磨损不得大于 1.5mm，超限时先进行补焊，然后按原位置重新钻孔。

（3）整体式桥壳以半轴套管的两内端轴颈的公共轴线为基准，两外端轴颈的径向圆跳动误差超过 0.30mm 时应进行校正，校正后的径向圆跳动误差不得大于 0.08mm。

（4）分段式桥壳以桥壳的结合圆柱面、结合平面及另一端内锥面为基准，轮毂的内外轴颈的径向圆跳动误差超过 0.25mm 时应进行校正，校正后的径向圆跳动误差不得大于 0.08mm。

（5）桥壳承孔与半轴套管的配合及伸出长度应符合原厂规定。如半轴套管承孔的磨损严重，可将座孔镗至修理尺寸，更换相应修理尺寸的半轴套管。

（6）滚动轴承与桥壳的配合应符合原厂规定，否则换新轴承。

4. 半轴

（1）半轴弯曲应小于 0.5mm，否则应进行更换。

（2）半轴凸缘平面应与半轴轴线垂直，凸缘内侧端面圆跳动误差应小于 0.15mm。

（3）半轴内端花键齿与半轴齿轮的花键配合间隙应不大于 0.8mm，否则应更换。

（4）半轴应进行隐伤检查，若有裂纹，必须更换。

（5）对前轮驱动汽车的半轴总成（两侧用等速万向节）还应进行以下作业内容：

a. 外端球笼万向节用手感检查应无径向间隙，否则应予更换。

b. 内侧三叉式万向节可沿轴向滑动，但应无明显的径向间隙感，否则换新。

c. 防尘套是否有老化破裂，卡箍是否有效可靠，如失效，换新。

5. 轮毂

（1）轮毂应无裂纹，否则更换。轮毂各部位螺纹的损伤不得多于 2 牙。

（2）轮毂与半轴凸缘及制动鼓的结合端面对轴承孔公共轴线的端面圆跳动公差均为 0.15mm，超值可车削修复。

（3）轮毂轴承孔与轴承的配合应符合原厂规定。

6.5.2　差速器的装配与调整

应按下述顺序进行差速器装配，并注意各步骤的注意事项：

1. 装差速器轴承

安装差速器轴承内圈时，应用压力机平稳地压入，不得用手锤敲击，以免损伤轴承的工作表面，或刮伤轴承表面，或破坏配合性质。

2. 装齿轮

（1）在与行星齿轮和半轴齿轮配合的工作表面上涂以润滑油，先装入垫片和半轴齿轮，然后装入已装好行星齿轮及垫片的十字轴，并使行星齿轮与半轴齿轮啮合。

（2）在行星齿轮上装入另一侧半轴齿轮及垫片，扣上另一侧的差速器壳。装入另一侧壳体时，应使两侧壳体上的位置标记对正，以免破坏齿轮副的正常啮合。

3. 从动齿轮的安装和差速器的装合

将主减速器从动齿轮装在差速器壳体上，将固定螺栓按规定方向穿过壳体，套入垫片，用规定力矩交替拧紧螺母，锁死锁片。

6.5.3　主减速器的装配与调整

主减速器的装配调整一般是在总体装配前，先进行主、从动圆锥齿轮轴承预紧度的调整（含差速器轴承预紧度的调整），再在装配中进行主、从动圆锥齿轮啮合印痕和啮合间隙的调整。由于主减速器的调整质量是决定主减速器圆锥齿轮副使用寿命的关键，因此，必须遵守如下的调整原则：

（1）先调整轴承的预紧度，再调整啮合印痕，最后调整啮合间隙。

（2）主、从动圆锥齿轮轴承预紧度必须按原厂规定的数值和方法进行检查与调整，不得随意变更。

（3）在保证啮合印痕合格的前提下，调整啮合间隙。啮合印痕、啮合间隙和啮合间隙的变化量都必须符合技术条件，否则应成对更换齿轮副。

（4）格利森圆锥齿轮（圆弧非等高齿）、奥利康圆锥齿轮（等高齿）和准双曲面圆锥齿轮啮合印痕的技术标准不尽相同，调整方法亦有差异。后两种齿轮往往以移动主动圆锥齿轮调整啮合印痕，以移动从动圆锥齿轮调整啮合间隙；而对格利森齿轮的调整则无特殊的要求。

1. 轴承预紧度的调整

（1）主动圆锥齿轮轴承预紧度的调整。

其调整方法有两种，如图 6-14 和图 6-15 所示。

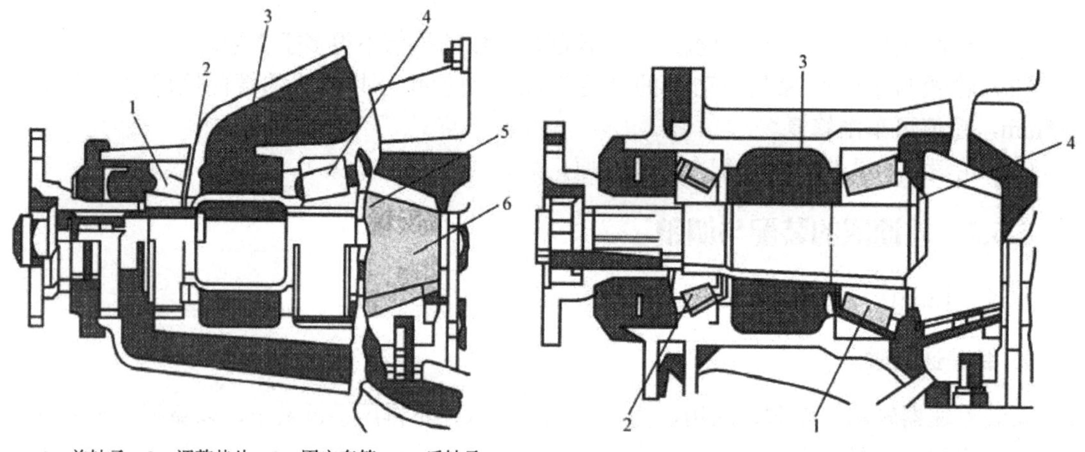

1—前轴承；2—调整垫片；3—固定套筒；4—后轴承；5—调整垫片；6—主动圆锥齿轮

图 6-14 主动圆锥齿轮轴承预紧度的调整方法一

1—后轴承；2—前轴承；3—弹性隔套；4—调整垫片

图 6-15 主动圆锥齿轮轴承预紧度的调整方法二

方法一：是在前轴承内圈处增减调整垫片，当按规定拧紧万向节凸缘螺母时，垫片越薄，轴承内外圈压得越紧，即预紧度越大。国产汽车如解放 CA1091 和东风 EQ1090 型，主动圆锥齿轮轴承预紧度多数采用这种方法进行调整。调整后是否符合要求，可用测量转动凸缘盘的力矩来判断。如解放 CA1091 型汽车，在不装前轴承油封的情况下，用 196～294N·m 的力矩拧紧凸缘盘螺母，转动凸缘盘的力矩应在 1.4～3.43N·m 之间。若力矩大于标准值，说明轴承的预紧度过大，应增加调整垫片的厚度。

方法二：是用一个弹性隔套来调整主动圆锥齿轮轴承的预紧度。装配时，在前后轴承内圈之间放置一个可压缩的弹性薄壁隔套，按规定力矩拧紧凸缘盘固定螺母时，隔套产生弹性变形，其张力自动适应对轴承预紧度的要求。但采用这种方法因隔套的弹性衰退，每次都必须换用新的隔套。北京切诺基的主减速器采用此种结构，其装配要求是：装入长度已预选好的隔套和前轴承内圈后，装入油封（因隔套不可重复使用，新套上紧后也不能松开）后，装入万向节凸缘，用 285N·m 的力矩拧紧固定螺母。拧紧后应能灵活转动主动圆锥齿轮，用

扭力扳手转动主动圆锥齿轮轴，其力矩应为 1～2N·m。在主动圆锥齿轮轴转动的过程中，力矩不应有明显的变化，否则说明存在异常阻力，应查明原因加以消除。

（2）从动圆锥齿轮轴承预紧度的调整。

单级主减速器从动圆锥齿轮轴承预紧度调整因驱动桥结构不同而异。如图 6-16 所示，对整体式桥壳来说（如 EQ1090E），通过差速器两轴承外侧的螺母来调整。旋进螺母，预紧度加大，反之则减小。对于组合式的变速器主减速器（如奥迪 100），通过增减两差速器轴承外圈与壳体间的垫片来调整。如图 6-17 所示，两组垫片总厚度增加，预紧度增加；反之减小。对于双级主减速器（如 CA1091），其第一级从动圆锥齿轮与第二级主动圆柱齿轮共同支撑在中间轴上，轴承预紧度是通过中间轴两端轴承盖下的垫片调整的。两组垫片的总厚度增加，预紧度减小；反之增加。第二级从动圆柱齿轮轴承预紧度的调整，与单级主减速器从动圆锥齿轮轴承预紧度调整方法相同。一般预紧力为 1.2～2.2N·m。

此外，有些汽车采用分开式后桥，其从动圆锥齿轮轴承预紧度可通过轴承与差速器壳之间的垫片厚度来调整，增加垫片厚度，轴承预紧度增加。

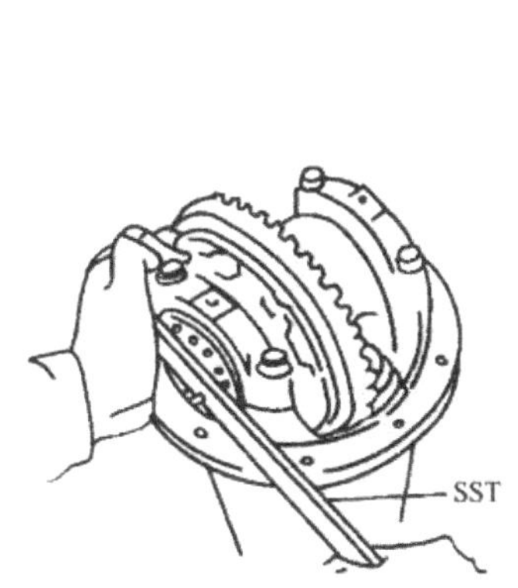

图 6-16　预紧度的调整

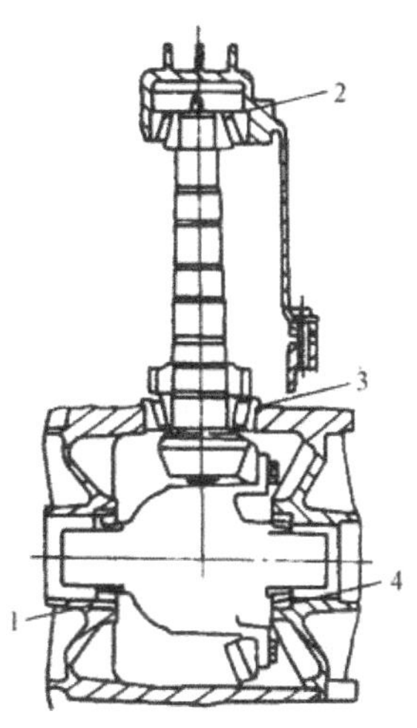

1、4—差速器轴承调整垫片；2、3—主动圆锥齿轮调整垫片

图 6-17　奥迪 100 主减速器的调整装置

2. 主、从动圆锥齿轮啮合印痕和啮合间隙的检查调整

圆锥齿轮副必须有正确的啮合印痕和啮合间隙才能正常工作和达到正常的使用寿命。啮合间隙主要影响主减速器速度变化时的冲击响声，正确的啮合印痕和啮合间隙是通过齿轮的轴向移动改变其相对位置来实现的，所以圆锥齿轮副都有轴向位置调整装置，即啮合印痕与啮合间隙的调整装置。

（1）啮合印痕的检查：将主、从动圆锥齿轮装到主减速器壳体上，先调整好轴承预紧度，在从动圆锥齿轮上相隔 120° 三处，每处取 2～3 个齿，在齿面上涂一薄层红丹，用手转动圆锥齿轮数圈，观察从动圆锥齿轮上的接触印痕是否正常。正常的接触印痕应为：印痕长度应为全齿长的 60%以上，位置在齿轮的中部略偏向小端，距齿顶 0.8～2mm（见图 6-18）。

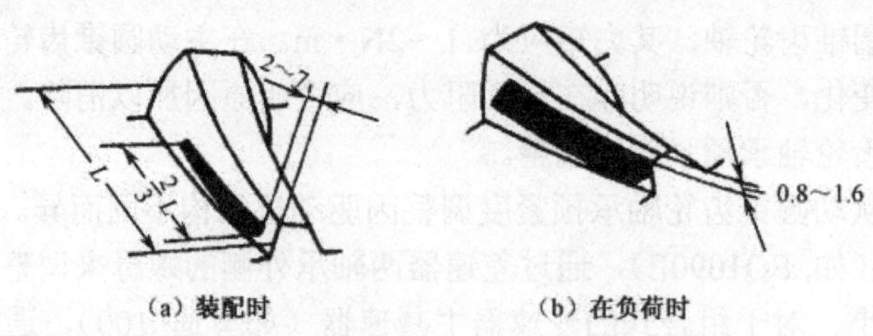

（a）装配时　（b）在负荷时

图 6-18　从动圆锥齿轮的正确接触情况

（2）啮合间隙的检查：如图 6-19 将百分表的触头垂直地抵住从动圆锥齿轮轮齿的大端，固定主动圆锥齿轮，来回摆动从动圆锥齿轮，读取其间隙值，一般为 0.13～0.20mm。若间隙不符，可通过从动圆锥齿轮轴两侧轴承的调整螺母调整。因为从动圆锥齿轮轴向位置的调整装置和轴承预紧度的调整装置是公用的，所以调整好预紧度后，只需将左、右两侧的调整垫片从一侧调到另一侧（见图 6-20），或左、右侧调整螺母一侧松出多少，另一侧就等量拧进多少。具体调整原则如表 6-3。

应当注意：啮合印痕和啮合间隙调整时，应以啮合印痕为主，在满足印痕的条件下，可将啮合间隙适当放大。

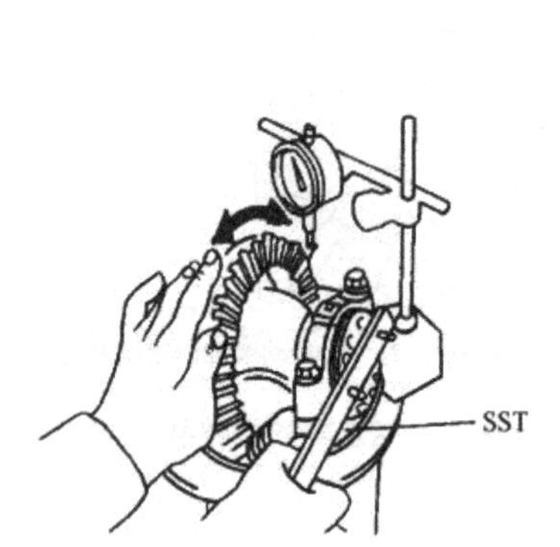

图 6-19　啮合间隙的检查

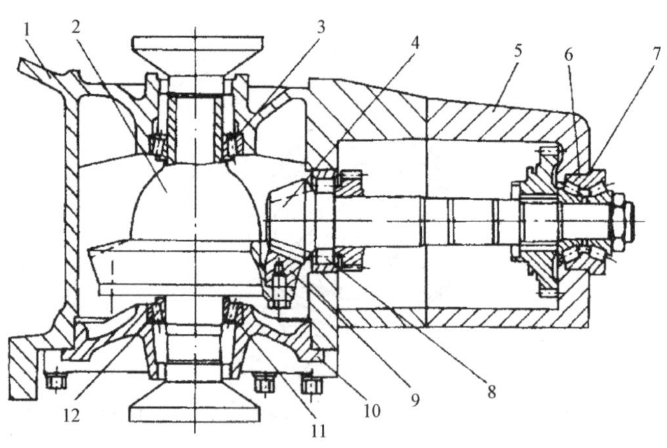

1—变速器前壳体；2—差速器；3、7、11—调整垫片；4—主动圆锥齿轮；5—变速器后壳体；6—双列圆锥滚子轴承；8—圆柱滚子轴承；9—从动圆锥齿轮；10—主减速器盖；12—圆锥滚子轴承

图 6-20　桑塔纳轿车单级主减速器

表 6-3　圆锥齿轮副啮合印痕和齿侧间隙的调整方法

从动齿轮面接触区		调整方法	齿轮移动方向
前进	倒车		
		将从动齿轮向主动齿轮移近，若这时齿隙过小，则将主动齿轮向外移开	
		将从动齿轮自主动齿轮移开，若这时齿隙过大，则将主动齿轮移近	

续表

从动齿轮面接触区		调整方法	齿轮移动方向
前进	倒车		
		将主动齿轮向从动齿轮移近，若这时齿隙过小，则将从动齿轮移开	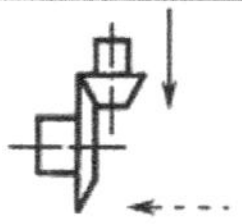
		将主动齿轮自从动齿轮移开，若这时齿隙过大，则将从动齿轮移近	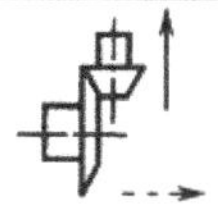

6.6 悬架系统的检修

悬架技术状况变差，会使汽车的冲击载荷变大，加剧零部件的损坏，也破坏了车轮正常的运动状态。造成汽车的操纵性能、制动性能变差，对交通安全构成潜在威胁。

6.6.1 非独立悬架的检修

主要包括弹性元件和减振器的检修。

1. 弹性元件的检修

非独立悬架常用的弹性元件是钢板弹簧，也有些采用螺旋弹簧。

（1）钢板弹簧的检修。钢板弹簧长期使用会产生断裂、弹力下降及磨损。钢板弹簧如有裂纹、折断及厚度明显变薄等应予更换。更换新的钢板弹簧时，其长度、宽度、厚度及弧高应符合原厂规定。不得将长片裁成短片代用。

钢板弹簧的折断，通常是前钢板弹簧比后钢板弹簧严重，经常发生在第一片卷耳与第二道卡子的附近，各片易损坏处是在上、下片端部的对应处。

钢板弹簧弹性下降表现在其弧高的减小上，一般在弹性试验器上检验有负荷或无负荷下弧高的减小量。钢板弹簧弹性下降也表现在叶片的曲率半径变化，可用新片来进行靠合实验。

钢板弹簧装配时，应注意以下问题：

a. 装配前，应将钢板弹簧上的污物、铁锈等清除干净，并在各片间涂抹石墨润滑脂。

b. 有中心孔的，其中心螺栓应按规定的力矩拧紧。

c. 钢板弹簧固定卡应按规定数量配齐。卡子内侧与钢板弹簧两侧的间隙为 0.7～1mm，卡子套管与钢板弹簧顶面的距离为 1～3mm，以保证各片弹簧可以自由伸张。各卡子螺栓应从远离轮胎的一侧穿入，以防止使用中螺栓松动窜出，刮伤轮胎。

d. 已装配好的并压紧的钢板弹簧，片与片之间应紧密配合，相邻两片在总接触长度 1/4 的长度内，间隙应不大于 1.2mm。

（2）螺旋弹簧的检修。其主要是检查螺旋弹簧的自由长度，如自由长度比标准长度缩短了 15%，则表示该弹簧已经永久变形，刚度变差，必须更换。更换时要同时更换左、右两个螺旋弹簧，以保持车辆两侧高度相同。若螺旋弹簧上有裂纹也要更换。

2. 减振器的检查

目前，汽车上广泛采用的是双向作用筒式减振器，减振器在检查时，应固定减振器，并上下运动活塞杆时应有一定阻力，且向上比向下的阻力要大一些。若阻力过大，应检查活塞杆是否弯曲；若无阻力，则表示减振器内油液已漏光或失效，必须更换。

车辆行驶时，有缺陷的减振器会发出冲击噪声，则应换新。减振器为免维护机构，减振器外面有轻微的油迹时，不必换新。如有大量油迹即漏油时，这时只能更换减振器。

6.6.2 独立悬架的检修

独立悬架被广泛地应用于现代汽车上，国产轿车的前悬架都采用独立悬架。其检修包括弹性元件、减振器、横向稳定杆等的检修。弹性元件多采用螺旋弹簧，因在非独立悬架的检修中已涉及螺旋弹簧和减振器的检修，故不再赘述。

1. 前减振器悬架轴承主橡胶挡块的检查

如图 6-21 所示，一是检查前减振器轴承 2 的磨损与损坏情况，正常应能转动灵活，损坏时必须整体更换；二是检查橡胶挡块 1 的损坏与老化情况，如损坏应及时更换。

2. 副车架、横向稳定杆和梯形臂的检查

首先检查副车架（前托架）、横向稳定杆和梯形臂（下摆臂）有无变形或裂纹。若存在变形或裂纹，只能更换新件。

检查横向稳定杆的橡胶支座和橡胶衬套、梯形臂（下摆臂）的前衬套和后衬套的损坏和老化情况，若损坏需要及时更换。

对于梯形臂（下摆臂）下球铰（见图 6-22），首先应检查下球铰 2 的轴向间隙标准为 0，用弹簧秤 3 检查下球铰 2 的拉力应在 10.8～73.6N 之间，用扭力扳手 1 检查下球铰 2 的扭力应在 1.5～3.4N • m 之间。

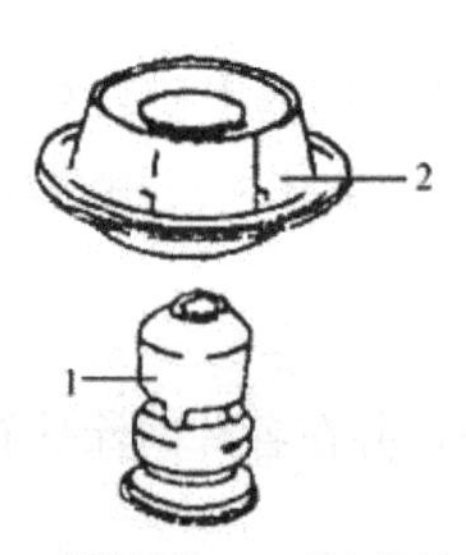

1—橡胶挡块；2—悬架轴承；

图 6-21 前减振器悬架轴承和橡胶挡块的检查

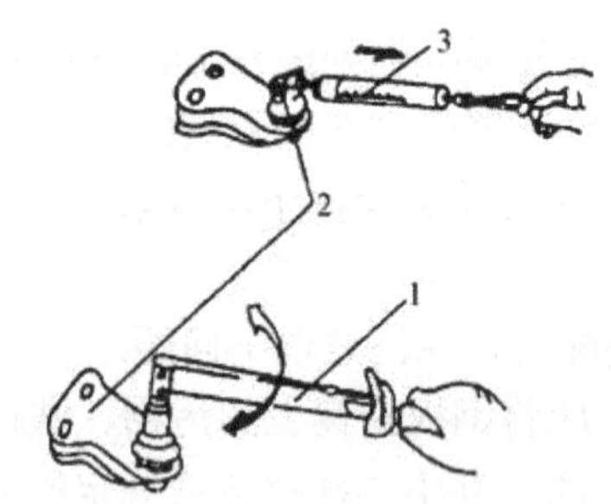

1—扭力扳手；2—梯形臂下球铰；3—弹簧秤

图 6-22 梯形臂下球铰的检查

6.7 转向系的检修

汽车在使用过程中，会出现转向系零件的磨损、变形，引起前轮定位失准，进而引起前轮摆动、前轮跑偏、转向沉重以及转向盘振抖等故障，甚至发生“甩尾”而引起重大交通事故。

汽车各级维护、修理竣工、转向系技术状况必须符合 GB7258—2004《机动车运行安全技术条件》。

6.7.1　循环球式机械转向器的维修

1. 循环球式机械转向器主要零件的检修

（1）转向螺杆与转向螺母的检修。

a. 转向螺杆与转向螺母的钢球滚道应无疲劳磨损、划痕等，钢球与滚道的配合间隙不得大于 0.10mm。检验钢球与滚道配合间隙的方法可采用将转向螺杆和转向螺母配合副清洗干净后，把转向螺杆垂直提起，转向螺母在重力作用下，应能平稳地旋转下落，说明配合副的传动间隙合格。若无其他耗损，传动副组件一般不进行拆检。

b. 总成修理时，应检查转向螺杆的隐伤，若产生隐伤、滚道疲劳剥落、三角键有台阶形磨损或扭曲，应更换。

（2）摇臂轴的检修。

a. 总成大修时，必须进行隐伤检验，产生裂纹后只能更换，不许焊修。

b. 轴端花键出现台阶形磨损、扭曲变形，应更换。

c. 摇臂轴衬套镗削后与摇臂的配合间隙较原厂规定其增大量不得大于 0.005mm，使用滚针轴承其配合间隙不得大于 0.10mm。汽车二级维护时应检查摇臂轴与衬套的配合间隙。使用限度：轿车为 0.15mm，载货汽车为 0.20mm。配合间隙超限后应更换衬套，衬套与承孔的配合过盈量为 0.110～0.051mm。

2. 循环球式转向器的装配与调整

（1）安装转向螺杆组件。转向螺杆螺母组件在维修时一般不拆散。若拆散重新组装时，先平稳地逐个装入钢球，装钢球的过程中，转向螺杆和转向螺母不要相对运动，必要时，只能稍许转动转向螺母（图 6-23）或用塑料棒将钢球轻轻充进滚道内，然后给装满钢球的导管口涂压润滑脂防止钢球脱出，用导管卡将导管固定在转向螺母上。所装钢球的直径和数量必须符合原厂规定。

（2）装入钢球后，转向螺母的轴向窜动量不得大于 0.10mm。

（3）将轴承内圈压在转向螺杆的轴颈上。

（4）组装摇臂轴，如图 6-24 所示。

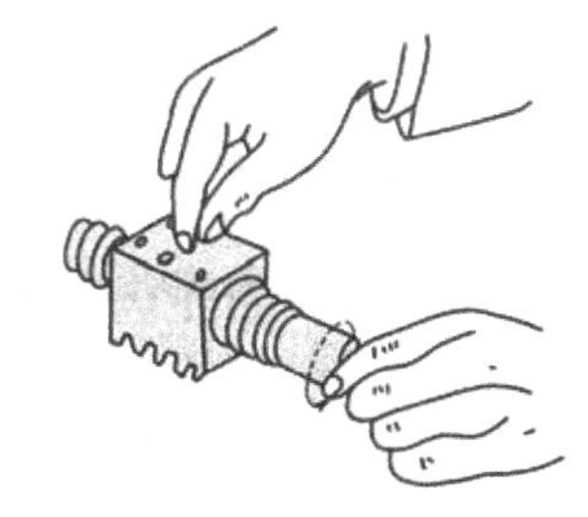

图 6-23　钢球的装入

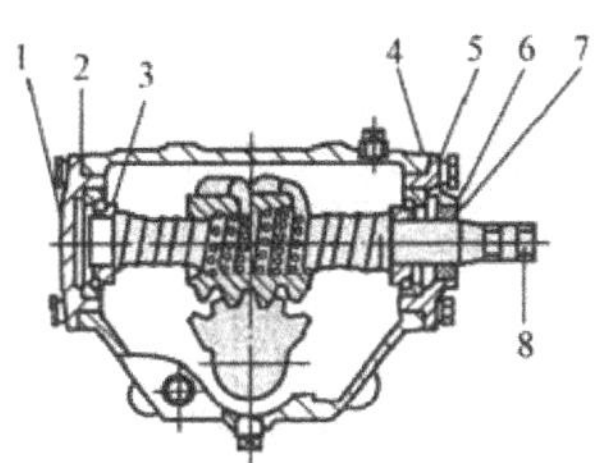

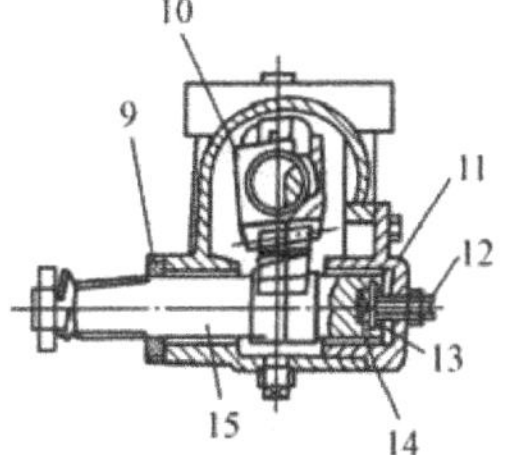

1—下盖；2—调整垫片；3—螺杆轴承；4—上盖调整垫片；5—螺杆轴承；6—上盖；7—螺杆油封；8—转向螺杆；9—摇臂轴油封；10—转向螺母；11—侧盖；12—调整螺钉；13—孔用弹簧钢挡圈；14—止推垫片；15—摇臂轴

图 6-24　循环球式转向器装配图

检查用于转向螺母与齿扇啮合间隙的调整螺钉的轴向间隙，此间隙若大于 0.12mm 时，在调整螺钉与摇臂上的承孔端面间加止推垫片调整。

摇臂轴承预润滑之后，将摇臂装入壳体内，并按顺序装入止推垫片、调整螺钉、垫圈、孔用弹性挡圈。

（5）安装转向器下盖、上盖。

a. 把轴承装入下盖承孔中（见图 6-24）。

b. 安装调整垫片和下盖，从壳体孔中放入转向螺杆组件，安装下盖。装下盖之前在结合平面上涂抹密封胶。

c. 把轴承外圈和转向螺杆油封压入上盖，并装入上盖调整垫片和上盖。

d. 通过增减下盖调整垫片或用下盖上的调整螺塞来调整转向螺杆的轴承紧度。然后检查转向盘的转向力矩，一般为 0.6～0.9 N·m。

（6）安装转向器侧盖。

a. 给油封涂密封胶后，油封唇口向内，均匀地压入壳体上的承孔内。

b. 将转向螺母移至中间位置（转向器总圈数的 1/2），使扇形齿的中间齿与转向螺母的中间齿相啮合，装入摇臂轴组件。

c. 侧盖密封垫涂以密封胶，安装、紧固。

（7）调整转向器转向间隙。

a. 使转向器的传动副处于中间位置（汽车直行位置）。

b. 通过调整螺钉，调整转向器传动副的啮合间隙，在直行位置上应呈无间隙啮合。

c. 在中间位置上，转向器转动力矩应为 1.5～2.0 N·m。转向器转动力矩调整合格后，按规定扭矩锁紧调整螺钉。

（1）安装摇臂时，应注意摇臂与摇臂轴二者的装配记号对正，应特别注意摇臂固定螺母应确实做到紧固、锁止可靠。（2）按原厂规定加注润滑油。

6.7.2 齿轮齿条式机械转向器的维修

齿轮齿条式机械转向器结构简单，可靠性好，维修工作量少，便于独立悬架的布置；转向齿条和转向齿轮直接啮合，无须中间传动，因此，转向轻便、操纵的灵敏性很好。现代轿车已经广泛采用齿轮齿条式转向器，如图 6-25 所示。

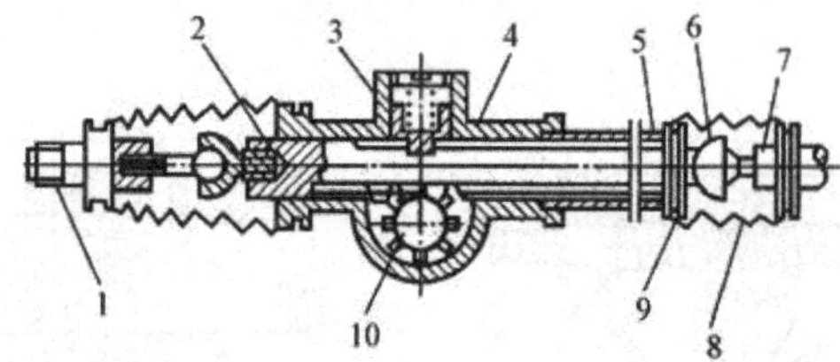

1—横拉杆；2—转向齿条；3—齿条导块；4—转向器壳体；5—衬套；6—齿条端头；7—横拉杆；8—齿条防尘罩；9—箍带；10—转向齿轮

图 6-25 齿轮齿条式转向器

1. 拆卸

拆卸分解中，应先在转向齿条端头与横拉杆连接处打上安装标记，然后拆卸转向齿条端头。但不能碰伤转向齿条的外表面。拆下转向齿条导块组件后，拉住转向齿条，使齿对准转向齿轮，再拆卸转向齿轮，最后抽出转向齿条。抽出时，注意不能让转向齿条转动，防止碰伤齿面。

2. 主要零件的检修

零件出现裂纹应更换，横拉杆、齿条在总成修理时应进行隐伤检验；转向齿条的直线度误差不得大于 0.30mm；齿面上应无疲劳剥蚀及严重的磨损，若出现左右大转角时转向沉重，且又无法调整时应更换转向齿轮轴承。

3. 齿轮齿条式机械转向器的装配与调整（见图 6-26）

（1）安装转向齿轮 18。

a. 将上轴承 19 和下轴承 17 压在转向齿轮轴颈上，轴承内座圈与齿端之间应装好隔圈。

b. 把油封 21 压入调整螺塞 20。

c. 将转向齿轮及轴承一块压入壳体 13。

d. 装上调整螺塞及油封，并调整转向齿轮轴承紧度。手感应无轴向窜动，转动自如，转向齿轮的转动力矩符合原厂规定，一般约为 0.5N • m。

e. 按原厂规定扭矩紧固锁紧螺母 22，并装好防尘罩 23。

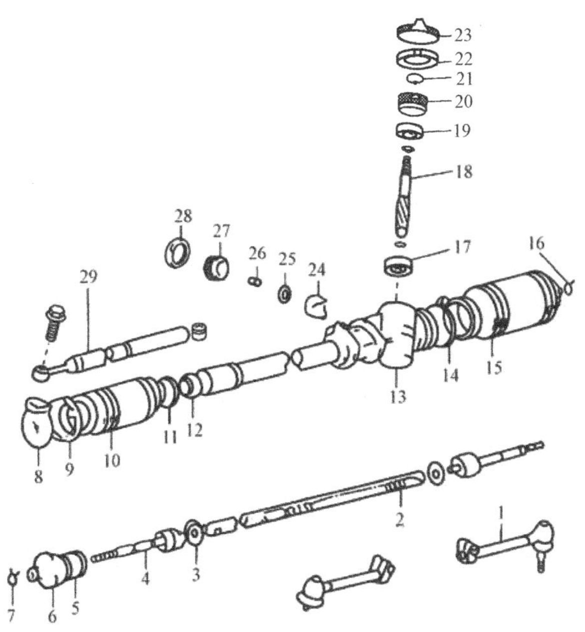

1—横拉杆；2—转向齿条；3—垫圈；4—齿条端头；5—固定环；6—防尘罩；7—夹子；8—减振器支架；9—防尘罩护圈；10—防尘罩；11—箍带；12—齿条衬套；13—齿条壳体；14—箍带；15—齿条防尘罩；16—夹子；17—下轴承；18—转向齿轮；19—上轴承；20—调整螺塞；21—油封；22—螺母；23—防尘罩；24—齿条导块；25—隔环；26—压紧弹簧；27—弹簧帽；28—锁紧螺母；29—转向减振器

图 6-26　齿轮齿条式机械转向器分解图

（2）装入转向齿条 2。

（3）安装齿条衬套 12，转向齿条与衬套的配合间隙不得大于 0.15mm。

（4）装入转向齿条导块 24、隔环 25、导块压紧弹簧 26、调整螺塞（弹簧帽）27 及锁紧螺母 28。

（5）调整转向齿条与转向齿轮的啮合间隙，也称为“转向齿条的预紧力”，其调整机构如图 6-27 所示。因结构的差异，调整方法也有所不同。但常见的有两类：一是改变转向齿条导块与盖之间的垫片厚度来调整转向齿条与转向齿轮轮齿的啮合深度，完成预紧力的调整；另一种方法是用盖上的调整螺塞改变转向齿条导块与弹簧座之间的间隙值，完成啮合深度，即预紧力的调整。

（6）安装垫圈 3 和转向齿条端头 4（见图 6-26）时，应特别注意转向齿条端头和齿条的连接必须紧固、锁止可靠。

（7）安装横拉杆和横拉杆端头，并按原厂规定检查调整左、右横拉杆 1 的长度，以保证转向轮前束正确；另外，横拉杆端头球销的夹角应符合原厂规定；调整合格后，必须按原厂规定的扭矩紧固并锁止横拉杆夹子。

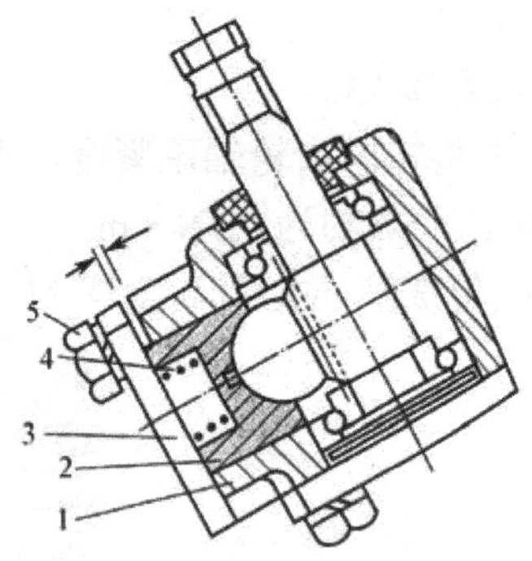

1—壳体；2—导块；3—盖；4—导块压紧弹簧；5—固定螺母

图 6-27 预紧力调整机构

6.8 制动系的维修

汽车在使用过程中，制动系的零件由于磨损、变形、断裂、老化和调整不当等，将导致制动不良、制动跑偏、制动拖滞和制动失效等故障，严重影响行车安全性。因此，应高度重视制动系的检修，保证制动系的维修质量。

汽车制动系的检修应执行 GB/T18274《汽车鼓式制动器修理技术条件》、GB/T18275《汽车制动传动装置修理技术条件 气压制动》、GB/T18343《汽车盘式制动器修理技术条件》、GB/T18275《汽车制动传动装置修理技术条件 液压制动》和相应的地方技术标准。

6.8.1 鼓式车轮制动器的检修

1. 主要零件的检修

（1）制动鼓。

a.制动鼓不得有任何性质的裂纹，否则换新。

b.制动鼓圆度、圆柱度、径向全跳动误差超过规定时，应对制动鼓进行镗削。镗削后的制动鼓内径不得超过表 6-4 规定的极限值。

表 6-4　制动鼓内径的极限值　(mm)

项目＼车型	桑塔纳 2000Gsi	切诺基	CA1091	EQ1090E
标准直径	200	254	420	420
极限直径	201	255.5	425	424

制动鼓内圆表面的镗削应在专用的制动鼓镗削机上进行。将制动鼓装在轮毂上，以轮毂外轴承外座圈内锥面的公共轴线为基准配镗。因此，镗削前应检查两轴承内锥面的滚道有无斑点、剥落、松旷，轮毂承孔有无损伤等，若需更换轴承，应在轴承更换以后再进行镗削。

（2）制动蹄。

a. 制动蹄不得有裂纹和变形，支撑销孔与支承销的配合应符合原设计规定。

b. 制动蹄摩擦衬片的磨损不得超过规定值。当铆钉头的沉入量小于 0.5mm，衬片龟裂和严重油污时，应更换衬片。衬片与制动蹄应严密贴合。当衬片的磨损量超过规定值时，应更换新的制动蹄组件。

c. 制动蹄回位弹簧、制动蹄复位弹簧的弹力衰退或断裂，必须换新。

2. 鼓式车轮制动器的调整

鼓式车轮制动器的调整分局部调整和全面调整两种。局部调整只需调整制动蹄的张开端，通常用于车辆在运行过程中因蹄鼓的间隙变大而进行的调整。全面调整需同时调整制动蹄片两端（张开端和支承端）的位置，通常用于更换制动蹄摩擦衬片或镗削制动鼓后，为保证制动蹄与制动鼓的正确接触而进行的调整。对于不设置固定端的自动增力式车轮制动器而言，没有全面调整和局部调整之分。

（1）液压传动鼓式车轮制动器（领从蹄式、双领蹄式）的调整。以北京 BJ2020 越野汽车的车轮制动器为例，前轮为单向双领蹄式，后轮为领从蹄式，前后制动器的调整方法相同。

其局部调整的方法如下：

a. 顶起车轮，一边转动车轮，一边向外转动调整凸轮螺栓，直至制动蹄压紧制动鼓为止。

转动车轮时，应有一定的方向，即调整前轮两蹄和后轮的前制动蹄时向前转动车轮；调整后轮后制动蹄时向后转动车轮。

b. 向内转动调整凸轮螺栓，直至车轮能自由转动而制动蹄与制动鼓不碰擦。

c. 用同样的方法调整其他调整凸轮螺栓。

d. 用塞尺检查蹄鼓间隙应符合规定。

全面调整的步骤如下：

a. 按局部调整的方法转动调整凸轮螺栓至制动鼓不能转动为止。

b. 向能够转动支承销的方向转动支承销。

c. 重复上述的 a、b 两步，直至调整凸轮螺栓与支承销均不能转动为止。

d. 锁紧支承销后，向内转动调整凸轮螺栓，直至车轮能自由转动且制动蹄与制动鼓不碰擦。

e. 从检视孔用塞尺测量蹄鼓间隙：支承销端为 0.15mm，张开端为 0.3mm。

f. 用同样方法调整其余制动器。

（2）气压传动鼓式车轮制动器的调整（以 CA1092 为例）。

局部调整的步骤如下：

a. 支起车桥，使车轮悬空自由转动。

b. 推进调整臂的锁止套，用扳手转动蜗杆轴使制动蹄压紧制动鼓（转动蜗杆轴时应注意观察凸轮轴的转动方向应为其工作方向），至蜗杆轴不能再转动为止。

c. 以反方向退回蜗杆轴至车轮自由转动且不碰擦制动鼓。

d. 用塞尺检查制动蹄与制动鼓间隙，靠近凸轮端为 0.4～0.7mm，靠近支承销端为 0.2～0.5mm。

e. 用锁止套锁紧蜗杆轴。

局部调整时应注意不允许用改变制动气室推杆总长度的方法来调整制动间隙，因为这样可能会减小蹄片张开的推动力。

全面调整的步骤如下：

a. 松开凸轮轴支架的固定螺栓，使凸轮获得一定的自由度，以便其自动找正中心。

b. 转动调整臂的蜗杆轴使制动蹄压向制动鼓，至蜗杆轴不能再转动为止。晃动凸轮轴支架，使凸轮位置居中。

c. 向可以转动的方向转动两支承销，直至制动蹄片固定端抵住制动鼓，支承销不能再转动为止。在此位置上，先将凸轮轴支架固定和支承销固定，然后转动调整臂的蜗杆轴，使制动蹄片退回，两端出现间隙。

d. 用厚薄规检查制动蹄鼓的间隙应符合要求。

6.8.2 盘式车轮制动器的检修

1. 主要零件的检修

（1）制动盘。

a. 制动盘如有裂纹，应更换。

b. 检查制动盘的工作表面如有严重磨损或划痕时，可进行车削。但车削后的极限值，应不小于原厂的规定，如捷达轿车前轮制动盘标准厚度为 12mm，使用极限为 10mm；一汽奥迪标准厚度为 22mm，磨损极限为 20mm。

（2）制动块。

浮钳盘式制动器的制动块总成的摩擦块与摩擦块背板均采用黏结方式连接，为一次性使用件。如有损坏或摩擦块的厚度小于极限值时（如桑塔纳 2000GSi 制动块总厚度低于 7mm 时），应更换新的制动块总成。

在许多车辆上采用了报警装置，当摩擦块磨损至一定程度时，报警簧片与旋转的制动盘接触，就会发出尖叫声。这时不会对盘造成损伤，但是如再继续使用，摩擦块过度磨损至摩擦块背板露出，就会损伤制动盘。因此，当簧片发出尖叫声，应及时更换。

2. 间隙调整

浮钳盘式车轮制动器的间隙可自动调整，所以在维修中，没有制动间隙调整的作业项目。

6.8.3　液压制动传动装置的维修

1. 主缸的检查

桑塔纳轿车的液压制动主缸不允许分解和修理，若有损坏，更换主缸。更换时主缸与真空助力器之间的 O 形密封圈必须更换新件。若须检查，主缸缸体内径可用内径百分表测量，标准值为20.64mm。与活塞的配合间隙为0.04～0.09mm，超过极限值0.15mm时应更换主缸。

2. 真空助力器的检查

采用就车检验法：

（1）发动机熄火后，踩几次制动踏板，消除助力器内原有的真空。踩下踏板并保持不起动发动机，制动踏板应能稍向下移动。

（2）发动机运转数分钟后熄火，用同样的力量踩下踏板数次，踏板的剩余高度应一次比一次升高。

（3）在发动机运转时，踩下制动踏板不动，将发动机熄火。在 30 s 内踏板高度不允许下降。

对于国产上海桑塔纳轿车、一汽奥迪轿车及切诺基越野车的真空助力器，因为是不可拆卸式，需在专门台架上进行总成性能试验，损坏则更换。对于可拆卸式的真空助力器可用如图 6-28 所示的专用工具进行拆卸检修。其主要损伤是密封不良和膜片破裂。因此，解体后的修理主要是更换壳体上的密封件、膜片及检验单向阀。单向阀可用嘴从其两侧吹吸来检验，必要时换新。

3. 制动踏板的检查与调整

（1）制动踏板高度的检查和调整。

检查踏板高度是否符合原车要求（见图 6-29），如不符合，应进行调整。首先尽量放松制动灯开关，拧紧制动踏板推杆锁紧螺母，转动推杆，直至踏板高度符合要求。然后重新安装好制动灯开关。

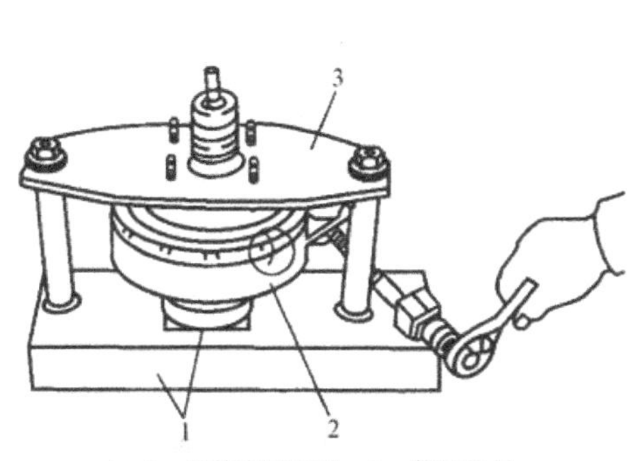

1、3—维修专用工具；2—装配记号

图 6-28　真空助力器的拆装

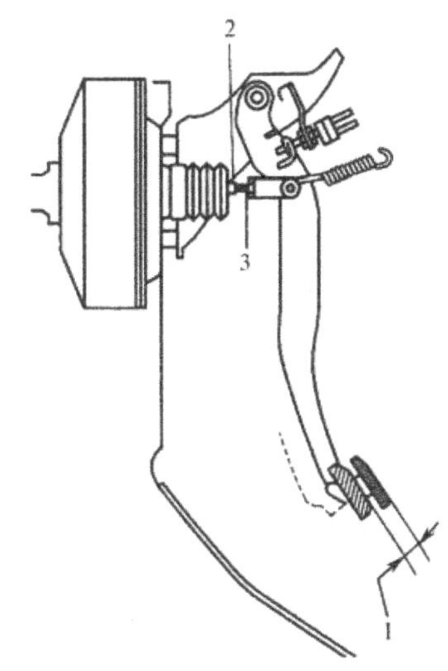

1—踏板自由行程；2—可调推杆；3—锁紧螺母

图 6-29　制动踏板自由高度及自由行程的检查

（2）制动踏板自由行程的检查和调整。

制动踏板自由行程是指：踏板踩下时，推杆接触到主缸活塞时踏板的移动量。

在发动机不工作状态下，反复踩制动踏板数次，直至真空助力器中不存在真空为止。用手轻压踏板直到感到有阻力为止，此位置与原位置的距离即为自由行程。若踏板自由行程不符合要求，可以通过转动推杆来调整。调整好后，应重新检查踏板高度。

4. 液压制动系统的排气

如果对液压制动系统进行过维修作业，或者怀疑制动管路内存在空气，则要对制动系进行排气。要求应在发动机运转的情况下进行，并小心制动液不能沾到油漆面上，一旦沾上应立即清洗干净，否则有可能损坏油漆面。

具体排气步骤如下：

（1）将储液罐注满原车规定型号的制动液。在排气过程中，必须随时检查和添加制动液。

（2）从距离制动主缸最远的轮缸处开始对制动管路进行排气。

a. 一人慢慢踩制动踩板数次，直至踏板变硬踩不下去为止，然后踩住踏板不动。

b. 另一人拧松排气塞，直到制动液流出，再拧紧排气塞，然后放松制动踏板。

c. 重复 a 和 b 两步骤，直到管路中的空气全部排出为止。

d. 对于每个车轮轮缸重复上述步骤，排净制动管路中的空气。

（3）再次检查储液罐中制动液液位，如必要即添加。

6.8.4 气压制动传动装置的维修

1. 空气压缩机的检修

空气压缩机与调压阀配合工作，实际产生压缩空气并向储气筒供气的时间，根据行驶条件的不同，约占总工作时间的 1/10～1/3。卸荷阀、调压阀在出厂时已调好，一般无须自行拆检。空气压缩机的修理可参照发动机曲柄连杆机构的修理技术修理。

空气压缩机经修理后，应进行磨合和工作性能的试验。无试验台时，可装在车上进行充气效率试验。

（1）发动机中速运转，在 4min 内储气筒的气压不得低于 392kPa。

（2）储气筒内的气压为 590kPa 时，空气压缩机停转 3min，筒内气压降不得大于 9.8kPa。

（3）卸荷阀的工作应正常。解放 CA1091 型汽车储气筒的气压升至 784～833kPa，卸荷阀开始工作，空气压缩机停止泵气；当储气筒内的气压降至 637～686kPa 时，空气压缩机应能自动恢复泵气，储气筒气压应逐渐升高。东风 EQ1090E 汽车空气压缩机应在储气筒气压为 687～726kPa 时，自动停止泵气；储气筒气压降至 550～589kPa 时，应能自动恢复泵气。

2. 制动控制阀的检修

（1）串联双腔制动控制阀。

制动控制阀在使用中最为常见的损伤是密封不良。汽车停驶后，如发现储气筒气压下降过快，并且可以在制动控制阀下方排气口听到漏气的声音，可拆检制动控制阀，检查的重点

为上、下阀门与壳体接触的工作面。

装配制动控制阀时，密封件和运动表面应涂工业锂基润滑脂。制动控制阀中的平衡弹簧总成不得随意拆卸和调整，只有出现制动过于粗暴或制动不灵等现象时，才可按修理技术条件的要求进行平衡弹簧的调整。这种串联双腔制动阀只有一个调整部位，即通过调整拉臂上的调整螺钉来调整上阀门的排气间隙，上活塞总成下端距上阀门之间的间隙应为 1.2～1.4mm。此间隙反映到制动踏板上，即为制动踏板的自由行程。CA1091 型汽车制动踏板自由行程为 10～15mm。

装配后，应对制动控制阀的性能进行试验。试验时，在制动阀上、下进气口与储气筒之间各串入一个 1L 的容器和气压表，并用一个阀门控制气路的通断。首先通入压力为 78kPa 的压缩空气，待气压表的读数稳定后，将阀门关闭。此时只有串入的容器中压缩空气与进气腔相通。经 5min 试验后，气压表读数的降低不得大于 24.5kPa。否则，应检修或更换进气阀。打开阀门，使储气筒与制动控制阀相通，拉动制动拉臂至极限位置不动，然后关闭阀门，以容器内的压缩空气检查两出气腔的密封情况，在 5min 内，气压表读数降低不得大于 49kPa，否则应检查制动气室、芯管和排气阀是否漏气。

（2）并联双腔制动控制阀。

当汽车大修时，制动控制阀应解体清洗并更换橡胶膜片和各部橡胶密封圈和阀门，不需更换的零件应清除油污、锈蚀，修整轻微磨损伤痕。装配时，应在各运动表面涂二硫化钼锂基脂。在清洗中，应注意检查前后两腔的圆柱形阀门，消除锈迹，以确保阀门上下运动灵活。还应注意在组装前向阀门涂润滑脂时，绝对不能将阀门上的轴向小孔堵住，以确保制动能力。

在制动控制阀装配时，应进行以下调整：

a. 排气间隙。在组装前、后两腔柱塞座之前，用深度尺测量芯管至阀座平面之间的距离，前、后两腔的距离应相等，均为$1.5_{0}^{0.3}$ mm。若该间隙不符合要求，用拉臂上的调整螺钉进行调整。螺钉旋入，芯管下移，排气间隙变小；反之，排气间隙变大。调整后，锁止调整螺钉。此间隙反映到踏板上，即为制动踏板的自由行程，其标准值为 10～15mm。

b. 最大制动气压。最大制动气压应为 539～589kPa。测量时，储气筒的压力应在 700～740kPa，此时制动拉臂应与壳上调整螺钉接触。如果气压较低时，将壳体上的调整螺钉旋出，反复试验无误后，将锁紧螺母锁紧。

c. 前、后腔的压力差。测量时，将压力表分别与前、后腔接通，踩下制动踏板至任一位置不动，旋转后腔调整弹簧下的弹簧座。旋入时，可使弹簧弹力增大，从而降低后腔的输出气压，应使后腔的输出气压比前腔低 9.8～39.3kPa。松开制动踏板，再踩到任一位置，如前后腔的压力差仍为上述数值，说明调整正确，最后将锁紧螺母锁紧。

3. 制动气室的检修

解放 CA1091 和东风 EQ1090E 型汽车的制动气室均采用卡箍夹紧的结构。制动气室膜片应无裂纹和老化。当用 1000kPa 的气压作试验时，不得有漏气现象。在同一车桥的左右制动气室，不许装用不同厂牌、不同品质的制动膜片。制动膜片必须按使用说明书要求周期更换，一般的更换周期为 6×10^{4}km。

6.8.5 驻车制动器的维修

以 EQ1090E 型汽车采用的鼓式驻车制动器为例进行介绍。

1. 检查

制动蹄摩擦片铆钉头沉入量小于 0.5mm 时，应更换衬片，其修理和铆合工艺与行车制动器摩擦片相同。检查各传动件铰链的磨损情况，必要时应予更换。制动蹄支承销应锁紧，摩擦片表面和制动鼓内表面不得有油污。

2. 调整

调整应在摇臂与拉杆连接之前进行。

（1）松开蹄片支承销锁紧螺母，用 29.4N 的力量在摇臂末端转动摇臂，在此状态下，摩擦片中部应与制动鼓接触。否则，转动支承销达到上述标准，然后拧紧锁紧螺母。

（2）将摇臂与拉杆连接。

（3）将驻车制动器手柄推至最前端，然后向后拉，棘爪只能有两个齿的自由行程。拉到第三齿时，应有制动感觉，拉到第五个齿时，汽车应能完全被制动住。如果自由行程过小，可拧进拉杆上的球形调整螺母。

（4）如自由行程仍大，可以改变摇臂与凸轮轴的相对位置。调整时，将驻车制动手柄放松至最前位置，松开锁紧螺母，取下摇臂，逆时针方向转动几个齿再重新装上，重复上述试验和调整，直至达到要求为止。最后用锁紧螺母锁紧调整螺母的位置。

（5）驻车制动手柄放松后，用塞尺测量，摩擦片和制动鼓之间必须留有 0.1～0.4mm 间隙。此时，用 29.4N 的力拉紧驻车制动手柄，棘爪在齿板上只能滑过 5 个齿。

对于利用车轮制动器充当驻车制动器的汽车，驻车制动的调整可将车轮顶起，然后将驻车制动杆拉到起作用位置（各车型要求不同，一般为从完全释放位置拉起使其响 2～5 响），调整传动拉索或拉杆使车轮不能转动（制动蹄压紧制动鼓）时锁紧调整螺母。然后进行驻车制动性能检查，不合格则重新调整。

思考题

1. 离合器主要零件的检修内容有哪些？
2. 对变速器壳体的变形应如何检查和修理？
3. 锁环式和锁销式同步器主要的损伤形式有哪些？
4. 变速器装配时应注意哪些问题？
5. 万向传动装置在装配时应注意哪些问题？
6. 传动轴常见损伤有哪些？应如何检修？
7. 主减速器调整项目有哪些？调整时应注意什么问题？
8. 汽车轮胎的维护和保养有哪些内容？轮胎换位应如何进行？
9. 悬架系统的检修内容有哪些？
10. 齿轮齿条式机械转向器主要零件的检修包括哪些内容？
11. 制动踏板的检查与调整项目有哪些？如何进行？

第7章 汽车电气设备维护

7.1 二级维护前的检测与附加作业的确定

l. 点火提前角的检测

使用仪器为点火堤前角测试仪或汽车电器万能试验台。点火提前角可随海拔高度、气温、汽油辛烷值、汽车技术状况做适当调整。

2. 断电器触点闭合角的检测

使用发动机综合检测仪、电器检测仪。

3. 分电器重叠角

使用发动机综合检测仪、电器检测仪。该角度反映各缸点火时刻的准确性。

4. 点火高压的检测

使用仪器为示波器、发动机综合测试仪等。该值反映火花塞电极间隙大小及高压线、分火头接触状况。

检测的次序和需要检测的项目，根据车辆技术档案、驾驶员反映和检测人员的初步观测而确定。其目的是为判断故障、技术评定和确定附加作业项目提供依据。附加的作业项目和内容，以消除汽车故障为目的，恢复汽车的正常技术状况。附加作业项目确定后与基本作业项目一并进行二级维护。

7.2 汽车电气二级维护作业

7.2.1 蓄电池的维护

捷达轿车所采用的是 12V 蓄电池，其额定容量为 63A・h。该蓄电池具有寿命长，故障少等优点。蓄电池由 6 个单格蓄电池组成，每个单格蓄电池电压均为 2V。

1. 蓄电池的拆装

（1）蓄电池的拆卸。

a．拆开蓄电池保护套。

b．拆下蓄电池的搭铁线，然后拆下正极接线。

c．拆下蓄电池压板，从支架中取出蓄电池。

（2）蓄电池的安装。

a．将固定压板压在蓄电池底部凸缘。

b．先将蓄电池正极接线接上，然后接上搭铁线。

c．装上蓄电池保护套。

2．蓄电池的检查

（1）检查蓄电池电解液液面高度。

在正常使用条件下，蓄电池几乎不需要进行维护，在高温条件下则应定期对蓄电池液面高度进行检查。

a．拆下蓄电池的搭铁线。

b．当电解液液面低于电解液液位标记“MIN”时，只能使用蒸馏水来补足液面高度。

c．充电情况下，会使蓄电池中的电解液液位太高，可能会达到沸溢。

d．电解液液位长期过低会减少寿命。

（2）检查蓄电池电解液密度。

蓄电池在充电状态下，电解液的相对密度可以通过电压测量（有载荷时）得出准确的结果。

使用虹吸式酸浓密度计测量电解液相对密度，相对密度必须达到表 7-1 数值要求。

表 7-1 蓄电池电解液密度（g / cm³）

常温地带充电	° Be	相对密度	热带地区充电	° Be	相对密度
放电	16	1.22	放电	11	1.08
半充电	24	1.20	半充电	18	1.14
完全充电	32	1.28	完全充电	27	1.23

注：° Be 为密度计刻度盘上的相对密度值

（3）检查蓄电池电压。

a．对蓄电池电压的检测必须使用专用的蓄电池检测仪。

b．当蓄电池电流约为 110 A 时，其最低电压应不低于 9. 6V。

c．如果在此测量期间（持续 5～10s），蓄电池电压低于该值，则蓄电池不是漏电就是有故障，应予以维修。

（4）维护蓄电池。

对蓄电池进行维护的内容如下：

a．使用新式蓄电池时，应尽可能使其带有中心排气孔。

b．应经常检查蓄电池电解液液面高度，一般应高出极板 10～15mm，位于蓄电池外壳上 MAX 和 M IN 液位线之间。

c．冬季开始时，应测量电解液的相对密度，判断是否需要充电。

d．发现蓄电池充电数小时后电量仍不足时，应立即进行漏电检查。

e．平时应在接线柱、接头和安装附件表面涂一层耐酸油脂。

f. 充电时，配制的电解液应符合国家标准。

g. 蓄电池若长期不用时，应从车上拆下并放在阴凉通风的地方。

（5）更换蓄电池前的检查。

a. 长期不用的蓄电池，往往会导致自放电，且可能使其与硫酸盐化。如果用一股的充电器对蓄电池快速充电，蓄电池将不能吸收电能或过早显示已“完全充电”的信号，实际上仅为表面充电。

b. 如果蓄电池中的电解液密度偏差不大于 0.02g/cm^3，则可对蓄电池充电。

c. 充电电流不能大于 3～5A，因此，可以使用低输出的充电器。

d. 充电结束后，蓄电池必须经过深放电试验。仅当蓄电池输出值不稳定时，才视为不合格。

e. 如果一个蓄电池格或两个相邻蓄电池格中的电解液相对密度明显降低（例如，5 个蓄电池格中为 1.16g/cm^3，1 个为 1.08g/cm^3），则说明蓄电池短路，不合格。

3. 蓄电池的充电

（1）常规充电。

蓄电池充电室内，不允许吸烟和动用明火。结冰的蓄电池在充电前先要解冻。

a. 断开蓄电池的负极接地线和正极输出线。

b. 打开加液孔盖。若蓄电池已冻结，应先融化。

c. 检查电解液液面高度，如果电解液量不足，应先补充蒸馏水。

d. 蓄电池与充电器正极接正极，负极接负极。

e. 开始充电的电流取决于蓄电池的容量，大约为容量的 20%。

f. 当达到蓄电池起泡电压后，仅允许充电电流为蓄电池容量的 10%。

（2）快速充电。

只有使用蓄电池快速充电仪 V.A .G1266A 时，才能进行蓄电池快速充电。

7.2.2　起动机的维护

1. 起动系统的使用注意事项

（1）起动机每次连续工作时间不得超过 5s，若第 1 次不能起动，应停歇 15s 左右，再进行第 2 次起动。当连续 3 次不能起动时，应查明原因并排除故障后再进行起动。

（2）蓄电池应处于充足电的状态。

（3）各导线插头要连接牢固，接线柱应保持清洁。

（4）起动机各部件应保持清洁，接触良好。

（5）转动部位应保持良好的润滑。

（6）轿车每行使 12 000～15 000km，要用检测仪检查起动电流和起动电压。捷达轿车起动机稳定运转 5s，电流应小于 55A，蓄电池电压不得低于 9.6V。

（7）冬季起动时，应采取预热措施。

2. 起动机的拆卸

（1）拆卸起动机时，应首先拆下蓄电池的搭铁线，然后再拆下起动机的各连接线。

（2）拆下起动机支架上紧固起动机的螺母，连同支架将起动机从发动机上一起拆下。

3. 起动机零部件的检查

（1）检查电磁开关。

主要检查保持线圈和吸拉线圈是否断路或短路以及弹簧的复位功能。电磁开关接线柱如图 7-1 所示。

a. 吸拉线圈。

用万用表测量电磁开关的端子 50 与电磁开关磁场绕组接线柱之间的电阻值。电阻值应为 2.6～2.7Ω。

b. 保持线圈。

用万用表测量电磁开关的端子 50 与电磁开关外壳之间的电阻值。电阻值应为 1.5～1.6Ω。

c. 复位弹簧。

用手先将挂钩及活动铁芯压入电磁开关，然后松开。若活动铁芯能迅速返回复位，说明弹簧复位功能良好；若铁芯不能复位或出现卡滞现象，则应更换复位弹簧或电磁开关。

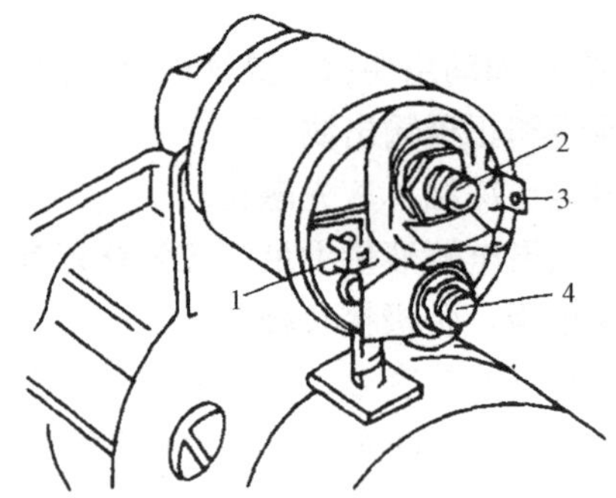

1—15a 接线柱（空）；2—30 接线柱；3—50 接线柱；4—磁场绕组接线柱

图 7-1 起动机电磁开关接线柱

（2）检查电枢绕组和磁场绕组。

检查电枢绕组是否搭铁，可用万用表的欧姆挡检测换向器铜片和电枢轴之间的电阻，电阻应为无穷大，否则说明有搭铁故障。检查电枢绕组匝间短路可在电枢检验仪上进行，将电枢放在检验仪的 V 形槽内，接通检验仪的电源，并将铜片放在电枢铁芯上方的线槽上。若电枢中有短路，则在电枢绕组中将产生感应电流，钢片在交变磁场的作用下，在槽上振动，由此可判断电枢绕组中的短路故障。绕组断路一般由绕组接头与换向器铜片脱焊引起，在拆下电枢时应该能看到。

励磁绕组的常见故障有接头脱焊、绕组短路、断路或搭铁等。接头脱焊故障，解体后可直接看到。绕组搭铁与否可用万用表的欧姆挡测量绕组端子与外壳之间的电阻，如果电阻为无穷大，则说明无搭铁故障。用万用表的欧姆挡测量绕组两端间的电阻，当电阻为无穷大时，则说明绕组断路。短路检查时，可在励磁绕组的两端接通 2V 的直流电源，用铁片触试各磁极，各磁极的吸力应相等，如果感觉到某一磁极的电磁吸力明显小于其他磁极，则说明该磁极的励磁绕组有短路故障。若绕组连接脱焊，应重新施焊；若绕组绝缘不良，应拆除绝缘层重新包扎并浸漆、烘干。

4. 起动机的安装

起动机的安装与拆卸步骤相反。

装配时，应检查起动机固定螺栓及螺母情况，调整起动机到最佳位置，最后以 60N·m 的拧紧力矩拧紧紧固螺母。

7.2.3　点火系统的维护

1. 普通霍尔式电子点火系统的使用

（1）使用注意事项。

a. 若需要拆装点火系统的导线（包括拆、接测试仪器），应先关闭点火开关。

b. 当利用起动机带动发动机旋转时，而又不想使发动机起动（如进行气缸压力检查时），应拔下分电器盖上的中央高压线，并将其搭铁。

c. 如果点火系统有故障或怀疑其有故障，而又必须拖动轿车时，应先拆开点火器的插接件。

d. 为防止对无线电产生干扰，应使用 1kΩ电阻的高压导线、1～5kΩ电阻的火花塞插头和 1kΩ电阻的分火头。

e. 使用带快速充电设备的起动辅助装置起动时，电压不得超过 16.5V，使用时间不得超过 1 min。

f. 在车上进行点焊式电焊作业时，应先拆去蓄电池的搭铁线。

g. 清洗发动机时，必须切断点火开关。

（2）点火系统主要部件的维护。

a. 火花塞。

若发现火花塞绝缘体顶端起疤、破裂或电极熔化、烧蚀，则都表明火花塞已烧坏，应更换。在安装火花塞时，为保证密封性，不能使火花塞槽内有异物。火花塞不能拧得太紧，其拧紧力矩为 20N·m，以免损坏密封垫片而影响导热性能。

b. 分电器。

应保持分电器清洁，要定期除尘并检查分电器盖是否有裂纹。如果触头磨损严重，应更换分电器盖。断电器的触头距离额定值为（0.4±0.05）mm，可用塞尺进行检查。所有高压线外表均要保持清洁、干燥，必要时可将分电器上的高压线全部拔出，清洁所有接线端头并进行检查。若导线末端有缺陷，不能剪短，只能整条更换。

c. 点火线圈。

为防止漏电，应保持各部件清洁、干燥。若发现点火线圈的填料冒出，应予以更换。

2. 点火正时的检查

检查条件：

（1）发动机机油温度不低于 80℃。

（2）拆掉真空点火提前装置的软管。

检查过程：检查点火正时的方法有两种：一种是利用点火正时和转速测量仪 V.A.Gl367；另一种是利用正时灯。

（1）用点火正时和转速测量仪检查如图 7-2 所示，关闭点火开关，接上点火正时和转速测量仪 V.A.G1367，并连接上止点传感器（带白色标记）。连接点火线圈接线柱时应使用辅助接线 V.A.G1594，接上蓄电池和 1 缸火花塞。起动发动机并以怠速运转，点火正时和转速测量仪将直接显示点火正时，应在上止点前 19°～21°。

如果点火正时不准确，应重新调整分电器位置。

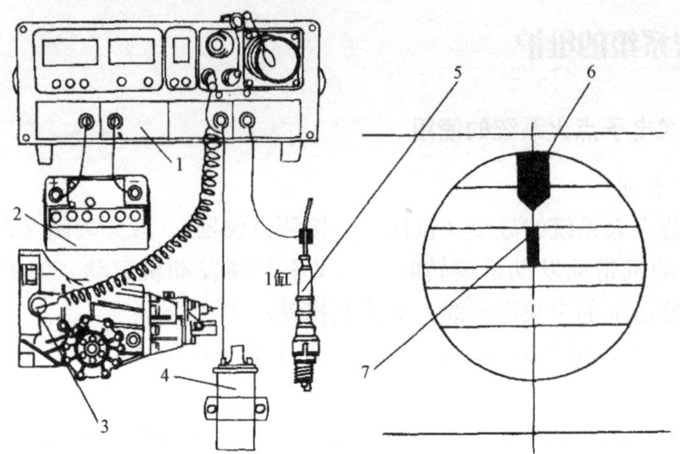

1—点火正时和转速测量仪；2—蓄电池；3—上止点传感器；4—点火线圈；
5—火花塞（1 缸）；6—壳体上的箭头；7—飞轮上的上止点标记

图 7-2 用点火正时和转速测量仪检查点火正时

（2）用正时灯检查如图 7-3 所示，使发动机怠速运转，用正时灯对准飞轮上的上止点闪亮，飞轮上的上止点标记应与壳体上的箭头相差 20°。否则，可通过转动分电器的壳体来调整点火正时。

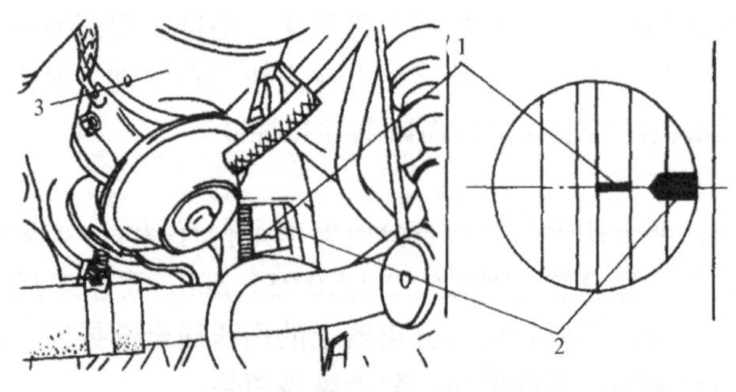

1—飞轮上的上止点标记；2—壳体上的箭头；3—分电器

图 7-3 用正时灯检查点火正时

3. 点火正时的调整

为了调整点火正时，必须保证以下零部件的位置。

（1）发动机曲轴的位置。

如图 7-4 所示，使发动机曲轴处于 1 缸压缩上止点的位置。对已安装好飞轮的曲轴，将飞轮上刻的 1 缸上止点的标记对准壳体上的箭头；对未安装飞轮的发动机，将齿带轮上的标记与齿带轮护罩的箭头标记对齐。

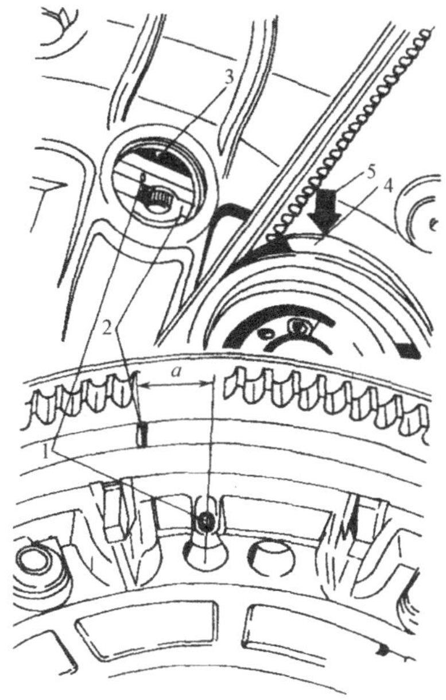

1—飞轮上的上止点标记；2—飞轮上的点火提前标记；3—壳体上的箭头；4—齿带轮上的标记；
5—齿带轮护罩的箭头标记；a—点火正时标记与上止点标记的距离（38～42mm）

图 7-4　发动机曲轴的位置

（2）凸轮轴齿带轮的位置。

曲轴的上止点有两个：一个是排气终了上止点，另一个是压缩终了上止点，如图 7-5 所示。为了确保曲轴处于压缩终了的上止点，必须使凸轮轴齿带轮上的标记对准汽缸盖的上边缘。

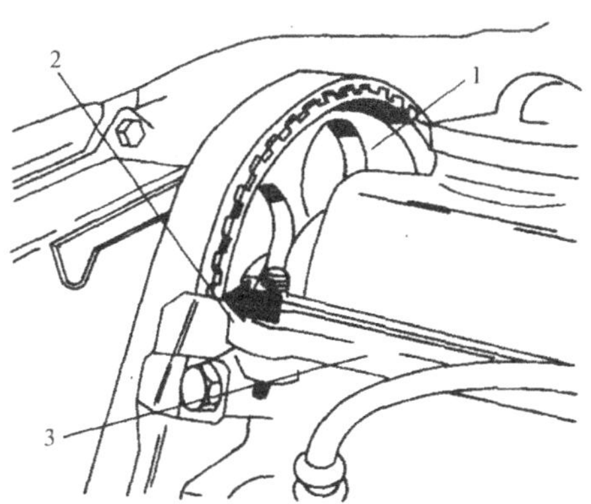

1—凸轮轴齿带轮；2—齿轮轴上的标记；3—汽缸盖

图 7-5　凸轮轴齿带轮的位置

（3）机油液压泵齿轮轴的位置。

如图 7-6 所示，为了确定分电器与曲轴的传动关系，将机油泵齿轮轴上的扁头缺口转动到与曲轴轴线相平行的位置上。

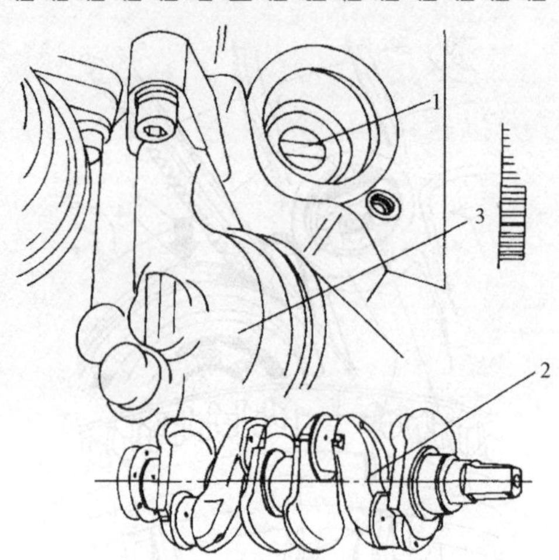

1—机油液压泵齿轮轴；2—曲轴轴线；3—曲轴

图 7-6 机油液压泵齿轮轴的位置

（4）分火头的位置。

如图 7-7 所示，将分火头指向分电器壳体上的 1 缸标记方向上。在发动机侧面插入分电器，使分电器的扁口对准机油液压泵齿轮轴的扁头，然后装上压板，拧上螺栓 5（力矩 25N·m）。分电器盖装配前，应进行清洗。

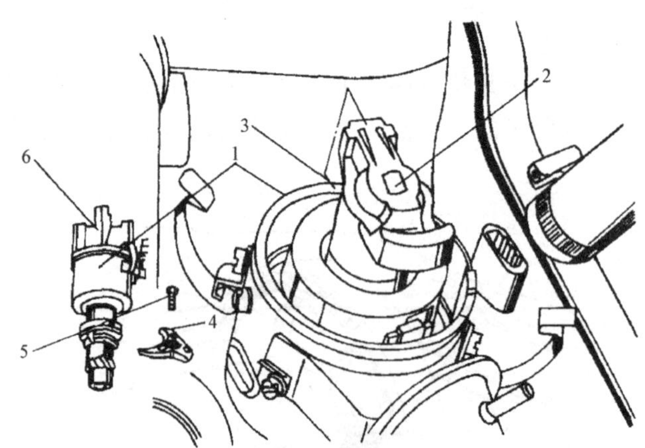

1—分电器壳体；2—分火头；3—分电器壳体上的标记；4—压板；5—螺栓；6—分电器盖

图 7-7 分火头的位置

7.2.4 照明设备、仪表、喇叭、刮水器、全车电器线路

1. 检查各部件是否齐全，工作是否正常

a. 前照灯照射位置和发光强度符合 GB7258—1997《机动车运行安全技术条件》中的有关规定。

b. 前照灯、喇叭、各仪表、信号装置功能齐全、有效，符合规定。

c. 刮水电动机运转无异响，连动杆连接可靠。

d. 各个电器线路完好，不漏电，连接可靠。

2. 测试喇叭声响，必要时调整

喇叭在距车前 2m 处测试时，声级应为 90～115dB(A)。

喇叭的安装固定方法对其发音影响较大。为了保证喇叭声音正常，喇叭不作刚性安装，在喇叭与固定架之间装有片状弹簧或橡胶垫。

技术良好的喇叭，发音响亮清晰而无沙哑声。喇叭触点应保持清洁且接触良好。电喇叭的调整包括音调和音量的调整。

（1）音调调整。

音调的高低取决于膜片的振动频率。减小喇叭上、下铁芯间的间隙，则提高音调；增大间隙则音调降低。调整方法是：松开锁紧螺母 11（见图 2-30），转动下铁芯，使上、下铁芯间的间隙调至合适量，通常为 0.5～1.5 mm，拧紧锁紧螺母即可。

（2）音量调整。

音量的强弱取决于通过喇叭线圈的电流大小，电流大则音量强。线圈电流可通过调整螺钉 8 改变喇叭触点 7 的接触压力来调整，见图 2-30。若触点的接触压力增大，喇叭的音量则变大。

7.2.5　空调装置

检查空调系统工作状况、密封状况。

（1）制冷系统密封良好，蒸发器通道及冷凝器表面清洁，电磁离合器、风扇及低温保护开关工作正常。

（2）制冷系统压力标准：高压侧 1 407～1 448kPa，低压侧 207～214kPa。

（3）暖风装置工作正常。

7.2.6　电子控制系统

检视电子控制系统故障指示灯闪烁情况。

电子控制系统故障指示灯应无故障代码显示，否则应用 V.A.G1551/V.A.G1552 专用检测设备或通用检测工具进行故障查询和数据阅读，并将查出的故障列入附加作业项目，故障排除后须清除故障代码。

思考题

1. 对蓄电池检查时通常进行哪些内容？
2. 蓄电池进行技术维护的主要内容有哪些？
3. 检查起动机电磁开关的主要内容有哪些？
4. 火花塞使用维护应注意什么？
5. 电喇叭的音量和音调怎样进行调整？

第 8 章 汽车电气设备检修

8.1 起动机的检修

8.1.1 电枢轴的检修

（1）用千分表检查电枢轴的摆差，如图 8-1 所示。若摆差超过 0.1mm，则应校正。电枢轴上的花键槽若磨损严重或损坏，应进行修复或更换。

（2）电枢轴轴颈与衬套的配合间隙，不得超过 0.15mm。间隙过大应更换新衬套，并用铰刀铰配。

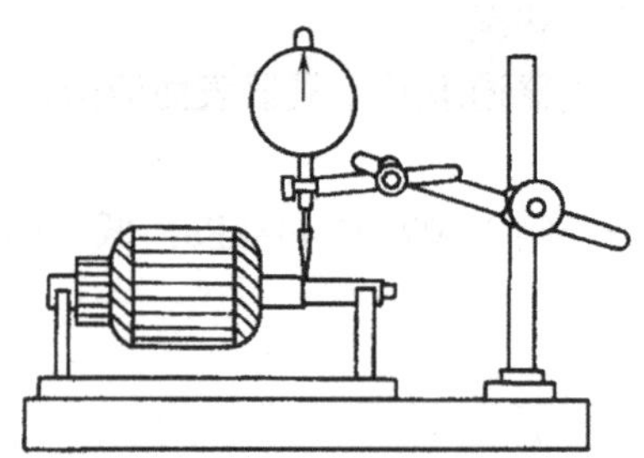

图 8-1 电枢轴弯曲度的检查

8.1.2 电枢绕组的检修

电枢绕组的故障主要是断路、短路和对地短路。

（1）断路故障大多是由于线头脱焊或导线甩出后刮断造成。检查时，可按图 8-2 测试换向器片之间是否接通，如果不导通，说明焊点或电枢线圈断路，应予以修理或更换。

（2）短路检查。用电阻计检查整流器与电枢轴的绝缘情况，如图 8-3 所示。如果导通，说明电枢短路，应予以更换。

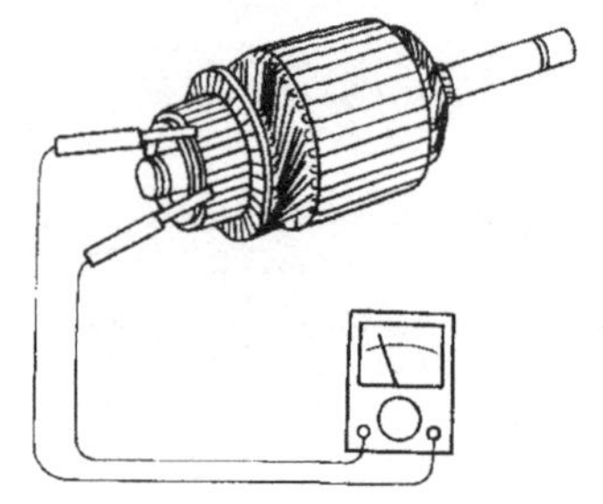

图 8-2 检查各换向器片之间是否断路

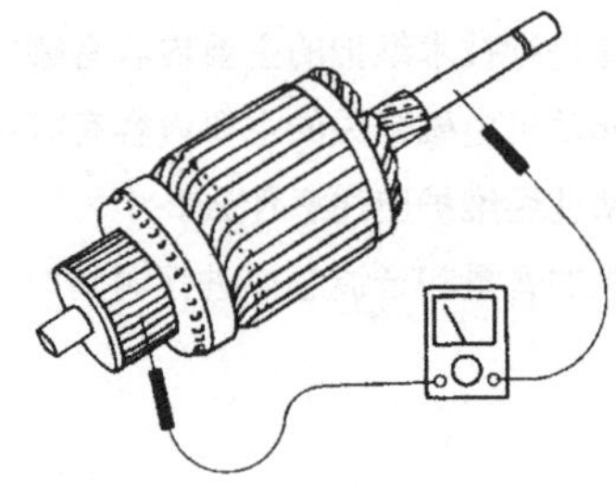

图 8-3 检查电枢绕组是否短路

8.1.3　换向器的检修

（1）检查换向器表面是否清洁，如有烧蚀可用细砂纸修整，如图 8-4 所示。

（2）测量换向器云母片的深度。换向器云母片的深度应为 0.5～0.8mm，使用极限为 0.2mm，测量部位如图 8-5 所示。

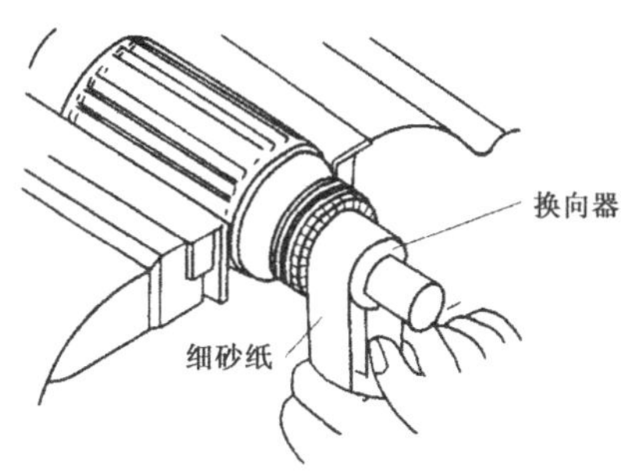

图 8-4　用砂纸打磨换向器表面

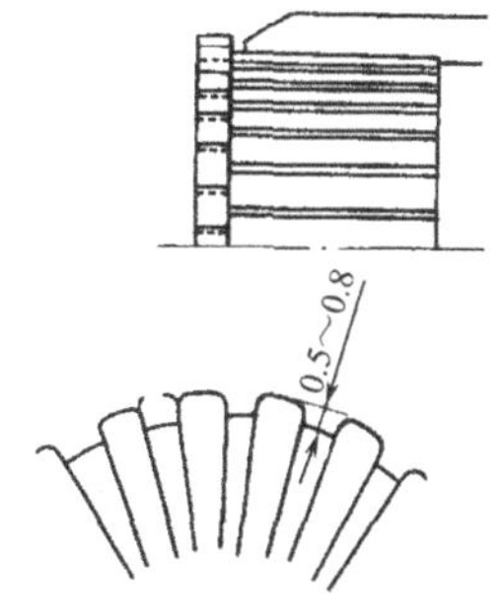

图 8-5　测量换向器云母的深度

（3）换向器外径磨损低于使用极限时，应予以更换。测量可用卡尺进行，如图 8-6 所示。

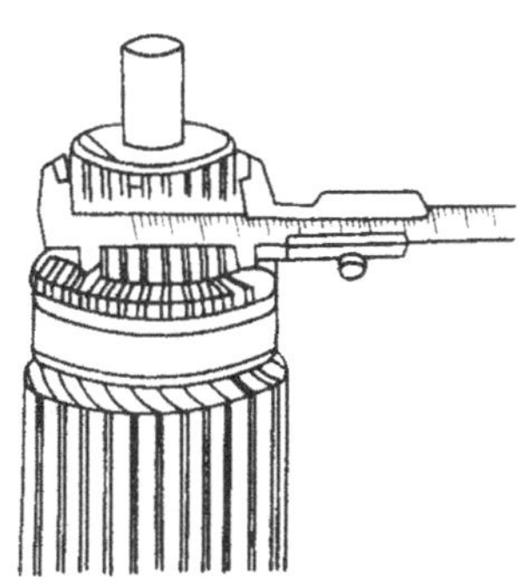

图 8-6　测量换向器外径

8.1.4　磁场绕组的检修

磁场绕组的故障有短路、断路和对地短路。

（1）短路检查。当怀疑磁场绕组有短路现象时，可用蓄电池的 2V 直流电源检查磁场绕组有无短路。如图 8-7 所示。开关接通后，将旋具放在每个磁极上，磁极对旋具吸力应相等。若某一极吸力太小，表明磁场绕组有匝间短路。若各磁极均无吸力则为断路。

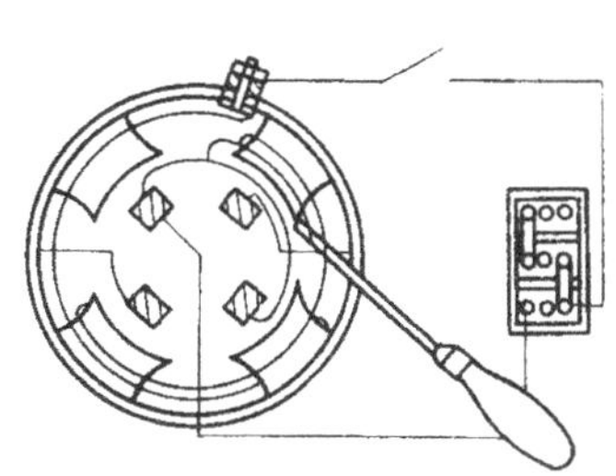

图 8-7　磁场绕组短路检查

（2）断路检查。检查时，可将万用表笔一端与正碳刷相连，另一端与磁场绕组接柱相连，如图 8-8 所示。如断路应更换磁场线圈。

（3）对地短路检查。如图 8-9 所示，用万用表笔一端与磁场绕组接线相连，另一端搭铁，如绝缘不良，应更换磁场绕组。

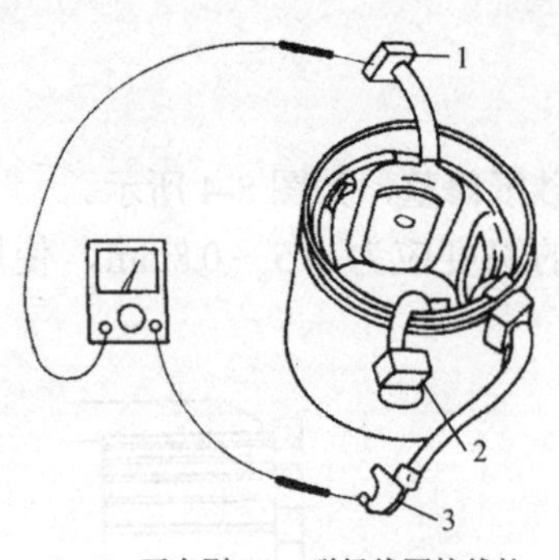

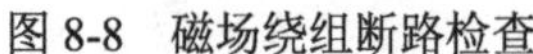
1、2—正电刷；3—磁场线圈接线柱

图 8-8 磁场绕组断路检查

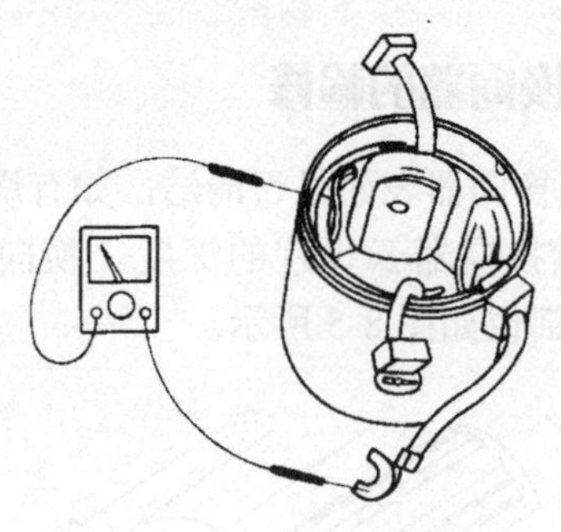

图 8-9 磁场绕组对地短路检查

8.1.5 单向离合器的检修

（1）检查驱动齿轮磨损程度。驱动齿轮与飞轮齿圈配合，其前端最易磨损，如图 8-10 所示。如果检查发现磨损严重，应予以更换。

（2）检查驱动齿轮单向滑轮的功能。顺时针方向转动齿轮时，应灵活自如，如图 8-11 所示。

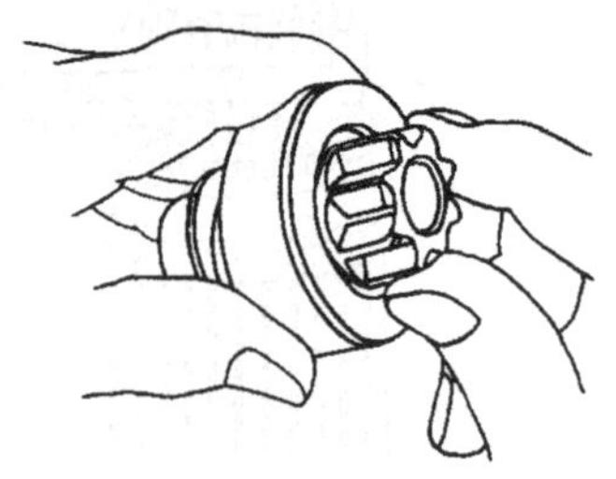

图 8-10 检查驱动齿轮磨损情况

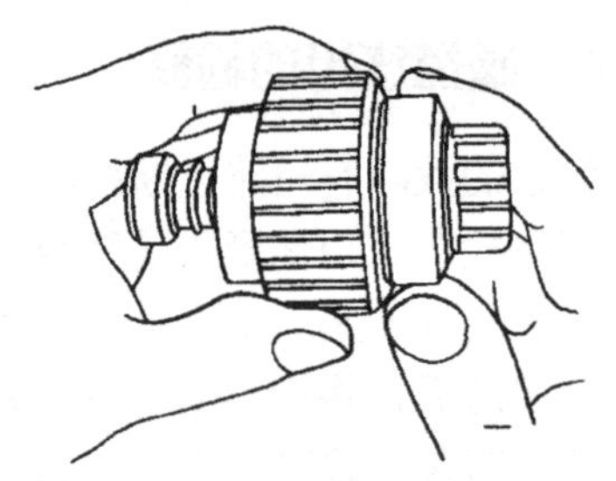

图 8-11 顺时针方向转动检验单向滑轮

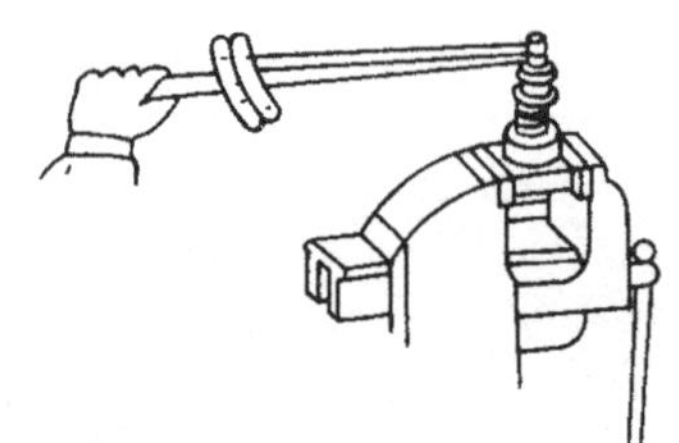

图 8-12 逆时针方向转动检验单向滑轮

（3）用力矩扳手反时针方向转动单向滑轮，应能承受制动试验时的最大转矩而不打滑，如图 8-12 所示。否则，应予以更换。

（4）检查滑动轴承。电枢轴与轴承的配合应灵活平稳。

8.1.6 电磁开关的检修

检查电磁开关内部线圈有无断路、短路或搭铁等故障，可用万用表测量线圈电阻后与标准值进行比较以判断其好坏。

如图 8-13 所示连接好线路，接通开关 S 后，应能听到活动铁心动作的声音，同时试灯 EL 应被点亮；开关 S 断开后，试灯 EL 应立即熄灭。否则应更换起动机总成。

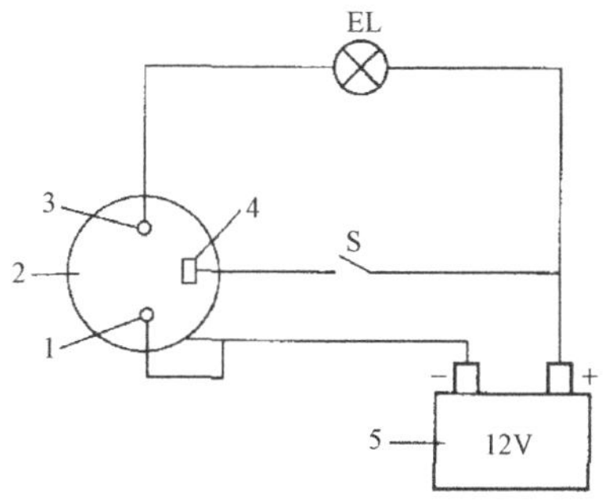

1—磁场线圈接线柱；2—起动机开关；3—蓄电池接线柱；4—点火开关接线柱；5—蓄电池

图 8-13　电磁开关的检查

8.1.7　电刷、电刷架及电刷弹簧的检修

（1）检查电刷高度。电刷的标准高度 16mm，磨损极限高度 4.0mm，当因磨损而使高度低于使用极限时，应予以更换。

（2）检查电刷架与底板之间绝缘情况。检查时可按图 8-14 所示，用万用表进行。如果绝缘效果不好，必须予以更换。

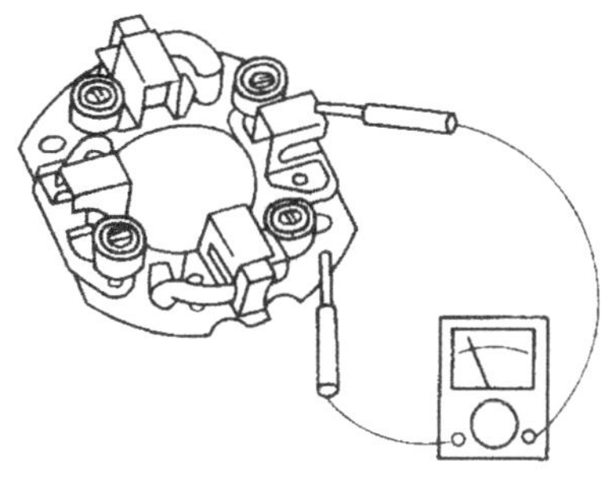

图 8-14　检查电刷架与底板之间的绝缘

（3）检查电刷与换向器的结合是否平稳。如果电刷架弯曲变形，应进行修理或更换。

（4）电刷弹簧力标准值为 9.8～12.7N。若检查时，发现电刷弹簧弹力下降，可予以更换。

8.2　点火系统主要部件的检修

8.2.1　检修点火线圈

1. 霍尔电子点火系点火线圈检查

（1）点火线圈电阻的检查。

如图 8-15 所示，用万用表（欧姆挡）测量点火线圈初级、次级绕组的电阻值。初级绕组电阻值为 0.52～0.16Ω，次级绕组为 2.4～3.5kΩ。

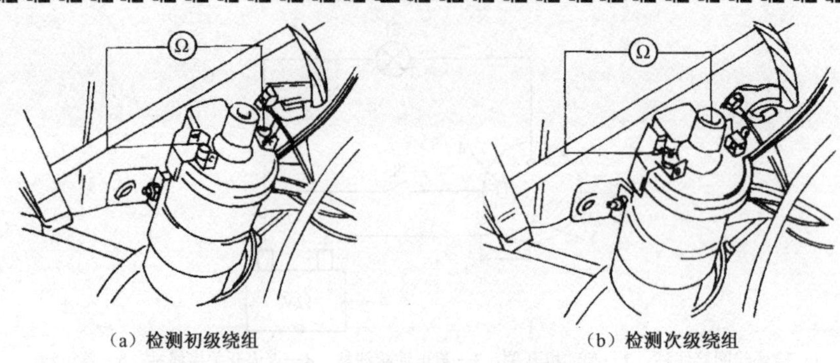

（a）检测初级绕组　（b）检测次级绕组

图 8-15　检查点火线圈电阻

（2）点火线圈绝缘性的检查。

采用试灯法检查初级绕组与次级绕组是否出现搭铁现象：将任一级引出线串接灯泡，把外壳与另一电源线相连，如果灯亮为搭铁。

（3）检查点火线圈发火强度。

发火强度是点火线圈的主要性能指标，检查其强度，一般都是在万能电器试验台上进行。简便的检验方法是，在发动机上进行试火法检查，观察火花颜色，蓝色为强，红火为弱。

2. 两阀电控点火系点火线圈检查

检查点火线圈的次级电阻方法如下：

(1) 如图 8-16 所示，检查下述点之间的次级电阻：1 缸和 4 缸、2 缸和 3 缸。其规定值：4.0～6.0kΩ（20℃时）。

（2）如果没有达到规定值，则更换点火线圈（N、N128）。

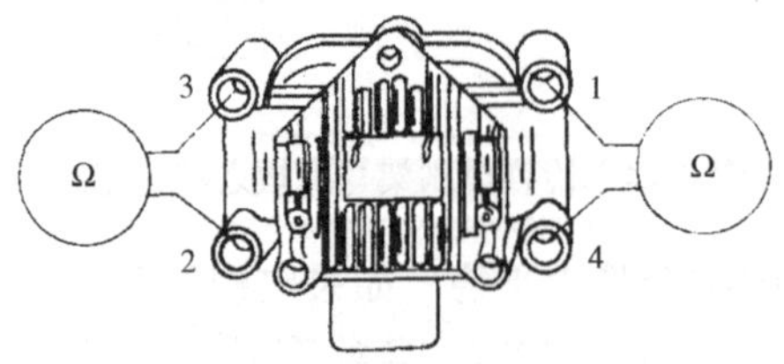

图 8-16　检查点火线圈次级电阻

8.2.2　检查火花塞

火花塞检查的内容为：

（1）拆下火花塞，检查火花塞的螺纹及绝缘体有无损坏。如果有异常，应更换火花塞。两阀电控捷达车拆装火花塞时，应用火花塞扳手 3 122B，火花塞的装配拧紧力矩为 30N・m。

（2）检查火花塞电极间隙应为 0.7～0.8mm。对于新的火花塞，可通过弯曲旁电极来调整间隙，使用过的火花塞电极间隙是不可调整的。两阀电控捷达车火花塞电极间隙为 1mm。一般火花塞使用寿命为 15 000km，长效火花塞的使用寿命为 30 000km。

（3）用万用表（×MΩ挡）测量火花塞绝缘电阻，如图 8-17 所示。电阻值应为 10MΩ或

更大。

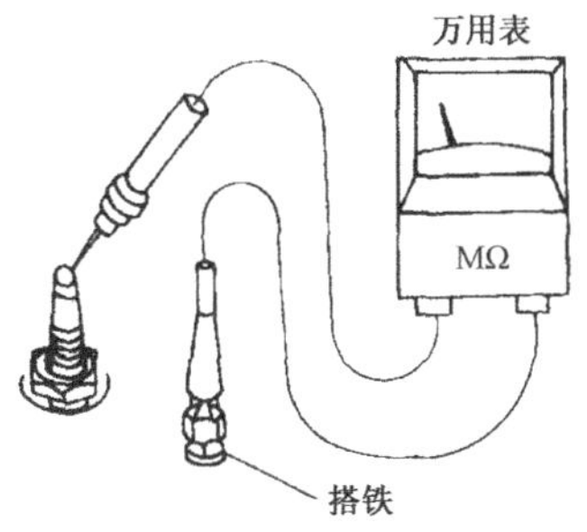

图 8-17　测量火花塞绝缘电阻

（4）若火花塞电极有湿炭痕迹，待其干燥后用火花塞清洁器，以低于 588kPa 的压力、20s 左右的时间清洁火花塞电极。若有机油痕迹，在使用火花塞清洁器之前，先用汽油清除机油。

8.2.3　检查高压电路部件

高压电路部件检查项目为：

1. 分火头电阻的检查

如图 8-18 所示，测量分火头电阻，电阻值应为（1±0.4)kΩ。

2. 火花塞插头电阻的检查

如图 8-19 所示，测量火花塞插头电阻，电阻值应为（1±0.4)kΩ（无屏蔽）或（5±1.0)kΩ（有屏蔽）。

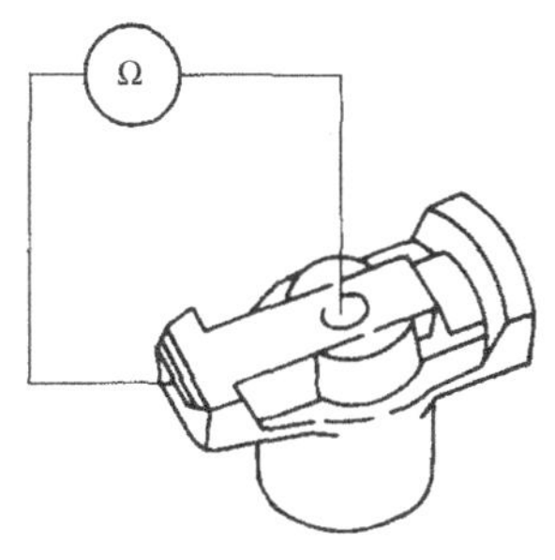

图 8-18　检查分火头电阻

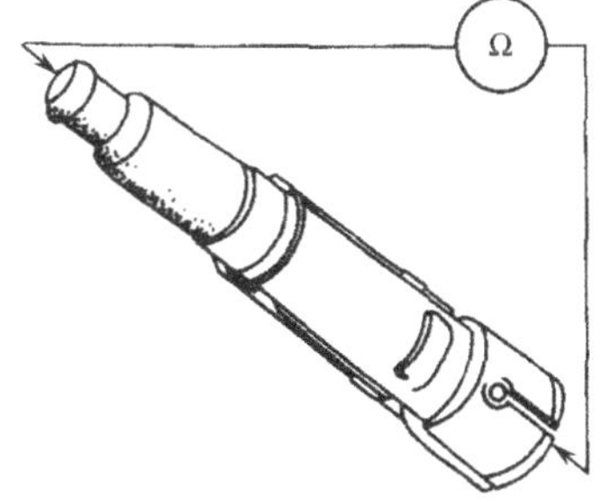

图 8-19　检查火花塞插头电阻

3. 防干扰接头电阻的检查

如图 8-20 所示，测量防干扰接头电阻，电阻值应为（1±0.4)kΩ。

4. 高压导线电阻的检查

如图 8-21 所示，测量高压导线电阻，电阻值应为：中央高压线不超过 2kΩ，高压分线不超过 6kΩ。

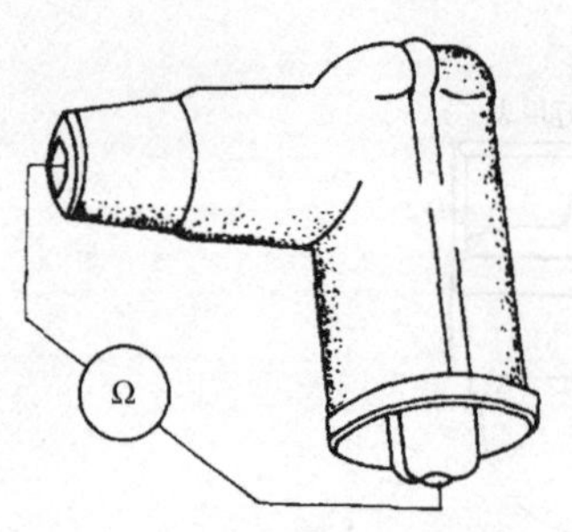

图 8-20 检查防干扰接头电阻

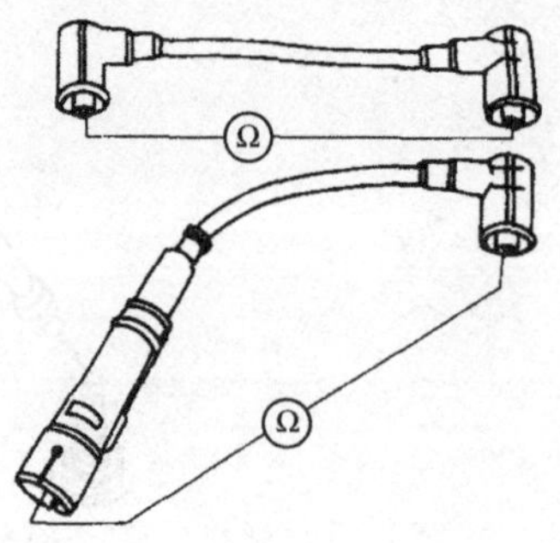

图 8-21 检查高压导线电阻

8.2.4 检查分电器

1．检测离心式点火提前装置

（1）检测前将分电器真空软管断开，并在点火正时和转速测量仪 V.A.G1367 上设定发动机转速为 1600r/min。

（2）将点火正时灯对准正时标记，慢慢地增加发动机转速。当达到预选转速时，正时灯开始闪亮。

（3）按下正时灯控制键，同时转动飞轮直到两正时标记对设定在 4400r/min 时，则点火应提前 16°～20°。

2．检测真空式点火提前装置

（1）连接真空检测仪 V.A.G1368 及真空泵 V.A.G1390，如图 8-22 所示。

（2）将检测仪开至 A—B 通流挡，起动发动机，怠速运转。操作真空泵，使真空压力为 31kPa，用点火正时观测灯对准正时标记，测出此时点火角。规定：真空压力为 31kPa 时，点火角提前 14°～16°。

（3）用真空泵打压至 50kPa。将检测仪置于 B 挡，以使真空密闭在真空膜盒一侧，观察检测仪上压力的下降，1min 内，真空度下降不得超过 10%，否则说明真空膜盒或软管有渗漏。

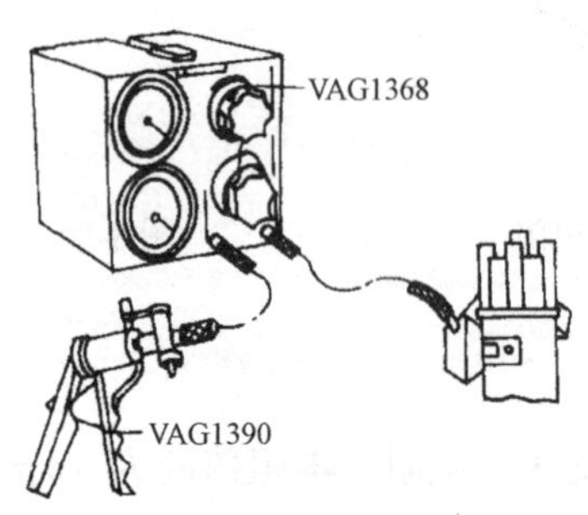

图 8-22 真空检测仪

8.2.5 检查点火控制器

点火控制器检查步骤为：

（1）压下卡箍，将接头从点火控制器上拔下。

（2）将万用表接在插头插孔 2 和 4 之间，如图 8-23 所示。

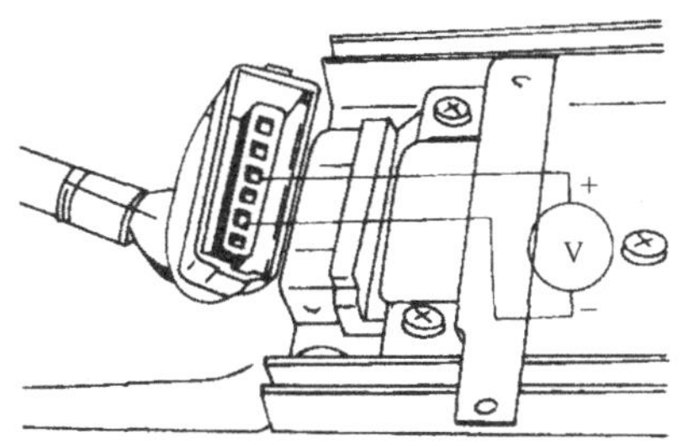

图 8-23　将万用表接在点火控制器插头插孔 2 和 4 之间

（3）打开点火开关，测量蓄电池电压。

（4）关闭点火开关，重新将插头接在点火控制器上。

（5）拔下分电器上的插头，将万用表接在点火线圈的接线柱 1（−）和 15（+）之间，如图 8-24 所示。

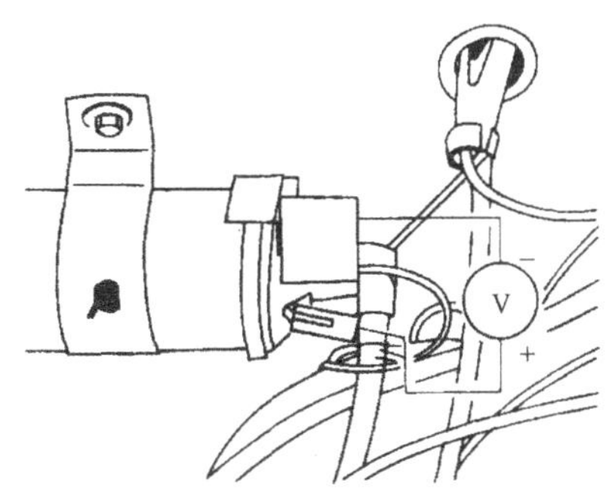

图 8-24　将万用表接在点火线圈的接线柱 1 和 15 之间

（6）打开点火开关，测量值至少为 2V，而且在 1～2s 后必须降为 0V。否则，更换点火控制器。同时检查点火线圈的密封件是否丢失，如有必要，更换点火线圈。

（7）将霍尔传感器插头的中间导线瞬间搭铁，显示电压必须上升为 2V 以上。否则，检查并排除线路故障，或更换点火控制器。

（8）关闭点火开关，将万用表接在霍尔传感器插头的端子上，如图 8-25 所示。

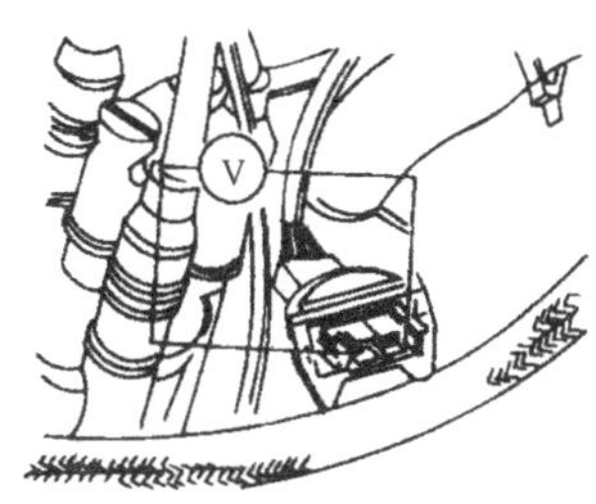

图 8-25　将万用表接在霍尔传感器插头端子之间

（9）打开点火开关，测量值应不低于 5V。如果为 0V 或低于 5V，则应检查点火控制器端子 3 和 5 之间的电压。若在 5V 以上，则分别检查点火控制器与霍尔传感器之间线路是否有故障，并予以排除；若低于 5V 或为 0V，则更换点火控制器。

8.2.6 检查霍尔传感器

在点火控制器、点火线圈均为正常的情况下，检查霍尔传感器。

（1）从点火线圈中央高压线接线柱上拔出高压线，并将其搭铁。

（2）从点火控制器插头上拔掉绝缘套。

（3）将万用表接在点火控制器插头接线 6 和 3 之间，如图 8-26 所示。

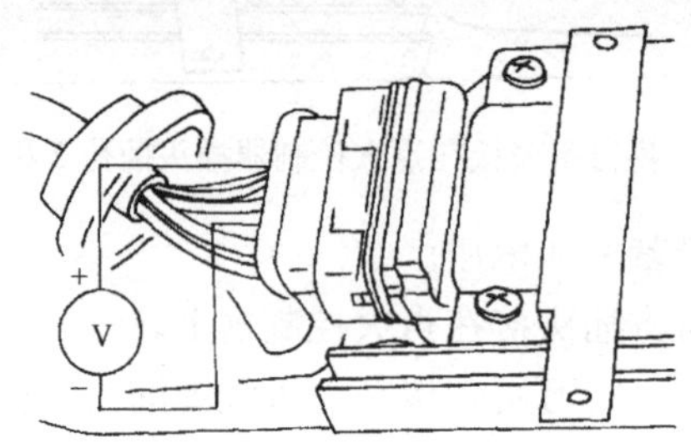

图 8-26 检查霍尔传感器

（4）打开点火开关。

（5）用手慢慢沿旋转方向转动分电器，同时观察万用表的读数。

规定值：应在 0～2V 之间变化。否则，表明霍尔传感器损坏，应进行更换。

8.2.7 检查爆燃传感器

两个爆燃传感器的连接插头不允许接错，否则，将影响发动机的功率输出。

8.3 空调系统的检修

8.3.1 制冷剂的充注

在对制冷系统充灌制冷剂时，必须使整个系统中没有空气。如果系统中存在少量空气，则会使热交换率降低，使水蒸汽在膨胀过程中凝结，对制冷系统的金属部件有腐蚀作用。所以，在充灌制冷剂前应先抽真空。

1. 对制冷系统抽真空

对制冷系统抽真空时，按如图 8-27 所示方式连接。

（1）打开歧管压力表的高、低压阀，起动真空泵。

（2）使真空泵至少工作 15min，低压表值在 7kPa 以下。

（3）关闭高、低压阀，其表针在 10min 内不得有回升。

（4）如果 10min 内表针没有明显回升，即可充入制冷剂，使低压值达 0.1MPa。

（5）再次起动真空泵，打开歧管压力表的低压阀继续抽真空 15min。然后关闭低压阀，可向系统中充注制冷剂。

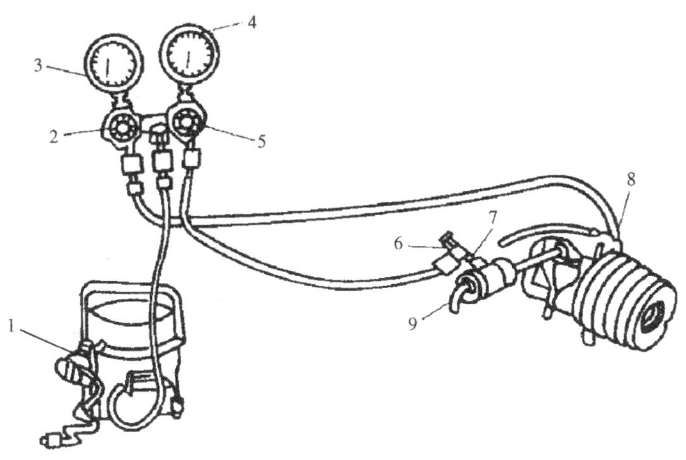

1—真空泵；2—低压手动阀；3—低压表；4—高压表；5—高压手动阀；6—辅助阀；7—排气门；8—回气口；9—排气管路

图 8-27　制冷系统抽真空

2. 制冷剂的充灌

制冷剂罐充注阀的使用方法如图 8-28 所示。其使用步骤如下：

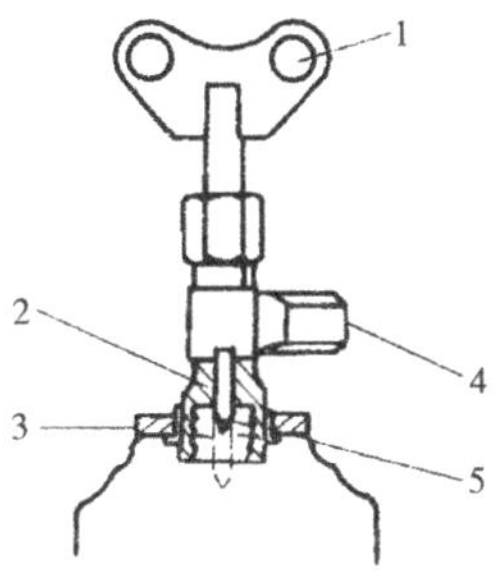

1—手柄；2—制冷剂罐注入阀；3—螺柄；4—注入阀接头；5—阀针

图 8-28　制冷剂罐充注阀的使用方法

（1）将制冷剂罐注入阀手柄 1 逆时针旋转，直至阀针 5 缩回为止。

（2）逆时针方向旋转螺柄 3，使其旋至最高位置。

（3）使制冷剂罐注入阀 2 的螺柄与制冷剂罐螺栓结合，将注入阀 2 固定在制冷剂罐上。

（4）顺时针方向用手拧紧制冷剂罐注入阀 2 的螺柄 3。

（5）顺时针旋转注入阀手柄 1，使注入阀的阀针 5 顶穿制冷剂罐。

（6）将高、低压力表的中间注入软管接入注入阀接头 4。当一时不充注时，不要将制冷剂注入阀手柄逆时针退出，以免制冷剂泄漏。

制冷剂的灌注步骤如下：

a．确认系统无渗漏后，连接制冷剂罐注入阀 2 到制冷剂罐 1 上，如图 8-29 所示。

b．将高、低压力表的中间注入软管安装在注入阀 2 的接口上。顺时针旋转注入阀 2 的手柄，使制冷剂罐 1 被顶开一个小孔。

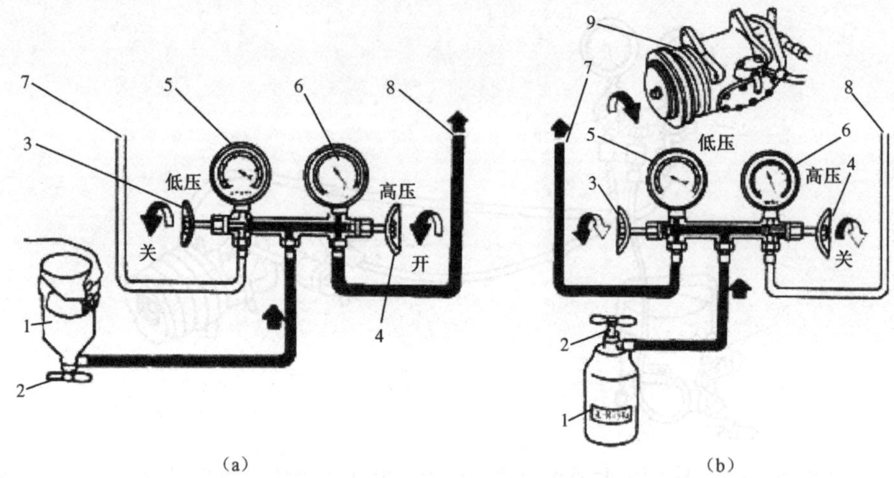

1—制冷剂罐；2—注入阀；3—低压手动阀；4—高压手动阀；5—低压表；6—高压表；
7—接低压维修阀软管；8—接高压维修阀软管；9—压缩机

图 8-29　制冷剂的罐注

c．逆时针旋出注入阀 2 手柄，使阀针退出，使制冷剂进入中间注入软管。此时，不能打开高、低压手动阀 4 和 3。

d．拧松高低压组合表中间管的螺母，当看到白色制冷剂气体外溢并听到“嘶嘶”声，并排出中间管的空气后，再旋紧中间管螺母。

e．如图 8-29（a）所示旋开高压手动阀 4，此时可将制冷剂罐 1 倒立，此时切忌打开空调系统。

f．如图 8-29（b）所示关上高压手动阀 4，打开低压手动阀 3，此时应让制冷剂以气态形式进入制冷系，以免对压缩机造成液击现象，损坏压缩机。

g．在缓慢注入制冷剂后，起动发动机，使压缩机在最大制冷状态下运转，以便加速加注制冷剂，此时绝对不能旋开高压手动阀，否则会引起爆炸，损坏压缩机。

h．当充注的制冷剂达 1100g 时，关闭高压手动阀 4 和低压手动阀 3，关闭制冷剂罐 1 上的注入阀 2。注意，加注制冷剂过多会使压力过高。

i．当加注制冷剂充满以后，起动发动机，使压缩机转动 5～10min。

8.3.2　检查空调压缩机

检查压缩机密封性可用压力表检查，步骤如下：

（1）关闭压力表高、低压开关。

（2）将高、低压侧的胶管分别接压缩机的检修阀。

（3）使压缩机以高于 2000r/min 的速度运转。

（4）高压表的指示值应比正常值 1.421～1.470MPa 低。

（5）低压表的指示值应比正常值 0.147～0.196MPa 低。

（6）压缩机内应能听到金属声。

8.3.3　检查电磁离合器

测量电磁离合器线圈的电阻值，步骤如下：

（1）用万用表测量电磁离合器线圈的电阻值应为（3.7±0.2）Ω。

（2）若电阻值小于 3.5Ω则为短路。

（3）若电阻值为∞，则为断路。

8.3.4　空调膨胀阀的检修

（1）将歧管计量装置与膨胀阀及制冷剂罐相连，如图 8-30 所示，将膨胀阀的感温包浸泡在可调水温的容器中。

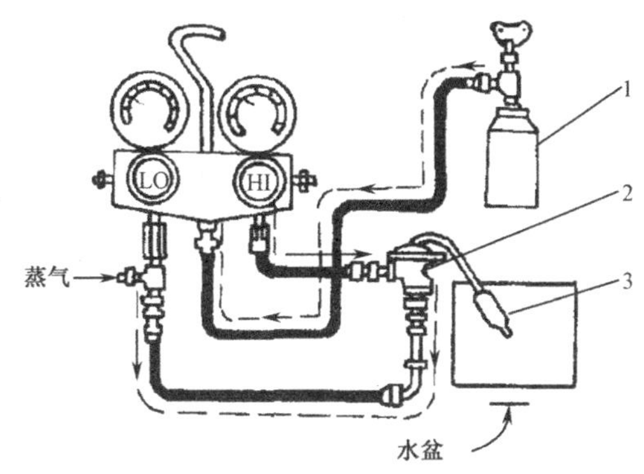

1—制冷剂罐；2—膨胀阀；3—感温包

图 8-30　膨胀阀的连接

（2）关闭歧管压力表高、低压手动阀。

（3）转动制冷剂罐开启阀，将管路中的空气排净。

（4）拧开高压阀手柄，并将高压侧的压力调到 0.49MPa，记录低压表读数和水温；将两个实测值与图 8-31 所示的膨胀阀的压力和温度曲线进行比较，如绘出的曲线落在两条曲线之间，说明膨胀阀工作正常，否则应进行调整或更换。

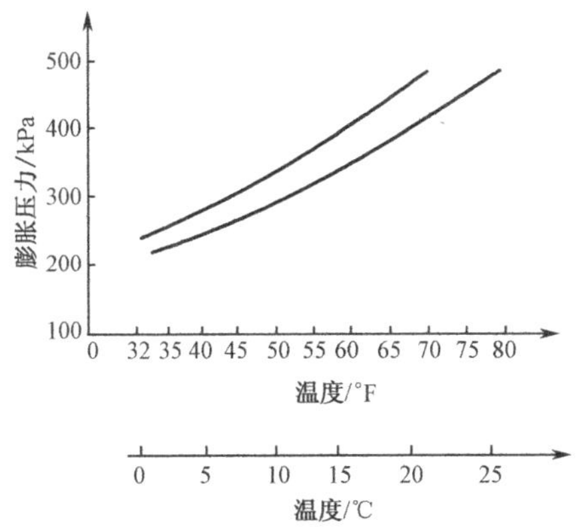

图 8-31　膨胀阀的压力与温度曲线

8.3.5　制冷循环管路制冷剂的排放

如果要拆开制冷循环管路中的零件，而且循环管路中的制冷液量不明确，则应根据安全防护措施的要求，排空制冷剂管路。

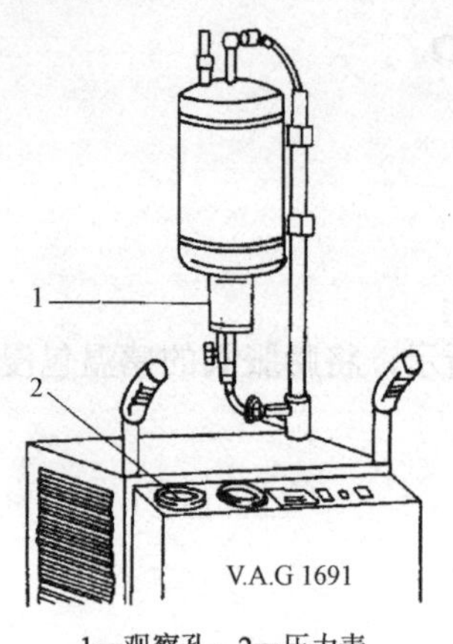

1—观察孔；2—压力表

图 8-32 排放制冷循环管道

按 V.A.G1691 的使用说明书使用并排空制冷剂循环管路中的制冷剂。排放制冷循环管路按以下步骤进行：

（1）关闭点火开关。

（2）将 V.A.G1691 连接到制冷剂循环管路中，如图 8-32 所示。

（3）按操作说明，排放制冷循环管路。

a. 由于加注量和环境温度均会影响抽吸过程，因此通过多次接通来延长抽吸过程，观察压力表的显示值。

b. 如果在抽吸过程结束后，观察孔中还存在制冷剂，则再一次接通来延长抽吸过程。

c. 拔下压缩机上的电源插头（电磁离合器接头），以免在排空制冷液循环管路时，无意间接通压缩机而将其损坏。

8.3.6 检测空气分配箱

（1）起动发动机。

（2）将新鲜空气鼓风机调到四挡运行。

（3）按表 8-1 要求，检测空气分配箱工作状况，同时观察空气进口及各出风口真空阀的位置，正常情况应与表 8-1 相对应。否则，应调整或维修空气分配箱。

表 8-1 检测空气分配箱工作状况

项目		OFF 关	A/C MAX 空调最大	A/C NORM 空调正常	A/C BI-LEV 空调双向	VNET 通风	HEAT 加热	DEFROST 除霜
空气进口	循环空气	打开	打开	关闭	关闭	关闭	关闭	关闭
	新鲜空气	关闭	打开	打开	打开	打开	打开	打开
出风口	仪表板	关闭	打开	打开	打开	打开	打开很小	打开很小
	下出风口	关闭	关闭	关闭	打开	关闭	打开	打开很小
	除霜	关闭	关闭	关闭	打开很小	关闭	打开很小	打开

8.3.7 捷达两阀电喷系列轿车用空调压缩机的性能参数

捷达两阀电喷系列轿车空调压缩机的性能参数如表 8-2 所示。

表 8-2 空调压缩机性能参数

压缩机型号	SD7V16
结构	斜盘式
气缸数	7
气缸直径（mm）	29.3
行程（mm）	max：34.2，min：2.2
排量（cm^3）	max：161.3，min：10.4
允许最高瞬时转速（r/min）	8000

续表

压缩机型号	SD7V16
允许最高连续转速（r/min）	7000
制冷剂	R134a
冷冻机油量（cm^3）	115±15
电磁离合器质量（kg）	2.2
额定电压（V）	12
额定功率（W）	48

8.3.8 空调冷凝器的检修

（1）检查冷凝器管道和散热片上有无污垢，如有污垢附在上面，制冷剂的凝缩能力就会下降，同时制冷回路的高压管压力会极度上升。因此，须定期清除管道和散热片上的污垢和杂物。

（2）检查散热片表面是否阻塞或损坏，若散热片表面阻塞，可用清水冲洗，再用压缩空气吹干。如果散热片弯曲变形，可用尖嘴钳校正。

（3）检查冷凝器管道和接头是否损坏，如果管道和接头有泄漏，应予以修补或更换新件，修复后要进行泄漏检查。

8.3.9 暖风分配箱的检修

暖风分配箱主要由换热器 3、换热器护板 2、温度风门 7、上壳体 8 和下壳体 4 等部件组成，如图 8-33 所示。在对暖风分配箱进行检修时应注意：

（1）拆卸换热器时，应拉开支撑簧片。

（2）安装换热器时，簧片不能进入换热器的孔中时，可用两个板式螺钉将换热器拧紧在壳体上。

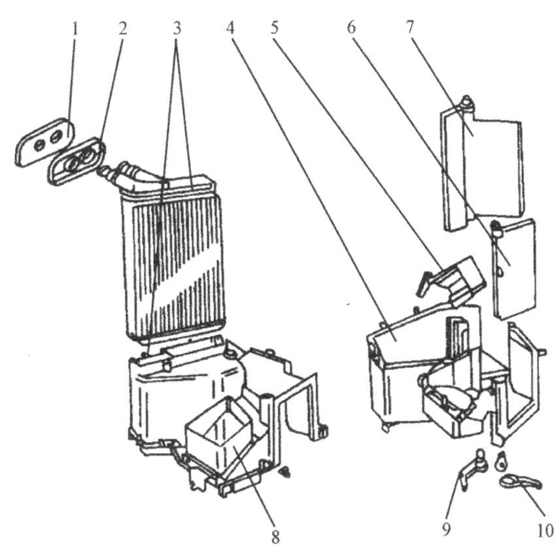

1—密封垫；2—换热器护板；3—换热器；4—下壳体；5—下出风口除霜控制风门；6—中、侧出风口中央风门；7—温度风门；8—上壳体；9—温度风门手柄；10—中央风门手柄

图 8-33 暖风分配箱

8.3.10 空调系统主要部件的拆卸和安装

1. 空调压缩机的拆装

空调压缩机及支架如图 8-34 所示，压缩机的拆装按以下步骤进行：

（1）拆下蓄电池的搭铁线，或关闭车辆电源的总开关；

（2）用专用的仪器排除制冷剂；

（3）拆卸各管路接头，一定要在两管头上用两个扳手同时进行操作；

（4）管子拆下后，应立即在各管口上堵上堵塞，以保证管路的清洁；

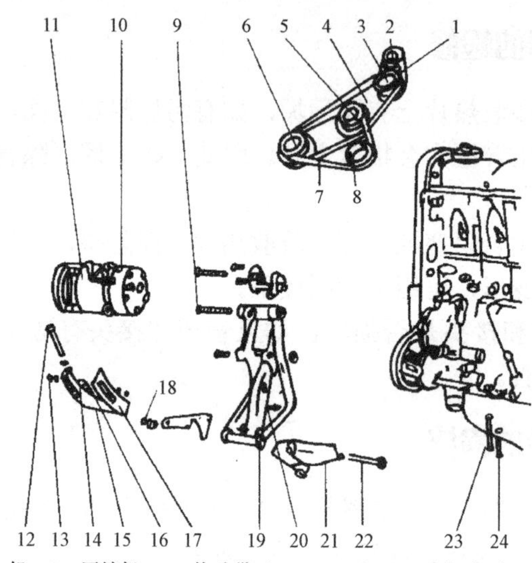

1—传动带（9.5×630）；2—发电机；3—压缩机；4—传动带（12.5×950）；5—冷却水泵；6—曲轴；7—传动带（95×730）；8—叶片泵；9、10—螺钉；11—压缩机；12、15、20、22、23、24—六角螺栓；13—六角螺母；14—凸缘螺栓；16—圆柱头内六角螺栓；17—调整支架；18—自锁螺母；19—压缩机支架；21—后支架

图 8-34 空调压缩机及支架

（5）清洁管道时，不能用水或压缩空气清洗内部，而要用氮气或制冷剂进行清洗。

（6）拆装压缩机支架时，无需打开制冷循环管路。

（7）拆装压缩机支架时，所有自锁螺母均应更换。

（8）压缩机支架安装后，应调整传动带的松紧度。调整方法是：用 50N 的力垂直压下传动带，带向下应挠曲约 5～10mm。

（9）拧紧连接螺栓时，螺栓的尺寸及拧紧力矩见表 8-3 所示。

表 8-3 螺栓的尺寸及拧紧力矩

螺栓及图中序号	螺栓尺寸（mm）	拧紧力矩（N·m）
圆柱头螺钉 10	M10×30	35
圆柱头螺钉 9	M8×100	35
六角螺栓 12	M8×90	
六角螺母 13	M8	
凸缘螺栓 14	M8	

续表

螺栓及图中序号	螺栓尺寸（mm）	拧紧力矩（N·m）
圆柱头内六角螺栓 16	M8×30	
六角螺栓 15	M8×18	35
六角螺栓 22	M8×120	
自锁螺母 18	M8	30
六角螺栓 23	M8×85	30
六角螺栓 24	M8×45	30
六角螺栓 20	M8×65	30

2. 暖风装置的中央出风口的维修

暖风装置的中央出风口主要由空气出风口叶栅 2 和中央出风口框架 3 组成，如图 8-35 所示。拆装中央出风口的方法如下：

（1）拆下固定螺栓 1；

（2）取出空气出风口叶栅 2；

（3）拆卸中央出风口框架 3；

（4）按拆卸相反顺序安装中央出风口。

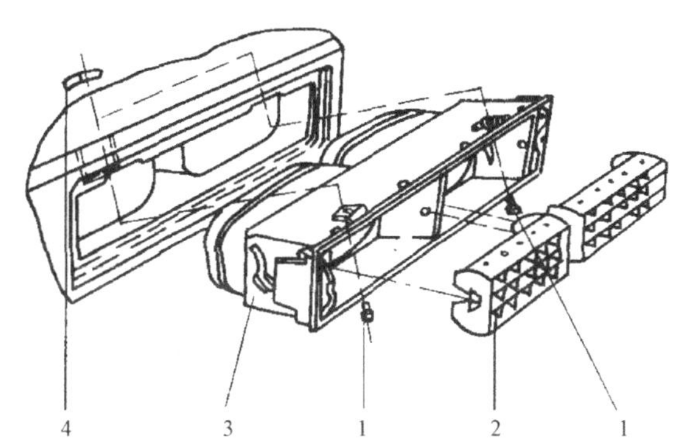

1—固定螺栓；2—出风口叶栅；3—中央出风口框架；4—簧片螺母

图 8-35　中央出风口

3. 暖风装置和新鲜空气装置的维修与保养

暖风装置主要由新鲜空气鼓风机 5、暖风和新鲜空气调节器、暖风分配箱和换热器连接支管 13 等组成，如图 8-36 所示。

（1）在安装冷却液软管接头时，应按图 8-37 所示的标记进行。

（2）更换鼓风机时按图 8-38 所示，小心拆下支撑簧片，并按图示箭头方向旋转新鲜空气鼓风机。

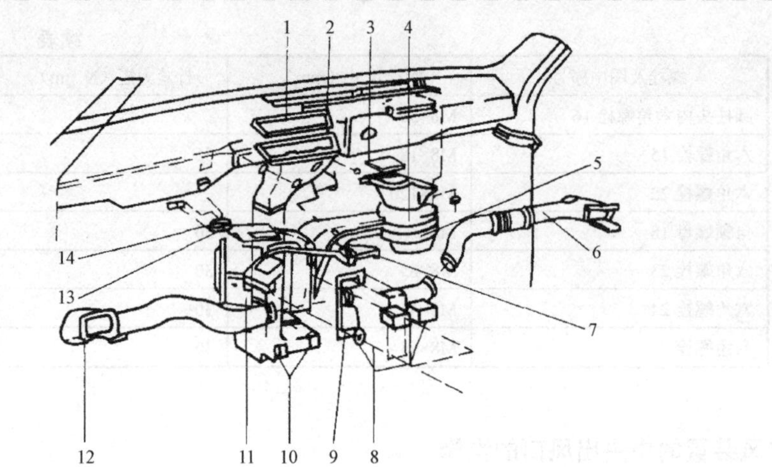

1、3、9、14—密封垫；2—车窗除霜出风风道；4—风道；5—新鲜空气鼓风机；6—右风道；7—暖风和新鲜空气调节器；8—左、中、右出风口空气分配；10—下出风口；11—暖风分配箱；12—左风道；13—换热器连接支管

图 8-36 暖风装置

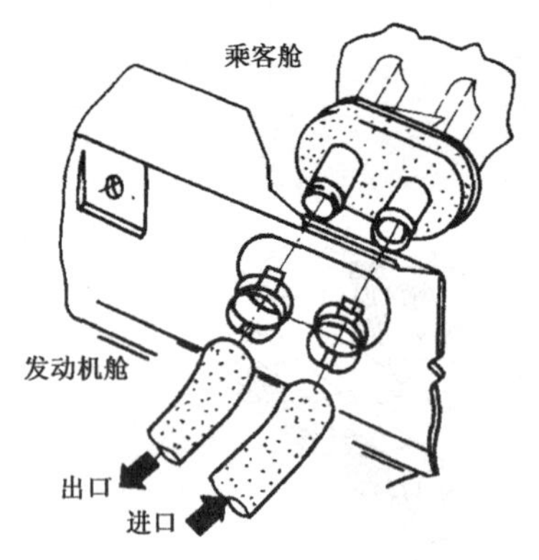

图 8-37 冷却液软管接头

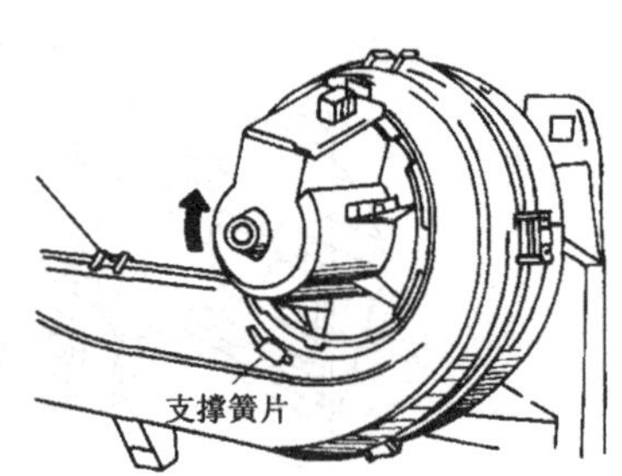

图 8-38 更换鼓风机

（3）按图 8-39 箭头所示方向压下连接板夹子，拆卸连接板。

（4）鼓风机串联电阻的检查。用电阻表检测温度熔断器电阻可得到鼓风机串联电阻。如图 8-40 所示。

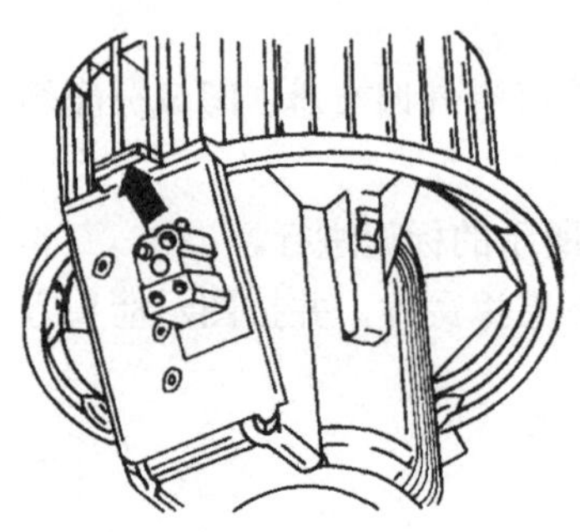

图 8-39 拆卸连接板

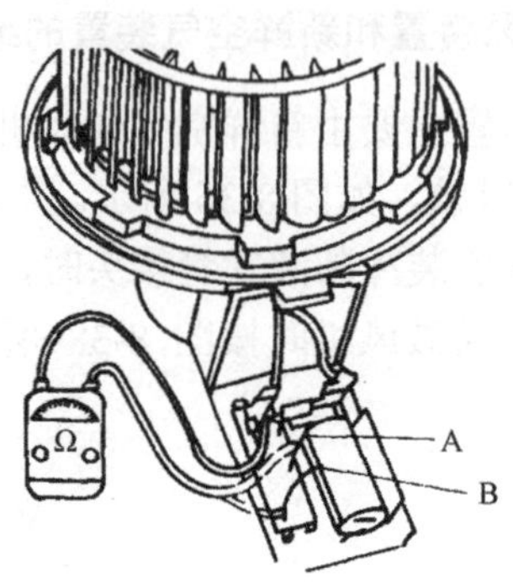

图 8-40 检测鼓风机串联电阻

测量电阻 A 时，大约 3.3Ω时，连接板正常；∞时，连接板出现故障；测量电阻 B 时，大约 0.8Ω，连接板正常；∞时，连接板出现故障。

4. 主要功能部件的作用

（1）制冷系统中的低压开关的作用。

低压开关安装在压缩机的出口处，当制冷系统中的制冷剂由于泄漏或者膨胀阀和低压管路堵塞造成压缩机抽真空的状态，由于高压端无制冷剂存在，会造成压缩机无油而烧毁。因此，在这种情况下，低压开关切断压缩机电路，使其停止工作。

（2）制冷系统中的高压开关的作用。

高压开关安装在压缩机出口处，用以调节冷却风扇的转速，使制冷系统维持在一定的压力之内。当打开空调后，冷却风扇应以一挡运转，制冷系统正常压力应在 1.2～1.4MPa，当制冷系统压力上升达 1.6MPa 以上时，高压开关接通冷却风扇的二挡，使风扇以高速运转，增大冷却能力。

（3）制冷系统中的 1℃开关的作用。

1℃开关安装于蒸发器外壳上，其传感器插入深度为 330mm，它能感知蒸发器的温度，是为保护蒸发器而设置的。

当蒸发器周围温度低于 1℃时，1℃温度开关触点断开，使空调压缩机电磁离合器断开，压缩机停止工作，避免因蒸发器温度过低，造成结冰而损坏蒸发器，影响制冷效果。

8.4　仪表的检修

8.4.1　稳压器的检查

如图 8-41 所示，打开点火开关，用万用表检查组合仪表 28 孔插头的插孔⑩（接正极端）和③（接搭铁端）之间的电压，应高于 10.5V。如果低于 9.5V，表明蓄电池电压不足。

再用万用表正极端和负极端分别接稳压器的正极输出端 1 和搭铁端 2，表上读数应为 9.5～10.5V；否则，表明稳压器有故障。

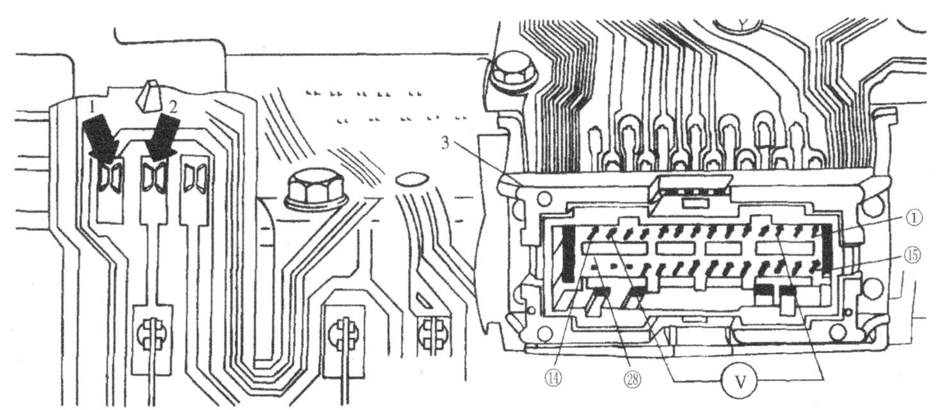

1—正极输出端；2—搭铁端；3—28 孔插头

图 8-41　检查稳压器

8.4.2 发光二极管的检查

发光二极管包括转向警报灯、发电机充电指示灯、机油警报灯和冷却液警报灯。检查发光二极管时，应使用多用试验器 V.A.G1315A。

如图 8-42 所示，同时按下箭头所指的电阻测量按钮和电压测量按钮，用表笔正极端和负极端分别接发光二极管的正极和负极，当电压为 9.5～10.5V 时，二极管应该发光。注意：二极管外壳上有直棱边的一侧是为负极侧。

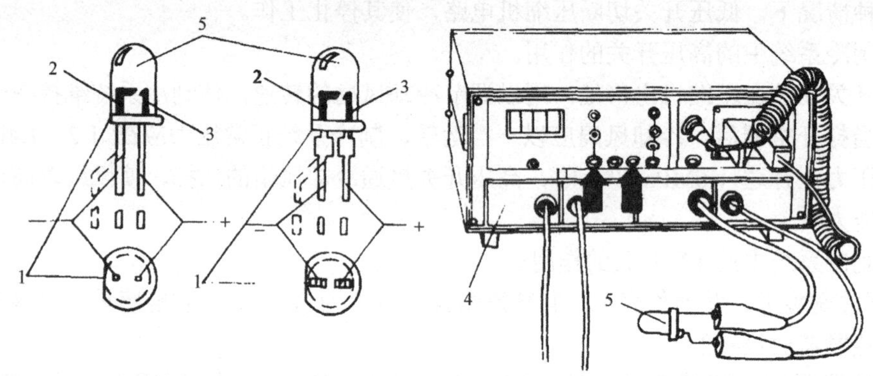

1—发光二极管外壳直棱边；2—发光二极管负极；3—发光二极管正极；4—V.A.G1315A；5—发光二极管

图 8-42 检查发光二极管

8.4.3 检查水温表

在蓄电池电量充足的情况下，拔下水温传感器插头。如图 8-43 所示，利用辅助接线 V.A.G1594 将水温传感器与检测仪 V.A.G3101 连接。

接通点火开关，水温表上的红色发光二极管大约闪亮 3s。熄灭后，将检测仪电压表调到数值 50，水温表指针应指在报警区（图中Ⅱ位置），同时红色发光二极管闪亮；如果将检测仪电压表调到数值 510，水温表指针应指在温度上升区（图中 Ⅰ 位置）。测量时，允许有一个指针宽度的偏差。

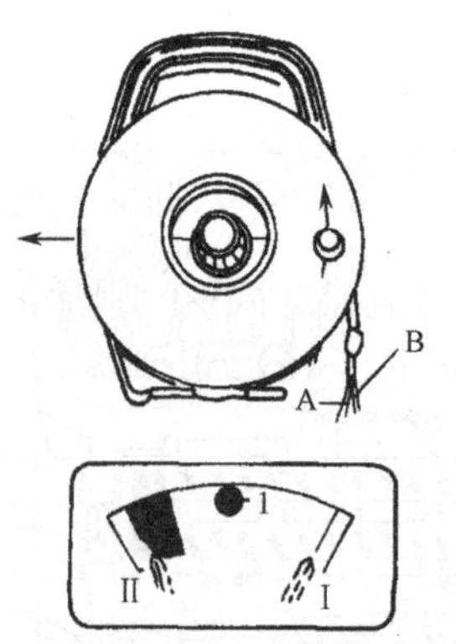

A—接水温表；B—搭铁；1—水温表上的发光二极管；Ⅰ—温度上升区；Ⅱ—报警区

图 8-43 检查水温表

8.4.4 检查燃油表

在蓄电池电量充足的情况下，拔下燃油传感器插头。如图 8-44 所示，利用辅助线 V.A.G1594 将燃油表传感器插头与检测仪 V.A.G1301 连接。

接通点火开关，将检测仪电压表调到数值 52，燃油表指针应指在满油位置；如果将检测仪电压表调到数值 550，燃油表指针应指在无油位置。

8.4.5　车速表不工作或指示误差较大

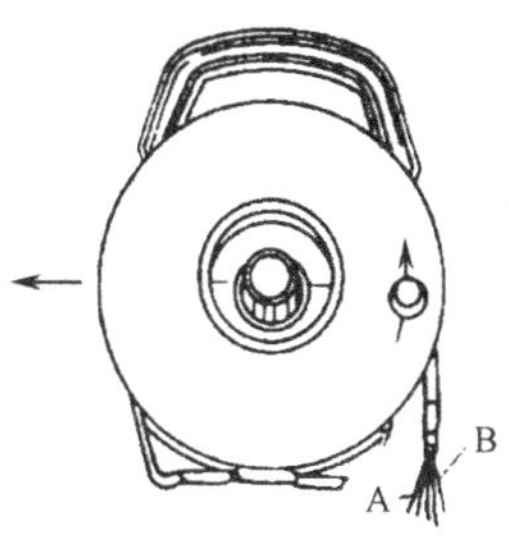

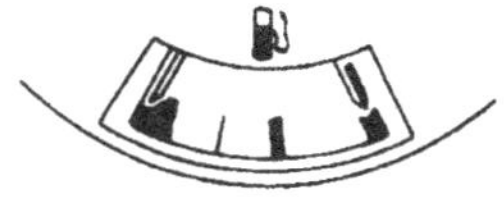

A—接燃油表；B—搭铁

图 8-44　检查燃油表

1. 现象

汽车行驶时，车速里程表不工作或车速表指示与实际车速存在较大误差。

2. 原因

（1）车速里程表软轴折断。

（2）车速里程表指针卡住。

（3）变速器输出轴驱动齿轮磨损严重或者齿轮啮合间隙过大。

（4）车速里程表损坏。

3. 诊断

（1）如果出现车速里程表不工作的故障，先应检查软轴及驱动齿轮的啮合有无故障。如果正常，再拆检车速里程表。

（2）如果只出现车速表指示不准的故障，一般是表内部损坏或驱动齿轮啮合间隙过大、齿轮磨损严重。

值得注意的是：安装软轴时，不要使其受压，也不能使其弯曲，否则指针可能摆动或者轴在短时运转后折断；转速表的插头不允许涂润滑油，否则润滑油可能会进入表内使指针发卡。

8.4.6　水温表不工作

1. 现象

发动机运转后水温升高，但水温表指针不指示。

2. 原因

（1）水温表损坏。

（2）水温传感器失效。

（3）水温表线路断路。

（4）稳压器损坏。

3. 诊断

（1）打开发动机舱盖，拔下水温传感器插头。再拔下组合仪表插头，检查水温传感器插头的插孔（黄 / 红线）与组合仪表插头的插孔④（参见图 2-39）之间线路是否断路，线路传递为水温表传感器（黄 / 红线）插孔→继电器盘插头 G_2 的插孔③→继电器插头 U_2 的插孔⑨→黄 / 红线→组合仪表的插孔（23）。

（2）如果上述线路正常，接上组合仪表插头，打开点火开关，检查水温传感器插头的黄

/红线是否有电。如果有电，则说明水温传感器损坏；如果无电，则为水温表本身或稳压器故障。

（3）拆下仪表板，线束保持正常连接。如图 8-45 所示，将万用表连接在稳压器正极输出端 1 和搭铁端 2 之间测量电压，如果电压值高于 10.5V 或低于 9.5V，则表明稳压器有故障。否则，为水温表本身故障。

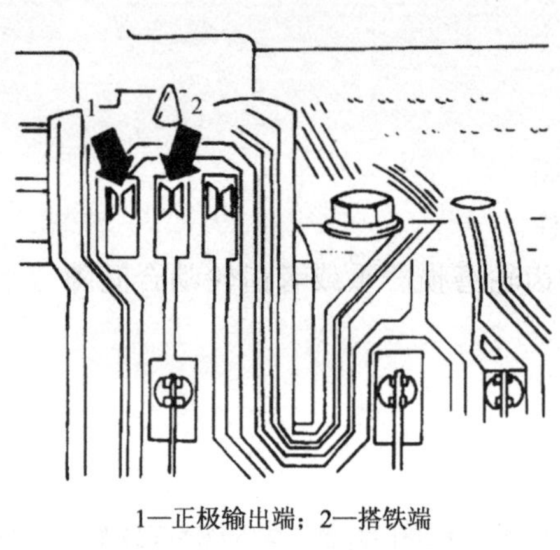

1—正极输出端；2—搭铁端

图 8-45 检查稳压器

8.4.7 燃油表不工作

1. 现象

接通点火开关，燃油表指针不动。

2. 原因

（1）燃油表本身故障。
（2）燃油表传感器故障。
（3）燃油表线路断路。
（4）稳压器损坏。
（5）油箱内无汽油。

3. 诊断

（1）检查油箱内是否有汽油。

（2）接通点火开关，观察水温表是否工作。如果水温表工作，则说明组合仪表上的稳压器工作正常。

（3）拔下燃油表传感器插头（如图 8-46 所示），测量紫/黑线是否有电，再检查棕色线与车身搭铁情况。如果紫/黑线有电、棕色线正常，则说明燃油表传感器有故障，应更换。

（4）如果紫/黑线无电，则检查燃油表传感器插头紫/黑线至组合仪表插头的插孔（21）（参见图 2-39）之间线路是否断路，线路传递为燃油表传感器插头紫/黑线→继电器盘插头 M 的插孔③→继电器盘插头 U_1 的插孔(12)→棕色线→组合仪表插头的插孔(21)。

（5）如果线路导通、棕色线正常，则为燃油表故障。

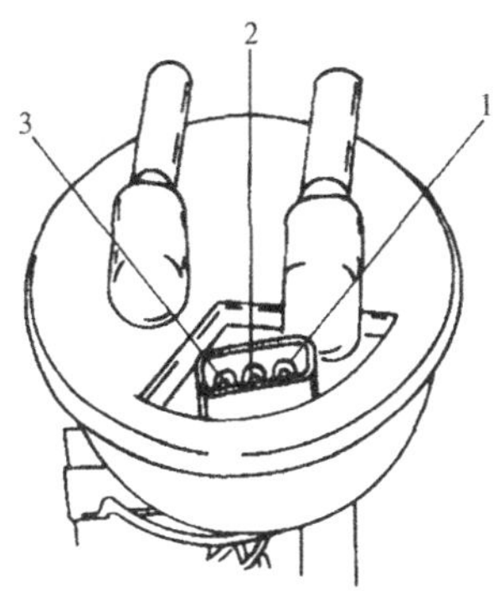

1—接传感器正极（至燃油表）；2—接电动燃油泵正极（电喷发动机用）；3—搭铁

图 8-46　燃油表传感器插头

8.4.8 机油警报灯常亮

1. 现象

汽车在行驶过程中，发动机机油压力警报灯常亮。

2. 原因

（1）低压开关（30kPa 开关）故障。
（2）低压开关线路短路。
（3）高压开关（180kPa 开关）故障。
（4）高压开关线路断路。
（5）润滑油路压力达不到规定要求。

3. 诊断

首先要区分是润滑系统故障还是警报系统自身故障。通常采用测量油压的方法进行诊断，在车上按图 8-47 所示进行检查。

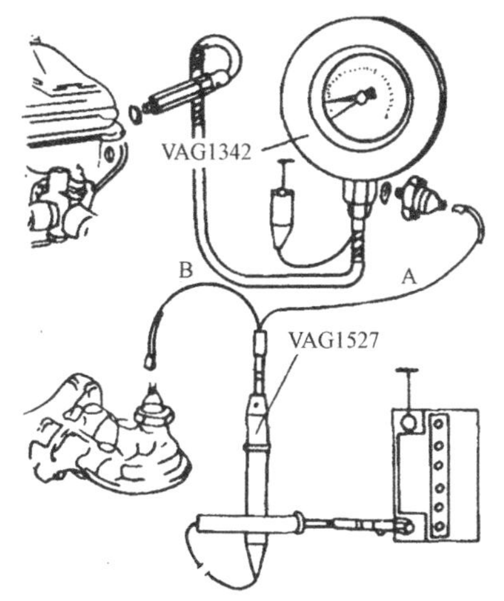

A—低压（30kPa）开关；B—高压（180kPa）开关

图 8-47　检查机油压力开关

（1）拆下低压开关，将其拧入检测仪。把检测仪拧到气缸盖上的机油低压开关处，并将检测仪的褐色导线搭铁。

（2）用辅助导线将二极管测试灯 V.A.G1527 连接到蓄电池正极及低压开关 A 之间时，二极管测试灯被点亮。起动发动机，慢慢提高转速，压力达到 15～45kPa 时，二极管测试灯应该熄灭。如果不熄灭，说明低压开关有故障；使发动机怠速运转，机油压力应大于 45kPa，发光二极管应熄灭。如果压力低于 15kPa，说明润滑系统有故障。

（3）将二极管测试灯连接到高压开关 B 上，慢慢提高发动机转速，当机油压力达到 160～200kPa 时，发光二极管应该被点亮。如果不亮，说明高压开关有故障；进一步提高发动机转速达到 2000r/min 时，油压至少应达到 200kPa。如果达不到，说明润滑系统有故障。

通过上面检查，如果润滑系统和机油压力开关都正常，但警报灯常亮的故障仍存在，应按电路图检查线路故障。检查时要注意：低压警报开关线路是在搭铁短路时警报灯亮，应重点检查有无搭铁处；而高压警报开关线路是在断路且发动机转速超过 2000r/min 时警报灯亮，应重点检查有无断路。

8.4.9 冷却液警报灯常亮

1. 现象

汽车在行驶过程中，无论是冷态还是热态，冷却液警报灯常亮。

2. 原因

（1）储液罐中冷却液液面过低。

（2）冷却液液位开关故障。

（3）冷却液温度警报开关故障。

（4）警报灯线路有搭铁处。

3. 诊断

（1）检查发动机冷却液温度是否真的过高以及储液罐液面是否过低。

（2）上述都正常，拔下储液罐液位开关插头，如果警报灯熄灭，说明液位开关有故障。

（3）如果警报灯仍然亮，接好液位开关插头，拔下冷却液温度报警开关插头。如果警报灯熄灭，说明冷却液温度报警开关有故障；如果警报灯仍然亮，说明线路有搭铁处。

8.4.10 制动警报灯常亮

1. 现象

在放开驻车制动杆的情况下，制动警报灯仍然亮。

2. 原因

（1）制动液液面过低。

（2）制动液液位开关故障。

（3）驻车制动开关故障。

（4）警报灯线路有故障。

3. 诊断

（1）检查制动液液面是否过低。

（2）如果液面正常，拔下制动液液位开关插头，如果警报灯熄灭，说明制动液液位开关有故障。

（3）如果警报灯仍然亮，拔下驻车制动开关插头，如果警报灯熄灭，说明驻车制动开关有故障；如果警报灯仍然亮，说明线路有搭铁处。

思考题

1. 检修单向离合器时通常进行哪些内容？
2. 怎样检修火花塞？
3. 如何进行制冷剂的加注？
4. 空调冷凝器检修的主要内容有哪些？
5. 燃油表不工作应怎样进行检修？

第 9 章　汽车故障诊断与排除

汽车各机构和系统相互间形成严密的工作配合关系，任何一部分机构出现故障，都会影响整个车辆的性能，直至停止运转甚至出现机械事故。为了能迅速而及时地排除故障，必须系统地了解故障的症状、相互关系和原因，做出准确的诊断，才能采用恰当的方法予以排除。

9.1　汽车发动机异响的诊断

9.1.1　发动机异响概述

发动机在正常情况下运转时，虽然发出声响的频率、波长、声级、衰减系数不同，但都具有一定的规律和范围。倘若在运转中伴随着其他声响（如间歇的金属敲击声、连续的金属敲击声、连续的金属摩擦声等），即表明发动机运转不正常。所伴随的声响即为异常声响，通常称为异响。

发动机发出异响，主要是由于内部机件磨损松旷或调整不当或使用不当引起，标志着发动机存在故障，必须及时进行诊断，采取有效的防范措施。否则，可能发生严重的后果。

发动机的异响是错综复杂的故障，不同的故障可能所反映出来的异响相似；同一故障也可能反映出不同的声响特征。这样，正常的声响和异常的声响混杂一起，很难分辨。需要诊断人员进行细致而周密的听诊，反复分析比较辨别，透过现象看本质，找出其规律性，进而对异响进行正确的诊断。

要想对异响做出正确的判断，必须掌握异响的类型、发声部位和异响的特性分析。

1. 发动机异响的类型

常见发动机异响可分为机械运转产生的不正常响声和可燃混合气非正常燃烧时产生的不正常响声。在判断故障前，要分清金属敲击声、金属摩擦声、金属与非金属摩擦声及气流声等。

2. 发动机常见异响的部位和区域

发动机发生异响时，必然会产生一定程度的振动。根据振动的特点和部位，可以辅助诊断异响的部位和原因。

发动机常见异响所引起的振动部位和区域，如图 9-1 所示，一般可以分为四个区域两个部位。四个区域：A 区域、B 区域、C 区域和 D 区域；两个部位：机油加注口部位、正时齿轮盖部位。

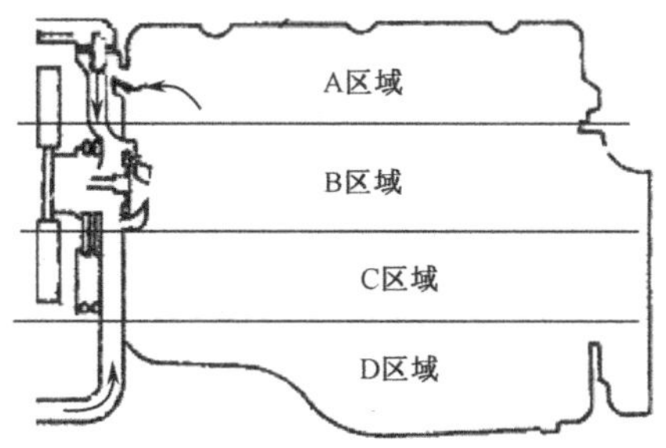

图 9-1　异响振动分布的区域

（1）A 区域可能的故障，A 区域为缸盖部位。在该区域，可用螺丝刀或木棒或橡胶管触试气缸盖各缸燃烧室部位或触试与凸轮轴承（凸轮轴上置式）、气门等相对应的部位，能辅助诊断活塞顶碰缸盖、气缸上部凸肩（因活塞环与缸壁不接触所致）、气门座圈脱出等故障。

（2）B 区域可能的故障，B 区域为气缸部位。用螺丝刀触试，能辅助诊断活塞敲缸一类故障。可拧下机油加注口盖，倾耳听察。辅助诊断活塞销、连杆轴承、活塞环漏气等故障。在该区域有气门室的，可听察气门组合件及挺杆等机件发响。

（3）C 区域可能的故障，C 区域为凸轮轴部位（对凸轮轴中置的）。在该区域，可用螺丝刀触试凸轮轴的前、后衬套部位或触试正时齿轮盖部位，能辅助诊断凸轮轴正时齿轮破裂或其固定螺母松动、凸轮轴衬套松旷等故障。

（4）D 区域可能的故障，D 区域为油底壳和缸体接合部位。在该区域，可用螺丝刀触试气缸体与油底壳分开面的附近（凸轮轴的对面），能辅助诊断曲轴轴承发响或曲轴断裂等故障。

9.1.2　发动机异响特性分析

发动机异响常与发动机的转速、负荷、温度和工作循环有关。所以对其进行特性分析，主要应从这四方面着手，找出每个异响的变化规律。

1. 异响与发动机转速的关系

发动机中大多数异响的出现，将取决于发动机的转速状态。通常在发动机急加速时或急减速时出现，也有些异响，仅在发动机怠速或低速运转期间出现，当转速提高后，则消失。

异响在发动机急加速时出现，维持高速运转声响仍存在的发响原因有：a．连杆轴承松旷，轴瓦烧熔，尺寸不符而转动；b．曲轴轴承松旷，轴瓦烧熔；c．活塞销折断；d．曲轴折断（有平衡重的）。

维持某转速时，声响紊乱，急减速时，相继发出短暂声响的发响原因有：a．凸轮轴正时齿轮破裂，其固定螺母松动；b．曲轴折断（无平衡重的）；c．活塞销衬套松旷；d．凸轮轴轴向间隙过大或其衬套松旷。

异响仅在怠速或低速时存在原因有：a．活塞与气缸壁间隙过大；b．活塞销装配过紧或连杆轴承装配过紧；c．挺杆与其导孔间隙过大；d．凸轮线形磨损；e．起动爪松动影响皮带轮响（并在转速改变时明显）。

2. 异响与负荷的关系

发动机有些异响与其负荷有明显的关系，诊断时可采取逐缸解除负荷的方法进行试验。

通常采用单缸或双缸断火法解除一或两缸位的负荷，以鉴别异响与负荷的关系。

某缸断火，异响顿无或减轻的故障有：活塞敲缸；连杆轴承松旷；活塞环漏气；活塞销折断。

某缸断火，声响加重或原来无响，反而出现声响的故障有：活塞销铜套松旷；活塞裙部锥度过大；活塞销窜出；连杆轴承盖固定螺栓松动过甚；或轴瓦合金烧熔脱净；飞轮固定螺栓松动过甚。

相邻两缸断火异响减轻或消失的故障有：曲轴轴承松旷。

上述表现均说明异响与负荷有关，而且故障就在断火的汽缸。通常由于曲柄连杆机构某部位故障所引起的声响往往与缸位紧密联系着。

3. 异响与温度的关系

发动机的某些异响，与发动机温度有关，其表现有：有些异响将因发动机温度升高而减轻，甚至消失。有些异响，低温时较轻，随温度升高而加重，或低温时并不响，当温度升高后出现异响。

低温发响，温度升高后声响减轻甚至消失的故障有：活塞与缸壁间隙过大、机油压力低而润滑不良。

温度升高后有声响，温度降低后声响减轻或消失的故障有：过热引起的早燃；活塞反椭圆形；活塞椭圆度过小；活塞与缸壁间隙过小；活塞变形；活塞环各间隙过小。

4. 异响与发动机工作循环的关系

发动机的异响故障，往往与发动机的工作循环有较明显的关系，尤其是曲柄连杆机构和配气机构的异响都与工作循环有关。

活塞与缸壁间隙过大所引起的敲击声。就四冲程发动机而言，曲轴每转一圈，就会发响一次，即火花塞跳火一次（做功）发响两次。这是因为，作用在活塞上的力，将分解成两个分力。在发动机做功行程中，一个分力传到连杆使曲轴旋转，另一个分力则将活塞压向汽缸壁，引起活塞碰击缸壁；而在压缩行程中，这个分力会改变方向，将活塞压向气缸壁另一侧，会引起活塞碰击缸壁，所以曲轴旋转两圈，则敲击左、右缸壁各一次，共两次。

气门间隙过大所引起的敲击声。气门由凸轮轴带动挺杆而开闭，而凸轮轴的旋转就四冲程发动机而言，与曲轴旋转的圈数之比为 1:2，即一个工作循环曲轴旋转两圈，凸轮轴只旋转一圈。所以，每点火一次，气门敲击声只出现一次。

由上得知，凡曲柄连杆机构引起的声响均为火花塞点火一次发响两次。故障原因有：活塞敲击缸壁、活塞销敲击声、活塞顶碰气缸凸肩、连杆轴承松旷过甚、活塞环漏气。凡配气机构引起的声响均为火花塞点火一次发响一次。故障原因有：气门间隙过大、挺杆与其导孔间隙过大、凸轮线形磨损、气门杆与其导管间隙过大、气门弹簧折断、凸轮轴正时齿轮径向破裂、气门座圈松脱、气门卡滞不能关闭。

5. 异响与其他故障现象的关联

发动机异响除了与发动机转速、负荷、温度、工作循环有关外，还与其他呈现出来的故障现象有着内在的关联。据此，这些伴同出现的故障现象可以作为故障诊断的重要依据。

通常，伴同异响出现的其他故障原因与现象有：曲轴轴承径向间隙过大或轴瓦合金烧毁

脱落，机油压力下降，机体振抖；连杆轴承松旷过甚，机油压力下降；进、排气门卡滞不能关闭；个别缸不工作，功率下降，机体抖动；若排气门卡滞将出现排气管有“喘气”声；活塞与缸壁间隙过大，活塞环对口或抱死；机油加注口脉动冒烟，排气管冒浓蓝烟，机油消耗多，机油品质恶化，燃油消耗多而功率下降；排气门弹簧折断时则个别缸不工作，发动机振抖，怠速不稳，不易加速；点火正时不准时则燃油消耗多，化油器回火、爆震，排气管放炮，功率下降等。

应该说明的是，对于以上所述，不是每种异响都与发动机的转速、负荷、温度、工作循环以及振动区域、伴同现象均有关，而只是与其中的某项或数项有关。例如活塞敲缸声响，将与发动机的转速、负荷、温度、工作循环和伴同现象有关。而连杆轴承发响，则与转速、负荷、振动区域和伴同现象有关，与温度和工作循环无关。若将每种异响与这些因素的关系加以系统地归纳，就构成每种异响的完整特征，即异响特性。因此，异响故障的诊断方法就是异响特性分析的方法。

9.1.3　发动机异响故障的诊断程序

1. 异响的确定

异响的确定是指从声响中找出异响。在众多混杂的发动机运转声响中，应确定哪些是正常的声响，哪些是异响。异响中哪些是尚允许存在的，哪些则不允许再继续存在，必须予以排除。这是异响诊断过程中首先应做到的确切结论。其确定原则是：

（1）若声响在低速运转时显得轻微单纯，在高速运转时显得轰鸣平稳均匀，在加速或减速时显得圆滑过渡，则为正常声响。

（2）若声响中伴随着沉闷的“噹、噹”声，清脆的“当、当”声，短促的“嗒、嗒”声，细微的“唰、唰”声，尖锐的“喋、喋”声和强烈的“嘎、嘎”声等声响，即表明发动机存在不正常的异响，至于是否允许继续存在，则可依据以下情况决断：声响倘若仅在怠速运转时存在，转速提高后即自行消失，在整个使用过程中声响又无明显的变化，属于危害不大的异响，允许暂时存在，待适当时机再行修理。

（3）声响倘若在突然加速或突然减速时出现，而且当发动机在中、高速运转期并不消失，同时又引起机体振抖。那么，这是属于不允许再继续存在的异响，应立即查明原因，予以排除。

（4）声响倘若是在运转中突然出现的，且又较猛烈，不应继续运转或试听诊断，而应立即停机拆检。一般先拆油底壳，再拆气门室罩盖，再拆缸盖。

2. 异响的确诊

异响的确诊是指对异响进行特性分析，进而认定异响的部位、原因和程度。异响出现的时机和连续存在的时间一般存在于怠速或低速运转期间、高速运转期间、整个行车期间等几种时期。

（1）怠速或低速运转期间出现异响，可依以下顺序诊断：用单缸断火法检查异响与缸位是否有关联。若某缸断火后异响有明显的变化，说明故障即在该缸。

（2）若某缸断火后异响并无明显的变化，说明异响与缸位并无关系。继而应逐缸检查异响与工作循环是否有关联，判定故障出在哪一机构。

（3）再逐渐提高发动机转速，听察异响有无变化，根据异响随转速的变化，判断运动机件耗损的程度。

（4）此外，在诊断过程中，还应注意观察发动机温度的变化对异响的影响。

通过上述四个过程的诊断，基本可查明异响与发动机的负荷、工作循环、转速、温度之间的关系。如若异响与某种异响特性相符合，则就可作出确诊结论。

高速运转期间出现异响，可依以下顺序诊断：

a. 从低速逐渐提高发动机转速，直至高速运转。在此过程中，注意异响出现的时机。

b. 当异响出现后，稳定于该转速运转，仔细听察异响，利用单缸断火法查明缸位。

c. 若难以查明缸位，则应用螺丝刀（金属棒）听察法找到异响分布的区域。

d. 若从低速逐渐提高转速的过程中，并不出现异响，却在急加速或急减速时出现异响。那么，可用单缸断火法，配以速度的急剧变化，即可判明异响在哪个缸位。

e. 此外，在诊断过程中，还应注意机油压力、机油加注口、排气管等处的伴同现象变化，辅以诊断故障，从而得出确诊结论。

行车期间发动机出现异响，一般都能在停车后使发动机处于同速度运转中得到反映，从而诊断出异响故障的确诊结论。但有时也有例外，行车中的异响，停车后，使发动机同速度运转，却不再出现这种异响。此时则应调节化油器或急剧改变转速，一般都能使异响出现。然后再确诊其缸位和原因，得出确诊的结论。有时，行车中出现的异响，不一定是发动机异响，而可能是其他机件异响。此时则应踩下离合器踏板或脱开变速器挡位，再做急加速试验，如若消失，表明异响不在发动机而在底盘或车身部位。

9.2 典型异响的诊断

9.2.1 曲柄连杆机构典型异响的诊断

曲柄连杆机构常见的异响有：曲轴响、连杆轴承响、活塞敲缸响、活塞销响、活塞环响、活塞顶碰气缸盖响等。此类异响都严重地影响发动机的正常工作，更严重的是将加剧发动机的损坏，缩短使用寿命，必须引起高度重视，认真给予诊断排除。

1. 曲轴部位响

（1）故障现象。

a. 当发动机稳定运转时，一般并无声响，当发动机转速突然变化时，发出沉闷连续的“噹、噹”金属敲击声，响声沉闷，严重时发动机发生很大振动。

b. 发动机负荷变化时声响明显。

c. 发动机转速越高，声响越大。

d. 当发动机单缸断火，声响无明显变化，当相邻两缸断火时，声响显著减小。

e. 机油压力明显降低。

f. 发动机温度变化时，声响无什么变化。

（2）故障原因。

a. 曲轴轴承与曲轴轴颈磨损，导致配合间隙过大、松旷，产生撞击声。

b. 安装时曲轴轴承盖螺栓力矩没有达到规定值，出现轴颈与轴承的撞击声。

c. 曲轴轴向间隙过大，产生曲轴前后窜动，使曲轴轴向定位端面与止推垫圈相互撞击而出现声响。

d. 曲轴弯曲、折断，运转时产生撞击声。

e. 轴承内的润滑油不足或过稀，由于润滑不良而使轴承合金烧毁脱落致响。

（3）故障诊断。

a. 在机油加注口处听诊，反复变换发动机转速，当突然加速或减速时，若有音调明显低闷、钝哑而沉重“噇、噇”声响。其特征是发动机负荷大时，声响越明显，转速越快，声响越大。进而用螺丝刀头抵在气缸体两侧的曲轴位置处听诊，同时不断变化转速，若声响明显，可判为曲轴轴承响。

b. 利用单缸断火法，声响若无变化，而利用相邻两缸断火法试验时，声响明显减弱，则声响故障即在该两缸之间。

c. 当发动机温度越升高（机油粘度越低）声响越明显，到高速时声响变为杂乱，则有可能是曲轴弯曲。

d. 当高速运转时，机体有较大的振动。汽车载重爬坡时，驾驶室有振动感，机油压力显著下降，则说明曲轴轴承间隙过大，合金脱落。

e. 前端轴承发响，第 1 缸缸盖上方振动（六缸机）；后端轴承发响，第 6 缸缸盖上方有振动；中间轴承发响，第 3、4 缸缸盖上方有振动。若声频和振频一致，即可断定相应部位曲轴轴承发响。

f. 踩下离合器踏板，若曲轴皮带轮向前窜动且声响减轻或消失，则为曲轴轴向间隙过大而发响。

g. 在发动机后端曲轴部位，若发出一种沉闷的“嗒、嗒”敲击声，其声响有规律地随工作循环而周期性变化，变换转速时更易发觉，在起动和停止时特别明显，转速越高越响。则在刚出现异响时，关闭点火开关，而当发动机即将熄火之际，再立即接通，此时若能听到一声明显的撞击声，而且每次如此闭启点火开关时，均发出一声撞击声，即可证实是飞轮紧固螺栓松动而撞击发响。

h. 若发动机转速并不高，机体却振动较大，甚至有摆动摇晃现象，同时发出沉重、粗闷的而声响较大的“嘣、嘣”金属敲击声，表明曲轴将要折断。

2. 连杆轴承响

（1）故障现象。

a. 连杆轴承响比曲轴轴承敲击声轻、缓和而短促的“当、当”的声响。怠速时声响较小，中速时较为明显，突然加速时，敲击声随之增大。

b. 当发动机负荷增加时，声响也会随之增大。

c. 当发动机温度发生变化时，声响并不变化。

d. 断火后声响会明显地减弱或消失。

（2）故障原因。

a. 连杆轴承与轴颈磨损过量，而使径向间隙过大。

b. 连杆轴承盖的紧固螺栓松动或折断。

c. 轴承合金烧毁或脱落。

d. 连杆轴颈失圆，使轴颈与轴承之间接触不良。

e. 曲轴主油道堵塞，集滤器、滤清器过脏，旁通阀失效，机油泵失效，造成油压过低，轴承润滑不良。

（3）故障诊断。

a. 在发动机体外听诊时，其声响为短促而坚实的“嗒、嗒”声。

b. 将机油加注口盖打开听诊时，声响比曲轴轴承的敲击声容易辨认些，声响呈清脆而音量较大的“当、当”声。

c. 若发动机转速由怠速升到中速时，声响更清晰，连续敲击，随着转速的增高，敲击声更为突出。

d. 若用单缸断火法检查，声响减弱或消失，则说明该缸的连杆轴承发响。

e. 若声响混杂，出现“咯铃、咯铃”或“哗啦、哗啦”的声响，亦可用断火法检查。若单缸断火后，声响减弱，再双缸断火，声响又有所减弱或消失，说明多缸连杆轴承松旷。

f. 另外，在检查声响的同时，注意观察机油压力。若机油压力过低，说明润滑不良，以此辅助诊断异响故障所在。

g. 不论发动机温度低或高，不论在任何转速情况下，都发出严重而无节奏性的“铛、铛”声响，且气缸盖振动很强，做断火或复火试验都一样，则可断定是连杆轴承合金层过热熔化，应立即拆修。

3. 活塞敲缸响

活塞敲缸是指在工作行程开始的瞬间（或当活塞上行时），活塞在气缸内摆动或窜动，其头部或裙部与缸壁、缸盖相碰撞。

发动机冷态敲缸

（1）故障现象。

a. 怠速时在气缸盖上部发出有节奏的“嗒、嗒”金属敲击声，转速稍高，响声消失。

b. 由于活塞与气缸壁间隙较大，低温时出现敲击声，待温度正常后活塞受热膨胀而与缸壁的间隙相应减小，故声响减弱或消失。

c. 单缸断火，声响消失。

d. 发动机火花塞跳火一次发响两次。

（2）故障原因。

a．活塞与缸壁磨损，造成间隙超限，但尚属初期。

b．起动发动机时，由于润滑条件不良，机油压力低，致使产生活塞敲缸。

c．缸壁润滑不良。

（3）故障诊断。

a. 发动机冷车起动时，发出有节奏的“嗒、嗒”声。将发动机转速控制在声响最明显的转速范围内（怠速），察看机油加注口是否冒烟，排气管是否冒蓝烟，并用起子抵触机油加注口处一面的缸壁上听诊。若是活塞敲缸，就能听到有振动的敲击声。

b. 逐缸断火试验。若某缸断火后其声响减弱或消失，复火时其声响明显增大 1、2 声后又恢复原来声响。当发动机温度升高后其声响由弱至消失，即可诊断为活塞裙部与缸壁敲击。

c. 若多只活塞敲缸，将发响的汽缸断火，则会使原来的声响减弱。为进一步证明该缸敲缸，还可向怀疑发响的气缸内注入少量机油（20～30mL），慢慢摇转发动机，使机油附于气缸壁和活塞之间，然后起动发动机听察声响。若敲缸声减轻或消失，但不久又复出现，则证明是该缸活塞敲缸响（因为加机油会使缸壁与活塞之间间隙减小，使声响减小，当机油受热变稀被挤去后，声响又复出现）。若敲缸声仅发生在冷车工作时，发动机温度升高后即消失，尚可继续使用，遇适当机会再行修理。

发动机热态敲缸

（1）故障现象。

a. 发动机高速时发出“嘎、嘎”连续金属敲击声。

b. 温度升高，声响加重。

c. 发动机怠速时发出“嗒、嗒”声，机体伴有抖动现象。

d. 发动机火花塞跳火一次，发响两次。

e. 当某缸断火，声响反而加重。

（2）故障原因。

a. 连杆轴颈与主轴颈不平行、连杆弯曲或连杆衬套轴向偏斜。

b. 活塞与缸壁间隙过小。

c. 活塞销装配过紧导致活塞变形。

d. 活塞由于磨损和变形，使椭圆度过小，或活塞成反椭圆状。

e. 活塞环背隙、端隙过小。

（3）故障诊断。

a. 发动机温度低时不响，温度上升后，发动机处于中、高速运转，便发出急速而有节奏的“嘎、嘎”声响，温度越高，声响越大，而这种声响产生在发动机右侧缸盖与缸体装合处，并易分出前、中、后部位。做断火试验，其声响没有多大变化，则可诊断为连杆变形或连杆装配位置不准。

b. 若发动机低温时不响，温度上升后，发动机处于怠速运转，便出现“嗒、嗒”声，伴同机体抖动，且温度越高，响声越大，则可诊断为活塞变形，活塞环过紧，导致活塞与缸壁配合间隙过小或润滑不良。

c. 若某缸断火试验，声响反而加大，即为该缸敲缸故障。

发动机冷、热时均敲缸

（1）故障现象。

a. 发动机低速时发出有节奏且强弱分明的“刚、刚”声。此声响有时会短暂消失，但很快即又复出。转速提高后声响消失；有时低速有“嗒、嗒”金属敲击声，转速提高后，声响消失。

b. 某缸断火，声响不减弱或反而加重，并由有节奏发响变为连响。

c 发动机火花塞跳火一次，发响两次。

（2）故障原因。

a. 活塞与缸壁磨损间隙过大。

b. 活塞裙部圆柱度超差。

c. 活塞销与连杆衬套、连杆衬套与连杆小端装配过紧。

d. 连杆轴承装配过紧。

（3）故障诊断。

a. 发动机冷、热态情况下，均有声响。

b. 若某缸断火，声响减小，但不消失，即可诊断为该缸连杆与曲轴或活塞销装配过紧。

c. 若低速时有“嗒、嗒”金属敲击声，转速提高后声响消失，这是由于活塞裙部圆柱度超差之故。

d. 有时遇到“反上缸”现象，即在断火试验时反而出现敲击声响，并由间响变为连响，这是由于活塞裙部锥度过大，致使头部撞击气缸壁所致。

4. 活塞销响

（1）故障现象。

a. 发动机怠速时有较尖锐清脆而有节奏的“嗒、嗒”金属敲击声。在发动机同样转速下比活塞敲缸声响连续而尖锐。

b. 发动机转速变化时，声响也随之周期性变化，加速时声响更大。

c. 发动机温度升高，声响不减弱，甚至更明显。

（2）故障原因。

a. 活塞销与连杆小端衬套磨损过量，间隙过大。

b. 活塞销与活塞销座孔配合松旷。

c. 机油压力过低，机油飞溅不足，润滑条件差。

d. 活塞销锁环脱落，使活塞销自由窜动。

e. 活塞销折断。

（3）故障诊断。

a. 将发动机转速控制在声响最明显的转速范围内（怠速或略高于怠速），然后逐缸断火试验，当螺丝刀突然离开火花塞时，灵敏而突出地出现一响或连续两声响，此声响在汽缸上、下部比较明显。若声响不明显时可略将点火提前一些，这时若声响较前明显，即可诊断为活塞销响。

b. 若声响非常严重，并且发动机转速越高，声响越大。可在声响较大的转速下断火试验，若声响不但不消失，反而杂乱，这大多是由于活塞销与衬套间隙增大到了一定程度的缘故。

c. 将加速踏板置于怠速位置，然后踩到中速位置抖动加速踏板，声响能灵活地随着变化，并且每抖一下加速踏板，能听到突出的尖脆而连贯的“嗒、嗒”响声，则可能是活塞销响。

d. 当发动机怠速运转时，出现有节奏而较沉重的“吭、吭”金属碰击声，提高转速，声响并不消失，同时伴同出现机体抖动现象，若利用断火试验，反而使声响加重，说明该缸的活塞销自由窜动。

e. 当发动机急加速时，声响猛烈而尖锐，若利用断火法试验，声响减轻或消失，则可诊断为活塞销折断故障。

5. 活塞环响

（1）故障现象。

a. 活塞环敲击声响是钝哑的“啪、啪”声，随发动机转速的增高，声响也随之加大，并且变成较嘈杂的声音。

b. 活塞环漏气响，类似敲缸响，在机油加注口处听较为明显，单缸断火时，声响减小，但不消失。

（2）故障原因。

a. 活塞环折断。

b. 活塞环和环槽磨损，造成背隙和端隙过大，活塞和气缸壁的密封性降低。

c. 缸壁磨损后，顶部出现凸肩，重新调整连杆轴承后，使活塞环与缸壁凸肩相碰。

d. 活塞环端口间隙过大或各环的端口重合对口。

e. 活塞环弹性过弱或缸壁有沟槽。

f. 活塞环粘住在活塞环槽上。

（3）故障诊断。

a. 单缸断火试验，声响减小，但不能消失。把螺丝刀放在火花塞上细听，若活塞环折断会发出“啪、啪”声响。

b. 若活塞环碰撞气缸凸肩响，是一种“噗、噗”的声响，断火后没有变化，用螺丝刀抵触缸盖，有明显的振动。

c. 发动机冷车起动时，发出“嘣、嘣”的声响，在机油加注口处可见脉动地冒蓝烟，其频率与声频吻合。做断火试验时，声响消失，且仍有漏气声，机油加注口处冒烟减轻，甚至消失，即可诊断为该缸活塞环漏气响。

e. 发动机温度升高时，若仍有明显的窜气响，再做断火试验，窜气虽减弱，但机油加注口处仍有明显漏气现象，可诊断为活塞环与缸壁密封不良。

f. 继上述试验，在缸内注入少量机油，若在起动后较短时间内声响减弱或消失，则可进一步诊断为该缸活塞环与气缸壁密封不良；若注油后，仍然冒烟或更甚，则可诊断为活塞环对口，或活塞环弹力不足，或活塞环抱死。

9.2.2　配气机构典型异响的诊断

配气机构常见的异响有：气门响、气门挺杆响、气门座圈响、气门弹簧响、正时齿轮响、凸轮轴响等。此类异响都表明各机件耗损或调整不当，影响发动机的动力性和经济性。应重新调整或更换机件。

1. 气门响

（1）故障现象。

a. 发动机怠速时，发出有节奏的“嗒、嗒”声响。

b. 发动机转速增高，声响也随之增高，中速以上时，声响变得模糊嘈杂。

c. 发动机温度变化或做断火试验，声响都不随之变化。

（2）故障原因。

a. 气门杆端和调整螺钉或摇臂磨损或调整不当，使其气门间隙过大，导致侧置式气门挺杆端与调整螺钉碰击，或顶置式气门的摇臂头部与气门端部碰击。

b. 凸轮磨损过量，运转中挺杆产生跳动。

c. 气门弹簧座脱落。

d. 气门挺杆固定螺母松动或调整螺栓端面不平。

e. 气门导管积炭过多而咬住气门。

（3）故障诊断。

a. 在气门室一侧或气门室罩听诊，声响随发动机转速不同而改变频率，且高、中、低速时均有声响（与点火过早的声响有明显区别），同时，发动机温度变化或断火试验时声响并不随之变化，可诊断为气门响。

b. 为查明是哪一只气门响，可将气门室罩盖拆下。使发动机怠速运转，并将厚薄规插入气门端部与挺杆间隙中，逐个试验。当插入某个气门间隙中时，声响减弱或消失，即可诊断为该气门间隙过大而发响。倘若厚薄规插入后，声响减轻但未消除，再用起子撬住气门杆，若声响消除，说明是气门杆与导管磨损过量而发响。

2. 气门挺杆响

（1）故障现象。

a．发动机温度变化或断火试验，声响并不随之变化。

b．发动机怠速运转时，在机体凸轮轴侧发出有节奏而清脆的“嗒、嗒”的声音。

c．发动机怠速运转时，声响较明显，中速以上可能减弱或消失。

（2）故障原因。

a. 挺杆与导孔有较大的锥度、椭圆度，或配合松旷，当凸轮轴转动时，侧向力使挺杆撞击导孔壁而发出响声。

b. 推杆大端球面或凸轮磨损变形，致使挺杆在导孔内转动不灵活或不转动。

c. 由于凸轮形线变形，顶动挺杆出现跳动。

d. 飞溅润滑不良。

（3）故障诊断。

a. 判断某一挺杆响，可用铁丝径向钩住有疑声响的挺杆，若声响减弱或消失，即可诊断为该挺杆发响。在车辆使用过程中，若发生这种声响，可以继续使用，停机后再修理。

b. 发动机怠速运转时，听到凸轮轴侧出现比气门响得更坚实而清脆的声音，断火试验声响无变化时，可将转速提到中速运转试验，此时若声响减弱或消失，亦可诊断是气门挺杆响。

3. 气门座圈响

（1）故障现象。

a. 声响比气门响稍大，呈没有规律的忽大忽小的“嚓，嚓”声，与转速没有必然的关系。

b. 中速时声响清晰，高速杂乱。

c. 进行单缸断火试验，声响不变，有时更明显。

d. 发动机冷车发动时，声响易出现。

（2）故障原因。

a. 选用材料不当（热膨胀系数太小）。

b. 镶配时，过盈量过小造成松旷。

（3）故障诊断。

a. 拆下气门室盖，若经检查并不是气门和气门弹簧响，可诊断为气门座圈松脱响。

b. 也可停机用压缩空气试验排气门是否漏气诊断。即停机后，逐缸使进、排气门处于关闭状态，然后在火花塞孔处通入压缩空气，检查排气管或化油器处有否漏气现象。若有则说明该缸相应气门座圈松动而发响。

4. 气门弹簧响

（1）故障现象。

a. 发动机怠速运转时，有明显的“嚓、嚓”声响，在各种转速下均有较清脆的声响。拆下气门室罩盖更为明显，若弹簧折断则能看清楚。

b. 数个气缸不工作时，加速性能下降，机体有严重振抖。

（2）故障原因。

a. 气门弹簧弹力过弱。

b. 气门弹簧折断。

（3）故障诊断。

将气门室盖拆下查视，用螺丝刀逐缸撬住气门弹簧，若声响消失，则可诊断为该缸气门弹簧过弱。若弹簧折断可以很明显看出。

5. 正时齿轮响

（1）故障现象。

a. 声响比较复杂，有时有节奏，有时无节奏，有时是间响，有时又是连续响。

b. 发动机怠速运转或转速变化时，在正时齿轮室盖处发出杂乱而轻微的噪声，转速提高后噪声消失，急减速时，此噪声尾随出现。

c. 有的声响不受温度和单缸断火试验的影响；有的声响受温度影响，温度低时无噪声，当温度正常后，才出现噪声。

d. 有的声响伴同正时齿轮室盖振动，有的声响不伴同振动。

（2）故障原因。

a. 正时齿轮啮合间隙过大或过小。

b. 曲轴和凸轮轴中心线不平行，造成齿轮啮合失常。

c. 更换曲轴和凸轮轴轴承后，改变了齿轮啮合位置。

d. 凸轮轴正时齿轮固定螺母松动。

e. 凸轮轴正时齿轮轮齿折损，或齿轮径向破裂。

（3）故障诊断。

a. 发动机在怠速运转时，发出有节奏的轻微的“嘎啦、嘎啦”声响；中速时显得突出；高速时声响变得杂乱。用起子触及正时齿轮盖部位，声响加强。此种情况可诊断为齿轮啮合间隙过大。

b. 齿轮啮合不良引起的声响，类似“呼啸”声，声响的大小随发动机转速变化而变化。

c. 发动机怠速运转时，发出有节奏的“哽、哽”声响，发动机转速提高，声响加大，此种声响为齿轮啮合不均的声响。

d. 新大修车或更换正时齿轮后，若发动机发出一种连续不断的“呜——”声，发动机转速越高响声越明显。此种情况可诊断为齿轮啮合间隙过小。

e. 发动机转速逐渐提高到某一较高转速时，突然发出强烈而杂乱的声响。进而急减速时，又会发出一声“嘎——”的声响，然后消失。在这种杂乱的声响期间，若正时齿轮盖部位有振动感，则可诊断为凸轮轴正时齿轮固定螺母松动。

6. 凸轮轴响

（1）故障现象。

a. 发动机中速运转时声响明显，出现钝重的“嗒、嗒”声响，怠速运转也能听到，可高速运转时，似乎消失。

b. 作单缸断火试验时，声响没有变化。

c. 在发响时凸轮轴轴承附近带有振动。

（2）故障原因。

a. 凸轮轴及其衬套间配合松旷。

b. 凸轮轴衬套转动。

c. 凸轮轴弯曲变形。

d. 凸轮轴轴向间隙过大。

e. 凸轮轴衬套合金烧毁或脱落。

（3）故障诊断。

a. 进行各种速度的运转，若怠速时声响清晰，中速时声响明显，高速时声响由杂乱变得减弱以致消失，则可诊断是凸轮轴响。

b. 使发动机在声响较强的转速运转，在气缸体外部用螺丝刀触在各节轴承附近部位听诊，若某处声响较强并有振动，可初步诊断是该节轴颈发响。

9.3 汽油机燃料系的故障诊断

9.3.1 汽油机混合气过浓的诊断与排除

1. 诊断

（1）故障现象。

a. 化油器节气门轴或衬垫等处有油渗出，发动机不易起动。

b. 排气管冒黑烟，有时伴有“放炮”现象。

c. 发动机动力下降，温度升高，油耗增大。

d. 拆下火花塞，可见其电极有潮湿的汽油和大量的积炭。

e. 发动机怠速不稳，消音器发出无节奏的“噗、噗”声。

（2）故障原因

a. 阻风门没打。开，或空气滤清器滤网堵塞。

b. 浮子室油平面调整不当或三角针阀密封不严，至使油平面过高。

c. 浮子破裂。

d. 空气量孔堵塞或省油器失效。

e. 化油器主量孔松动。

2. 排除方法

a. 检查化油器浮子室油面是否过高。

b. 油平面正常，再检查阻风门是否打开、空气滤清器是否进气不畅。

c. 油平面过高，应调整油平面，油平面不能调至正常高度时，应检查三角针阀是否密封、浮子是否破裂。

d. 以上检查均正常，仍过浓时，应检查化油器主量孔是否松动、省油器是否工作不良、空气量孔是否堵塞。

9.3.2 混合气过稀的诊断与排除

1. 故障现象

（1）发动机不易起动。

（2）发动机动力下降，但适当关闭阻风门后，动力有所好转。

（3）发动机转速不易提高，急加速时化油器有回火现象，排气管有时“放炮”，且易熄火。

（4）怠速不稳，容易熄火。

（5）发动机过热。

2. 故障原因

（1）油平面过低。

（2）外油路供油不足。

（3）化油器主量孔、主油道孔堵塞。

（4）化油器底座或进气歧管密封不严、节气门轴松旷漏气。

3. 故障排除方法

（1）检查化油器油平面是否过低，如过低，调至正常。

（2）油平面正常，将阻风门适当关闭后，情况有所好转，应检查进气歧管衬垫、化油器底座节气门轴等处是否漏气；检查化油器主量孔、主油道是否堵阻不畅。

（3）油平面调至正常，发动机经中、高速运行一段时间后，若油平面又过低，则为化油器进油滤网堵阻或外油路来油不畅，按来油不畅故障的诊断要求检查。

9.3.3 汽油机怠速熄火的诊断与排除

1. 故障现象

（1）发动机起动后，松抬加速踏板就熄火。

（2）怠速运转不稳，容易熄火。

（3）汽车停驶时发动机怠速良好，但行驶时，变速器操纵杆移至空挡就熄火。

2. 故障原因

（1）化油器怠速调整螺钉和节气门调整螺钉调节不当。
（2）化油器节气门轴松旷漏气或化油器衬垫、进气歧管衬垫漏气。
（3）化油器怠速量孔、怠速油道或怠速喷口堵阻。
（4）化油器怠速空气量孔堵塞。
（5）浮子室油平面过低。
（6）真空省油器的真空泵堵塞、漏气。

3. 故障排除方法

（1）检查油平面。
（2）调整怠速。
（3）如果仍无怠速，则可检查怠速量孔、怠速油道和怠速空气量孔等是否堵塞。
（4）如未堵塞，则应检查进气歧管的一些辅助装置、化油器节气门下方等处是否漏气，从而影响进气歧管真空度。

9.3.4 汽油机怠速过高的诊断与排除

1. 故障现象

（1）松开加速踏板，发动机转速降不到正常怠速范围。
（2）调低发动机转速就熄火。
（3）发动机油耗增大。

2. 故障原因

（1）节气门轴卡滞，使节气门关闭不严。
（2）节气门复位弹簧弹力过弱。
（3）怠速量孔过大。
（4）化油器油平面过高。
（5）节气门开度调整螺钉与怠速调整螺钉调整不当。

3. 故障排除方法

（1）检查化油器平面是否过高。
（2）运转时，用手关闭节气门，检验怠速是否下降。若下降，表明气门拉杆卡滞，或复位弹簧弹力过弱。
（3）调整怠速。若好转，则为调速不当。
（4）以上检查后仍过高，则应拆下化油器上盖，检查怠速量孔是否过大，怠速空气量孔是否堵塞。

9.3.5 汽油机怠速不稳的诊断与排除

1. 故障现象

怠速运转时，转速不均匀，发动机抖动。

2. 故障原因

（1）怠速调整不当。
（2）怠速空气量孔堵塞。
（3）节气门固定螺钉松动，节气门轴松旷。
（4）化油器固定螺钉松动或衬垫漏气。
（5）发动机个别缸不工作或点火时间过早。
（6）进气歧管衬垫或真空管密封不严。
（7）怠速过渡喷口堵塞。

3. 故障排除方法

（1）调整怠速。

（2）用单缸断火法检查各缸工作情况。若断火后怠速无变化，表明是个别缸不工作影响怠速不稳。

（3）检查节气门轴上的固定螺钉是否松动。

（4）通过以上检查调整后怠速仍不稳，则应再检查怠速量孔、怠速喷口、怠速空气孔、怠速过渡喷口是否正常。

（5）检查节气门边缘与怠速喷口的位置。节气门关闭时，怠速喷口应位于节气门边缘的下方为合适。

（6）检查化油器底座、进气歧管衬垫是否漏气，气门间隙是否符合标准。

9.3.6 汽油机急加速不良的诊断与排除

1. 故障现象

（1）发动机缓慢加速时运转正常，急加速时，转速不能迅速提高，有时甚至熄火。
（2）急加速时，有时有“回火”、“放炮”现象。

2. 故障原因

（1）化油器加速泵联动装置松动或脱落。
（2）加速泵进、出油阀不密封。
（3）加速喷口或油道堵塞。
（4）加速泵弹簧折断或弹力过弱。
（5）加速泵皮碗破裂或磨损过甚。
（6）加速泵泵腔磨损过甚。
（7）加浓装置工作不良。

3. 故障排除方法

（1）抖动节气门，检视加速喷口出油情况。若无油喷出，则为加速装置故障。

（2）检查加速泵连动装置是否工作正常，若正常，可拆下加速喷口螺钉后抖动节气门，此时出油，表明加速喷口堵塞；仍不出油，表明加速泵皮碗或进、出油阀有故障。

（3）若上述检查均正常，则应再检查加速弹簧是否弹力过弱，油道是否畅通。

（4）急加速时，化油器有轻微回火，高速时发动机乏力，这是供油不足所致，应检查化油器油平面是否过低，若不低，可调整加速泵的喷油量。

9.3.7 汽油机中、高速不良的诊断与排除

1. 故障现象

（1）发动机怠速正常，可中、高速时熄火，行驶无力。
（2）中、高速时，有“回火”现象。

2. 故障原因

（1）化油器浮子室油平面过低。
（2）主量孔、主油道堵塞。
（3）节气门不能完全打开。
（4）机械加浓装置或真空加浓装置工作不良。
（5）空气滤清器堵塞。

3. 故障排除方法

（1）将加速踏板踩到底，检查节气门是否完全打开，不能全开时予以调整。
（2）检视化油器油平面是否过低，外油路供油是否充足。
（3）上述检查正常，可在中、高速时适当关闭阻风门，若好转，再检查化油器主供油装置是否供油不畅，节气门下方是否漏气。
（4）发动机转速提高后，排气管冒黑烟，动力不足，可检查阻风门是否全开，空气滤清器是否堵塞。
（5）上述检查均正常，则应再检查调整化油器加浓装置，改变卡环在环槽的位置来改变加浓时刻。

9.3.8 汽油发动机不能起动的诊断与排除

1. 故障现象

起动发动机时，曲轴虽旋转轻快，但不能起动。

2. 故障原因

（1）气缸内不能形成适当浓度的混合气。
（2）发动机内部机械故障。

3. 故障排除方法

（1）察看浮子室存油情况。若浮子室内无油，按不来油的操作方法排除故障。
（2）若油平面正常，可检查加速喷口是否喷油，若不喷油，可按加速不良排除故障。
（3）若加速喷口喷油，高压分线跳火，但仍不起动，应检查火花塞和点火正时。
（4）通过以上检查仍不能起动，应检查发动机气缸压力。若压力过低，应对发动机进行维修。

9.3.9　汽油发动机不易起动的诊断与排除

1. 故障现象

（1）怠速运转时，转速不均匀，发动机抖动。

（2）起动时有着火征兆，但不易起动。

（3）着火后难以维持。

（4）冷车不易起动。

（5）热车不易起动。

2. 故障原因

（1）混合气过稀或过浓。

（2）点火时间过早或过迟。

（3）高压火花过弱。

（4）少数缸不工作。

（5）发动机内部机械故障。

3. 故障排除方法

（1）发动机若有着火征状，但不易起动，可先查油路再查电路。若排气管“放炮”、冒黑烟，节气门轴有油渗出，应按混合气过浓故障检查；若多次急加速或向化油器内注入少量汽油才能起动，应按混合气过稀故障检查。

（2）冷车不易起动，先按混合气过稀检查，再查高压火花是否过弱，少数缸是否不工作。

（3）热车不易起动，可先按混合气过浓检查，再查点火线圈温度是否过高，各导线是否松动。

9.3.10　汽油发动机爆燃的诊断与排除

1. 故障现象

发动机怠速良好，而当转速提高或突然加速时，发动机产生爆燃。

2. 故障原因

（1）点火时间过早。

（2）火花塞过热或积炭过多，节气门轴松旷。

（3）混合气突然过浓。

（4）汽油牌号选择不当。

3. 故障排除方法

（1）适当推迟点火提前角再起动，若爆燃消失，则为点火过早，按点火过早故障诊断。

（2）若推迟后仍然爆燃，再检查火花塞是否过热或积炭过多。若过热，应更换火花塞。

（3）若推迟点火提前角或检查火花塞后仍爆燃，则应检查混合气是否过浓、分电器触点间隙是否过大。否则检查汽油牌号是否得当。

9.4 汽油机点火系的故障诊断

9.4.1 汽油机点火系故障的常见诊断方法

汽车点火系的故障形式是多种多样的，原因错综复杂。因此抓住主要现象并找出其原因是迅速、准确地排除故障的关键。为此，运用各种方法予以试验检测是必不可少的手段。

1. 电流表动态判断法

汽车在运行中熄火停驶发生故障，若怀疑点火系出了问题，可在点火开关至点火系之间安装电流表籍以帮助诊断故障所在。接通点火开关，起动发动机，察看电流表的指针动态。

2. 搭铁试火法

此法可用一根导线的一端接于用电设备的一接线柱，另一端与车体搭铁试火。顺序逐段试火，若某两处之间无火花，说明断路在两处之间。

3. 试灯法或电压表测量法

此法的试验原理和办法与逐段搭铁试火法相同，只是用一只试灯或电压表来代替一根导线。

4. 高压试火法

将分电器中心高压线或火花塞各高压分线拔下，将线头对准缸体离开 3～6mm，然后打开点火开关，起动发动机，或把分电器霍尔发生器叶片的缺口（电磁式信号发生器的定子和转子突齿相互错开），用铁片插入缺口处再抽出，观察线端间隙内是否跳火及火花强弱程度（有电脑控制系统的汽车不要用此种方法）。

5. 症状辅助诊断法

（1）化油器不断回火或排气管放炮，加速时更甚。应检查点火次序是否错乱，分电器盖插孔是否窜电。

（2）加速有突爆，怠速易熄火，起动发动机时有回转现象　检查是否点火过早或分电器触点间隙过小（触点式的）。

（3）不易加速，发动机温度容易升高，出现“开锅”现象，应检查是否点火过迟或分电器触点间隙过大。

（4）运转不均匀，时有断火症状，可检查分电器断电触点是否烧蚀，分火头及中心高压线是否漏电，分电器底板轴承、分电器凸轮、分电器轴和衬套等是否磨损。

（5）运转不均匀，试火时火花弱，可检查电容器和点火线圈是否良好。

9.4.2 发动机不能起动

汽油发动机由于点火系的故障，而不能起动时，应首先确定是低压电路还是高压电路或高低压电路综合故障，然后找出其故障的确切部位，加以排除。

1. 低压电路断路

（1）故障现象。

打开点火开关，电流表指针指在“0”的位置。

（2）故障原因。

a. 电池桩柱接线松脱或接触不良。

b. 电池内部断路。

c. 线圈的低压线圈断路（通常是接线松脱）。

d. 点火开关断路。

e. 点火线圈及附加电阻断路。

f. 分电器触点间隙过大或接触不良。

g. 熔断器熔断。

（3）故障诊断。

a. 按喇叭不响，开灯灯不亮，则为蓄电池至电流表之间断路，进而用导线在起动机接线柱试火。若有火，说明起动机至电流表间断路，若无火，说明蓄电池及其连接线断路。

b. 按喇叭响，则说明电流表至蓄电池之间良好，故障在电流表至分电器断电触点间。

2. 低压电路短路

现象之一：打开点火开关，电流表指针指在 3～5A 的位置不动。打开起动开关时，由于附加电阻短路，电流表指示值略有增加，则说明点火线圈初级线圈到分电器断电触点间有搭铁短路。

（1）故障原因。

a. 电容器被击穿。

b. 分电器接线柱导线与活动触点短路。

c. 分电器触点未张开。

d. 点火线圈短路。

e. 点火线圈低压接线柱导线短路。

（2）故障诊断。

a. 先打开分电器盖，摇转曲轴，察看触点是否能张开。在触点张开的情况下，拆下分电器低压接线柱导线试火。

b. 若有火，则说明故障在分电器，进而用其导线与电容器导线试火。若有火，则为电容器短路；若无火，进而再用该导线与分电器接线柱试火。若有火，则说明该接线柱至活动触点间短路。

c. 用起子在点火线圈（通分电器）接线柱试火。若无火，说明点火线圈至电流表间断路。

d. 若在点火线圈接线柱试火有火，则说明故障在点火线圈至触点间。进而检查触点是否烧蚀，绝缘支架至分电器绝缘接线柱间导线是否松脱或接触不良，分电器绝缘接线柱至点火线圈连接线是否松脱或断路。

e. 若拆下分电器低压接线柱导线试火，无火，则应进而拆下点火线圈通分电器低压接线柱的导线与该接线柱试火。若有火，则为导线短路，若无火，再拆下点火线圈开关接线柱导线并与该接线柱试火，若无火，则为低压线圈与外壳搭铁；若有火，则为其导线或点火线圈附加电阻短路开关接线柱搭铁。

现象之二：打开点火开关，电流表指针指在 10A 以上位置，接通起动机，电流表指示大电流放电，说明点火开关、点火线圈电源接线柱间搭铁，或点火开关至仪表板导线搭铁。遇此情况，应关闭点火开关，以防电路烧损。

（1）故障原因。

a. 点火开关短路。

b. 点火线圈及接线柱短路。

c. 点火开关接线柱和附加电阻短路。

d. 点火开关至仪表导线短路。

e. 起动机开关导线短路。

（2）故障诊断。

a. 立即关闭点火开关，并将点火开关拆下，再打开点火开关，若不再大电流放电，则说明点火开关短路。

b. 若仍然大电流放电，应再关闭点火开关，并拆下通往点火线圈的导线，再打开点火开关，若不再大电流放电，则说明通向启动机开关导线、点火开关接线柱和附加电阻短路。

c. 若还大电流放电，则说明点火开关至仪表间导线搭铁。

3. 高压电路故障

（1）故障现象。

打开点火开关，摇转曲轴，电流表指针指示 3～5A 并间歇摆回“0”位，而发动机不能发动，说明低压电路良好，故障多在高压电路。

（2）故障原因。

a. 点火线圈中心高压线插孔漏电。

b. 分电器盖中心插孔与旁插孔窜电。

c. 分电器高压线脱落或漏电。

d. 多数高压分线漏电。

e. 多数火花塞工作不良。

f. 点火线圈高压线圈断路或短路。

g. 分火头漏电。

（3）故障诊断。

a. 拔出分电器上的中心高压线，将线端距气缸体 6～7mm，利用吊火法察看高压火花情况。

b. 若无火，应将中心高压线的另一端拔出少许，再拨动分电器活动触点，察看点火线圈高压线插座是否向高压线上跳火。若跳火，则说明中心高压线漏电。若不跳火，则说明点火线圈高压线插座漏电或高压线圈损坏。

c. 若中心高压线和缸体间所跳火花弱，在分电器触点张开的状态下用起子断续地连接活动触点臂与底板试火。若高压变强，则为分电器触点烧蚀；若高压火花仍弱，则应进而用起子断续地连接活动触点臂与分电器外壳试火。若火花变强，说明活动底板搭铁不良；若火花仍然较弱，再拆下电容器后试火。若火花变得更弱，则点火线圈有故障；若火花没有变化，说明电容器有故障。

d. 若中心高压线和缸体间所跳火花强烈，应将中心高压线装回，并分别取下各缸高压分线，使其距离火花塞或气缸体 5mm 左右，转动曲轴，察看火花，若无火则为分火头漏电、分电器盖中央插孔与旁孔窜电或多数高压分线漏电；若火花强，进而检查各缸火花塞工作情况和点火正时是否正确。

9.4.3　发动机工作不良

1. 发动机动力不足

（1）故障现象。

a. 发动机起动困难，起动后运转不正常，手摇起动时有倒转现象。

b. 化油器有回火现象，排气管有放炮声，加速时更为明显。

c. 发动机温度过高，不易加速，加速时伴有严重的爆燃声。

d. 高速时发动机运转不平稳，各气缸有间歇断火现象。

（2）故障原因。

a. 少数气缸工作不良。

b. 高压火花弱。

c. 点火时间过早或过迟。

（3）故障诊断。

a. 检查高压线是否脱落、漏电，火花塞跳火是否正常，分电器盖是否窜电、漏电。

b. 检查分电器断电触点间隙是否正常，触点是否烧蚀。

c. 检查分火头和中心高压线是否漏电，分电器壳是否松动。

d. 检查电容器是否击穿短路。

e. 检查高压线圈匝间有否短路，是否发热。

f. 检查点火正时是否准确。

2. 个别气缸不工作

（1）故障现象。

a. 发动机在各种转速运转时，消声器发出有节奏的“突、突”声。

b. 当发动机转速稍高于怠速时，“突、突”声更为明显。

c. 排气管排黑烟并伴有放炮声。

（2）故障原因。

a. 少数缸高压分线漏电或脱落。

b. 分电器个别旁插孔漏电或窜电。

c. 分电器凸轮磨损不均匀。

d. 个别火花塞工作不良。

e. 相邻两高压分线插错。

（3）故障诊断。

a. 先检查各高压分线有否脱落。可用起子逐缸短路断火法诊断不工作的气缸，若短路某缸，发动机转速有变化，即为该缸工作正常；若短路某缸，发动机转速无变化，则说明该缸不工作。

b. 取下不工作缸的高压分线，距离火花塞 5mm 左右吊火。

c. 由上高压分线吊火，若无火，应将该分线的另一端，从分电器旁插孔拔出少许，察看旁插孔是否漏电，或检查分电器凸轮是否磨损不均。

d. 由上高压线吊火，若有火，发动机转速随之均匀，则说明该缸火花塞积炭过多或瓷心轻微漏电；若虽有火，但发动机转速无变化，则为该缸火花塞严重漏电。

e. 若发现相邻两个缸不工作时，应分别取下两个缸的高压分线，检查跳火情况。

3. 低速时缺火

（1）故障现象。

a. 发动机不易发动，怠速不能维持，易熄火。

b. 怠速时发动机有明显振动现象。

（2）故障原因。

a. 火花塞间隙过小。

b. 分电器断电触点间隙过小。

c. 电容器工作不良。

（3）故障诊断。

a. 检查火花塞电极间隙是否合适。

b. 检查分电器断电触点间隙是否合适。

c. 检查电容器电容量是否符合标准。

4. 高速时缺火(高速不良)

（1）故障现象。

发动机低、中速时运转尚属良好，而高速时运转不稳，消声器发出无节奏的“突、突”声。

（2）故障原因。

a. 火花塞电极间隙过大。

b. 分电器断电触点间隙过大。

c. 分电器活动触点弹簧臂弹力过弱。

（3）故障诊断。

a. 逐个取下各高压分线，距离火花塞 5mm 左右，并提高发动机转速，检查各缸火花情况。

b. 若发现有断火现象，将高压分线靠近火花塞，若仍有断火现象，应将发动机熄火，检查火花塞间隙或分电器断电触点间隙是否过大，检查活动触点弹簧臂弹力是否过弱。

5. 点火时间过迟

（1）故障现象。

a. 发动机不易发动，汽车行驶无力。

b. 消声器声响沉重。

c. 急加速时化油器有时回火。

d. 消声器有排火现象。

e. 发动机温度较高。

（2）故障原因。

a. 分电器断电触点间隙过小。

b. 分电器固定螺钉松动。

（3）故障诊断。

a. 先检查分电器外壳固定螺钉是否松动，点火时间调整是否过迟。

b. 检查分电器断电触点间隙是否过小。

6. 点火时间过早

（1）故障现象。

a. 起动发动机有倒转现象。

b. 在加速时，发动机有严重的爆燃声。

c. 怠速运转不平稳，易熄火。

（2）故障原因。

a. 分电器断电触点间隙过大。

b. 点火正时失准。

（3）故障诊断。

a. 检查点火正时是否失准。

b. 检查分电器断电触点间隙是否过大。

9.5　汽油机油、电路故障综合分析

汽车发动机故障的诊断，由于油、电路故障同时出现，故障现象又相似，混杂一起，要比油路和电路的单独故障诊断复杂得多。为此应在掌握油、电路单项故障诊断作业的基础上，进而着手综合故障的诊断。

9.5.1　发动机不能起动

1. 故障现象

（1）起动发动机时，旋转轻快，但不能发动。

（2）电流表指针指“0”不动。

（3）电流表指针指示放电位置不动。

（4）电流表指针作左右间歇摆动。

2. 故障原因

（1）低压电路短路或断路。

（2）高压电路故障。

（3）油路不来油。

（4）点火不正时或火花塞不跳火。

3. 故障诊断

（1）检查电路。

a. 打开点火开关，若电流表指针指示“0”不作间歇摆动，应按低压电路断路故障检查排除。

b. 打开点火开关，转动发动机，观察电流表指针指示情况，若电流表指针指示 3～5A，不作间歇摆动，应按低压电路短路故障检查排除。

c. 电流表指针指示 3～5A，且作间歇摆动，随即拉阻风门和踩加速踏板，可继续起动发动机，若仍不能发动应按高压电路故障进行检查排除。

（2）经过上述检查仍不能发动，则应检查油路故障。

a. 通过浮子室油面观查窗，察看浮子室内存油情况。

b. 可将空气滤清器卸下，用手扳动节气门臂加油，观察喷嘴是否喷油。若不喷油，则说明不来油，按不来油故障诊断检查。

c. 通过上述油、电路检查，均属良好，但仍然不能起动，则应进一步检查点火正时或发动机的机械故障。

9.5.2 发动机不易起动

1. 故障现象

（1）发动机初次冷车不易起动。

（2）发动机温度升高后，热车也不易起动。

（3）起动时有着火征兆，但不易起动。

2. 故障原因

（1）燃油不足。

（2）混合气过稀或过浓。

（3）火花塞上火花弱。

（4）个别缸断火不工作。

（5）点火不正时。

（6）机械性原因。

3. 故障诊断

（1）查油路。

a. 发动机不易起动，主要是混合气过稀造成的。先检查浮子室油平面是否过低；再检查阻风门是否能关闭严密；再检查油路是否阻塞或漏气，导致供油不足使混合气过稀。

b. 发动机不易起动，主要是混合气过浓所致。检查化油器是否往外漏油，浮子是否卡住不能关闭针阀。

（2）查电路。

a. 先进行高压线试火试验，若火花弱，则应进而检查低压电路接触是否松动；再检查分电器断电触点是否有脏污或间隙过小；再检查电容器是否失效和点火线圈是否损坏。若火花不均，个别缸有断火现象，则应检查火花塞间隙是否一致，瓷心有否裂损漏电；再检查高压线是否受潮漏电或松脱；再检查分电器盖是否有裂缝窜电；高压分火触点是否烧损或磨损；再检查分火头是否漏电。

b. 通过以上检查仍不能使之正常起动，应检查点火是否正时，按点火过早或过晚故障处理。对于发动机不能起动和不易起动故障，大多发生在起动系、点火系和燃料系。若起动系是正常的，那么应对油、电故障进行综合分析诊断。有着火征兆或着火后又逐渐熄火的一般属油路故障；而毫无着火征兆的一般属电路故障；否则就是机械性故障了。

9.5.3 发动机运转不正常

1. 怠速不良

（1）故障现象。

发动机不易起动，起动后高、中速良好，关闭节气门（即收回加速踏板）时，发动机熄火。

（2）故障原因。

a. 油路：供油不足或过剩。

b. 电路：火花塞工作不良，分电器断电触点烧蚀，点火过早或过迟。

（3）故障诊断。

a. 检查电路：将发动机的转速提高到中等转速，用断火法逐缸检查各缸工作情况。若发动机运转并无变化，则说明是火花塞工作不良；若发动机运转变化，然后进行反复加速试验，出现严重金属敲击，则说明点火时间过早；如果感到发动机发“闷”，加速不良，则说明点火时间过迟。

b. 检查电路：按燃油系中“怠速不良”故障诊断。

2. 高速不良

（1）故障现象。

发动机仅在低、中速时良好，高速时发出无节奏的“突、突”声。

（2）故障原因。

a. 油路：供油不足。

b. 电路：点火线圈工作不良，电容器工作不良，火花塞和分电器断电触点间隙过大。

（3）故障诊断。

a. 检查油路：关闭阻风门，进行高速试验，若运转良好，说明供油不足，混合气过稀，则应按燃油系“中、高速不良”故障诊断，检查油路故障。

b. 检查电路：按点火系中“点火时间过迟”和“点火时间过早’故障诊断；并分别检查点火线圈、电容器、火花塞、分电器断电触点是否良好。

3. 加速不良

（1）故障现象。

a. 急加速时，排气管有短期“突、突”声。

b. 加速时，发动机转速不能急速提高。

c. 化油器时有回火。

（2）故障原因。

a. 检查油路：供油不能及时增加（化油器加速泵失效）；浮子室油面过低；真空省油器失效。

b. 检查电路：分电器断电触点间隙过小；点火不正时。

（3）故障诊断。

a. 检查电路：检查分电器断电触点间隙是否过小；检查点火正时是否过迟和提前点火装置是否失效。

b. 检查油路：检查浮子室油平面是否过低；拆下空气滤清器，骤然开闭节气门，检查化油器加速泵喷口是否喷油，若无喷油，则说明加速泵故障或油道堵塞或加速泵联动装置松旷；进而检查真空省油器工作是否正常。

4. 突爆

（1）故障现象。

发动机怠速运转良好，发动机在急加速或高速时产生突爆。

（2）故障原因。

a. 油路：混合气突然过浓，汽油牌号不当。

b. 电路：点火时间过早；分电器断电触点间隙过大；火花塞积炭、过热。

（3）故障诊断。

a. 检查油路：行驶中感到乏力，拉阻风门却发生突爆，或原来发动机运转正常，行驶中突然产生突爆，都是由于混合气过浓所致。

b. 检查电路：检查分电器断电触点间隙是否过大；检查点火是否正时；检查火花塞是否积炭、过热。

5. 化油器回火

（1）故障现象。

化油器时有回火，发动机动力性显著下降，其特性分析见表 9-1。

（2）故障原因。

a. 油路：供油不畅，混合气过稀。

b. 电路：点火过迟，分电器搭铁不良，火花塞积炭、过热。

（3）故障诊断。

a. 检查油路：按燃油系中“混合气过稀”所述故障诊断。

b. 检查电路：检查分电器是否松动；检查火花塞是否积炭、过热；检查点火是否正时。

6. 振抖

（1）故障现象。

发动机运转时，机体产生振抖。

（2）故障原因。

a. 电路：个别缸不工作；点火过早；高压分线错乱或分电器盖、分火头裂损窜电；火花塞电极间隙过大；分电器断电触点间隙调整不当；点火线圈或电容器工作失常。

b. 油路；化油器故障，混合气过浓。

表 9-1　化油器回火特性分析

共同症状	原　因	特殊症状及成因
化油器回火，同时发动机动力下降	1．混合气过稀	混合气稀，燃烧速度缓慢，火焰传播延迟到进气门开启仍在进行，以至火焰窜入进气歧管，点燃了混合气而产生回火。因此混合气过稀时，加大油门，发动机转速提高困难，且化油器产生回火，而拉阻风门会有好转
	2．加速泵失效或浮子室油平面太低	突然加速时，化油器回火。因为加速泵失效后，形成混合气一时过稀，而缓加速并不回火
	3．混合气稀且点火时间过迟	突然加速或高速运转时，化油器产生回火，拉动阻风门后，明显好转
	4．进气门密封不良或其气门间隙过小	汽车低速行驶，排气管“突、突”声响并偶尔有回火，或有时并无“突、突”声，也有回火。但当发动机乏力(爬坡、重负)时，开始出现突爆，并随之发生化油器回火
	5．分电器搭铁不良	发动机无负荷运转尚好，但汽车运行中，不断回火，尤其在不平道路上行驶更甚
	6．火花塞过热或积炭过多或裙部绝缘体破裂碎落于侧电极上	火花塞过热引起早燃突爆，有时回火，所以发动机温度较低时运转良好，热车时出现回火，特别是热车负荷行驶，回火较频繁

（3）故障诊断。

a. 诊断时可使发动机在稍高于怠速的转速下运转，用单缸断火法检查各缸火花塞工作情况和高压跳火情况。若有个别缸工作不良或不工作，应予排除。

b. 若以上检查良好，则说明是点火时间过早所致。

c. 若振抖十分严重，且伴有化油器回火和排气管放炮现象，则说明高压分线错乱或分电器盖和分火头裂损窜电。

（4）若经电路检查并无故障，则再检查油路。主要检查是否化油器故障造成混合气过浓。

9.6　柴油机燃料系的故障诊断

柴油机的着火形式与汽油机差距很大，这就导致了它们的故障形式和原因的不同。有时它们的故障现象虽然相似，但其故障原因却完全不同。

9.6.1　起动困难

1. 起动时排气管不排烟

起动时排气管不排烟故障可分为低压油路故障和高压油路故障。排气管不排烟，说明喷油泵不来油。诊断时，可将喷油泵放气螺钉松开，用手油泵泵油，观察放气螺钉处是否流油，若不流油并有气泡冒出，说明低压油路有故障。若流油正常，则说明故障在高压油路。

低压油路故障

（1）故障现象。

松开喷油泵放气螺钉，提拉手油泵，放气螺钉处无油流出。

（2）故障原因。

a. 油箱开关未打开或油箱盖通气阀失灵。

b. 油箱内无油或存油不足。

c. 油箱内上油管堵塞或从上部脱落、折断。

d. 油箱至输油泵间油管破裂、碰瘪或堵塞。

e. 柴油滤清器滤心或输油泵滤网堵塞。

f. 输油泵活塞损坏或咬住，止回阀粘滞、密封不严、弹簧折断等，使输油泵不泵油。

g. 油路中有空气（气阻）。

（3）故障诊断。

a. 检查油箱中存油是否充足，开关是否打开，油箱盖通气阀是否失灵。

b. 用手油泵泵油试验，若拉出手油泵拉钮时，明显感觉有吸力，松手后又自行回位。说明油箱至输油泵的油路堵塞。

c. 若提拉手油泵拉钮时感到没有吸力，但压下去时比较费力，说明细滤器堵塞。

d. 若上下拉动手油泵拉钮时，均无正常的泵油阻力，说明手油泵本身失效。

e. 旋松输油泵的出油接头，拉动手油泵拉钮，观察出油的情况，若排出的油有气泡，说明输油泵至油箱段油管或油箱内油管接头松动；若排出的是柴油，则前段油管无故障，故障在滤清器或以后的高压油路。

高压油路故障

（1）故障现象。

松开喷油泵放气螺钉，拉动手油泵，放气螺钉处出油虽正常，但各缸喷油器无油喷出。

（2）故障原因。

a. 由喷油泵故障引起的原因：柱塞与套筒间隙过大或两者粘滞；挺杆与柱塞脚间隙过大；出油阀粘滞或密封不良或其弹簧折断；柱塞弹簧折断；油量调节叉或扇形齿轮固定螺钉松动或脱落，使柱塞滞留在不供油位置上。供油齿条卡滞，使柱塞不能转动或转动量过小。联轴节主动盘或从动盘连接键损坏。加速踏板拉杆处于不供油位置。

b. 由喷油器故障引起的原因：针阀喷油孔堵塞或过热后咬住；针阀积炭或烧结而不能开启；压力弹簧调整过硬。

c. 由高压油管故障引起的原因：高压油管破裂或其接头松动；高压油管中有空气。

（3）故障诊断。

a. 用起动机转动发动机，查看喷油泵输入轴是否转动，联轴器是否连接可靠，高压油管有无漏油或渗入空气。

b. 若上述检查均正常，则可在发动机运转时，用手触试各缸高压油管。若感到喷油有“脉动”，说明故障不在喷油泵而在喷油器。若无“脉动”，或“脉动”甚弱，说明故障在喷油泵。

c. 检查喷油泵的故障：将喷油泵侧盖卸下，查看柱塞弹簧是否折断而卡住或柱塞咬住。来回扳动操纵臂，查看齿杆与衬套配合是否过紧而咬住，使齿杆始终停留在停车的位置上。同时，应检查调节齿轮的螺钉是否松脱而引起供油量的减少。经上述检查均良好，应将喷油泵的高压油管拆下，用手油泵泵油，若喷油泵的出油阀处有油溢出，说明出油阀密封不严，有污物或弹簧折断、磨损过量。若没有油溢出，应进而检查高压油路中有无空气。可用

螺丝刀撬喷油泵柱塞弹簧座（将齿杆放在供油量最大的位置），做喷油动作，使燃油从出油阀中喷出至不再有气泡为止。旋紧高压油管，再撬几次喷油泵弹簧，使喷油器喷出燃油，在外面能听到有清脆的“噗、噗”声为止。

d. 若经上述检查，均属良好，则应检查喷油器的故障。可将喷油器从缸体上卸下，仍接到高压管上，仍用螺丝刀撬动喷油泵弹簧座，做泵油动作。若喷油雾化不良，说明故障在喷油器，应进行拆检；若上述检查时喷油良好，应检查喷油时间是否失准或空气滤清器是否堵塞。

2. 起动时排气管排出大量的白烟

（1）故障现象。

a. 发动机不易起动。

b. 起动时排气管冒白烟。

（2）故障原因。

a. 柴油中掺有水分，水在气缸内被蒸发为水蒸气，从排气管排出。

b. 气缸垫冲坏或气缸盖螺栓不紧，使冷却水进入气缸。

c. 气缸体或气缸盖冷却水套有破裂，水分进入气缸。

d. 供油时间过晚，气缸内温度下降，未燃烧的部分柴油以白色油雾状从排气管排出。

e. 发动机温度过低，柴油不易蒸发燃烧，呈乳白色油雾从排气管排出。

（3）故障诊断。

a. 柴油发动机如从排气管排出白烟，用手接近排气管消声器出口处，手上留有水珠，说明有水进入气缸。应检查上述原因中的前三项，看是否有水进入气缸。

b. 检查柴油质量，看有无水分掺入。

c. 检查气缸体、气缸盖有无破裂漏水。

d. 检查气缸盖螺栓有无松动。

e. 检查气缸垫有无冲坏漏水。该故障特征是：冷却水温度会升高，水箱上部有气泡冒出且有油漂浮，油底壳润滑油面升高且润滑油变色。

f. 通过以上检查，若不能明确诊断，应检查喷油泵联接盘固定螺栓的紧固情况以及键与键槽的联接情况；进而检查联接从动盘是否装配错位，使喷油顺序错乱。

g. 以上检查正常的话，再检查喷油泵各柱塞的定时调整螺钉是否失圆。

h. 进而再用单缸停止供油法，找出停油后发动机运转无变化的可疑缸位，将该缸的喷油器卸下，进行缸外喷油试验，观察有无滴油现象。若有的话，应进行检查是由于喷油压力过低还是针阀体变形或磨损所致。

i. 若在低温起动时（特别是冬季）排气管排白烟，但在发动机温度升高后排烟颜色恢复正常，这属于正常现象，不必忧虑。

3. 起动时排气管排出大量黑烟

（1）故障现象。

发动机不易发动，排气管大量排黑烟。

（2）故障原因。

a. 喷油泵柱塞磨损过量或挺杆、凸轮磨损过量。

b. 喷油泵驱动联轴器上的固定螺栓松动，或喷油正时调整过早。

c. 具有柱塞挺杆调整螺钉的喷油泵，调整螺钉松动。

d. 喷油器针阀粘滞不能关闭或针阀与阀座间泄漏。

e. 喷油器压力弹簧调整螺钉松动，使喷油压力过低。

f. 调速器调整不当。

g. 空气滤清器及进气通道阻塞。

h. 气缸压缩压力过低，雾化不良。

i. 发动机个别缸不工作或工作不良。

j. 排气制动阀未全开。

k. 柴油质量低劣。

（3）故障诊断。

a. 确定柴油的品质是否符合要求。

b. 应先检查进、排气通道是否畅通。包括空气滤清器有无阻塞，进气胶管是否凹瘪或其中内壁脱层堵塞，排气制动阀是否能开闭自如。

c. 若发动机在运转时有敲击声并冒黑烟，则说明喷油时间过早，通常应检查喷油泵联轴器螺栓是否松动，键和键槽松旷或联接从动盘错位的情况。

d. 检查喷油器工作情况。包括喷油器喷油雾化情况，喷油压力大小，喷雾锥角大小及射程等是否符合标准。否则应拆检针阀查看是否卡滞，针阀与阀座是否密封，喷油压力调压弹簧是否过软或断裂，喷油器座孔密封垫是否有积炭等。

e. 若上述检查正常，但发动机仍冒黑烟而且不能发动，则应检查发动机气缸压缩压力。包括气门、活塞、活塞环、缸壁、气缸垫是否耗损。

9.6.2 动力不足

所谓动力不足，就是发动机不能提高到应有转速，达不到额定功率。其症状主要有：柴油机运转均匀，但转速提不高，排烟过少；柴油机运转不均匀，排大量白烟；柴油机运转不均匀，排黑烟；柴油机有规律的忽快忽慢，转速提不高。

1. 柴油机运转均匀，但转速提不高，排烟过少

（1）故障现象。

a. 发动机乏力，但运转均匀，排烟甚少。

b. 急加速时，转速提不高，排气管有少量黑烟冒出。

（2）故障原因。

a. 加速踏板拉杆行程不能保证最大供油量。

b. 喷油泵油量调节齿杆达不到最大供油位置。

c. 喷油泵扇形小齿轮固定螺钉松动。

d. 喷油泵出油阀密封不良。

e. 喷油泵柱塞磨损过量，粘滞或弹簧折断。

f. 喷油泵挺杆粘滞，滚轮或凸轮磨损过量。

g. 喷油器滴漏，喷油量减少。

h. 输油泵供油不足或油管、柴油滤清器、空气滤清器、排气管消声器阻塞。

i. 柴油黏度过大，或油路中有空气。

（3）故障诊断。

a. 应先检查油路中是否有空气，并将其排除。

b. 将加速踏板踩到底，然后扳动喷油泵油量调节臂，若还能向加油方向移动，说明加速踏板拉杆不能使喷油泵达到最大供油量，应调整加速踏板拉杆行程。

c. 当将调速器高速限止螺钉和最大供油量限止螺钉各向供油量增加的方向旋动时，发动机感到有力，说明高速限止螺钉或最大供油量限止螺钉调节不当。应调整供油量，直到急加速时排气管冒黑烟为宜。

d. 若上述检查还不能确诊，则应检查喷油泵、调速器等高压油路部分。拆下喷油泵边盖，查看供油量调节齿杆能否达到最高速位置，查看喷油泵挺杆或柱塞是否粘滞；检查柱塞、挺杆滚轮、凸轮是否磨损过量；查看柱塞弹簧有否折断；检查出油阀是否密封等。若均正常，应检查喷油器有无泄漏，调速器弹簧弹力是否符合规定标准。

e. 若断定故障不在高压油路，应检查低压油路。检查油箱通气阀及管道有无阻塞；输油泵滤网有无阻塞；柴油滤清器有无阻塞；输油泵油阀有无渗漏或粘滞；整个油路有无渗漏等。

f. 在寒冷季节还应检查所用柴油是否符合要求。

2. 柴油机运转不均匀，排气管排白烟

（1）故障现象。

发动机乏力，运转不均匀且大量排出下列白烟之一：

a. 灰白色的烟雾。

b. 水汽状白烟。

c. 发动机刚发动时排白烟，温度升高后变成黑烟。

（2）故障原因。

a. 喷油时间过迟。

b. 气缸垫冲穿，使水道孔与气缸沟通。

c. 气缸破裂漏水。

d. 气缸压缩压力过低。

e. 柴油内含有水分。

（3）故障诊断。

a．发动机乏力，排气管又排灰白色烟雾，一般是喷油时间过迟所致。此种情况不仅是高速运转不匀、加速不灵敏，而且温度过高。若突然有上述现象，多为喷油泵驱动轴联轴器固定螺栓松动，应检查排除。

b．若排气管排出水汽状白烟，将手靠近消声器口处，手面上留有水珠，则应检查柴油内有无水分，用单缸停止供油法检查气缸有无破裂以及气缸壁是否冲坏等。

c．发动机刚起动时排白烟，温度升高后冒黑烟，说明气缸压缩压力过低。起动温度尚低，使得部分柴油未能全部燃烧而排出，故呈白色烟状。待温度升高后，燃烧条件虽有改善，但由某种原因尚不能完全充分燃烧，又呈黑烟排出。这大多为气缸压缩压力低的缘故。则应进而检查气门关闭密封性、配气相位，还要检查气缸垫或喷油器座孔密封衬垫有否漏气，气缸和活塞环是否磨损过量，活塞环有无卡滞或环口重合的现象等。

3. 柴油机运转不均匀，排气管排黑烟

（1）故障现象。

发动机乏力，运转不均匀且排出黑烟，加速时出现敲击声。

（2）故障原因。

a. 喷油泵出油阀磨损、个别柱塞粘住或它们的弹簧折断。

b. 喷油泵个别柱塞扇形小齿轮固定螺钉松动。

c. 喷油泵少数凸轮或挺杆滚轮磨损过量。

d. 喷油泵挺杆调整螺钉调整不当或松动。

e. 喷油器针阀粘住不能关闭，或关闭不密封。

f. 喷油器压力调整弹簧折断或弹力过低。

g. 喷油器密封垫积炭。

h. 气缸压缩压力过低。

（3）故障诊断。

a. 可用逐缸停止供油法试验。当某缸停止供油时，若发动机转速明显降低，黑烟减少，敲击声变弱或消失，说明该缸供油量过多。若发动机转速无什么变化，说明故障不在该缸；若发动机转速变化较小，黑烟消失，说明该缸喷油器喷雾质量差。对故障可疑缸进而检查其故障原因，如喷油泵柱塞偶件配合情况、扇形齿轮固定螺钉有无松动、柱塞弹簧是否折断等。若均正常，进而再拆检喷油器。

b. 对于喷油泵柱塞挺杆具有调整螺钉的，应检查各缸喷油正时是否一致。

c. 若上述各项均正常，应对有故障的单缸测试压缩压力，以诊断是否因气门、气缸、活塞、活塞环等磨损漏气。敲击声也是由于它们磨损使间隙增大而起。

4. 游车

（1）故障现象。

发动机乏力，运转忽快忽慢，但有一定规律，转速提不高。

（2）故障原因。

a. 调速器外壳的孔及喷油泵盖板孔松旷。

b. 调速器飞块销孔、座架磨损松旷，灵敏度下降。

c. 调速器飞块过重或收、张距离不一致。

d. 调速器内润滑油太脏或太少。

e. 调速器调速弹簧变形或断裂。

f. 喷油泵供油量调节齿杆卡滞。

g. 喷油泵供油量调节齿杆与扇形齿轮齿隙过大（或柱塞调节臂与油量调节拨叉配合间隙过大）。

h. 喷油泵凸轮轴轴向间隙过大。

i. 喷油泵柱塞套安装不良，使调节齿杆(或拨叉)不能自如移动。

j. 喷油泵柱塞调节臂或扇形小齿轮变形或松动，妨碍调节齿杆移动。

k. 供油量调节齿杆（或拨叉）的拉杆销松旷。

l. 个别气缸喷油器针阀烧结。

（3）故障诊断。

a. 拆下喷油泵侧盖，检查其供油齿杆的松紧度。可用手轻轻移动齿杆，若不能前后移动，可能是杆与孔配合过紧，齿杆变形、拉伤、锈蚀或被异物挤住不灵活。如若齿杆只能在很小范围内被移动，应找出其阻滞点。方法是将喷油泵齿杆与调速器拉杆拆离，若这时喷油泵齿杆滑动自如，说明阻力在调速器。如拆离后仍只能在小范围内移动，表明阻力在喷油泵。

b. 由上检查，如调节齿杆拉动自如，游车多因调速器各部连接点松旷。

c. 若非上述原因，则应检查调速器弹簧是否变形，飞块是否偏重，其收、张距离是否一致。

d. 气动调速器产生游车，往往是密封性受到破坏。应先检查真空管及两端接头是否漏气，调速器左腔密封是否良好，膜片有无破裂，右腔是否与大气相通。

e. 对于带有可变调速率装置的 RSU 型全速调速器，由于装配调整不当，不仅会使调速率发生改变，而且还可能使调速器的工作变得不稳定，这样便导致发动机产生严重的游车而不能正常工作（在实际中这种现象不少）。

9.6.3　工作粗暴

所谓工作粗暴即发动机工作时产生振抖，并伴有强烈的敲击声。这将极大地影响发动机的工作，缩短使用寿命。

1. 故障现象

（1）发动机起动后即有振抖现象，转速越高，振抖越烈。

（2）发动机发出清脆而有节奏的金属敲击声，急加速时声响更大，排气管排黑烟。

（3）敲击声没有节奏，但也排黑烟。

（4）气缸内发出低沉不清晰敲击声。

2. 故障原因

（1）振抖：发动机支架螺栓松动或支架断裂；发动机支承位置不当；发动机支架软垫老化、破损脱落。

（2）敲击和冒黑烟：喷油时间过早或过迟，会使活塞撞击缸壁而发出较重的敲击声；喷油雾化不良或喷油器滴油，特别是由于出油阀磨损或卡住而减压作用失效时，会出现无一定规律的敲击声，同时还会使排气管放炮和冒黑烟；由于各缸供油不一致，工作不均匀，供油多的缸会产生敲击声并冒黑烟；发动机温度过低，燃烧不充分，工作不均匀。

3. 故障诊断

（1）发动机振抖，可直接查看支架、支架螺栓、软垫是否破损。再检查发动机安装位置是否准确。

（2）如声响是均匀的，说明各缸工作情况差不多。可先检查喷油正时是否正确，若调整喷油正时的效果不明显，则进而检查柴油机充气是否充分，可检查空气滤清器是否堵塞，进气胶管是否凹瘪，其内壁有无脱层堵塞。若充气是充分的，则其声响的产生，可能为柴油牌号不当，应予查验。

（3）如声响是不均匀的，说明各缸工作情况不一致。可用单缸停止供油法找出工作不良的气缸。然后，可用标准（或新的）喷油器替代旧喷油器的方法，以诊断故障是否在喷油器。再用减油和停油的方法，可试出是供油量过大还是喷油时间过早的故障。鉴别供油量大小，还可以用手触试各缸排气管的温度，温度高者为供油量大，温度低者为供油量小。

9.6.4 超速（飞车）

飞车是指柴油机的转速失去控制，突然超过允许的最高转速，并伴有巨大声响的现象。飞车是很危险的事，如不能及时采取有效措施加以制止，柴油机最终会遭到破坏。

1. 故障现象

发动机转速失去控制，突然升高，疾转不止，并伴有极大的异响。

2. 故障原因

（1）喷油泵、调速器的故障：喷油泵油量调节齿杆和调速器拉杆脱开；加速踏板拉杆或供油调节齿杆卡滞；喷油泵柱塞弹簧折断或柱塞卡在高速位置；喷油泵柱塞的油量调整齿圈固定螺钉松动使柱塞失去控制；喷油泵凸轮轴轴向间隙过大；调速器的高速调节螺钉或最大供油量调整螺钉调整不当；调速器内润滑油过多，黏度太大或太脏，致使飞块难以甩开，冬季润滑油冻结，飞块不能甩开；调速器内部故障。

（2）燃烧室进入额外燃料，无法熄火停车：气缸窜油，使得机油进入燃烧室燃烧；惯性油浴式空气滤清器存油过多，被吸入燃烧室燃烧；带增压器的柴油发动机，由于增压器油封损坏，机油进入燃烧室燃烧；低温起动装置的电磁阀漏油，使多余的柴油进入燃烧室燃烧；空气滤清器纸质滤心在清洗后，残留的汽油过多，装配使用时，浓度较高的汽油蒸气被吸入燃烧室燃烧；多次起动不着火，缸内集聚柴油过多，一旦着火，便燃烧不止，转速猛增。

9.7 发动机冷却系的故障诊断

冷却系的技术状况正常与否，对发动机的动力性、经济性以及安全可靠性，都有很大的影响。冷却系必须在发动机工作的任何情况下（包括任何工作状态和任何可能的环境温度），都应使发动机保持在最适宜的温度（80～90℃）范围内工作。

9.7.1 发动机温度过高

1. 冷却水量足但发动机过热

（1）故障现象。

a. 发动机冷却系的水容量符合标准，且无漏水，但汽车发动机在行驶过程中动力不足，水温超过90℃，直到沸腾（俗称开锅）。

b. 运行中水温在90℃左右，停车后冷却水立即沸腾。

（2）故障原因。

a. 百叶窗关闭或开度不足。

b. 风扇皮带松驰或因油污而打滑。

c. 节温器大循环工作不良或分水管堵塞。

d. 散热器出水管被吸瘪或管壁脱层堵塞。

e. 散热器散热片倾倒过多或水管堵塞，或散热片的外部积垢过多，堵塞水管外表空间，使散热效率降低。

f. 缸体水套水垢沉积过多。

g. 风扇叶片变形，角度不当或装反。

h. 超负荷低速挡行驶时间过长，引起发动机过热。

除了冷却系的故障之外，其他系统故障也可能造成发动机过热。如点火时间过迟；混合气过浓或过稀；排气门间隙过大；燃烧室积炭过多；发动机油底壳润滑油量不足；汽车使用条件，如道路、气候、风向、负荷等方面的影响。

（3）故障诊断。

a. 先检查百叶窗是否关闭或开度不足。

b. 再检查风扇叶片是否变形，皮带松紧度是否适当，皮带是否打滑。

c. 若以上检查良好，应检查水循环系统是否正常，胶管是否吸瘪，管壁是否脱层，节温器是否失效，散热器是否堵塞、散热片倾倒过多，缸体水套是否积垢过多，分水管是否损坏或堵塞。

d. 若通过以上冷却系的检查，发动机仍然发热，则应考虑是技术使用方面的缘故。如点火时间是否过迟，排气门间隙是否过大，混合气是否过浓或过稀，燃烧室内积炭是否过多以及油底壳内机油量是否不足等。

2. 冷却水量不足引起发动机过热

（1）故障现象。

a. 发动机冷却系容纳不了规定的冷却水量。

b. 在运行中冷却水消耗异常。

（2）故障原因。

a. 缸体水套或散热器积垢过多造成局部堵塞。

b. 散热器漏水或散热器盖的进、排气阀失效。

c. 水泵水封皮碗不良或叶轮密封垫圈磨损过量而漏水。

d. 在低温季节，散热器内冷却水在停车时未放净而结冰。

e. 气缸水道孔与气缸沟通。

f. 气门室内壁破裂漏水。

g. 冷却系其他部位漏水。

（3）故障诊断。

a. 首先检查冷却水容量是否足够，散热器是否良好，冷却系各部有否漏水；若上述均符合要求，应检查散热器和缸体水套内水垢沉积堵塞情况。

b. 在严寒季节和地区行驶的车辆，应特别注意检查散热器是否结冰。这种故障的特征是水温已达到 100℃，但散热器仍然冰冷，称为冰阻。

c. 若冷却系外部并不漏水，而冷却水消耗仍然较快，则应检查冷却系内部有无漏水，若拔出机油尺发现机油中有水，则说明气门室内壁或进气通道内壁破裂漏水，或缸垫水道处冲坏与气缸沟通，同时还应检查散热器盖的排气阀是否失效。若冷却水容易从加水口处飞溅损失，则说明散热器盖的进气阀失效。

3. 发动机突然过热

（1）故障现象。

a. 水温表指针很快指示到100℃的位置。

b. 发动机功率明显下降。

c. 冷车发动时，发动机水温迅速升高并沸腾，在补足冷却水后转为正常。

（2）故障原因。

a. 风扇皮带断裂或发电机固定支点松动移位。

b. 节温器主阀门脱落。

c. 水泵轴与叶轮松脱。

d. 冷却系严重漏水。

e. 气缸垫冲坏，水套与气缸沟通，高压气流进入水道。

f. 风扇离合器失灵。

（3）故障诊断。

a. 若行车中发动机突然过热，应注意电流表动态。若提高发动机转速，电流表不指示充电，而是在 3～5A 位置和“0”位之间作间歇摆动，说明风扇皮带断裂，发电机和水泵均不工作。

b. 用手触试散热器和发动机。若发动机温度甚高，而散热器温度较低，说明水泵轴与叶片松脱，冷却水循环中断。

c. 若发动机和散热器温度差别不大，则应检查冷却系有无严重漏水之处。

d. 检查自动调速的风扇离合器是否能随温度变化而变动转速。

e. 若冷车起动时温度迅速升高，冷却水沸腾，多因节温器主阀门脱落并横卡在散热器进水管内，阻碍了冷却水的大循环。因为这种故障能使冷却系内压力迅速升高，当内压到一定程度时，便突然冲动卡滞的主阀门改变其方位，突然导通大循环水路，此时，沸腾的水便迅速冲开散热器盖。

f. 检查气缸垫是否烧坏。缸垫烧坏有时也能使散热器口向外溢水和排气泡，呈现冷却水沸腾的假象。这主要是因为气缸垫烧蚀或缸盖、缸套出现裂纹，使高压气体窜入水套，因此冒出激烈气泡。

9.7.2 发动机温度过低

1. 故障现象

（1）水温表指示值低于发动机正常工作温度。

（2）发动机乏力，消声器时有放炮声。

（3）机油消耗增加。

2. 故障原因

（1）百叶窗未关闭或无法调节。

（2）在严寒地区未使用保温套设施。

（3）节温器失效，使起动时不能迅速升温以保持发动机正常温度运转。

（4）发动机润滑油过多。

3. 故障诊断

（1）检查百叶窗是否开闭自如，若关闭后仍然不能升高温度，则应考虑装用保温套。
（2）检查发动机润滑油量。
（3）检查节温器是否失效

9.8　发动机润滑系的故障诊断

发动机是在高速、高压、高温的情况下运动，经过长时间的运行，机油的压力、品质和数量都会产生不利的变化，这就出现了故障。为了确保发动机正常工作，延长使用寿命，必须准确诊断故障部位，及时加以排除。润滑系的常见故障有：机油变质、机油消耗异常、机油压力过高和机油压力过低。

9.8.1　机油变质

1. 故障现象

（1）机油取样检查颜色变黑，用手指捻搓，失去黏性感并有杂质感。
（2）含水分的机油呈乳浊状并有泡沫、颜色变灰。

2. 故障原因

（1）机油使用时间过长，在高温和氧化作用下形成氧化物和氧化聚合物，使机油逐渐老化变质。
（2）活塞环漏气。
（3）曲轴箱通风不良，机油中混杂有废气中的燃油，促使机油变质。
（4）发动机缸体裂纹，冷却水渗漏入油底壳。
（5）气缸垫损坏。
（6）机油泵磨损，供油能力下降。
（7）机油滤清器过脏堵塞或密封不好使润滑油短路。
（8）润滑油路堵塞。

3. 故障诊断

（1）用机油尺取数滴机油滴在中性滤纸上，检查其扩散后的油迹。若中心黑色杂质较黑，粒子较粗，则说明机油含杂质（尘土、金属细末）较多已变质。
（2）用手指捻搓取样的机油，若失去黏性感，则说明机油内混有燃油。再检查曲轴箱通风是否良好，活塞的漏气量是否过大。
（3）检查机油中是否含有水分，再检查缸壁是否有裂纹渗漏处。
（4）最后检查滤清器是否失效以及油道是否堵塞。

9.8.2 机油消耗异常

1. 故障现象

（1）机抽消耗率超过 0.1～0.5L/100km，排气管排蓝烟，机油加注口脉动冒烟。

（2）积炭增多。

（3）空气储气筒放气时油沫增多。

（4）发动机和空气压缩机有漏油处。

2. 故障原因

（1）活塞与缸壁间隙过大。

（2）活塞环弹力减低、抱死或对口，活塞环磨损过量，使端隙、边隙、背隙过大。若活塞环的这些间隙过大，便容易使泵油现象加重。活塞在进气行程时，活塞环紧贴环岸上端面，气缸壁上的机油便沿着边隙充满活塞环背隙；而当活塞处于压缩行程时，活塞环又紧贴环岸下端面，此时，便将机油挤入活塞环上端。

（3）扭曲活塞环装错。

（4）进气门导管磨损过量。

（5）曲轴箱通风不良。

（6）空气压缩机活塞与缸壁间隙过大。

（7）空气压缩机前、后曲轴盖处漏油。

（8）发动机曲轴后端漏油。

（9）发动机正时齿轮室盖处漏油。

（10）油底壳或气门室罩盖漏油。

3. 故障诊断

（1）查看发动机和空气压缩机各部外表面有否漏油处。

（2）使发动机高速运转，查看排气管是否冒蓝烟，有时也可看到从机油加注口冒出脉动的蓝烟。这些都说明机油进入气缸燃烧，应进而拆检活塞连杆组，进行检查分析；若仅是排气管冒蓝烟，而机油加注口并无脉动的蓝烟，则说明是由于气门室的机油沿磨损过量的气门导管被吸入燃烧室的结果。

9.8.3 机油压力过高

1. 故障现象

（1）接通点火开关，机油压力表即指示 196kPa，起动后增至 490kPa 以上。

（2）发动机在运转中，机油压力表指示数突然增高。

（3）机油压力表指示数增高后，又突然下降过低。

2. 故障原因

（1）机油的黏度过大。

（2）限压阀调整不当。

（3）新装配的发动机曲轴轴承或连杆轴承间隙过小。

（4）气缸体主油道堵塞。

（5）机油滤清器滤心堵塞且旁通阀开启困难。

（6）机油压力表失准或传感器失效。

（7）机油压力增高，油路中某处破裂大量泄油，又使压力骤然下降。

3. 故障诊断

（1）首先检查机油黏度是否过大。

（2）用新机油压力表和传感器与旧的机油压力表和旧传感器作对比试验，检查机油压力表和传感器是否失效。

（3）若以上检查良好，则应拆检限压阀弹簧是否调节得过硬，再检查曲轴轴承和连杆轴承间隙是否过小。

（4）再检查机油滤清器滤心是否堵塞，旁通阀弹簧是否过软。

（5）最后检查缸体主油道是否堵塞。

9.8.4 机油压力过低

1. 故障现象

（1）发动机起动后，机油压力很快降低。

（2）发动机运转过程中，机油压力始终过低。

（3）发动机小油门运转过程中，机油压力正常，越加油机油压力越低。

2. 故障原因

（1）机油量不足规定容量。

（2）机油黏度变小。

（3）汽油或冷却水进入油底壳。

（4）机油泵工作不正常。

（5）机油粗滤器堵塞。

（6）机油集滤器堵塞。

（7）限压阀调整弹簧弹力调节过低，或弹簧折断。

（8）机油滤清器旁通阀不密封，或其弹簧折断或弹力调节过小。

（9）油管接头松动或油管破裂漏油，或油道某处严重泄漏。

（10）发动机曲轴轴承或连杆轴承间隙过大，或凸轮轴轴承间隙过大。

（11）机油压力表或传感器失效。

3. 故障诊断

（1）先拔出机油尺检查机油量是否过少。

（2）再检查机油黏度是否变小，是否含有汽油或水。若混有汽油或水，则应进一步检查何处渗漏。

（3）拆下空气压缩机进油接头或传感器作短时期运转，察看喷油是否有力。若喷油无力，则应检查机油滤清器滤心、旁通阀、限压阀、机油进油管、集滤器、机油泵等工作是否正常。

（4）若上述检查正常后喷油仍无力，则用新机油压力表和传感器作对比试验，检验原表是否失效。

（5）必要时检查曲轴轴承和连杆轴承间隙是否过大。

（6）在行驶中，发现机油压力低于标准值，可直接卸下主油道上的螺塞，也可卸下空气压缩机进油接头或机油传感器，观察喷油是否有力。若喷油有力，则可继续行驶，待收车后再检查修复。若喷油无力，应立即检查排除，以免酿成机械事故。

9.9 汽车底盘故障的诊断

底盘故障的特点在于各故障密切联系、相互影响。如行驶系中的前钢板弹簧或前轮定位故障会导致转向系的故障；车架变形会造成转向系、制动系和行使系同时产生故障。因此，在诊断故障所在部位时不能局限于某一系统，应全面分析诊断。底盘故障率虽然一般低于发动机，但它们的故障会直接危及行车安全，要加以足够的重视。

9.9.1 离合器的故障诊断

离合器在使用中经常出现的故障有：打滑、分离不彻底、接合发抖和发响等。

1. 离合器打滑

（1）故障现象。

a. 起步时，离合器踏板虽然抬起了很高，汽车还不行走，直至完全抬起时，才能勉强起步。

b. 汽车行驶中，踏下加速踏板（油门）时，速度增加不明显。

c. 汽车上坡时动力不足，严重时离合器有烧焦的气味。

（2）故障原因。

a. 离合器踏板没有自由行程，分离轴承经常压在分离杠杆上，压紧弹簧不能压紧从动盘。

b. 离合器盖与飞轮固定螺栓松动，膜片弹簧或压盘变形，弹簧弹力过弱。

c. 摩擦片表面沾有油污、硬化、铆钉头外露或严重烧蚀。

d. 液压操纵机构或机械绳索黏滞，分离叉变硬。

（3）诊断与排除方法。

起动发动机，拉紧驻车（手）制动器，挂上低速挡，慢慢抬起离合器踏板，逐渐加大油门起步，如果汽车不动，发动机也不熄火，这就说明离合器打滑。

a. 如果踏板自由行程不符合标准，应予以调整，直至规定值。

b. 检查液压及机械操纵机构是否有卡滞。如果有，根据卡滞出现的部位，予以排除。

c. 若离合器踏板自由行程正常，操纵机构无卡滞现象，应检查离合器盖与飞轮的固定螺栓是否松动。如果不松动，检查离合器盖与飞轮之间有无调整垫片，有垫片应拆去，然后按规定力矩拧紧螺栓。

d. 检查摩擦片表面是否沾有油污、硬化或铆钉外露等现象。若有上述情况，应更换摩擦

片，检查油污来源，设法予以排除。

e. 如果摩擦片完好，则应检查膜片弹簧的弹力。若弹力过弱，应更换膜片弹簧或压盘总成。

f. 若上述检查均未发现问题，应检查压盘和飞轮摩擦表面的磨损情况。若有伤痕或磨出台阶，可以修理；如果压盘翘曲过大，应更换新件。

2. 离合器分离不彻底

（1）故障现象。

a. 发动机在怠速运转时，完全踏下离合器踏板，挂挡感觉困难，变速器齿轮有撞击声。

b. 挂上挡后，不等抬起离合器踏板，汽车就猛向前窜动或发动机熄火。

（2）故障原因。

a. 离合器踏板自由行程过大，使工作行程过小。

b. 从动盘翘曲不平，或沾有油污、黏附物等。

c. 新摩擦片过厚。

d. 离合器从动盘毂与变速器输入轴花键磨损、锈蚀，使从动盘在轴上滑动困难；或者液压操纵机构中主缸、工作缸出现故障，无法推动分离轴承；或者机械式操纵机构中绳索以及传动杆件损坏，也能使离合器分离不彻底。

（3）诊断与排除方法。

将变速器挂入空挡，踩下离合器踏板，用螺丝刀拨动从动盘。如果能轻轻拨动，说明离合器能分离；如果拨不动，则说明离合器分离不彻底。

a. 离合器踏板自由行程若过大，应按规定方法调整至标准值。

b. 检查主缸、工作缸的工作是否正常，机械绳索及传动杆件是否损坏、卡滞。

c. 如果上述调整、检查均无效，应将离合器拆卸并分解，检查各部件的技术状况。如从动盘是否翘曲不平或沾有油污，新摩擦片是否过厚，从动盘毂和变速器输入轴花键是否锈蚀等，如有故障应予排除。

3. 离合器接合不平顺

（1）故障现象。

汽车起步时，离合器接合不平稳，使车身发生轻微的抖动。

（2）故障原因。

a. 膜片弹簧变形或弹力不均。

b. 离合器从动盘翘曲不平或扭转减振器松动。

c. 摩擦片上有油污，铆钉头外露。

d. 离合器总成和踏板之间的液压操纵或机械操纵部件松动，从动盘花键毂严重磨损，变速器输入轴弯曲。

e. 发动机固定螺栓松动，变速器与飞轮壳的固定螺栓松动，飞轮固定螺栓松动等。

（3）诊断与排除方法。

使发动机怠速运转，变速器挂低速挡，慢慢松开离合器踏板起步，如车身抖动，即为离合器发抖，接合不平稳。

a. 可用扳手检查和紧固变速器、发动机及飞轮的固定螺栓。

b. 检查离合器总成和踏板之间的液压操纵或机械操纵部件有无松动。如果松动，应予以紧固。

c. 拆下离合器总成，检查各部件。例如，摩擦片上是否有油污，铆钉头是否外露；从动盘是否翘曲不平；从动盘钢片与从动盘间是否松动；膜片弹簧的高度是否在规定范围之内等，并对各损坏部件进行修理或更换。

4. 离合器异响

（1）故障现象。

离合器在工作中发出不正常的响声。这种响声多属部件严重磨损或损坏后，金属之间相互撞击造成的。

（2）故障原因。

a. 分离轴承磨损、脏污。

b. 导向轴承磨损，分离套筒内零件松动。

c. 分离叉或传动装置卡住。

d. 离合器回位弹簧折断、过软或松脱。

e. 离合器从动盘毂与变速器输入轴花键磨损严重。

（3）诊断与排除方法。

离合器接合时或踩下踏板少许，或在踩下离合器踏板过程中，若离合器发响，则说明离合器有异响。

a. 离合器接合时或踩下踏板少许，若离合器发响，是由于离合器分离轴承损坏或脏污引起。若损坏，应更换新轴承。离合器接合时若发响，可能是分离套筒内零件松动，离合器从动盘毂与变速器输入轴磨损严重所致，根据需要进行检修或更换。

b. 在踩下离合器踏板过程中，离合器若发响，应检查分离叉和传动装置是否卡住，如有，应予以检修。

9.9.2 手动变速器的故障诊断

变速器常见的故障为跳挡、换挡困难、乱挡、异响及漏油等。

1. 变速器跳挡

（1）故障现象。

汽车在加速、减速或爬坡时，变速杆自动跳回空挡位置。

（2）故障原因。

a. 变速杆没有调整好或变速杆弯曲，远程控制杆机构磨损或调整不良。

b. 拨叉轴向自由行程过大或凹槽位置不正确，拨叉轴凹槽磨损及拨叉磨损、变形。

c. 自锁钢球磨损或破裂，自锁弹簧弹力不够或折断。

d. 变速器轴、轴承磨损松旷或轴向间隙过大，造成轴转动时齿轮啮合不足而发生跳动和轴向窜动。

e. 齿轮或接合套严重磨损，沿齿长方向磨成锥形。

f. 同步器磨损或损坏。

g. 变速器壳松动或与离合器壳没对准。

（3）诊断与排除方法。

使车辆行驶，反复加速、减速，检查在各挡位上变速杆是否容易脱出。

a. 发现某挡跳挡时，仍将操纵杆挂入该挡，将发动机熄火。先检查操纵机构调整是否正确，然后再拆开变速器盖检查齿轮啮合情况和同步器啮合情况。如果啮合情况不好，应检查轴承是否磨损松旷，拨叉是否变形，拨叉与接合套上的叉槽间隙是否过大，否则应更换或校正拨叉；如果啮合情况良好，应检查操纵机构锁止情况。如锁止不良，须拆下拨叉轴检查自锁钢球、弹簧，弹簧过弱、折断或拨叉轴凹槽磨损，应予以更换或修复。

b. 齿轮啮合和操纵机构均良好，应检查齿轮是否磨成锥形以及轴是否前后移动。如果齿轮磨成锥形应更换，轴的前后移动应调整适当。

c. 对于变速器壳松动或与离合器壳没对准而引起的跳挡，须按规定拧紧固定螺栓。

2. 变速器换挡困难

（1）故障现象。

在进行正常变速操作时，变速杆不能挂入挡位，或者勉强挂上挡后又很难摘下来。

（2）故障原因。

a. 变速杆下端磨损或控制杆弯曲。

b. 拨叉或拨叉轴磨损、松旷、弯曲。

c. 自锁或互锁弹簧过硬、钢球损伤。

d. 控制连杆机构动作不良（远程控制式机构）。

e. 同步器不良（磨损或损坏）。

f. 变速器轴弯曲变形或花键损伤。

（3）诊断与排除方法。

首先应确认离合器分离状态正常，然后使发动机怠速运转，踏下离合器踏板，试进行各挡位变速动作，检查变速杆是否卡滞、沉重等。

a. 汽车行驶时发生换挡困难现象，首先检查离合器能否分离彻底，操纵机构能否工作。

b. 如上述情况良好，应拆开变速器盖，检查拨叉是否弯曲，如果弯曲应校正或更换。如果拨叉轴与导向孔锈蚀，可用较细的砂纸光磨。

c. 检查自锁和互锁装置是否良好，否则予以更换。

d. 检查拨叉的固定螺栓松动否，若松动应予以紧固。

e. 检查变速器轴花键损伤情况或轴是否弯曲，酌情给予修复或更换。

f. 检查同步器磨损或损坏情况，一般同步器可检查以下几个方面：

同步环与锥体接触状态和制动作用：在锥体上涂齿轮油，再将同步环推上锥体并回转，如环与锥体可紧密接合即为良好。

同步环油槽与锥体的磨损状态：测量同步环推到锥体上之后的间隙，如该值与规定值相等即为良好。

同步环与接合套安装面的位置关系是否正确。

根据同步器损坏的部位酌情更换零件或整体更换。

3. 变速器乱挡

（1）故障现象。

在离合器技术状况正常情况下，变速器同时挂上两个挡或虽能挂上挡，但却不能挂入所需要的挡位，或者挂入后不能退出。

（2）故障原因。

主要为变速操纵机构失效。

a. 变速杆球头定位销磨损、折断或球孔、球头磨损、松旷。

b. 变速杆下端工作面或拨叉轴上导块的导槽磨损过度。

c. 拨叉槽互锁销、球磨损严重或漏装。

（3）诊断与排除方法。

使车辆行驶，操纵变速杆进行换挡试验，检查是否有同时挂上两个挡或挂上的挡位不是所需要的挡位。

a. 挂需要挡位时，结果挂入别的挡位：检查变速杆摆转角度，若其能任意摆，且能打圈，则为定位销损坏或失效。需更换定位销，调整变速杆。

b. 当变速杆摆转角正常，仍挂不上或摘不下挡，则多为变速杆下端工作面磨损或导槽磨损，使变速杆下端从导槽中脱出。应予以修复或更换。

c. 若同时挂上两个挡，则为互锁装置磨损或漏装零件。应进行零件更换或装复。

4. 变速器异响

（1）故障现象。

变速器工作时，发出不正常声响，如金属的干摩擦声，不均匀的碰撞声等。

（2）故障原因。

a. 变速器操纵机构各连接处松动，拨叉变形或磨损松旷。

b. 变速器与发动机安装时曲轴与变速器第一轴轴线不同心，或变速器壳体变形。

c. 壳体轴承孔修复后，轴心发生变动或使两轴线不同心，变速器壳体前端面与第一轴、第二轴轴心线垂直度或第一轴、第二轴与曲轴同轴度超差。

d. 轴承缺油、磨损松旷、疲劳剥落或轴承滚动体破裂。

e. 第二轴、中间轴弯曲或花键与滑动花键毂磨损松旷。

f. 齿轮磨损严重，齿侧间隙太大，齿面有金属疲劳剥落或个别齿损坏折断等。

g. 齿轮制造精度差或齿轮副不匹配，维修中未成对更换相啮合的两齿轮。

h. 变速器缺油，润滑油过稀、过稠或质量变坏。

i. 变速器内掉入异物或某些紧固螺栓松动。

（3）诊断与排除方法。

当发动机怠速运转时，使变速杆处于空挡位，检查接合和分离离合器过程中有无异响，如离合器接合时发生异响，离合器分离时异响消失，说明异响发生在变速器。在排除变速器异响时，要根据响声的特点、出现响声的时机和发响的部位判断产生响声的原因，然后予以排除。

a. 变速器换入某一挡位时，响声明显，应检查该挡齿轮和同步器的磨损及齿轮啮合情况，若磨损严重予以更换。齿轮接触不良，酌情更换一对新齿轮。

b. 发动机怠速运转，变速器空挡时有异响，多为常啮合齿轮响，应酌情修理或更换。

c. 变速器各挡均有异响，多为基础件、轴、齿轮、花键磨损使形位误差超限，应酌情修理或更换。

d. 变速器运转时有金属干摩擦声，多为变速器内润滑油有问题，应检查油面高度和油的

质量。

e. 变速器工作时有周期性撞击声，则为齿轮个别齿损坏，应更换该齿轮。

f. 变速器工作时有间断性的异响，可能为变速器内掉入异物所引起。

5. 变速器漏油

（1）故障现象。

变速器壳体外围有油泄漏，变速器箱的齿轮油减少。

（2）故障原因。

a. 油封磨损、变形或损伤。

b. 变速器壳龟裂或损伤或延伸壳破裂。

c. 通气口堵塞、放油螺塞松动。

d. 变速器的盖与壳体之间安装松动或者密封垫损坏。

e. 齿轮油过多或齿轮油选用不当，产生过多泡沫。

f. 车速里程表接头锁紧装置松动或破损。

（3）诊断与排除方法。

按油迹部位检查油液泄漏原因。

a. 检查调整变速器油量。检查齿轮油质量，如质量不佳，应更换合适的齿轮油。

b. 疏通堵塞的通气口。

c. 更换损坏的密封垫和油封。

d. 紧固松动的变速器盖、壳螺栓及放油螺塞。

e. 更换损坏的变速器壳和延伸壳。

f. 拧紧车速表接头锁紧装置，如果锁紧装置破损，应予以更换。

9.9.3　自动变速器的故障诊断

汽车自动变速器在使用中，随着技术状况的下降会出现一系列故障，常见的故障会通过一定的现象特征表现出来。不同车型由于结构上有所不同，其故障原因会有所差异，但故障产生的常见原因和诊断排除方法是基本相同的。

1. 液压油易变质

（1）故障现象。

a. 更换后的液压油使用不久即变质。

b. 自动变速器温度太高，从加油口处向外冒烟。

（2）故障原因。

a. 汽车使用不当，经常超负荷行驶，如经常用于拖车，或经常急速、超速行驶等。

b. 液压油散热器堵塞。

c. 通往液压油散熟器的限压阀卡滞。

d. 自动变速器内的离合器或制动器自由间隙太小。

e. 主油路油压太低，离合器或制动器在工作中打滑。

（3）诊断与排除方法。

a. 让汽车以中低速行驶 5～10min，待自动变速器达到正常工作温度后，在发动机运转过程中检查自动变速器液压油散热器的温度。在正常情况下，液压油散热器的温度可达70～80℃左右。若液压油散热器的温度过低，说明油管堵塞，或通往液压油散热器的限压阀卡滞。这样，液压油得不到及时的冷却，油温过高，导致变质。

b. 若液压油散热器的温度太高，说明自动变速器内的离合器或制动器自由间隙太小。对此，应拆卸自动变速器，予以调整。

c. 若液压油温度正常，应测量主油路油压。若油压太低，应检查节气门位置传感器的调整情况。若节气门位置传感器安装正常，应拆卸自动变速器，检查油泵是否磨损过甚、阀板内的主油路调压阀和油压电磁阀有无卡滞、主油路有无漏油处。

2. 自动变速器打滑

（1）故障现象。

a. 起步时踩下加速踏板，发动机转速很快升高但车速升高很慢。

b. 行驶中踩下加速踏板加速时，发动机转速升高但车速没有很快提高。

c. 平路行驶基本正常，但上坡无力，且发动机转速很高。

（2）故障原因。

a. 液压油油面太低。

b. 液压油油面太高，运转中被行星排搅动后产生大量气泡。

c. 离合器或制动器摩擦片、制动带磨损过甚或烧焦。

d. 油泵磨损过甚或主油路泄漏，造成主油路油压过低。

e. 单向超越离合器打滑。

f. 离合器或制动器活塞密封圈损坏，导致漏油。

g. 减振器活塞密封圈损坏，导致漏油。

（3）诊断与排除方法。

自动变速器打滑往往都伴有离合器或制动器摩擦片严重磨损甚至烧焦等现象，更换磨损的摩擦片就要找出打滑的真正原因，不要使修后的自动变速器使用一段时间后又出现打滑现象。因此，对于出现打滑的自动变速器，拆卸分解前，应先做各种检查测试，以找出造成打滑的真正原因。

a. 对于出现打滑现象的自动变速器，应先检查其液压油的油面高度和品质。若油面过高或过低，应先调整至正常后再做检查。若油面调整正常后自动变速器不再打滑，可不必拆修自动变速器。

b. 检查液压油的品质。若液压油呈棕黑色或有烧焦味，说明离合器或制动器的摩擦片或制动带有烧焦，应拆修自动变速器。

c. 做路试以确定自动变速器是否打滑，并检查出现打滑的挡位和打滑的程度。将操纵手柄拨入不同的位置，让汽车行驶。若自动变速器升至某一挡位时发动机转速突然升高，但车速没有相应地提高，即说明该挡位有打滑。打滑时发动机的转速越容易升高，说明打滑越严重。

根据出现打滑的规律，还可以判断产生打滑的是哪一个换挡执行元件。

① 若自动变速器在所有前进挡都出现打滑现象，则为前进离合器打滑。

② 若自动变速器在操纵手柄位于 D 位时的一挡有打滑，而在操纵手柄位于 L 位或 1 位时的一挡不打滑，则为前进单向超越离合器打滑。若不论操纵手柄位于 D 位或 L 位或 1 位

时，一挡都有打滑现象，则为低挡及倒挡制动器打滑。

③ 若自动变速器只在操纵手柄位于 D 位时的二挡打滑，而在操纵手柄位于 S 位或 2 位时的二挡不打滑，则为二挡单向超越离合器打滑。若不论操纵手柄位于 D 位或 S 位或 2 位时，二挡都有打滑现象，则为二挡制动器打滑。

④ 若自动变速器只在三挡有打滑现象，则为倒挡及高挡离合器打滑。

⑤ 若自动变速器只在超速挡有打滑现象，则为超速制动器打滑。

⑥ 若自动变速器在高挡和倒挡时都有打滑现象，则为倒挡及高挡离合器打滑。

⑦ 若自动变速器在一挡和倒挡时都有打滑现象，则为倒挡及低挡制动器打滑。

d. 对于有打滑故障的自动变速器，在拆卸分解之前，应先检查自动变速器的主油路油压，以找出造成自动变速器打滑的原因。自动变速器不论前进挡或倒挡均打滑，其原因往往是主油路油压过低。若主油路油压正常，则只要更换磨损或烧焦的摩擦元件即可。若主油路油压不正常，则在拆修自动变速器的过程中，应根据主油路油压，相应地对油泵或阀板进行检修，并更换自动变速器的所有密封圈和密封环。

3. 不能升挡

（1）故障现象。

a. 汽车行驶中自动变速器始终保持在一挡，不能升入二挡或高速挡。

b. 行驶中自动变速器可以升入二挡，但不能升入三挡和高速挡。

（2）故障原因。

a. 节气门位置传感器调整不当。

b. 车速传感器有故障。

c. 二挡制动器或高挡离合器有故障。

d. 换挡阀卡滞。

e. 挡位开关有故障。

（3）诊断与排除方法。

a. 应先进行故障自诊断。影响换挡控制的传感器有节气门位置传感器、车速传感器等。按所显示的故障代码查找故障原因。

b. 按标准重新调整节气门位置传感器。

c. 检查车速传感器，如有损坏，应予以更换。

d. 检查挡位开关的信号，如有异常，应予以调整或更换。

e. 拆卸阀板，检查各个换挡阀，换挡阀如有卡滞，可将阀芯取出，用金相砂纸抛光，再清洗后装入。如不能修复，应更换阀板。

f. 若控制系统无故障，应分解自动变速器，检查各个换挡执行元件有无打滑现象，用压缩空气检查各个离合器、制动器油路或活塞有无泄漏。

4. 无前进挡

（1）故障现象。

a. 汽车倒挡行驶正常，在前进挡时不能行驶。

b. 操纵手柄在 D 位时不能起步，在 S 位、L 位（或 2 位、1 位）时可以起步。

（2）故障原因。

a. 前进挡离合器严重打滑。

b. 前进挡单向超越离合器打滑或装反。

c. 前进挡离合器油路严重泄漏。

d. 操纵手柄调整不当。

（3）诊断与排除方法。

a. 检查操纵手柄的调整情况。如有异常，应按规定程序重新调整。

b. 测量前进挡主油路油压，若油压过低，说明主油路严重泄漏，应拆检自动变速器，更换前进挡油路上各处的密封圈和密封环。

c. 若前进挡的主油路油压正常，应拆检前进挡离合器。如摩擦片表面粉末冶金有烧焦或磨损过甚，就更换摩擦片。

d. 若主油路油压和前进挡离合器均正常，则应拆检前进挡单向超越离合器，检查前进挡单向离合器的安装方向是否正确以及有无打滑。如装反，应重新装；如打滑，应更换新件。

5. 无倒挡

（1）故障现象。

汽车在前进挡能正常行驶，但在倒挡时不能行驶。

（2）故障原因。

a. 操纵手柄调整不当。

b. 倒挡油路泄漏。

c. 倒挡及高挡离合器或低挡及倒挡制动器打滑。

（3）诊断与排除方法。

a. 检查操纵手柄的位置，如有异常，应按规定程序重新调整。

b. 检查倒挡油路油压，若油压过低，则说明倒挡油路泄漏。对此，应拆检自动变速器，予以修复。

c. 若倒挡油路油压正常，应拆检自动变速器，更换损坏的离合器片或制动器片（制动带）。

6. 无超速挡

（1）故障现象。

在汽车行驶中，车速已经达到超速挡工作范围，但自动变速器仍不能从三挡换入超速挡；在车速已经达到超速挡工作范围后，采用提前升挡（即松开加速踏板几秒后再踩下）的方法也不能使自动变速器升入超速挡。

（2）故障原因。

a. 超速挡开关有故障。

b. 超速电磁阀有故障。

c. 超速挡制动器打滑。

d. 超速挡行星齿轮机构上的直接离合器或直接单向超越离合器卡死。

e. 挡位开关有故障。

f. 自动变速器油温度传感器有故障。

g. 节气门位置传感器有故障。

h. 三挡～四挡换挡阀卡滞。

（3）诊断与排除方法。

a. 对于电控自动变速器，应先进行故障自诊断，检查有无故障代码。自动变速器油温度传感器、节气门位置传感器、超速电磁阀等部件的故障都会影响超速挡的换挡控制。如有故障代码输出，则按显示的故障代码查找故障原因。

b. 检查自动变速器油温度传感器在不同温度下的电阻值，并与标准值进行比较。如有异常，应更换自动变速器油温度传感器。

c. 检查挡位开关和节气门位置传感器的信号。挡位开关的信号应和换挡操纵手柄的位置相一致。节气门位置传感器的电阻或输出电压应能随节气门的开大而上升，并与标准值相符，如有异常，应予以调整。若调整无效，应更换挡位开关或节气门位置传感器。

d. 检查超速挡开关。在 ON 位置时，超速挡开关的触点应断开，仪表板上的超速挡指示灯（O/D OFF 指示灯）不亮：在 OFF 位置时，超速挡开关的触点应闭合，超速挡指示灯（O/D OFF）指示灯应亮起。如有异常，应检查电路或更换超速挡开关。

e. 检查超速挡电磁阀的工作情况。打开点火开关（ON），但不要起动发动机，在按下超速挡开关时，检查超速挡电磁阀有无工作声音。如果超速挡电磁阀不工作，应检查控制线路或更换超速挡电磁阀。

f. 用举升器将汽车升起，让驱动轮悬空。运转发动机，让自动变速器以前进挡工作，检查在空载状态下自动变速器的升挡情况。如果在空载状态下自动变速器能升入超速挡，且升挡车速正常，说明控制系统工作正常，不能升挡的故障原因为超速挡制动器打滑，在有负荷的状态下不能实现超速挡。如果能升入超速挡，但升挡后车速提不高，发动机转速下降，说明超速挡行星齿轮机构中的直接离合器或直接单向超越离合器卡死，使超速行星齿轮机构在超速状态下出现运动干涉，加大了发动机运转的阻力。如果在无负荷的状态下仍不能升入超速挡，则说明控制系统有故障。对此，应拆卸阀板，检查三挡～四挡换挡阀，如有卡滞，可将阀芯拆下，予以清洗抛光。如不能修复，应更换阀板总成。

7. 跳挡

（1）故障现象。

汽车以前进挡行驶时，即使加速踏板保持不动，自动变速器仍经常出现突然降挡现象；降挡后发动机转速异常升高，并产生换挡冲击。

（2）故障原因。

a. 节气门位置传感器有故障。

b. 车速传感器有故障。

c. 控制系统电路接地不良。

d. 换挡电磁阀接触不良。

e. 电脑有故障。

（3）诊断与排除方法。

a. 应先进行故障自诊断，如有故障代码，则按所显示的故障代码查找故障原因。

b. 测量节气门位置传感器，如有异常，应更换。

c. 测量车速传感器，如有异常，应更换。

d. 检查控制系统电路各条接地线的接地状态，如有接地不良现象，应予以修复。

e. 拆检自动变速器油底壳，检查各个换挡电磁阀线束接头的连接情况，如有松动，应予以修复。

f. 检查控制系统电脑各接线脚的工作电压，如有异常，应予以修复或更换。

g. 换一个新的阀板或电脑试一下，如果故障消失，说明原阀板或电脑损坏，应更换。

h. 更换控制系统所有线束。

8. 不能强制降挡

（1）故障现象。

当汽车以三挡或超速挡行驶时，突然将加速踏板踩到底，自动变速器不能立即降低一个挡位，致使汽车加速无力。

（2）故障原因。

a. 节气门位置传感器调整不当。

b. 强制降挡开关损坏或安装不当。

c. 强制降挡电磁阀损坏或线路短路、断路。

d. 阀板中的强制降挡控制阀卡滞。

（3）诊断与排除方法。

a. 检查节气门位置传感器的安装情况，如有异常，应按标准重新调整。

b. 检查强制降挡开关。在加速踏板踩到底时，强制降挡开关的触点应闭合；松开加速踏板时，强制降挡开关的触点应断开。如果加速踏板踩到底时强制降挡开关触点没有闭合，可用手直接按动强制降挡开关。如果按下开关后触点闭合，说明开关安装不当，应重新调整；如按下开关后触点仍不闭合，说明开关损坏，应予以更换。

c. 对照电路图，在自动变速器线束插头处测量强制降挡电磁阀。如有异常，则故障原因是线路短路、断路或电磁阀损坏。对此，应检查线路或更换电磁阀。

d. 打开自动变速器油底壳，拆下强制降挡电磁阀，检查电磁阀的工作情况。如有异常，应予以更换。

e. 拆卸阀板总成，分解、清洗、检查强制降挡控制阀。阀芯如有卡滞，可进行抛光；若无法修复，则应更换阀板总成。

9. 换挡冲击

（1）故障现象。

a. 在起步时，由停车挡或空挡挂入倒挡或前进挡时，汽车振动较严重。

b. 行驶中，在自动变速器升挡的瞬间汽车有较明显的闯动。

（2）故障原因。

导致自动变速器换挡冲击大的故障原因很多，主要原因在于调整不当、机械元件性能下降或损坏、电子控制系统有故障。具体原因有：

a. 发动机怠速过高。

b. 节气门位置传感器调整不当，使主油路油压过高。

c. 升挡过迟。

d. 主油路调压阀有故障，使主油路油压过高。

e. 储压减振器活塞卡住，不能起减振作用。

f. 单向阀钢球漏装，换挡执行元件（离合器或制动器）接合过快。

g. 换挡执行元件打滑。

h. 油压电磁阀不工作。

i. 电脑有故障。

（3）诊断与排除方法。

由于引起换挡冲击的原因较多，因此，在诊断故障的过程中，必须循序渐进，对自动变速器的各个部分做认真的检查。一定要在全面检测的基础上有针对性地进行分解修理，切不可盲目地拆修。总体而言，若是由于调整不当所造成的，只要稍做调整即可排除；若是自动变速器内部控制阀、储压减振器或换挡执行元件有故障，应分解自动变速器，予以修理；若是电子控制系统有故障，应对电子控制系统进行检测，找出具体原因，加以排除。具体检查诊断与排除步骤如下：

a. 检查发动机怠速。若怠速过高，应按标准予以调整。

b. 检查节气门位置传感器的调整情况。如不符合标准，应重新予以调整。

c. 做道路试验。如有升挡过迟的现象，则说明换挡冲击大的故障是升挡过迟所致。如果在升挡之前发动机转速异常升高，导致在升挡的瞬间有较大的换挡冲击，则说明换挡离合器或制动器打滑，应分解自动变速器，予以修理。

d. 检测主油路油压。如果怠速时主油路油压过高，则说明主油路调压阀或调压电磁阀有故障，可能是调压弹簧的预紧力过大或阀芯卡滞所致；如果怠速时主油路油压正常，但起步进挡时有较大的冲击，则说明前进离合器或倒挡及高挡离合器的进油单向阀阀球损坏或漏装。对此，应拆卸阀板，予以修理。

e. 检测换挡时的主油路油压。在正常情况下，换挡时的主油路油压会有瞬时的下降。如果换挡时主油路油压没有下降，则说明储压减振器活塞卡滞，对此，应拆检阀板和减振器。

f. 检查油压电磁阀的线路以及油压电磁阀工作是否正常、电脑是否在换挡的瞬间向油压电磁阀发出控制信号。如果线路有故障，应予以修复；如果电磁阀损坏，应更换电磁阀；如果电脑在换挡瞬间没有向油压电磁阀发出控制信号，说明电脑有故障，对此应更换电脑。

10. 汽车不能行驶

（1）故障现象。

a. 无论操纵手柄位于倒挡、前进挡或前进低挡，汽车都不能行驶。

b. 冷车起动后汽车能行驶一小段路程，但热车状态下起车不能行驶。

（2）故障原因。

a. 自动变速器油底壳渗漏，液压油全部漏光。

b. 操纵手柄和手动阀摇臂之间的连杆或拉索松脱，手动阀保持在空挡或停车挡位置。

c. 油泵进油滤网堵塞。

d. 主油路严重泄漏。

e. 油泵损坏。

（3）诊断与排除方法。

a. 检查自动变速器内有无液压油，其方法是：拔出自动变速器的油尺，观察油尺上有无液压油。若油尺上没有液压油，说明自动变速器内的液压油已漏光。对此，应检查油底壳、液压油散热器、油管等处有无破损而导致漏油。如有严重漏油处，应修复后重新加油。

b. 检查自动变速器操纵手柄与手动阀摇臂之间的连杆或拉索有无松脱。如有松脱，应予以装复，并重新调整好操纵手柄的位置。

c. 拆下主油路测压孔上的螺塞，起动发动机，将操纵手柄拨至前进挡或倒挡位置，检查测压孔内有无液压油流出。

d. 若主油路测压孔内无液压油流出，应打开油底壳，检查手动阀摇臂轴与摇臂间有无松脱，手动阀阀芯有无折断或脱钩。若手动阀工作正常，则说明油泵损坏。对此，应拆卸分解自动变速器，更换油泵。

e. 若主油路测压孔内只有少量液压油流出，油压很低或基本上没有油压，应打开油底壳，检查油泵进油滤网有无堵塞。如无堵塞，说明油泵损坏或主油路严重泄漏。对此，应拆卸分解自动变速器，予以修理。

f. 若冷车起动时主油路有一定的油压，但热车后油压即明显下降，说明油泵磨损过甚，对此应更换油泵。

g. 若测压孔内有大量液压油喷出，说明主油路油压正常，故障出在自动变速器中的输入轴、行星排或输出轴。对此，应拆检自动变速器。

11. 无发动机制动

（1）故障现象。

a. 在行驶中，当操纵手柄位于前进低挡（S、L 或 2、1）位置时，松开加速踏板，发动机转速降至怠速，但汽车没有明显减速。

b. 下坡时，操纵手柄位于前进低挡，但不能产生发动机制动作用。

（2）故障原因。

a. 挡位开关调整不当。

b. 操纵手柄调整不当。

c. 二挡强制制动器打滑或低挡及倒挡制动器打滑。

d. 控制发动机制动的电磁阀有故障。

e. 阀板有故障。

f. 自动变速器打滑。

g. 电脑有故障。

（3）诊断与排除方法。

a. 先进行故障自诊断，按所显示的故障代码查找故障原因。

b. 做道路试验，检查加速时自动变速器有无打滑现象。如有打滑，应拆修自动变速器。

c. 如果操纵手柄位于 S 位时没有发动机制动作用，但操纵手柄位于 L 位时有发动机制动作用，则说明二挡强制制动器打滑，应拆修自动变速器。

d. 如果操纵手柄位于 L 位时没有发动机制动作用，但操纵手柄位于 S 位时有发动机制动作用，则说明低挡及倒挡制动器打滑，应拆修自动变速器。

e. 检查控制发动机制动作用的电磁阀线路有无短路或断路；电磁阀线圈电阻是否正常；通电后有无工作声音。如有异常，应修复或更换。

f. 拆卸阀板总成，清洗所有控制阀。阀芯如有卡滞可抛光后装复，如抛光后仍有卡滞，应更换阀板。

g. 检测电脑各接脚电压，要特别注意与节气门位置传感器、挡位开关连接的各接脚的电压。如有异常，应做进一步检查。

h. 更换一个新的电脑试一下，如果故障消失，说明原电脑损坏，应更换。

9.9.4　万向传动装置的故障诊断

万向传动装置由于经常受汽车在复杂道路上行驶的影响，使传动轴在其角度和长度不断变化的情况下传递转矩，因此常出现传动轴不平衡、万向节与中间支承松旷、发响等故障。

1. 传动轴动不平衡与异响

（1）故障现象。

在万向节和伸缩叉技术状况良好时，汽车行驶中发出周期性的响声；速度越高响声越大，甚至伴随有车身振动，握转向盘的手感觉麻木。

（2）故障原因。

a. 传动轴上的平衡块脱落。

b. 传动轴弯曲或传动轴管凹陷。

c. 传动轴管与万向节叉焊接不正或传动轴未进行过动平衡试验和校准。

d. 伸缩叉安装错位，造成传动轴两端的万向节叉不在同一平面内，不满足等角速传动条件。

e. 中间支承吊架固定螺栓松动或万向节凸缘盘连接螺栓松动，使传动轴偏斜。

（3）诊断与排除方法。

a. 检查传动轴管是否凹陷，有凹陷，则故障由此引起；无凹陷，则继续检查。

b. 检查传动轴管上的平衡片是否脱落，如脱落，则故障由此引起；否则继续检查。

c. 检查伸缩叉安装是否正确，不正确，则故障由此引起；否则继续检查。

d. 拆下传动轴进行动平衡试验，动不平衡，则应校准以消除故障。弯曲应校直。

e. 检查中间支承吊架固定螺栓和万向节凸缘盘连接螺栓是否松动，若有松动，则异响由此引起，应紧固。

2. 万向节、伸缩叉松旷及异响

（1）故障现象。

在汽车起步和突然改变车速时，传动轴发出“吭”的响声；在汽车缓行时，发出“咣当、咣当”的响声。

（2）故障原因。

a. 万向节凸缘盘连接螺栓松动。

b. 万向节主、从动部分游动角度太大。

c. 万向节轴承、十字轴磨损严重。

d. 万向节、伸缩叉磨损松旷。

（3）诊断与排除方法。

a. 用榔头轻轻敲击各万向节凸缘盘连接处，检查其松紧度。太松旷则故障由连接螺栓松动引起，否则继续检查。

b. 用双手分别握住万向节、伸缩叉的主、从动部分转动，检查游动角度。万向节游动角度太大及伸缩叉游动角度太大，均会引起异响。

3. 中间支承松旷

（1）故障现象。

汽车运行中出现一种连续的“呜呜”响声，车速越高响声越大。

（2）故障原因。

a. 滚动轴承缺油烧蚀或磨损严重。

b. 中间支承安装方法不当，造成附加载荷而产生异常磨损。

c. 橡胶圆环损坏。

d. 车架变形，造成前后连接部分的轴线在水平面内的投影不同线而产生异常磨损。

（3）诊断与排除方法。

a. 给中间支承轴承加注润滑脂，响声消失，则故障由缺油引起；否则继续检查。

b. 松开夹紧橡胶圆环的所有螺钉，待传动轴转动数圈后再拧紧，若响声消失，则故障由中间支承安装方法不当引起。否则故障可能是：橡胶圆环损坏、滚动轴承技术状况不佳，或车架变形等引起。

9.9.5 驱动桥的故障诊断

驱动桥的主要故障为驱动桥过热、漏油和异响等。

1. 过热

（1）故障现象。

汽车行驶一段里程后，用手探试驱动桥壳中部或主减速器壳，有无法忍受的烫手感觉。

（2）故障原因。

a. 齿轮油变质、油量不足或牌号不符合要求。

b. 轴承预紧度过大或齿轮啮合间隙过小。

c. 止推垫片与齿轮背隙过小。

d. 油封过紧或各运动副、轴承润滑不良而产生干（或半干）摩擦。

（3）诊断及排除方法。

检查驱动桥中各部分受热情况。

a. 局部过热。

① 油封处过热，则故障由油封过紧引起，更换合适的油封。

② 轴承处过热，则故障由轴承损坏或调整不当引起，应更换损坏的轴承或调整轴承。

③ 油封和轴承处均不过热，则故障由止推垫片与齿轮背隙过小引起，应调整好背隙。

b. 普遍过热。

① 检查齿轮油面高度。油面太低，则故障由油量不足引起，应将齿轮油加至规定高度。

② 若油量充足，则应检查齿轮油规格、黏度或润滑性能，如检查结果不符合要求，则故障由齿轮油变质或牌号不符引起，应排尽原来的齿轮油，冲洗桥壳内部，换上规定牌号的润滑油。

③ 若不是上述问题，则应检查齿轮啮合间隙。先松开驻车制动器，变速器置于空挡，

然后轻轻转动主减速器的凸缘盘：若转动角度太小，则故障由主减速器齿轮啮合间隙太小引起；若转动角度正常，则故障由行星齿轮与半轴齿轮啮合间隙太小引起，应重新调整上述齿轮啮合间隙。

2. 漏油

（1）故障现象。

在驱动桥加油口、放油口螺塞处或油封、各接合面处可见到明显漏油痕迹。

（2）故障原因。

a. 加油口、放油口螺塞松动或损坏，通气孔堵塞。

b. 油封磨损、硬化，油封装反，油封与轴颈磨成沟槽。

c. 接合平面变形、加工粗糙，密封衬垫太薄、硬化或损坏，紧固螺钉松动或损坏。

d. 桥壳有铸造缺陷或裂纹。

（3）诊断及排除方法。

a. 检查加油口、放油口螺塞是否松动，密封垫是否损坏，通气孔是否堵塞。对松动的螺塞接规定力矩拧紧或更换密封垫；对堵塞的通气孔进行疏通。

b. 检查油封是否磨损、损坏或装反，对磨损、损坏的予以更换，对装反的油封重新安装。

c. 检查桥壳，视情况进行修理或更换。

3. 异响

（1）故障现象。

驱动桥在运行时发出不正常的响声，可分为驱动时发出异响、滑行时发出异响及转弯行驶时发出异响等。

（2）故障原因。

a. 齿轮油油量不足、油质变差，特别是油内有较大金属颗粒。

b. 各类轴承损伤、严重磨损松旷或齿轮齿面磨损、点蚀、轮齿变形或折断。

c. 主减速器锥齿轮严重磨损、啮合面调整不当、啮合间隙不符合标准（太大或太小），啮合间隙不均或未成对更换。

d. 差速器壳与十字轴和行星齿轮轴孔与十字轴配合松旷。

e. 半轴齿轮与行星齿轮啮合间隙不符合标准（过大或过小）或半轴齿轮与半轴花键配合松旷。

（3）诊断和排除方法。

a. 汽车挂挡行驶、脱挡滑行均有异响

① 检查油量是否不足或油质、齿轮油型号不符合要求时，按规定高度加注齿轮油或更换齿轮油。

② 检查主减速器滚动轴承或差速器轴承的松紧度的预紧度不足时，按规定调整轴承的预紧度。

③ 若不是上述故障，则检查主减速器锥齿轮啮合间隙、轮齿变形、齿面磨损、齿面点蚀、轮齿折断，对此应酌情进行修理、调整或更换。

b. 挂挡行驶有异响，脱挡滑行声响减弱或消失。故障一般由主减速器锥齿轮齿面的正面磨损严重、齿面损伤或啮合面调整不当等引起，而齿的反面技术状况良好，应酌情修复、调整或更换。

c. 转弯行驶有异响，直线行驶时声响减弱或消失。故障一般由半轴齿轮或行星齿轮的齿面严重磨损、齿面点蚀、轮齿变形或折断、行星齿轮轴磨损、半轴弯曲等引起，对损伤严重的齿轮、行星齿轮轴应予以更换，对弯曲的半轴进行校正或更换。

d. 汽车起步或突然换车速时发出“吭”的一声，或汽车缓速时发生“克啦、克啦”的撞击声，则故障由驱动桥内游动角度太大引起，应予以调整。

e. 若异响时有时无，或有时呈周期性变化，则故障一般由齿轮油中有杂物引起，应更换或滤清齿轮油。

9.9.6 悬架系统的故障诊断

非独立悬架系统的常见故障是车身倾斜、异响、行驶跑偏和行驶摆振等。

1. 车身倾斜

（1）故障现象。

汽车调整后停放在平坦地面上，车身横向或纵向歪斜，汽车行驶中方向自动跑偏。

（2）故障原因。

a. 钢板弹簧、螺旋弹簧断裂。

b. 弹簧弹力下降。

c. 弹簧刚度不一致。

d. U 形螺栓松动。

（3）诊断与排除方法。

车身横向歪斜，通常是由于弹簧折断、弹性减弱及钢板销、衬套和吊耳磨损过甚等引起的；若车身歪斜，且汽车行驶中自动跑偏，则多属某侧前钢板弹簧或螺旋弹簧不良使前桥移位所致，应检查钢板弹簧是否折断或螺旋弹簧弹力下降；如钢板销、衬套和吊耳磨损过甚，除上述现象外还可以造成汽车行驶摆振；若车身纵向歪斜，则多属某侧后钢板弹簧或螺旋弹簧不良使后桥位移所致，可测量两侧轮距是否一致，不一致则表明车桥移位。

2. 异响

（1）故障现象。

汽车在行驶过程中，特别是道路颠簸、突然制动、转弯时从悬架部位发出噪声。

（2）故障原因。

a. 减振器漏油，造成油量不足；

b. 减振器活塞与缸筒磨损，配合松旷；

c. 连接部位脱落；

d. 铰接点磨损、松旷；

e. 橡胶衬套磨损、老化或损坏；

f. 弹簧折断。

（3）诊断与排除方法。

首先应检查悬架与车架或车桥的连接部位，看是否脱落，其胶垫是否损坏或松旷。如良

好，用手按下保险杠，放松后如汽车有 2～3 次跳跃，说明减振器良好，可路试减振器效能。当汽车缓慢行驶并不断制动减速时车身跳跃强烈，或行驶一段路程后，减振器外壳温度高于其他部位，均说明减振器工作正常。如减振器工作不正常应予以更换。

独立悬架系统的常见故障是车身倾斜、异响、前轮异常磨损等。车身倾斜和异响的故障现象和原因基本类同于非独立悬架系统，前轮的异常磨损与车架、车轮、悬架等系统的技术状况变坏有关，与悬架相关的是悬架磨损后因配合间隙变大而使前轮定位参数改变所致。

（1）故障现象。

a. 异响，尤其在不平路面上转弯时；

b. 车身倾斜，汽车在转弯时车身过度倾斜等；

c. 前轮定位参数改变；

d. 轮胎异常磨损；

e. 车辆摆振及行驶不稳。

（2）故障原因。

a. 螺旋弹簧弹力不足；

b. 稳定杆变形；

c. 上、下摆臂变形；

d. 各铰接点磨损、松旷。

9.9.7　车轮和轮胎的故障诊断

1. 车轮常见故障诊断

车轮常见故障为轮毂轴承过松或过紧。轮毂轴承过松会造成车轮摆振及行驶不稳，严重时还能使车轮甩出。此时，可将车轮支起，通过用手横向摇晃车轮，即可诊断出轮毂轴承是否松旷。一旦发现轴承松旷，必须立即修理。轮毂轴承过紧会造成汽车行驶跑偏。全部轮毂轴承过紧时，会使汽车滑行距离明显下降。轮毂轴承过紧会使汽车经过一段行驶后，轮毂处温度明显上升，有时甚至使润滑脂熔化而容易甩入制动鼓内。将车轮支起后，转动车轮将明显感到费力、沉重。

2. 轮胎常见故障诊断

发动机通过传动系统带动轮胎旋转，这意味着轮胎属于传动系的一部分。前轮轮胎还会根据转向盘的运动，改变车辆的运动方向，因此，轮胎也属于转向系统的一部分。此外，由于轮胎也用于支承车重及吸收路面振动，所以，轮胎还是悬架系统的一部分。因此在进行轮胎的故障诊断、排除分析时，一定要考虑轮胎与车轮、转向、悬架之间的关系。同样重要的是，轮胎的使用和维护不良也可能导致轮胎本身及相关系统的故障。因此，轮胎故障诊断、排除分析的第一步便是检查轮胎，其应该使用正确，维护恰当。

轮胎的主要故障是轮胎花纹的异常磨损。检查轮胎花纹的异常磨损，可以发现故障的早期征兆和原因，以便及时排除影响轮胎寿命的不良因素，防止早期磨损和损坏。

轮胎异常磨损，除磨损过快外，还有其他种种特征。轮胎异常磨损的原因除轮胎气压过高、过低外，主要是底盘技术状况变坏，如前轮定位不良、轮毂轴承松旷、横拉杆球节和主销衬套间隙过大、车轮不平衡、轮辋变形或不配套、车轿或车架变形和钢板弹簧技术状况不良等。轮胎异常磨损的特征与原因如表 9-2 所示。

表 9-2 轮胎异常磨损的特征与原因

特 征	原 因	特 征	原 因
胎冠过度磨损	气压过高	单边磨损	前轮外倾角失准，后桥壳变形
胎肩过度磨损	气压过低	杯形(贝壳形)磨损	悬挂部件和连接车轮的部件(球节、车轮轴承、减振器、弹簧衬套等)磨损，车轮不平衡
锯齿（羽毛）状磨损	前束失准，主销衬套或球节松旷	第二道花纹过度磨损（只出现在子午线胎上）	轮辋太窄而轮胎太宽，不配套

9.9.8 转向系的故障诊断

汽车转向系技术状况的好坏对汽车的行使安全性有着极其重要的影响。对汽车转向系故障进行诊断、排除具有极其重要的意义。转向系最常见的故障有转向盘自由行程过大、转向沉重及动力转向助力不足等。

1. 转向盘自由行程过大

（1）故障现象。

汽车保持直线行驶位置静止不动时，轻轻来回晃动转向盘，感到游动角度很大。

（2）故障原因。

a. 转向器内主、从动啮合部位松旷或主、从动部位的轴承松旷。

b. 转向盘与转向轴的连接部位松旷。

c. 转向器摇臂轴与摇臂连接部位松旷。

d. 纵、横拉杆球头连接部位松旷。

e. 纵、横拉杆与转向节臂的连接部位松旷。

f. 转向节与主销松旷。

g. 轮毂轴承松旷。

（3）诊断与排除方法。

a. 应先检查转向盘与转向轴是否松旷。

b. 检查转向器内主、从动部分的轴承或衬套是否松旷。

c. 检查转向器内主、从动部分的啮合是否松旷。

d. 若故障不在以上部位，则应检查摇臂与摇臂轴，纵、横拉杆球头连接以及转向节与主销是否松旷。

e. 若以上部位均无故障，则故障是由轮毂轴承或拉杆臂松旷所造成。

2. 转向沉重

（1）故障现象。

汽车行驶中向左、右转动转向盘时，感到沉重费力，无自动回正感；当汽车以低速转弯行驶或调头时，转动转向盘非常吃力，甚至转不动。

（2）故障原因。

a. 轮胎气压不足。

b. 转向节与主销配合过紧或缺油。

c. 纵、横拉杆球头连接调整过紧或缺油。

d. 转向器主动部分轴承预紧力太大或从动部分与衬套配合太紧。

e. 转向器主、从动部分的啮合调整得太紧。

f. 转向器无油或缺油。

g. 转向节止推轴承缺油或损坏。

h. 转向器转向轴弯曲或其套管凹瘪造成刮碰。

i. 主销后倾过大、主销内倾过大或前轮负外倾。

j. 前梁、车架变形造成前轮定位失准。

（3）诊断与排除方法。

a. 检查轮胎气压、轮毂轴承松紧程度、前轮定位等。

b. 顶起前桥，使前轮悬空，转动转向盘。若感到明显轻便省力，则故障在前轮、前桥或车架。若转向仍然沉重费力，应将摇臂拆下，继续转动转向盘，若明显轻便省力，则故障在转向传动机构；若仍沉重费力，则故障在转向器。

c. 对转向器进行检查。先检查外部转向轴，有无变形凹陷等。再检查啮合间隙是否过小，轴承间隙是否过小，是否缺油，有无异响等。

d. 对转向传动机构进行检查。检查各部连接处是否过紧而运动发卡，检查各拉杆及转向节有无变形，检查转向节主销轴向间隙是否过小。

e. 必要时，还应对前轮及车架是否变形进行检查。

3. 汽车行驶自动跑偏

（1）故障现象。

汽车行驶中自动跑向一边，必须用力把住转向盘才能保持直线行驶。

（2）故障原因。

a. 两前轮轮胎气压不等、直径不一或车箱装载不均。

b. 左右车架前钢板弹簧挠度不等或弹力不一。

c. 前梁、后桥轴管或车架发生水平平面内的弯曲。

d. 车架两边的轴距不等。

e. 两前轮轮毂轴承或轮毂油封的松紧度不一。

f. 前、后桥两端的车轮有单边制动或单边拖滞现象。

g. 两前轮外倾角、主销后倾角或主销内倾角不等。

h. 前束太大或负前束。

i. 路面拱度较大或有侧向风。

（3）诊断与排除方法。

a. 应先检查跑偏一侧的车轮轮毂和制动器是否温度过高，若温度过高，则为轮毂轴承过紧和制动拖滞。

b. 检查轮胎气压、轮毂轴承松紧程度。

c. 新换轮胎出现跑偏，多为轮胎规格不等。

d. 检查钢板弹簧有无松动、断裂，车桥有无歪斜移位，车架有无变形等。

e. 检查前轮定位情况。

4. 转向不灵、操纵不稳

（1）故障现象。

在操纵转向盘时感觉旷量很大，需用较大幅度才能使转向车轮转向；汽车在直线行驶时又感到行驶不稳。

（2）故障原因。

根本原因是由于磨损和松动导致各部位间隙过大所致，主要有以下原因：

a. 转向器啮合间隙过大，安装松旷。

b. 转向轴与转向盘配合松旷。

c. 主销与转向节衬套孔间隙过大。

d. 主销与转向节轴向间隙过大。

e. 转向传动机构各球头销处配合松旷。

f. 前轮毂轴承间隙过大。

g. 汽车前轮前束过大。

（3）诊断与排除方法。

a. 先检查转向盘的自由转动量，若过大，说明转向系内存在间隙过大的故障。

b. 若转向盘的自由转动量正常，故障原因可能是前轮毂轴承间隙过大、主销与转向节衬套孔间隙过大、主销与转向节轴向间隙过大及前束过大等。

c. 检查前轮毂轴承、主销等处，找出松旷部位。

d. 由一人原地转动转向盘，另一人观察摇臂摆动，当摇臂开始摆动时转向盘自由转动量不大，说明是转向传动机构松旷，否则为转向器松旷。

e. 必要时应检查前束，前束值过大时，会伴随有轮胎异常磨损。

5. 前轮摆头

（1）故障现象。

汽车在某低速范围内或某高速范围内行驶时，有时出现两前轮各自围绕主销进行角振动的现象。尤其是高速摆头时，两前轮左右摆振严重，握转向盘的手有麻木感，甚至在驾驶室内可看到整个车头晃动。

（2）故障原因。

a. 前轮轮胎、轮辋、制动鼓或盘、轮毂等旋转质量不平衡。

b. 前轮径向圆或端面圆跳动太大。

c. 前轮使用翻新胎。

d. 前轮外倾角太小、前束太大、主销负后倾或主销后倾角太大。

e. 两前轮的主销后倾角或主销内倾角不一致。

f. 前梁或车架弯、扭变形。

g. 转向系与前悬挂的运动互相干涉。

h. 转向系部件刚度太低。

i. 转向器主、从动部分啮合间隙或轴承间隙太大。

j. 转向器垂臂与其轴配合松旷。

k. 纵、横拉杆球头连接松旷。

l. 转向节与主销配合松旷或转向节与前梁拳形部沿主销轴线方向配合松旷。

m. 前轮轮毂轴承松旷。

n. 转向器在车架上的连接松旷。

o. 前悬挂减振器失效或左、右两边减振器效能不一。

p. 左、右车架前悬挂高度或刚度不一。

（3）故障诊断与排除方法。

a. 若摆振随车速提高而增大，多为车轮动不平衡和轮辋变形所致，应检查轮胎平衡和轮辋变形情况。

b. 若在某一转速时摆振出现，则情况比较复杂，应对转向系、前桥及悬挂等进行全面检查，以发现造成摆振的原因。

9.9.9　动力转向系统的故障诊断

1. 转向沉重或助力不足

故障原因：

a. 转向油泵皮带松弛。

b. 储液罐内油面过低。

c. 转向器内部泄漏过大。

d. 转向油泵磨损严重，导致压力过低或者油液泄漏过甚。

e. 转向控制阀发卡。

2. 转向时有噪声

转向器发出严重的“嘶嘶”声，是由于控制阀性能不良所致。尤其当转向盘处于极限位置时或原地转动转向盘更为明显。

故障原因：

a. 当油面过低时，油泵会在工作时吸进空气而产生噪声。

b. 油泵皮带过松，也会使油泵发出“嘶嘶”的皮带啸叫声。

3. 发动机工作时转向，转向盘颤抖或振动

故障原因：

a. 油面过低。

b. 油泵皮带松弛。

c. 油泵泵油压力不足。

d. 转向油泵流量控制阀卡住。

4. 转向盘回正过度

故障原因：
a. 转向液压系统内有空气。
b. 转向器固定松动。
c. 转向器啮合间隙过大。

5. 左右转向时轻重不同

故障原因：
a. 控制阀的滑阀偏离中间位置。
b. 滑阀内有脏物，使左右移动时阻力不一样。

6. 转向盘不能自动回到中间位置

故障原因：
a. 转向油泵流量控制阀有卡滞。
b. 转向器转阀有阻塞或卡滞。
c. 回油软管扭曲阻塞。
d. 转向系其他方面故障等。

7. 转向时转向盘瞬间转向力增大

故障原因：
a. 油面低。
b. 转向泵皮带打滑。
c. 转向泵内泄漏量过大。

9.9.10 制动系的故障诊断

气压式制动系的故障诊断

1. 制动不灵

（1）故障现象。
汽车制动时，驾驶员感到减速度不足；汽车紧急制动时，制动距离太长。
（2）故障原因。
a. 储气筒内压缩空气达不到规定气压。
b. 制动踏板自由行程过大。
c. 制动阀故障，如最大气压调整不当而导致制动气压太低、平衡弹簧预紧力太小使维持制动来得过早、膜片破裂或排气阀关闭不严。
d. 制动器故障，如制动蹄摩擦片与制动鼓（盘）接触不佳、制动鼓磨损过甚或制动时变形、制动凸轮轴在支承套内锈蚀或发卡。
e. 制动间隙调整不当。
f. 制动管路凹瘪、软管内孔不畅通或漏气。
g. 制动气室膜片漏气。

（3）诊断与排除方法。

a. 首先观察气压表。若气压足够，则说明空气压缩机、储气筒正常；如气压不足，而且长时间行驶也不会上升，可能是下述原因所致：

气压上升缓慢或长时间不上升，发动机熄火后气压也不下降，多为压缩机故障，如皮带打滑、压缩机泵气不足、压缩机卸荷压力过低及储气筒安全阀放气压力过低等。

气压上升缓慢，发动机熄火后气压不断下降，说明存在漏气处，如储气筒安全阀漏气、制动踏板自由行程过小所导致的进气阀关闭不严而漏气以及进气阀密封不严等。

b. 踩下制动踏板。观察气压表指针，若气压下降过少，说明制动阀不良，如进气阀开度过小或平衡弹簧过软等；若踩住踏板后气压不断下降，说明有漏气处，如排气阀关闭不严、制动气室漏气、制动软管漏气等。

e. 寻找漏气部位。踩住制动踏板，靠听的方法找到漏气处。

f. 察看制动气室推杆外伸情况。外伸过短，说明气管有堵塞或者凸轮轴有锈蚀卡滞；若外伸过大，很可能是制动间隙过大。

g. 上述检查均正常，则故障原因在制动器，如制动蹄粘油、太薄、铆钉外露，制动鼓失圆、磨出沟槽等，应拆开制动器检查。

2. 制动失效

（1）故障现象。

踩下制动踏板，车辆不减速，即使连续几脚制动也无明显减速作用。

（2）故障原因。

a. 储气筒无压缩空气。

b. 制动踏板至制动控制阀的连接脱开。

c. 制动控制阀故障，如进气阀打不开或排气阀严重关闭不严、膜片破裂。

d. 制动气室膜片严重破裂。

e. 制动管路内因结冰或油污严重而阻塞、制动软管断裂。

（3）诊断与排除方法。

a. 气压制动失效，应先观看气压表有无气压。

b. 若气压正常，可检查制动踏板与制动控制阀拉臂是否脱节，制动控制阀调整螺钉是否正常。若均正常，则需拆检进气阀。

c. 若无气压，应拆下空气压缩机出气管，起动发动机听察有无泵气声。如泵气声正常，应查明出气管经储气筒到气压表一段有无严重漏气。如无泵气声，则应检修空气压缩机。

3. 制动拖滞

（1）故障现象。

抬起制动踏板后，全部或个别车轮的制动作用不能立即完全解除，以致影响了车辆重新起步、加速行驶或滑行。

（2）故障原因。

a. 制动踏板自由行程过小，导致制动控制阀的排气阀开启程度不够。

b. 制动踏板复位弹簧疲劳、拉断、脱落或拉力太小。

c. 制动间隙调整不当，放松制动后，摩擦片与制动鼓（盘）仍局部摩擦。

d. 制动控制阀故障，如排气阀弹簧疲劳、折断或弹力太小，排气阀橡胶阀面发胀、发黏或阀口上堆集的油污、胶质太多。

e. 制动气室膜片（活塞）复位弹簧疲劳、折断或弹力太小。

f. 制动凸轮轴在其套内缺油、锈蚀或卡滞。

g. 制动蹄与支承销锈蚀。

h. 轮毂轴承松旷。

（3）诊断与排除方法。

a. 汽车行驶拖滞，多为制动踏板无自由行程所致。

b. 抬起制动踏板时制动控制阀排气缓慢或不排气，多属制动控制阀故障，表现为各轮制动鼓均发热。若排气声快或断续排气而制动拖滞，一般为个别轮制动拖滞，亦应用手摸试各轮制动鼓温度做进一步判断。

c. 观察车轮制动鼓发热情况，若全部车轮发热，则为制动阀故障；若部分车轮发热，则为制动器故障。

d. 单个车轮拖滞时，可进行下面的检查：

检查制动间隙是否过小。

检查制动踏板，观察制动气室推杆的回位情况。若回位缓慢或者不回位，可能是制动凸轮轴锈蚀或变形所致运动发卡；若回位正常，则可能是制动间隙过小或制动蹄回位弹簧过软所致。

4. 制动跑偏

（1）故障现象。

汽车制动时，车辆行驶方向向一边发生偏斜。

（2）故障原因。

汽车制动跑偏的根本原因是左、右车轮制动力不相等，具体表现如下：

a. 左、右车轮制动间隙不一。

b. 左、右车轮轮胎气压、直径、花纹或花纹深度不一。

c. 左、右车轮制动蹄摩擦片与制动鼓（盘）的接触面积、材料或新旧程度不一。

d. 左、右车轮轮缸的技术状况、制动气室推杆外露长度、伸张长度不等，造成起作用时间或张开力大小不等。

e. 左、右车轮制动蹄复位弹簧拉力不一。

f. 左、右车轮制动鼓的厚度、直径、变形和磨损程度不一。

g. 单边制动管凹瘪、阻塞或漏油，单边制动管路或轮缸内有气阻，单边制动器进水或油污。

h. 单边制动蹄与支承销配合紧或锈蚀。

i. 两边钢板弹簧刚度不等，两边轴距不等，车架变形及前束不对。

（3）诊断与排除方法。

汽车路试制动，根据轮胎印迹（非 ABS 车辆或 ABS 不工作时）情况查明制动效能不良的车轮，并做如下检查：

先检查该轮制动管路是否漏油、轮胎气压是否充足。若正常则检查制动蹄与制动鼓的间隙是否符合规定，否则予以调整。如仍无效，可检查轮缸内是否渗入空气，若没有渗入空

气，则应拆下制动鼓，按照原因逐一检查制动器各部件。

若各轮胎印迹基本符合要求，但制动仍跑偏，说明故障不在制动系，而应检查车架和前轴的技术状况。

液压式制动系的故障诊断

1. 制动不灵

（1）故障现象。

同气压制动系“制动不灵”。

（2）故障原因。

a. 制动踏板自由行程太大。

b. 储液室内存油不足或无油。

c. 制动管路内进入空气、水、其他液体或产生气阻。

d. 制动主缸、轮缸管路或管接头漏油。

e. 制动液变质（变稀或变稠）或管路内壁积垢太厚。

f. 主缸、轮缸皮碗老化，活塞或缸筒磨损过度，配合松旷、密封不良。

g. 主缸进油孔、补偿孔或储液室通气孔堵塞。

h. 主缸出油阀、回油阀不密封，活塞复位弹簧预紧力太小，活塞前端贯通小孔堵塞。

i. 油管凹瘪或软管内孔不畅通。

j. 制动器方面的原因，基本同气压制动系一样。

（3）诊断与排除方法。

a. 连续踩制动踏板，直至踩不动时，有下面几种情况：

踏板高度正常，踩住踏板，踏板高度不下降，则多为制动间隙过大或者制动踏板自由行程过大。

踏板高度正常，踩住踏板，踏板高度逐渐下降，则说明制动管路有泄漏处，如皮碗不密封、某处管路破裂或接口松动等。

b. 连续踩制动踏板，制动踏板高度仍然过低，可能是制动主缸活塞回位弹簧过软，或者主缸皮碗破裂。

c. 连续踩制动踏板，每次都能将踏板踩到底，而且无反力，说明制动液严重亏损。

d. 连续踩制动踏板，踏板高度有增高，但始终有弹性感，说明制动管路内进空气或者产生气阻。

e. 若踏板行程及感觉正常，而制动力不足，很可能是制动蹄与制动鼓之间摩擦力过小所致，如蹄片粘油、制动器进水、制动鼓失圆及磨出沟槽等。

f. 若制动管路存在泄漏时，经仔细检查总能找到漏油之处。短时间内大量制动液泄漏而且制动效能不良甚至失效，很可能是由于主缸和轮缸皮碗被踩翻所致。若连续发生皮碗踩翻现象，很可能是制动液对天然橡胶腐蚀所致，此时应使用耐油橡胶皮碗。

2. 制动失效

（1）故障现象。

同气压制动系“制动失效”。

（2）故障原因。

a. 储液室内无制动液。

b. 制动软管或金属管断裂。

c. 制动踏板至主缸的连接脱开。

d. 主缸皮碗严重破裂或制动系有严重的泄漏。

e. 主缸皮碗被踩翻。

（3）诊断与排除方法。

首先检查主缸储液室内制动液是否充足，若不足则观察寻找泄漏之处；若主缸推杆防尘套处的制动液泄漏严重，多属于主缸皮碗踩翻或严重损坏；若车轮制动鼓边缘有大量制动液，则说明该车轮轮缸皮碗压翻或严重破损。

3. 制动拖滞

（1）故障现象。

同气压制动系“制动拖滞”。

（2）故障原因。

a. 制动踏板没有自由行程，或踏板复位弹簧脱落、拉断及拉力太小等使踏板回位困难。

b. 制动主缸、轮缸故障，如皮碗发胀、活塞变形甚至粘住、活塞复位弹簧折断或预紧力太小、主缸补偿孔被污物堵塞等。

c. 通往各轮缸的油管凹瘪或堵塞。

d. 不制动时增压器辅助缸活塞中心孔打不开。

e. 制动蹄复位弹簧脱落、折断或弹力下降。

f. 制动蹄与支承销锈污。

g. 制动蹄与制动鼓（盘）的间隙调整不当，制动放松后仍局部摩擦。

h. 轮毂轴承松旷。

i. 制动器方面的原因基本同气压制动系。

（3）诊断与排除方法。

a. 先判断故障是在主缸还是车轮制动器。行车中出现拖滞，若所有制动鼓均过热，则表明主缸有故障。若个别制动鼓过热，则表明该车轮制动器工作不良。维修作业后出现制动拖滞，可将汽车举升，变速器置于空挡并放松驻车制动，然后转动各车轮再踩下制动踏板。若抬起制动踏板后，各轮均难以立即扳转，则故障在主缸，如个别轮不能立即转动，说明该轮制动器有故障。

b. 若故障在主缸时，应先检查制动踏板自由行程。若自由行程正常，可拆下主缸储液盖，踩制动踏板，观察回油情况，如不回油，则为回油孔堵塞；如回油缓慢，可检查制动液是否太脏、黏度太大；如制动液清澈，则应拆检制动主缸。

c. 个别车轮制动器拖滞。可架起该车轮，旋松其轮缸放气螺钉，如制动液随之急速喷出且车轮即刻旋转自如，说明该轮制动管路堵塞，轮缸未能回油。如旋转车轮仍拖滞，则应检查制动间隙。

d. 如上述均正常，则检修轮缸。

4. 制动跑偏

液压制动跑偏的现象、原因及故障诊断与排除方法同气压制动系，在此不再赘述。

思考题

1．阐述发动机异响的判断方法。
2．试分析离合器分离不彻底的原因。
3．分析变速器自动脱挡的原因与解决方法。
4．试分析自动变速器离合器和制动器打滑会发生什么现象。
5．说明转向沉重的原因与排除方法。
6．分析制动跑偏的原因。

参考文献

1. 张吉国、刘东亚主编. 汽车修理工（初级 中级 高级）. 北京：中国劳动社会保障出版社. 2003. 9.
2. 张凯良主编. 汽车修理工（初级技能 中级技能 高级技能）. 北京：中国劳动社会保障出版社. 2002. 6.
3. 张凯良主编. 工人考工晋级试题与答案（汽车修理工）. 沈阳：沈阳出版社. 1990. 9.
4. 赵大光主编. 中级汽车修理工读本. 沈阳：辽宁省科学技术出版社. 1993. 2.
5. 金加龙主编. 汽车底盘构造与维修. 北京：电子工业出版社. 2004. 12.
6. 徐安、陈德阳主编. 汽车底盘. 北京：机械工业出版社. 2005. 1.
7. 蔡兴旺主编. 汽车构造与原理. 北京：机械工业出版社. 2004. 9.
8. 陈作兴主编. 汽车一、二级维护. 北京：机械工业出版社. 2007. 1.
9. 全国汽车维修工等级考试配套教材编写组. 汽车维修中级工培训教材. 2003. 2.
10. 周林福. 汽车底盘构造与维修. 北京：人民交通出版社. 2005. 9.
11. 梁剑波主编. 汽车维修工中级技能强化训练. 北京：中国劳动社会保障出版社. 2007. 1.
12. 张吉国主编. 汽车修理工（中级）. 北京：机械工业出版社. 2006. 1.
13. 王大伟，董训武主编. 捷达电喷系列轿车维修手册. 北京：机械工业出版社. 2007. 1.
14. 杨康社 刘常俊主编. 都市先锋/捷达王/捷达轿车电控与电气系统检修图解. 北京：机械工业出版社. 2002. 4.
15. 张彦如主编. 汽车材料. 合肥：合肥工业大学出版社. 2006. 8.
16. 杨智勇，单立新主编. 汽车车身电控系统维修数据手册. 北京：机械工业出版社. 2007. 5.
17. 祖国海主编. 汽车修理工国家职业资格证书取证问答. 北京：机械工业出版社. 2005. 3.
19. 阚萍主编. 汽车构造与实训（下）. 合肥：合肥工业大学出版社. 2006. 12.
20. 孙志成主编. 汽车构造与实训（上）. 合肥：合肥工业大学出版社. 2006. 8.
21. 张西振，韩梅主编. 汽车发动机构造与维修. 北京：机械工业出版社. 2005. 8.
22. 李春明主编. 汽车电器与电路. 北京：高等教育出版社. 2003. 9.
23. 关文达主编. 汽车修理工——技师. 北京：机械工业出版社，2007. 3.
24. 关文达主编. 汽车构造. 北京：机械工业出版社. 2005. 3.
25. 戴冠军主编. 汽车保养和修理设备. 北京：人民交通出版社. 1988. 3.
26. 祖国海主编. 汽车修理工（初、中级）国家职业资格证书取证问答. 北京：机械工业出版社. 2005. 5.
27. 张应杰主编. 汽车举升机作业安全技术. 北京：中国计量出版社. 2005. 1.
28. 张朝山. 汽车拆装与调整. 北京：机械工业出版社. 2003. 5.
29. 张建俊主编. 汽车诊断与检测技术. 北京：人民交通出版社. 2005. 3.
30. 张建俊主编. 汽车检测与故障诊断技术. 北京：机械工业出版社. 2004. 2.
31. 周国洪主编. 汽车维修工（初级 中级 高级）. 北京：中国劳动出版社. 1998. 6.
32. 杨成可，孔宪辉. 汽车发动机构造与原理. 北京：高等教育出版社. 1997. 7.

读者意见反馈表

书名：汽车修理工（中级）　　**主编：**吴　明　　**策划编辑：**杨宏利

谢谢您关注本书！烦请填写该表。您的意见对我们出版优秀教材、服务教学，十分重要。如果您认为本书有助于您的教学工作，请您认真地填写表格并寄回。**我们将定期给您发送我社相关教材的出版资讯或目录，或者寄送相关样书。**

个人资料

姓名＿＿＿＿年龄＿＿联系电话＿＿＿＿＿（办）＿＿＿＿＿（宅）＿＿＿＿＿（手机）

学校＿＿＿＿＿＿＿＿＿＿＿＿专业＿＿＿＿＿职称/职务＿＿＿＿＿＿＿

通信地址＿＿＿＿＿＿＿＿＿＿＿邮编＿＿＿＿＿E-mail＿＿＿＿＿＿＿

您校开设课程的情况为：

本校是否开设相关专业的课程　□是，课程名称为＿＿＿＿＿＿＿＿＿＿　□否

您所讲授的课程是＿＿＿＿＿＿＿＿＿＿＿＿＿课时＿＿＿＿＿＿

所用教材＿＿＿＿＿＿＿＿＿＿＿出版单位＿＿＿＿＿＿＿印刷册数＿＿

本书可否作为您校的教材？

□是，会用于＿＿＿＿＿＿＿＿＿＿课程教学　□否

影响您选定教材的因素（可复选）：

□内容　□作者　□封面设计　□教材页码　□价格　□出版社

□是否获奖　□上级要求　□广告　□其他＿＿＿＿＿＿＿＿＿＿

您对本书质量满意的方面有（可复选）：

□内容　□封面设计　□价格　□版式设计　□其他＿＿＿＿＿＿

您希望本书在哪些方面加以改进？

□内容　□篇幅结构　□封面设计　□增加配套教材　□价格

可详细填写：＿＿＿＿＿＿＿＿＿＿＿＿＿＿＿＿＿＿＿＿＿＿＿＿＿＿

＿＿＿＿＿＿＿＿＿＿＿＿＿＿＿＿＿＿＿＿＿＿＿＿＿＿＿＿＿＿＿

您还希望得到哪些专业方向教材的出版信息？

＿＿＿＿＿＿＿＿＿＿＿＿＿＿＿＿＿＿＿＿＿＿＿＿＿＿＿＿＿＿＿

感谢您的配合，可将本表按以下方式反馈给我们：

【方式一】电子邮件：登录华信教育资源网（http://www.hxedu.com.cn/resource/OS/zixun/zz_reader.rar）下载本表格电子版，填写后发至 ve@phei.com.cn

【方式二】邮局邮寄：北京市万寿路 173 信箱华信大厦 902 室 中等职业教育分社 （邮编：100036）

如果您需要了解更详细的信息或有著作计划，请与我们联系。

电话：010-88254475；88254591

反侵权盗版声明

电子工业出版社依法对本作品享有专有出版权。任何未经权利人书面许可，复制、销售或通过信息网络传播本作品的行为；歪曲、篡改、剽窃本作品的行为，均违反《中华人民共和国著作权法》，其行为人应承担相应的民事责任和行政责任，构成犯罪的，将被依法追究刑事责任。

为了维护市场秩序，保护权利人的合法权益，我社将依法查处和打击侵权盗版的单位和个人。欢迎社会各界人士积极举报侵权盗版行为，本社将奖励举报有功人员，并保证举报人的信息不被泄露。

举报电话：（010）88254396；（010）88258888

传　　真：（010）88254397

E-mail：　dbqq@phei.com.cn

通信地址：北京市万寿路 173 信箱

　　　　　电子工业出版社总编办公室

邮　　编：100036